न आनेवाला कल

न आनेवाला कल

मोहन राकेश

राजपाल

एक कथा-प्रयोग

एक निर्णय की अनेक प्रतिक्रियाएँ

स्थापित 1912
100 वर्षों की
श्रेष्ठ प्रकाशन परम्परा
राजपाल

₹ 320

ISBN : 9788170283096

NA AANEWALA KAL (Novel) by Mohan Rakesh

मुद्रक : जी. एस. ऑफसेट, दिल्ली

राजपाल एण्ड सन्ज़

1590, मदरसा रोड, कश्मीरी गेट, दिल्ली-110006

फोन : 011-23869812, 23865483, 23867791

website : www.rajpalpublishing.com

e-mail : sales@rajpalpublishing.com

www.facebook.com/rajpalandsons

पहली प्रति :
पूर्वा के लिए

न आनेवाला कल

त्यागपत्र देने का निश्चय मैंने अचानक ही किया था। उसी तरह जैसे एक दिन अचानक शादी करने का निश्चय कर लिया था। मगर स्कूल में किसी को इस पर विश्वास नहीं था।

मुझे कई दिनों से अपने अन्दर बहुत गर्मी महसूस हो रही थी। छः हज़ार नौ सौ फुट की ऊँचाई, शुरू नवम्बर के दिन, फिर भी नसों में एक आग-सी तपती रहती थी। सूखे होंठों की पपड़ियाँ रोज़ छील-छील कर उतारता था, पर सुबह सोकर उठने तक वैसी ही पपड़ियाँ फिर जम जाती थीं। कई बार सोचा था कि जाकर कर्नल बत्रा को दिखा लूँ, लेकिन इस ख्याल से टाल दिया था कि वह फिर से बात को हँसी में न उड़ा दे। उस बार, सात महीने पहले, जब रात को सोते में मुझे अपनी साँस घुटती महसूस होने लगी थी, तो वह दिल और फेफड़ों की पूरी जाँच करने के बाद मुस्करा दिया था। बोला था, "तुम्हें बीमारी असल में कुछ नहीं है। अगर है तो सिर्फ इतनी ही कि तुम अपने को बीमार माने रहना चाहते हो। इसका इलाज भी सिर्फ एक ही है। खूब घूमा करो, डटकर खाया करो और सोने से पहले चुटकुलों की कोई किताब पढ़ा करो।"

मुझे इस पर बहुत गुस्सा आया था। उस गुस्से में ही मैंने रात को देर-देर तक जागकर अपने को ठीक कर लिया था। स्कूल से त्यागपत्र देने की बात मैंने उस बार भी सोची थी। पर तब मैं अपने से निश्चय कर सकने की स्थिति में नहीं था। जब तक शोभा घर में थी, मैं अपने निर्णय से सब कुछ करने की बात करता हुआ भी वास्तव में हर निर्णय उस पर छोड़े रहता था। यह एक तरह का खेल था जो मैं अपने साथ खेलता था, अपना स्वाभिमान बनाए रखने के लिए। वह क्या चाहेगी, पहले से ही सोचकर उसे अपनी इच्छा के रूप में चला देने की कोशिश करता था। शोभा इस खेल को समझती न हो, ऐसा नहीं था। वह बल्कि यह कहकर इसका मज़ा भी लेती थी, "मुझे पता था तुम यही चाहोगे। छः महीने साथ रहकर इतना तो मैं तुम्हें जान ही गई हूँ।" यूँ हो सकता है वह सचमुच ऐसा ही सोचती हो। मैं उसे उत्तर न देकर बात बदल देता था। मन में बहुत कुढ़न पैदा होती थी, तो

उसे अपने स्वाभिमान की कीमत समझकर सह जाता था।

पहले कभी मुझे वैसी गर्मी महसूस नहीं हुआ करती थी। यह नई बीमारी कुछ महीनों से ही शुरू हुई थी। शायद खून में कुछ नुक्स पड़ गया था। खून और खाल का रिश्ता ठीक नहीं रहा था। वरना यह क्यों होता कि हाथ-पैर तो ठण्ड से ठिठुरते रहें और गला हर वक्त सूखा और चिपचिपा बना रहे ? पहली नवम्बर को सीज़न की पहली बर्फ गिरी थी। लेकिन उस रात भी मुझे दो-तीन बार उठकर पानी पीना पड़ा। प्यास की वजह से नहीं, गले को ठण्डक पहुँचाने के लिए। फिर भी ठण्डक पहुँची नहीं थी। अन्दर जैसे रेगिस्तान भर गया था जो सारा पानी सोखकर फिर वैसा का वैसा हो जाता था।

त्यागपत्र मैंने इतवार की रात को सोने से पहले लिखा था। दिन-भर हम लोग त्रिशूली में थे। कई दिन पहले से तय था कि इतवार को सुबह से शाम तक वहाँ रहेंगे। पर शाम तक से मेरा मतलब था शाम के चार बजे तक। यह सभी को पता था कि हमें इतवार को भी पूरे दिन की छुट्टी नहीं होती। पाँच बजे चेपल में पहुँचना ज़रूरी होता है। फिर भी उन लोगों का हठ था कि अँधेरा होने तक वहीं रहेंगे। उससे पहले मुझे अकेले को भी नहीं लौटने देंगे। ठर्रा पी-पीकर यह हालत हो गई थी सबकी कि कोई भी उनमें से बात सुनने की स्थिति में नहीं था। मैंने काफी कोशिश की उन्हें समझाने की, पर वे समझने में नहीं आए। बस हँसते रहे और नशे की भावुकता में इसकी-उसकी दुहाई देते रहे। आखिर थोड़ी बदमज़गी हो गई। क्योंकि मैं इसके बावजूद वहाँ से चला आया। डिंग डांग डिंग डांग---चेपल की घण्टियाँ बजनी शुरू हुई थीं कि अन्दर अपनी सीट पर पहुँच गया। उन लोगों को शायद लगा कि मैं बहुत डरपोक हूँ। अपनी नौकरी पर किसी तरह की आँच नहीं आने देना चाहता। मगर असल वजह मैं ही जानता था। मैं अगले दिन मिस्टर व्हिसलर के सामने अपनी सफाई देने के लिए हाज़िर नहीं होना चाहता था। मुझे चेपल में जाने से चिढ़ थी, लेकिन उतनी ही चिढ़ लड़कों की कापियाँ जाँचने से भी थी। फिर भी एक-एक कापी मैं इतनी सावधानी से जाँचता था कि कभी एक बार भी मिस्टर व्हिसलर को इस पर टिप्पणी करने का मौका मैंने नहीं दिया था। कारण यहाँ भी वही था जो शोभा के साथ था। मैं ऐसी कोई स्थिति नहीं आने देना चाहता था जिसमें अपने को गलत मानकर मुझे दूसरे के सामने खेद प्रकट करना पड़े। अपने अन्दर से यह मानकर चलना और बात थी कि मैं एक मजबूरी में दूसरे की शर्तों पर जी रहा हूँ। मगर उन शर्तों पर जीने के लिए मजबूर किया जाना बिलकुल दूसरी बात थी।

चेपल में जो कुछ हुआ, वह नया नहीं था। कुछ साम गाए गए। पादरी ने प्रार्थनाएँ कीं। घुटनों के बल होकर आँखों पर हाथ रखे लोगों ने प्रार्थनाओं को दोहरा

दिया। अन्त में पादरी बेन्सन ने सैंतीस मिनट का सर्मन दिया। स्कूल-मास्टर होने के नाते उसका सर्मन पूरे एक पीरियड का होता था···चालीस में से हाज़िरी के तीन मिनट निकालकर। मैं बगलों में हाथ दबाए उतनी देर चेपल की दीवारों और लोगों के हिलते सिरों को देखता रहा। लगातार सैंतीस मिनट, बिना किसी प्रतिक्रिया के, एक ही आदमी की आवाज़ सुनते जाना काफी धीरज का काम था—खास तौर से एक गैर-ईसाई के लिए। पर मुझे इसकी आदत हो चुकी थी। अपनी सारी स्थिरता कूल्हों और टाँगों तक सीमित किए ऊपर से बुत-सा बना बैठा रहता था। अपने को व्यस्त रखने के लिए बिना घड़ी की तरफ देखे समय का अनुमान लगाता और उसे घड़ी से मिलाकर देखता रहता था। उसी तरह जैसे बस में सफर करते हुए एक आदमी तय किए फासले का अपना अनुमान मील के पत्थरों से मिलाकर देखता है। जितनी बार अनुमान सही निकलता, मुझे अपने में एक इण्ट्यूशन का अहसास होता। इण्ट्यूशन की वैज्ञानिकता में विश्वास होने लगता। पर जितनी बार अनुमान गलत निकल आता, उतनी बार मन इस विषय में नास्तिक होने लगता। चेपल से उठते समय मेरी आस्तिकता या नास्तिकता इस पर निर्भर करती थी कि अन्तिम बार का मेरा अनुमान सही निकला था या गलत। पर कई बार वह कुछ दूसरे कारणों पर भी निर्भर करती थी।

चेपल के अन्दर उस समय काफी ठण्ड थी—वह खास ठण्ड जो कि एक चेपल के अन्दर ही होती है। उस ठण्ड से, अन्दर की रोशनी के बावजूद, बाहर गहरा सांझ का कुछ-कुछ आभास मिल रहा था। हालाँकि मेरे खून की तपिश उस समय भी कम नहीं थी, फिर भी मेरे हाथ-पैर सुन्न हुए जा रहे थे। ठण्ड का असर नाक और माथे पर भी हो गया था, जिससे डर लग रहा था कि कहीं सर्मन के दौरान ही न छींकने लगूं। रूमाल पास में नहीं था, यह मैं जेबों में टटोलकर देख चुका था। त्रिशूली में एक जगह हम लोग अपने-अपने रूमाल बिछाकर बैठे थे। शायद वहीं भूल आया था। ऐसे में हालत यह थी कि अपने पर वश रखने के लिए मुझे बार-बार थूक निगलना पड़ रहा था। आँखों और कानों से मैं यह अनुमान लगाने की भी कोशिश कर रहा था कि उस हालत में वहाँ अकेला मैं ही हूँ या कोई और भी मेरी तरह उस यन्त्रणा में से गुज़र रहा है। मेरा ख्याल है मिसेज़ दारूवाला की स्थिति भी वैसी ही थी। वह जैसे सर्मन से अभिभूत होकर बार-बार अपनी आँखों को रूमाल से छू रही थी। पर रूमाल आँखों के अलावा उसकी नाक और होंठों को भी ढक लेता, इससे वास्तविकता कुछ और ही जान पड़ती थी। मेरी नास्तिकता उस समय काफी बढ़ गई थी, क्योंकि मेरा समय का अनुमान तीन बार गलत निकल चुका था। आखिर सर्मन समाप्त हुआ। बाहर निकलने से पहले आखिरी प्रार्थना की जाने लगी। अपने को छींकने से रोके रहने के कारण मेरी हालत उस बच्चे की-सी हो रही थी जो कमोड

की तरफ भागना चाहते हुए भी बड़ों के डर से अच्छा बच्चा बना बैठा हो। पर चेपल से बाहर आते ही और ज़रा देर अच्छा बच्चा बने रहना मुझे सम्भव नहीं लगा। इसलिए 'गुड नाइट मिस्टर सो एण्ड सो', और 'गुड नाइट मिसेज़ सो एण्ड सो' का रुटीन पूरा करने के लिए मैं कारिडार में नहीं रुका। इससे पहले कि मिस्टर और मिसेज़ व्हिसलर चेपल से बाहर आएँ, पीछे का रास्ता पकड़कर सड़क पर निकल आया। घर पहुँचकर अलमारी से दूसरा रूमाल निकालने तक मेरा छींक-छींककर बुरा हाल हो गया।

गरम पानी के साथ थोड़ी-सी ब्रांडी लेकर दस मिनट में मैंने अपने को ठीक कर लिया। अब मैं था और वह खालीपन जिसके साथ रोज़ रात को बारह बजे तक संघर्ष करना होता था। अगर हफ्ते के बीच का कोई दिन होता, तो दो घण्टे के लिए माल पर निकल जाता। घर से लोअर माल और लोअर माल से माल की चढ़ाई चढ़ने में ही एक निरर्थक-सी सार्थकता का अनुभव कर लेता। पर माल पर जाकर जिन लोगों से मिलना होता था, उनसे पहले ही दिन भर ऊबकर आया था। यूँ भी उनसे मिलना मिलने के लिए न होकर किसी चीज़ के एवज़ में होता था और एवज़ की वे आकृतियाँ तब तक भी शायद त्रिशूली से अपर रिज के रास्ते में किसी पेड़ के लिए न होकर किसी चीज़ के एवज़ में होता था और एवज़ की वे आकृतियाँ तब तक भी शायद त्रिशूली से अपर रिज के रास्ते में किसी पेड़ के नीचे लुढ़क रही थीं। अभी सात नहीं बजे थे। सोने से पहले के पाँच-छः घंटे ऐसे थे कि उनकी हदबन्दी किसी के सर्मन से नहीं होती थी। वह सिर्फ खाली समय था—खाली समय—जिसे बिना किसी विराम चिन्ह के एक-एक मिनट करके आगे बढ़ना था। उस बीच काम सिर्फ एक ही था—बिना भूख के खाना खाना—जिसे समय के उस पूरे फैलाव में अपनी मर्ज़ी से इधर या उधर को सरकाया जा सकता था।

'अब ?' मैंने आईने में अपना चेहरा देखा। पचीस वाट की रोशनी में वह काफी बेजान-सा लगा। कुछ-कुछ डरावना भी। जैसे कि उसके उभार अलग हों, गहराइयाँ अलग। मैंने आईने के पास से हटते हुए दोनों हाथों से चेहरे को मल लिया। 'अब ?'

कुछ था जो किया जाना था। लेकिन क्या ?

मैंने कमरे में खड़े होकर आसपास के सामान को देखा। दो कबर्ड, दो पलंग। एक चेस्ट आफ़् ड्राअर्ज। एक ड्रेसिंग टेबल। दो कुर्सियाँ। एक तिपाई। सब कुछ उस ज़माने का जिस ज़माने में वह कोठी बनी थी, या जिस ज़माने में स्कूल बना था। तब से अब तक की सारी घिसाई के बावजूद अपनी जगह मज़बूत। बाहर बरामदे में एक पहियेदार सोफा और दो सोफा चेयर। तीनों के स्प्रिंग अलग-अलग तरफ को करवट लिए। बीस साल पहले के परदे; न जाने किस रंग के। उतने ही साल

पहले की दरी। शराब, शोरबा, स्याही और बच्चों की हाजत के निशान लिए। सब कुछ बीता हुआ, जिया जा चुका, फिर भी जहाँ का तहाँ। मुझसे पहले जाने किस-किसका, पर आज मेरा। मेरा अर्थात् स्कूल के हिन्दी-मास्टर का। तीन साल पहले तक हिन्दी-मास्टर का नाम था नरूला। आज नाम था सक्सेना। मनोज सक्सेना अर्थात् शिवचन्द नरूला अर्थात् वह अर्थात् मैं अर्थात् हम दोनों में से कोई नहीं अर्थात् हिन्दी-मास्टर फादर बर्टन स्कूल। मैं कमरे से बरामदे में आ गया और जिस सोफा चेयर के स्प्रिंग ज़रा कम चुभते थे, उस पर पसर गया। 'अब ?'

यह भी आदत-सी बन गई थी–जब तब, किन्हीं दो स्थितियों के बीच, अपने से सवाल पूछ लेना। जाने कब और कितनी जगह अपने मुँह से यह शब्द सुना था। उसी दिन। उससे एक दिन पहले। हफ्ता भर पहले। महीना-भर पहले। जैसे कि हर नई बार इस शब्द को सामने रख लेने से एक नई तरह से सोचने की शुरुआत हो सकती हो। पर होता इससे कुछ नहीं था–सिवा इसके कि सोच के उलझे हुए धागे में एक गांठ और पड़ जाती थी। सात दस। अब ? सात पचीस। अब ? सात सैंतालीस। अब ? सात अट्ठावन। अब ?. जैसे कि नींद लाने के लिए एक गिनती की जा रही हो। भेड़ों की गिनती की तरह। अब ? अब ? अब ?

खिड़कियों के बाहर सब कुछ अँधेरे में घुल गया था। हर काँच पर काले फौलाद का एक-एक शटर खिंच गया था। यूँ दिन में भी उस सोफे पर बैठने से सिवा पेड़ों की टहनियों और यहाँ-वहाँ उगे घास-पात के कुछ नज़र नहीं आता था। पर शाम को सात के बाद तो कुछ भी सामने नहीं रह जाता था–स्याह काँच और फटी जाली को छोड़कर। पहले एक काँच पर सड़क के लैम्प की रोशनी पड़ा करती थी। उससे वह लैम्प, उससे नीचे का खम्भा और सड़क का उतना-सा हिस्सा रात भर सजीव रहते थे। पर अब कई दिनों से वह लैम्प जलता ही नहीं था। पता नहीं बल्ब फ्यूज़ हो गया था या लाइन ही कट गई थी। इससे बाहर अँधेरा होने का मतलब होता था बिलकुल अँधेरा। जाकर काँच से आँख सटा लो, तो भी सिवा अँधेरे के कुछ नहीं।

सोफा-चेयर पर मुझे काफी असुविधा हो रही थी। रोज़ होती थी। उसके स्प्रिंग अपेक्षाकृत कम चुभते थे, पर चुभते तो थे ही। वे शिवचन्द नरूला की बैठन के अनुसार ढले थे। या उससे पहले जो हिंदी-मास्टर था, उसकी। पर जिस किसी की बैठन के अनुसार ढले हों, पिछले तीन सालों में वे मेरी बैठन के आदी नहीं हो पाए थे। हम दोनों के बीच एक बेगानापन था, जिसकी शिकायत हम दोनों को रहती थी। अपनी-अपनी शिकायत का गुस्सा भी हम एक-दूसरे पर निकालते रहते थे। वह मुझे स्प्रिंग चुभोकर, मैं उस चुभन को पीसकर। साधारणतया होना यह चाहिए था कि इतने अरसे में मेरी बैठन उन स्प्रिंगों के मुताबिक ढल जाती। पर ऐसा हुआ नहीं था। मेरी बैठन का अपना कसाव स्प्रिंगों के कसाव से कम नहीं था।

'यह अब और ऐसे नहीं चल सकता', मैंने अपनी बैठन और स्प्रिंगों के बीच हाथ रखे हुए सोचा। 'जो भी निश्चय करना हो, वह अब मुझे कर ही लेना चाहिए।''

लेकिन क्या निश्चय ?

मैं उन सब विकल्पों पर विचार करने लगा जिनके सहारे अपने को इससे आगे सोचने से रोका जा सकता था।

विकल्प एक—उठकर कपड़े बदले जाएँ। खाना बाहर किसी होटल में खाया जाए। फिर रात को शो देखकर सोने के समय घर लौटा जाए—अर्थात् जब बीच का पूरा अन्तराल तय हो चुका हो।

विकल्प दो—ड्रेसिंग गाउन पहनकर एन. के. के. यहां चला जाए। दो घंटे उससे उसकी प्रेमिका अर्थात् होने वाली पत्नी के पत्र सुने जाएँ। फिर सुबह तक उसके उस खाली बिस्तर में दुबक रहा जाए जो उसने अभी से फरवरी में होने वाली अपनी शादी की प्रतीक्षा में बिछा रखा है।

विकल्प तीन—जेबों में हाथ डाले लोअर माल का एक चक्कर लगा लिया जाय। एकाध डब्बी सिगरेट खरीदकर फूंक डाली जाए। फिर इस तरह घर की तरफ लौटा जाए जैसे उतनी देर बाहर रहकर किसी-से-किसी चीज़ का कुछ तो बदला ले ही लिया हो।

विकल्प चार···

मैं सोफा-चेयर से उठ खड़ा हुआ। इनमें से कुछ भी करने में कोई तुक नहीं थी क्योंकि सब बातें पहले की आज़माई हुई थीं। कमरे में जाकर मैंने स्कूल से आया टिफिन कैरियर खोल लिया। खाना गरम करने की हिम्मत नहीं हुई, इसलिए दो बोटी ठण्डा गोश्त ठण्डे सूप के साथ निगल लिया। फिर टिफिन के जूठे डब्बों को इस तरह गुसलखाने में पटक दिया जैसे कि खाने के बदमज़ा होने की सारी ज़िम्मेदारी उन्हीं पर हो।

'मुझे पता है, मैं क्या चाहता हूँ,' गुसलखाने का दरवाज़ा बन्द करते हुए मैंने सोचा, 'फिर उसे करने में मुझे इतनी रुकावट क्यों महसूस हो रही है ?'

खट्···खट्···खट्···साथ के पोर्शन से आती आवाज़ ने कुछ देर के लिए ध्यान बँटा दिया। कोहली की बीवी शारदा खड़ाऊँ पहने अपने गुसलखाने की तरफ जा रही थी। शाम के सात बजे से लेकर रात के दो बजे तक वह जाने कितनी बार गुसलखाने में जाती थी। कभी गुरदे साफ करने के लिए, कभी प्लेटें धोने के लिए और कभी अन्दर बन्द होकर रोने के लिए। बीच में पक्की दीवार होने के बावजूद उसकी खड़ाऊँ से मेरे पोर्शन का फर्श भी हिल जाता था। आधी रात को तो लकड़ी के फर्श पर वह खट्-खट् की आवाज़ बहुत ही मनहूस लगती थी।

मैं बरामदे में आकर अपनी पढ़ने की मेज़ के पास बैठ गया। चिट्ठी लिखने

का कागज़ निकालकर सामने रख लिया। कलम खोल लिया। फिर भी तब तक अपने को लिखने से रोके रहा जब तक शारदा के पैरों की खट्-खट् गुसलखाने से वापस नहीं आ गई। उसके बाद लिखना शुरू किया—'प्रिय शोभा···'

मन में यह पत्र मैं कई बार लिख चुका था। लिखकर हर बार मन में ही उसे फाड़ दिया था। उस समय वे दो शब्द कागज़ पर लिख लेना मुझे काफी हिम्मत का काम लगा। मैं कुछ देर चुपचाप उन्हें देखता रहा। कैमल रंग के दानेदार कागज़ पर वे दोनों शब्द—'प्रिय' और 'शोभा'—सतह से ऊपर को उठे-से लग रहे थे। दोनों अलग-अलग। बल्कि सभी अक्षर अलग-अलग। प्रि य शो भा। मैंने उन अक्षरों पर लकीर फेर दी और कागज़ को मसलकर टोकरी में फेंक दिया। एक कोरा कागज़ लेकर फिर से लिखना शुरू किया—'शोभा···'

रुककर जेबें टटोलीं। डब्बी में एक ही सिगरेट था। सोचा कि अगर घूमने निकल गया होता, तो कुछ सिगरेट तो और खरीद ही लाता। छः आठ सिगरेट पास में होते तो पत्र आसानी से पूरा किया जा सकता था।

मैंने सिगरेट सुलगा लिया। बस पहली पंक्ति लिखना ही मुश्किल था। उसके बाद बाकी मजमून के लिए रुकने की सम्भावना नहीं थी।

सामने के स्याह काँच को देखते हुए मैंने एक लम्बा कश खींचा। शोभा पास में होती, तो उस तरह कश खींचने से मुझे रोकती तो नहीं, पर एक शहीदाना भाव आँखों में लाकर चुपचाप मुझे देखती रहती। उसकी आँखों के उस शहीदाना भाव को सहना ही मुझे सबसे मुश्किल लगता था। लगता कि वह मुझे देख नहीं रही, मन ही मन उस दूसरे के साथ मेरी तुलना कर रही है जिसके साथ विवाहित जीवन के सात साल उसने पहले बिताए थे। हालाँकि उस दूसरे का नाम वह ज़बान पर नहीं लाती थी—अपने सारे व्यवहार से यही प्रकट करने का प्रयत्न करती थी कि यह उसकी पहली शादी है—फिर भी अपने मन से वह जीती उस खोई हुई ज़िन्दगी में ही थी। इसीलिए उसकी आँखों में वह शहीदाना भाव दिन में कई-कई बार नज़र आ जाता था। सुबह उठने से रात को सोने तक वह बात-बात पर शहीद होती थी। मेरा हँसना, बात करना, खीझना, कुछ भी ऐसा नहीं था जो उसे शहीद होने के लिए मजबूर न करता हो, बातचीत के दौरान मेरे मुँह से कभी उसके पहले पति का नाम निकल जाता, तो उसे लगता जैसे जान-बूझकर उसे छीलने की कोशिश की गई हो। और उसकी शहीद होते रहने की आदत के कारण मैं भी अपने को शहीद होने के लिए मजबूर पाता था। उसके जूड़े से बाहर निकली पिनें, साड़ी से नीचे को झाँकता पेटीकोट, आँखों में लदा-लदा सुरमा और फड़कती नसें लिए बात के बीच से उठ जाने का ढंग—बहुत कुछ ऐसा था जिसके लिए मैं उसे टोकना चाहता था, पर टोक नहीं पाता था। कुछ दिनों के परिचय की झोंक में शादी तो मैंने उससे कर ली थी,

पर अब लगता था कि अन्दर के एक डर से अपने को कमज़ोर पाकर ही मैंने ऐसा किया था। शादी से पहले एक बार मैंने उससे कहा भी था कि पैंतीस की उम्र तक अकेला रहकर मैं अपने को बहुत थका हुआ महसूस करने लगा हूँ। तब उसने बहुत समझदारी के साथ आँखें हिलाई थीं–जैसे कि यह कहकर मैंने अपनी तब तक की ज़िन्दगी के लिए पश्चात्ताप प्रकट किया हो। 'मुझे पहली बार मिलने पर ही लगा था,' उसने कहा था, 'आदमी अपने मनबहलाव के लिए चाहे जितने उपाय कर ले, पर रात-दिन का अकेलापन उसे तोड़कर रख देता है।' इस बात में उसका हल्का-सा संकेत अपने पिता से सुनी बातों की तरफ भी था। मैंने उस संकेत को नहीं उठाया था क्योंकि खामखाह की लम्बी व्याख्या में मैं नहीं पड़ना चाहता था।

उसने मेरे घर में आकर एक नई शुरुआत की कोशिश की थी, पर वह शुरुआत सिर्फ उसके अपने लिए थी। उस शुरुआत में मुझे उसके लिए वही होना चाहिए था जो कि वह दूसरा था जिसकी वह सात साल आदी रही थी। घर कैसा होना चाहिए, खाना कैसा बनना चाहिए, दोस्ती कैसे लोगों से रखनी चाहिए–इस सबके उसके बने हुए मानदण्ड थे जिनसे अलग हटकर कुछ भी करना उसे बुनियादी तौर पर गलत जान पड़ता था। शुरू-शुरू में जब मैं अपने ढंग से कुछ भी करने की ज़िद करता, तो वह आँखों में रुआंसा भाव लाकर पलकें झपकाती हुई सिर्फ एक ही शब्द कहती, 'अरे !' मैं उस 'अरे !' की चुभन महसूस करता हुआ एक उसांस भरकर चुप रह जाता, या मन में कुढ़ता हुआ कुछ देर के लिए घर से चला जाता। तब लौटकर आने पर वह रोए चेहरे से घर के काम करती मिलती। उसकी नज़र में मैं अब भी एक अकेला आदमी था जिसका घर उसे संभालना पड़ रहा था जबकि मेरे लिए वह किसी दूसरे की पत्नी थी जिसके घर में मैं एक बेतुके मेहमान की तरह टिका था। मैं कोशिश करता था कि जितना ज़्यादा से ज़्यादा वक्त घर से बाहर रह सकूँ, रहूँ। पर जब मजबूरन घर में रुकना पड़ जाता, तो वह काफी देर के लिए साथ के पोर्शन में शारदा के पास चली जाती थी।

बीच में एक बार उसे कॉलिक का दौरा पड़ा था। तब कर्नल बत्रा ने जो दवाइयाँ लिखकर दीं, वे उसने मुझे नहीं लाने दीं। कागज़ पर कुछ और दवाइयों के नाम लिख दिए जो कुछ साल पहले वैसा ही दौरा पड़ने पर उसे दी गई थीं। मैंने उससे कहा भी कि जिस डॉक्टर को दिखाया है, उसी की दवाई उसे लेनी चाहिए। पर वह अपने हठ पर अड़ी रही "मुझे अपने जिस्म का पता है," उसने कहा। "मुझे आराम आएगा, तो उन्हीं दवाइयों से जो मैं पहले ले चुकी हूँ। जब मैं कहती हूँ कि मुझे वही दवाइयाँ चाहिए, तो तुम इन दवाइयों के लिए हठ क्यों करते हो ?"

मैंने हठ नहीं किया। वह अपनी दवाइयों से तीन चार दिन में ठीक भी हो गई। उसे सचमुच अपनी दवाइयों का पता था, खान-पान के परहेज़ का पता था।

और भी प्रायः सभी चीज़ों का पता था—उन किताबों का जो उसे पढ़नी चाहिए थीं, उन जगहों का जहाँ उसे जाना चाहिए था और उस सारे तौर-तरीके का जिससे एक घर में 'अच्छी ज़िन्दगी' जी जा सकती थी। अगर कुछ सीखने को था, तो सिर्फ मेरे लिए था क्योंकि इतने साल अकेली ज़िन्दगी जीने के कारण 'मुझे किसी भी सही चीज़ का बिलकुल पता नहीं था।' साथ रहने के कुछ महीनों में हमें एक-दूसरे की इतनी आदत तो हो ही गई थी कि हमने एक-दूसरे के मामले में दखल देना छोड़ दिया था। मुझे मन में जितना गुस्सा आता था, बाहर मैं उतने ही कोमल ढंग से बात करता था। वह भी ऐसा ही करती थी। एक-दूसरे की बढ़ती पहचान हमारे अन्दर एक औपचारिकता में ढलती गई थी। यह जान लेने के बाद कि न तो हम अपनी-अपनी हदें तोड़ सकते हैं और न ही एक-दूसरे ही हदबन्दी को पार कर सकते हैं, हमने एक युद्ध-विराम में जीना शुरू कर दिया था। उस युद्ध-विराम की दोनों की अपनी-अपनी शर्तें थीं—अपने-अपने तक सीमित। दोनों को एक-दूसरे से कुछ आशा नहीं थी, इसलिए हदबन्दी टूटने की नौबत बहुत कम आती थी।

सिगरेट में एकाध कश बाकी था, फिर भी मैंने उसे ट्रे में मसल दिया। कुछ ऐसे जैसे शोभा की शहीद नज़र उस समय भी सामने हो। फिर अपने हाथों को देखा। सिगरेट पी-पीकर पीली पड़ी उंगलियाँ। सोचा कि फेफड़े तो अब तक स्याह हो चुके होंगे—शायद उनमें कैंसर की शुरुआत भी हो चुकी हो। शोभा ने एक बार एक लेख पढ़ने को दिया था—'यू कैन स्मोक योरसेल्फ टु डेथ'। उस दिन मैंने सबसे ज़्यादा सिगरेट पिए थे। दोनों में से कहा किसी ने कुछ नहीं था। शोभा ने लेख सामने रखकर मुझे गाली दे दी थी, मैंने सिगरेट फूंक-फूंककर उसे। फिर हमने सहज भाव से खाना खाया था। मैंने उसकी बनाई मूली-पालक की सब्ज़ी की तारीफ भी की थी। पर शाम को बाज़ार से लौटने पर शोभा ने फिर एक बार मुझे गाली दे दी थी—सिगरेट का पूरा कार्टन मेरी मेज़ पर रखकर।

उस दिन स्कूल से घर लौट रहा था, तो देखा कि वह स्कूल की तरफ आ रही है। यह काफी अस्वाभाविक-सी बात थी क्योंकि स्कूल की बिल्डिंग में कदम रखने से ही उसे चिढ़ थी। दो-एक बार जब मैंने उससे स्कूल की पार्टियों में चलने को कहा था, तो उसने इन्कार कर दिया था। उस दिन भी स्कूल में किसी की चाय थी, जिस वजह से मुझे घर लौटने में देर हो गई थी। मुझे दूर से आते देखकर वह रुक गई, "मैं चार बजे से इन्तज़ार करते-करते थक गई थी।" मेरे पास पहुँचने पर वह बोली, "मुझे तुमसे कुछ ज़रूरी बातें करनी थीं।"

वह सुबह से नहाई नहीं थी। बाल उड़ रहे थे और कपड़े भी उसने रात के ही पहन रखे थे। उसे उस रूप में सड़क पर देखकर मुझे अच्छा नहीं लगा। फिर भी अपनी त्योरी पर काबू पाकर आगे चलते हुए मैंने कहा, "जो भी बात करनी

हो, घर चलकर करना। मैं सुबह तुम्हें बता कर गया था कि आज एक चाय पार्टी है। तुम्हें पता है कि यहाँ पार्टी के लिए रुकना भी उतना ही ज़रूरी होता है जितना क्लास में पीरियड लेना।''

''यहाँ की सब चीज़ें बहुत अजीब हैं,'' वह कुछ उतावली के साथ बोली। बात करने के लिए वह जिस तरह तैयार होकर आई थी, उससे घर पहुँचने तक प्रतीक्षा करना उसके लिए मुश्किल लग रहा था। ''यहाँ के लोग, यहाँ के रंग-ढंग, सभी बहुत अजीब हैं। मुझे तो लगता है कि मैं इसी तरह यहाँ रहती रही, तो जल्दी ही पागल हो जाऊँगी।''

''घर सामने ही है,'' मैंने अपनी अभ्यस्त कोमलता के साथ कहा, ''एक बार अपने कमरे में पहुँच जाएँ तो।''

''मैं कमरे में बैठकर बात नहीं करना चाहती,'' उसका स्वर कुछ ऊँचा हो गया। बिखरे बालों के कारण उसकी आँखों का सुरमा और गहरा लग रहा था। उसके हाव-भाव से स्पष्ट था कि उसने अपनी तरफ से युद्ध-विराम आज तोड़ दिया है।

''तो ठीक है,'' मैं चलते-चलते रुक गया। ''तुम्हें जो भी कहना है, यहीं पर कह डालो।''

वह पल भर खड्ड में गिरते नाले को देखती रही, फिर आँखें उठाकर बोली, ''मैं खुरजा जाने को सोच रही हूँ।''

मैं अचकचाया-सा उसे देखता रहा। इस बीच और कई बातें मैंने सोच डाली थीं। पर वह खुरजा जाने की बात कहेगी, इसकी मैंने कल्पना तक नहीं की थी।

''क्यों ?'' मैंने सिर्फ इतना ही पूछा। पर उसने उत्तर न देकर मुझसे पूछ लिया, 'तुम एक दिन की छुट्टी लेकर मेरे साथ चल सकते हो—मुझे छोड़ने के लिए ?''

''देखो…।''

''अगर नहीं चल सकते, तो भी मुझे साफ बता दो।''

''तुम समझती हो कि यह बात यहाँ रास्ते में खड़े होकर तय करने की है?'' अब मेरे लिए अपनी खीझ दबाए रखना असम्भव हो गया।

''इसमें तय करने को कुछ नहीं है,'' वह बोली, ''जाने को मैं अकेली भी जा सकती हूँ। पर इसलिए कह रही थी कि उसमें तुम्हें कुछ वैसा न लगे। फिर उससे वे लोग भी कुछ दूसरी तरह की बात सोच सकते हैं।''

मुझे विश्वास नहीं हो रहा था कि वह सचमुच गम्भीर होकर बात कर रही है। उसका पहले का घर खुरजा में था—साल-भर पहले वहाँ से आने पर उसका लौटकर जाने का रिश्ता भी था, पर उस शादी के बाद वह रिश्ता कहाँ गया ? हालाँकि जब हम लोगों की शादी की बात तय हुई थी, तो उसने वहाँ एक पत्र लिखकर सूचना दे दी थी जिसका उत्तर उसे तीन-चार महीने बाद मिला था। तब तक उसके पिता

ट्रांसफर होकर जालन्धर चले गए थे—पत्र पहले डाकखाने से रिडायरेक्ट होकर जालन्धर गया था, फिर वहाँ से मेरे पते पर रिडायरेक्ट होकर आया था। उसमें इतना ही लिखा था कि वे लोग दिल से उसका भला चाहते हैं, इसलिए उसके निर्णय को लेकर उन्हें कुछ कहना नहीं है—और कि उसका जो सामान वहाँ पड़ा है, वह जब चाहे, उसे भेज दिया जा सकता है। पत्र पर पता उसके पिता ने अपने हाथ से बदला था, पर स्वयं उन्होंने पत्र नहीं लिखा था। यहाँ रहते ही उन्होंने हम लोगों से अपने को काट लिया था। शोभा दो-एक बार उन दिनों उनके पास जा आई थी, पर वे न कभी हमारे यहाँ आए और न ही उन्होंने मुझे कभी अपने यहाँ बुलाया था। उनकी नाराज़गी का कारण यह नहीं था कि शोभा ने दूसरी शादी क्यों की, बल्कि यह कि मुझसे क्यों की। एक शहर में रहते हुए वे जितना मुझे जानते थे, उतना उनकी नज़र में मुझे रद्द करने के लिए काफी था। जब शोभा खुरजा से नहीं आई थी, तो वे स्वयं इस बात की कोशिश में थे कि उसे बुलाकर साल-छः महीने में कहीं उसकी दूसरी शादी की व्यवस्था कर दें। किसी आदमी का सुझाव देने के लिए उन्होंने जिन-जिन लोगों से कहा था, उनमें मैं भी था। ''तुम्हारे स्कूल में कोई मास्टर हो,'' उन्होंने कहा था, ''अट्ठाईस-तीस साल तक की उम्र का, कंवारा या आसरू, तो मुझे बताना—या स्कूल से बाहर ही तुम्हारा कोई परिचित हो। लड़की सात साल शादी-शुदा रही है, पर अब भी वह मुश्किल से तेईस साल की है। कोई बच्चा-वच्चा भी नहीं है, इसलिए उसे फिर से सेटल हो ही जाना चाहिए।'' तब हम दोनों में से किसी ने नहीं सोचा था कि लड़की के आने पर परिस्थिति का रूप यह हो जाएगा। जब पहली बार शोभा ने उनसे इस सम्बन्ध में बात की थी, तो उन्हें लगा था कि मैंने शोभा को बरगलाकर उनके साथ विश्वासघात किया है। ''मैं तुम्हें हतोत्साह नहीं करना चाहता,'' उन्होंने शोभा से कहा था, ''पर मैं उस आदमी को शादी के काबिल बिलकुल नहीं समझता। यह मैं उसके बांसनुमा डील-डौल की वजह से नहीं कह रहा, उन सब बातों की वजह से कह रहा हूँ जो तुम उसके बारे में नहीं जानतीं।'' शोभा ने मुझे बताया था कि मेरे बारे में क्या-क्या बातें उसके पिता ने सुन रखी हैं। उनके अनुसार मैं बेहद शराब पीता था और हर सातवें-आठवें रोज़ एक नई लड़की के साथ रात गुज़ारता था। इसका प्रमाण था कि मैं अक्सर अपनी शाम 'स्टैण्डर्ड' में बिताता था और दो-एक बार उन्होंने खुद मुझे अपर रिज से पीछे की छोटी सड़क पर लड़कियों के साथ घूमते देखा था। इनमें से पहली बात जहाँ काफी हद तक सच थी, वहाँ दूसरी लगभग बेबुनियाद थी। जिन लड़कियों के साथ उन्होंने मुझे घूमते देखा था, वे मेरी मौसेरी बहनें थीं जो मौसा-मौसी के साथ एक बार मेरे यहाँ आकर महीना-भर रही थीं। फिर भी मैं जानता था कि आसपास कई लोग ऐसे हैं जिनके मन में मेरी कुछ ऐसी तसवीर बनी हुई है—मैंने स्वयं यह तसवीर अपने अकेलेपन

की दलील के तौर पर बन जाने दी थी। पर इसके पीछे जो वास्तविकता थी, उसे शोभा भी अब उतनी ही अच्छी तरह जानती थी जितना कि मैं। बल्कि यह जानकर कि मेरी असली तसवीर उस प्रचारित तसवीर से काफी अलग है, उसे कुछ निराशा ही हुई थी। वह अपने प्रभाव से मेरे जिस व्यक्तित्व को बदलने की बात मन में लेकर आई थी, उससे बिलकुल अलग एक व्यक्तित्व से उसका वास्ता पड़ा था। इस आदमी के नुक्स उतने बाहर के नहीं थे कि उन्हें आसानी से ठीक किया जा सकता। इसके ज़्यादा नुक्स अन्दर के थे जिन्हें लेकर शायद कुछ भी नहीं किया जा सकता था।

खुरजा से आया पहला पत्र उसने मुझे पढ़ने को दे दिया था—बिलकुल चुपचाप। मैंने भी चुपचाप पढ़कर एक तरफ रख दिया था। तब तक हम लोग उस मुकाम पर पहुँच चुके थे जहाँ ज़्यादा बातें मुँह से न कहकर खामोशी से कही जाती थीं।

"तुम बिलकुल चुप हो गए हो," उस समय खड़े-खड़े वह कुछ देर प्रतीक्षा करने के बाद बोली, "तुम्हें शायद लग रहा है कि मैं सिर्फ तुम्हें परेशान करने के लिए यह बात कह रही हूँ। लेकिन ऐसा नहीं है। मैं सचमुच जाना चाहती हूँ।"

"कितने दिनों के लिए ?" मैंने कोशिश की कि उसकी आँखों से उसका वास्तविक आशय जान सकूँ।

"यह मैं अभी नहीं कह सकती। वहाँ जाकर देखूँगी कि कितने दिन मन लगता है।"

"उन्होंने तुम्हें लिखा है वहाँ आने के लिए ?" मुझे पता था कि कुछ दिन पहले खुरजा से एक और पत्र आया था। वह पत्र उसने मुझे नहीं दिया था। मैंने भी तब से उसका ज़िक्र ज़बान पर नहीं लाया था।

"हाँ...मैंने उन्हें लिखा था कि मैं कुछ दिनों के लिए आना चाहती हूँ। वहाँ से पुष्पा का जवाब आया था कि मैं जब चाहूँ, आ जाऊँ। बाऊ जी और बी जी दोनों ने अपनी तरफ से लिखवाया था कि मैं मन में किसी तरह का संकोच न रखूँ—वे मेरी स्थिति को समझते हैं और उन्हें हम दोनों से मिलकर खुशी होगी।"

"तुमने उन्हें दोनों के वहाँ आने की बात लिखी थी ?"

"नहीं। मैंने सिर्फ अपने लिए लिखा था। उन्होंने लिखा था दोनों के लिए।"

"तो इसीलिए तुम चाहती हो कि... ?"

"मैं तुम पर ज़ोर नहीं देना चाहती। मैं उन्हें समझा दूँगी कि तुम्हें स्कूल से आसानी से छुट्टी नहीं मिलती, इसलिए तुम नहीं आ सके।"

अब मुझे सन्देह नहीं रहा कि वह वास्तव में ही जाना चाहती है। "तुम कब जाने की सोचती हो ?" मैंने हल्के से आँखें झपकाते हुए पूछ लिया।

"कल शाम की बस से।"

"तो ठीक है। जब तुमने तय कर ही लिया है, तो मैं तुम्हें रोकना नहीं चाहूँगा।"

"इसका मतलब यही है न कि तुम साथ नहीं चलोगे ?" उसकी गरदन थोड़ी कस गई।

"तुम जानती ही हो कि इन दिनों···।"

"ठीक है। तुम घर चलो। मैं अभी माल से तार देकर आती हूँ।"

सड़क के मोड़ पर मुझसे अलग होकर वह माल की चढ़ाई पर चल दी। मेरे मन में कहीं ख्याल था कि शायद वह अभी तार न दे–लौटकर उस बारे में थोड़ी और बात करे। पर पौन घण्टे के बाद जब वह आई, तो तार की रसीद उसके हाथ में थी। रात को सोने से पहले हममें थोड़ी-सी ही और बात हुई। खाना खाकर हम रोज़ की तरह बरामदे में आमने-सामने की सोफा-चेयर्ज़ पर बैठे थे। "तुमने जालन्धर पता दे दिया है कि तुम खुरजा जा रही हो ?" काफी देर की चुप्पी के बाद मैंने उससे पूछ लिया।

"मुझे वहाँ से कभी पत्र आता है जो मैं वहाँ पत्र लिखूँगी ?" उसने बाहर के अँधेरे को देखते हुए कहा, "अगर मैं उन्हें लिखती भी, तो ज़्यादा सम्भव यही था कि वे मुझे उत्तर न देते। मैं पिताजी के स्वभाव को अच्छी तरह जानती हूँ।"

"फिर भी···।"

"जैसे वह बात मैंने अपनी मर्ज़ी से तय की थी, वैसे ही यह भी तय की है। न उस बार उनसे इजाज़त ली थी, न इस बार लेना चाहती हूँ।"

कुछ देर फिर खामोशी रही। दोनों की आँखें स्याह कांचों पर रुकी रहीं। फिर वह बिस्तर में जाने के लिए उठने लगी तो मैंने उससे कहा, "तुम अब जा रही हो, तो मुझे तुमसे कुछ पूछना नहीं चाहिए। पर मैं अब तक नहीं समझ पाया कि खुरजा जाने की बात अचानक तुम्हारे मन में आई कैसे ?"

वह शाल समेटती हुई खड़ी हो गई थी, "बात खुरजा जाने की नहीं, यहाँ से जाने की है," उसने कहा, "और कितनी जगहें हैं जहाँ मैं जा सकती हूँ ?

"पर यहाँ से जाने की ही बात–इस तरह अचानक मन में कैसे आ गई ?"

"क्योंकि मैं कहीं भी जाना चाहती थी–और यह बात मेरे मन में अचानक ही नहीं आई।"

"लेकिन···।

"तुम भी जानते हो कि यह ज़िन्दगी तुम्हें रास नहीं आती–उसी तरह जैसे मुझे नहीं आती। तुम जिस तरह की ज़िन्दगी के आदी रहे हो, तुम्हें फिर वही ज़िन्दगी जीने को मिल जाएगी, बिलकुल अकेलेपन की–कम से कम कुछ दिनों के लिए। मैं भी वहाँ रहकर देख लूँगी कि मुझे कौन-सी ज़िन्दगी बेहतर लगती है।"

अगले दिन शाम को मेरे स्कूल से लौटने तक उसने अपना सूटकेस तैयार

कर रखा था। बस के अड्डे पर मैंने उसे गाड़ी में बैठाया, तो उसके चेहरे से जल्दी से जल्दी आगे को चल देने की व्यग्रता झलक रही थी। जाने के बाद पहले पन्द्रह दिन उसने मुझे कोई पत्र नहीं लिखा। उसके बाद उसका एक पत्र आया था जिसमें लिखा था कि उस घर में उन लोगों ने उसे किसी तरह का फर्क महसूस नहीं होने दिया—वह आज भी वहाँ पहले जैसी सुविधा से रह रही है। ''बाऊजी तुमसे मिलने और बातें करने के लिए काफी उत्सुक हैं। तुम्हें कभी स्कूल से तीन-चार दिन की छुट्टी हो और तुम्हारा मन हो, तो चाहे चले आना। पर आने के लिए खास छुट्टी लेने की ज़रूरत नहीं।'

उसी पत्र का उत्तर था जो इतने दिनों से कागज़ पर नहीं लिखा जा रहा था। जिस नए कागज़ पर लिखना शुरू किया था, उसका हुलिया इस बीच लकीरें खींच-खींचकर बिगाड़ दिया था। उसे भी मसलकर टोकरी में फेंकते हुए मैंने घड़ी में वक्त देखा। सवा नौ। नींद आने में अब भी तीन घंटे बाकी थे। सोचा कि सोने से पहले पत्र पूरा करने के लिए कुछ सिगरेट ले आना ज़रूरी है। मैंने उठकर कमरे को ताला लगाया और घर से बाहर कच्ची सड़क पर आ गया। लेकिन कोने के खोखे से सिगरेट खरीदने के बाद घर की तरफ नहीं मुड़ा। उसी सड़क पर टहलता हुआ आगे निकल गया।

अंधेरी सड़क। खड्ड से गुज़रते नाले की आवाज़। चुभती हवा।

कुछ दूर आगे नाले का पुल था। वहाँ पहुँचकर मैं पुल की मुंडेर पर बैठ गया। बैठने से नीचे के पत्थर थोड़ा सरके, फिर नई जगह जम गए। वह मुंडेर मेरे लिए घर से बाहर एक घर की तरह थी। जिन दिनों शोभा घर पर थी, उन दिनों भी कितनी बार रात को वहाँ जा बैठा करता था। उन पत्थरों की ठण्डक से अन्दर की गर्मी कुछ कम हो जाती थी, मन का तनाव कुछ हल्का पड़ जाता था। कई बार जूता-मोज़ा उतारकर पैर भी मैं ठण्डी ज़मीन पर रख लेता था जब लगता था कि अन्दर की काफी गर्मी ज़मीन ने सोख ली है, तो वहाँ से उठ आता था। शोभा मेरे लौटने से पहले सो चुकी होती थी। मैं कपड़े बदलकर चुपचाप अपने बिस्तर में दाखिल हो जाता था। वह अगर इससे जाग जाती, तो कोशिश करती थी कि मुझे उसके जागने का पता न चले। नींद आने तक हम दो अजनबियों की तरह दम साधे पड़े रहते थे। शायद दोनों को यह आशा रहती थी कि कभी किसी दिन कुछ ऐसा होगा जिससे वह गतिरोध टूट जाएगा—और उस आशा तथा तनाव की स्थिति में ही दोनों सो जाते थे। वह बाएँ बिस्तर पर बाईं करवट, मैं दाएँ बिस्तर पर दाईं करवट। कभी गलत करवट में एक का हाथ दूसरे से छू जाता, तो एक शब्द से उसकी गलतफहमी दूर कर दी जाती, ''सॉरी !' हर पखवारे में तेरह दिन यही सिलसिला चलता था। जिस रात नहीं चल पाता था, उस रात दोनों के मन में एक अतिरिक्त घुटन और

उदासी घिर आती थी। जैसे एक लम्बे अनचाहे सफर में किसी अनचाही जगह से अनचाहा खाना खा लेने के बाद। अगली सुबह दोनों की आँखें पहले से ज़्यादा कसी होती थीं, जैसे कि रात को जो कुछ हुआ, वह अपनी वजह से नहीं, दूसरे की वजह से था। फिर भी शब्दों में यह बात दोनों एक-दूसरे से नहीं कहते थे।

मुंडेर उस समय कुछ ज़्यादा ही ठण्डी थी—हल्का-हल्का कोहरा घिरे रहने के कारण। पर हाथ-पैरों में इतनी जलन भर रही थी कि वहाँ बैठकर भी राहत नहीं मिली। वह सवाल जो हर समय मन में बना रहता था, उस समय भी नसों को कुरेद रहा था। सवाल नहीं, संकट। अपनी ही इच्छा और ज़िम्मेदारी से हम लोगों ने अपने लिए एक परिस्थिति खड़ी कर ली थी, जिससे उबरने का उपाय दोनों को ही नहीं आता था। इसके बाद साथ रह सकना लगभग असम्भव था, पर सम्बन्ध-विच्छेद की बात दोनों अपने-अपने कारणों से ज़बान पर नहीं ला पाते थे। शोभा के लिए प्रश्न था विरोधी परिस्थितियों में लिए गए अपने निर्णय का मान रखने का, मेरे लिए पहले की बनी अपनी गलत तसवीर को सही साबित न होने देने का। दोनों के लिए इस उपाय को अपनाने का अर्थ था एक मानसिक संकट से बचने के लिए एक और मानसिक संकट मोल ले लेना। परन्तु ऐसा उपाय क्या कोई भी हो सकता था जो बिना किसी और संकट को जन्म दिए इस संकट से मुक्त कर दे ?

दो जोड़ी पैरों की आहट ने कुछ देर के लिए ध्यान बंटा दिया। दूर की मद्धिम-सी बत्ती की रोशनी में दो धुंधली आकृतियाँ पास को आ रही थीं—चेरी और उसकी पत्नी लारा। एक मन हुआ कि जल्दी से वहाँ से उठ जाऊँ। वे लोग पास आएँ, इससे पहले ही उसी रुख में आगे को चल दूँ। उन दोनों की खास आदत थी कि रात को खाना खाने के बाद उसी सड़क पर घूमने निकलते थे। शायद इसलिए कि स्कूल के आसपास वही सड़क सबसे एकान्त थी—या कि शादी से पहले शाम को उसी सड़क पर टहला करते थे, इसीलिए अब भी अपने रोमांस की याद ताज़ा रखने के लिए रोज़ एक चक्कर उधर का लगा लेना अपना फर्ज़ समझते थे। पहले भी एक-दो बार उस जगह बैठे हुए उसी तरह उन लोगों से मुलाकात हो चुकी थी। चेरी हर बार एक ही सवाल पूछता था, "और तुम्हारी वह कहाँ है ?" फिर चलते-चलते फिकरा कस देता था, "उसे घर पर छोड़कर अकेले घूमने निकल आते हो, शरम नहीं आती ?" यह वह सिर्फ मुझे छेड़ने के लिए कहता था, या साथ अपनी बीवी को अपनी वफादारी का विश्वास दिलाने के लिए, पता नहीं। मुझे हर बार उसके पास से गुज़रने से कोफ्त होती थी। खास तौर से इसलिए कि कुछ दूर आगे निकल जाने पर उसकी जो हँसी सुनाई देती थी, वह मुझे लगता था कि मुझी को लेकर है। तब मैं मन में उस हँसी के तरह-तरह के मतलब निकालने लगता था—सोचने लगता था कि हँसने से पहले लारा के कन्धे पर हाथ रखे हुए उसने क्या बात कही

होगी। पर वे लोग इतना पास आ गए थे कि मन में उठने की तैयारी कर लेने के बाद भी मैं वहाँ से उठ नहीं पाया। एक सज़ायाफ्ता आदमी की तरह चुपचाप अपनी सज़ा को सिर पर आते देखता रहा। उन लोगों ने भी देख लिया था कि मैं वहाँ पर हूँ, क्योंकि उनकी आपसी बातचीत रुक गई थी। मैंने सोचा कि ज़रूर लारा ने चेरी को हल्के से कुहनी लगा दी होगी, क्योंकि अपने आप बात करने से रुक जाना चेरी के स्वभाव में नहीं था। वह बोलने लगता था, तो बिना विराम, अर्ध विराम के बोलता ही जाता था—या दूसरे को उसे याद दिलाना पड़ता था कि बोलने के अलावा भी कुछ काम करने को है। उसकी आवाज़ भी ऐसी थी कि पचास गज़ से उसका कहा एक-एक शब्द सुना जा सकता था—यहाँ तक कि जो कुछ वह धीरे से फुसफुसाकर कहता था, वह भी साधारण आदमी की साधारण बात जितना ऊँचा तो होता ही था। अपनी आवाज़ की इस पहुँच को जानने के कारण पाँच-सात गज़ दूर से ही उसने अपना फंदा मेरी तरफ फेंक दिया, "क्यों पट्ठे, अब भी अकेली सैर का शौक गया नहीं ?"

मैं मुंडेर से उठ खड़ा हुआ। स्कूल के शिष्टाचार का पालन स्कूल से बाहर भी करते रहने की आदत हो गई थी। "खाना खाने के बाद हाज़मा दुरुस्त करने निकले हो ?" मैंने उसकी बात को हंसी में उड़ा देने की कोशिश की।

"इस स्कूल का खाना किसी को हज़म होता है ?—चाहे आदमी कितनी कोशिश कर ले !" उसने ठहाका लगाया। लारा इससे गम्भीर हो गई, "अगर नहीं होता, तो इसकी ज़िम्मेदारी तुम्हीं पर है," वह बोली, "तुम्हीं तो सबके लिए खाना बनवाते हो।"

चेरी और भी हँसा, "औरतें बहुत समझदार होती हैं," उसने कहा, "तुम नहीं मानते ?"

"इतना मानता हूँ कि लारा बहुत समझदार है।"

"फिर भी इतनी समझदार नहीं कि सही और गलत आदमी में फर्क कर सके। यह तुम्हें भी उन्हीं में से एक समझती है। इसलिए तुम्हारे सामने भी बात का भरम बनाए रखना चाहती है।" फिर लारा की गरदन को उंगली से सहलाते हुए उसने कहा, "सक्सेना उसके ताबूतों में से नहीं है, माई डियर ! यह खालिस आदमी है। यह और बात है कि अब पहले की तरह हंसता नहीं, पर इस स्कूल में रहकर किसकी हँसी खुश्क नहीं हो जाती ?" और जैसे इतने से ही लारा को निश्चिन्त करके मुझसे बोला, "तुमने अच्छा किया जो बीवी को यहाँ से भेज दिया। हम लोगों को तो यहाँ रहकर यहाँ का नरक भोगना ही है, बीवियाँ बेचारी भी क्यों साथ यह नरक भोगती रहें ? मैं तो खुद लारा से कहता हूँ कि···"

"यह मुझे यहाँ से भेजकर मुझसे छुट्टी पाना चाहता है," लारा जल्दी से बात

को समाप्त करने के लिए बोली, "पर मैं इसे इस तरह छुट्टी देने की नहीं।...अच्छी ठण्डी शाम है आज। मैं और किसी शाम घूमने निकलूँ या न निकलूँ, इतवार की शाम को खाना खाने के बाद ज़रूर कुछ देर टहल लेना चाहती हूँ।"

"पादरी बेन्सन का सर्मन हज़म करने के लिए बहुत ज़रूरी होता है यह—क्या कहते हो ?" चेरी फिर हंसा, "वह आदमी पता नहीं इतना सब कैसे अपने पेट में भरे रहता है !"

"आओ, चलें !" लारा ने उसकी बाँह पर दबाव दे दिया।

"अच्छा, गुड नाइट !" चेरी जैसे मजबूर होकर उसके साथ चलता हुआ बोला, "अपनी बीवी को खत लिखो, तो हमारी तरफ से प्यार लिख देना।"

"ज़रूर। गुड नाइट !"

"गुड नाइट !"

उन लोगों के आगे बढ़ जाने के बाद मैं वापस मुंडेर पर नहीं बैठा। कुछ देर सिगरेट सुलगाने के बहाने रुका। फिर वहाँ से लौट पड़ा। कोहरे में ढँकी अपने घर की छत दिखाई देने लगी, तो फिर एक बार पाँव रुक गए। छत पर कोहरे के गोले इस तरह बैठे थे कि घर एक मकबरा-सा नज़र आ रहा था। मुझे लगा कि पगडण्डी से उतरकर मुझे अब मकबरे के अन्दर अपने ताबूत में जा लेटना है। मन में उन दिनों का अहसास ताज़ा हो आया जब अभी शादी नहीं की थी। तब भी वह घर मुझे एक बन्द तहखाने की तरह लगा करता था जहाँ उतरकर जाते मन में एक दहशत भर जाती थी। घर के बाहर उस पगडण्डी के पास रुककर मन को अन्दर जाकर बन्द हो रहने से ज़्यादा राहत महसूस होती थी। तब लगता था कि यह शायद अकेलेपन की वजह से है। घर के अन्दर जो कुछ था, उससे अकेले मन में कोई रिश्ता ही नहीं बैठता था। वह सब जैसे अपनी जगह पर था, मुझसे अलग और बेजोड़। पर वह सब था ही, इसलिए उसे और उसके अन्दर अपने को बरदाश्त करना होता था। शोभा को जब पहली बार अपने साथ घर पर लाया था, तो उससे यह बात कही भी थी। वह सुनकर गम्भीर हो गई थी—कुछ भावुक भी—हालाँकि उसकी भावुकता से उस समय भी मुझे चिढ़ हुई थी, "तुम इन सब चीज़ों से छुटकारा पाना नहीं चाहते, सही माने में अपने लिए घर चाहते हो," उसने कहा था। मुझे उसकी बात पर विश्वास हुआ हो, ऐसा नहीं। पर मैंने चाहा था कि विश्वास हो सके। उसे पहली बार बाँहों में लेकर चूमते हुए मैंने आसपास की सब चीज़ों के साथ एक रिश्ता महसूस करने की कोशिश की थी। फिर भी मन उसी तरह उखड़ा रहा था। तब अपने को समझाया था—धीरे-धीरे आदत हो जाने से शायद दूसरी तरह महसूस होने लगे। फिर शोभा के साथ प्यार में डूबकर उस बात को मन से निकाल दिया था। बाद में अपने बालों में कंघी करते हुए उसने कहा था, "यह कैसी कंघी रख रखी

है तुमने ? मैं कल तुम्हें एक नई कंघी खरीदकर दूँगी। ऐसी टूटी-फूटी चीज़ें घर में होने से किसका मन उचाट नहीं होता ?'' फिर दोनों कमरों की पूरी जाँच-पड़ताल के बाद एक बार उसने सिहरने की तरह सिर हिला दिया था। ''क्या-क्या कूड़ा भर रखा है तुमने यहाँ ! मैं आकर पहला काम करूँगी कि यह सामान उठवाकर इसकी जगह नया सामान मँगवाऊँगी।'' पर मेरे यह बताने पर कि नए सामान के लायक पैसे मेरे पास नहीं हैं और कि स्कूल से दूसरा सामान मिलेगा नहीं, वह काफी उदास होकर वहाँ से गई थी।

कुछ था जिससे मैं छुटकारा चाहता था। उस कुछ का दबाव शोभा के आने से पहले भी था, शोभा के साथ रहते भी था, अब भी था। वह कुछ क्या था ?

कच्...पहली नवम्बर की बची-खुची बरफ का एक लौंदा तो तब तक पैर को सहारे था, अचानक हल्की आवाज़ के साथ दब गया। यूँ आसपास की सारी बरफ तब तक पिघल चुकी थी, पर झाड़ियों के कोनों में यहाँ-वहाँ कुछ लौंदे बचे रह गए थे। इस डर से कि पैर फिसल न जाए, काफी बच-बचकर पगडण्डी से उतरना होता था। ऊपर आते हुए उस तरफ ध्यान नहीं था, इसलिए बचाव की ज़रूरत महसूस नहीं हुई थी। पर अब काफी ध्यान से अंधेरी पगडण्डी पर आँखें गड़ाए मैं उतरकर गैलरी तक आया। मन में तब फिर वही सवाल कौंध गया—अब ?

जीने से ऊपर आकर दरवाज़ा खोला और कमरे की बत्ती जला दी। वही सब चीज़ें, अपने-अपने कोने में रखी फिर एक बार सामने चमक गईं।

मैं कुछ देर कमरे के बीचोंबीच रुका रहा। क्या वास्तविक समस्या इस सबसे—इस सबके बीच अपने को ढोने की बेबसी से—छुटकारा पाने की नहीं थी ?

मुझे लगा कि जिस चीज़ का एक हल होना चाहिए था, उसका दूसरा हल खोजकर मैंने स्थितियों को बहुत उलझा दिया है। सिर्फ अपने लिए ही नहीं, शोभा के लिए भी। यह मैंने कैसे सोच लिया था कि जिस चीज़ को मैं अकेला रहकर नहीं सुलझा सका, वह शोभा के आ जाने से अपने आप सुलझ जाएगी ? यह क्या खुद को डूबने से बचाने के लिए दूसरे डूबते व्यक्ति का कन्धा थामने की तरह नहीं था ? और जिस दृष्टि से शोभा का सहारा ढूँढ़ा, उसी दृष्टि से उसने भी मेरा सहारा ढूंढ़ा—इसके लिए क्या मैं उसे दोष दे सकता था ?

पर अब जो भी वस्तुस्थिति थी, उसके बीच से ही तो हल ढूँढ़ना था। अगर ज़िन्दगी में एक की जगह दो गांठें कस गई थीं, तो दोनों को ही तो एक-एक करके खोलना था।

लेकिन कैसे ?

दोनों चीज़ें सामने थीं। स्कूल के जूनियर हिन्दी मास्टर के रूप में ज़िन्दगी मेरी अपनी ज़िन्दगी नहीं थी। मुझे इसे लेकर कुछ करना था। शोभा के पति के

रूप में ज़िन्दगी भी मेरी अपनी ज़िन्दगी नहीं थी। उसे लेकर भी कुछ करना था।

लेकिन क्या ?

स्कूल से त्यागपत्र दे देने से शोभा के साथ अपने सम्बन्ध की स्थिति हल नहीं हो सकती थी। शोभा से अपने को काट लेने से स्कूल की यन्त्रणा से नहीं बचा जा सकता था। तो क्या आवश्यक यह नहीं था कि दोनों कदम साथ-साथ उठाए जाएँ ?

लेकिन क्या यह सम्भव था ? और क्या सचमुच इससे कुछ हासिल हो सकता था ?

पास में इतने साधन नहीं थे कि बिना नौकरी के चार महीने भी जिया जा सके। कभी रहे ही नहीं थे। आगे कभी रहेंगे, इसकी भी सम्भावना नहीं थी। तो एक नौकरी छोड़कर दूसरी की तलाश—इसका अर्थ क्या यही नहीं था कि इस दूसरे की ज़िन्दगी न जीकर उस दूसरे की जी जाए ? कुछ दिन बेकार रहने के बाद उस दूसरे की ज़िन्दगी ढोने की जगह इसी ज़िन्दगी को ढोते जाना क्या बुरा था ?

यही बात शोभा के साथ अपनी ज़िन्दगी को लेकर भी थी।

तो इसका अर्थ क्या यह था कि दोनों स्थितियों को चुपचाप स्वीकार करके सब कुछ जैसे चल रहा था, उसे वैसे ही चलने दिया जाए ?

उसके लिए अपेक्षित था कि शोभा को पत्र लिखकर बुला लिया जाए। या खुद जाकर उसे ले आया जाए। क्या इसके लिए मैं अपने को तैयार कर सकता था ?

मैंने दोनों कमरों पर—अर्थात् कमरे और ग्लेज्ड बरामदे पर—नज़र दौड़ाई। सोचा कि अगर शोभा वहाँ आ जाए और वे सब चीज़ें वहाँ न रहें, तो कुछ हो सकता है ? लगा कि कुछ नहीं हो सकता। कमरे अगर खाली हो जाएँ, तो उन दीवारों को लेकर ही उलझन बनी रहेगी। दीवारों के अलावा शोभा को लेकर। उसके अलावा अपने को लेकर।

तो क्या इसका हल एक यही था कि··· ?

मैंने अपने को रोका। मन को मैं आत्महत्या की पटरी पर नहीं चलने देना चाहता। इसलिए कि उसका कुछ अर्थ नहीं था। मैं जानता था कि मैं किसी भी स्थिति में आत्महत्या नहीं कर सकता। मैं हर स्थिति के परिणाम को स्वयं देखना चाहता था—और जिसमें देखना न हो, उस परिणाम की कल्पना ही मुझे झूठ लगती थी।

तो ?

माथे की नसें बुरी तरह खिंच गई थीं। हर बार पलकें झपकने पर आँखों की गर्मी पलकों को महसूस होती थी। मन हो रहा था कि हाथों में कुछ हो जिसे जोर से फर्श पर पटक दिया जाए, या सामने दीवार पर दे मारा जाए।

पर आसपास जितना सामान था वह अपना नहीं था। उसे फेंकने और तोड़

देने का मुझे कोई अधिकार नहीं था।

फिर भी मैंने एक-एक चीज़ को देखा कि कौन-कौन-सी चीज़ इतनी पुख्ता है कि फेंकने से टूटे नहीं ? या इतनी नरम ? दो तकिए थे। एक पीतल की ऐश-ट्रे। एक पेपरवेट। एक प्लास्टिक का मग। मगर प्लास्टिक का मग ज़ोर से फेंकने से टूट भी सकता था। मैंने उन सब चीज़ों को सिर्फ देखा ही। हाथ से छुआ नहीं। फिर बरामदे में आकर सोफा-चेयर के पास खड़ा हो गया। जिन दिनों अकेला रहता था उन दिनों दोनों सोफा-चेयर्ज़ को घसीटकर उनकी स्थितियाँ बदलता रहता था। शोभा के आने के बाद से यह कमरा बन्द कर दिया था। सोचा कि अगर दोनों सोफा-चेयर्ज़ को उठाकर खिड़की के रास्ते नीचे खड्ड में फेंक दूँ, तो तनखाह में से कितने पैसे कटेंगे ? पर इसका हिसाब लगाने से पहले ही इरादा छोड़ दिया। एक तो उन दोनों का वज़न ही इतना था कि उन्हें उठाना मुश्किल था। दूसरे खिड़कियाँ छोटी थीं। तीसरे उस बारे में सोचना सिर्फ तरद्दुद ही था, क्योंकि करना तो मुझे वह था नहीं। हालाँकि कर सकता, तो कुछ देर के लिए मन थोड़ा हल्का हो जाता। साथ के पोर्शन से कोहली अपनी लुंगी बांधता हुआ निकल आता, नीचे के क्वार्टर से गिरधारीलाल अपने पाजामे का नाड़ा कसता हुआ, 'क्या हुआ है ? क्या हुआ है ?' के शोर में अन्दर की हलचल कुछ देर के लिए डूब जाती।

थकान के मारे बैठ जाने को मन था, पर जैसे किसी चीज़ का विरोध करने के लिए मैं चुपचाप खड़ा रहा। फर्श पर एक अधमरा तिलचट्टा रेंग रहा था। सोचा यह वही तिलचट्टा होगा जो थोड़ी देर पहले, जब मैं चिट्ठी लिखने की कोशिश कर रहा था, खिड़की के कांचों से टकरा रहा था। अब भी रेंगते-रेंगते वह बीच में थोड़ा फुदक लेता था, फिर कुछ देर मरा-सा होकर पड़ रहता था, और तब फिर रेंगने लगता था। फिर एक बार खिड़की तक उठने की कोशिश कर लेना चाहता था हालाँकि उठान उसकी अब छः-आठ इंच से ऊपर नहीं जाती थी। बाहर बिलकुल सन्नाटा था। अन्दर की ही तरह। गिरधारीलाल के क्वार्टर की बत्तियाँ बुझ चुकी थीं। कोहली के यहाँ सिर्फ एक बत्ती जल रही थी—अन्दर के बड़े कमरे की। वही जो रोज़ सारी रात जलती रहती थी। पहली बीवी के मरने के बाद जब से वह शारदा को लेकर आया था, तभी से। ठक्...ठक्...ठक्...शारदा फिर गुसलखाने की तरफ जा रही थी। वे लोग अभी सोए नहीं थे। शायद उनमें अभी सोने के पहले झगड़ा चल रहा था। मैंने कल्पना की कि अपनी आरामकुर्सी पर बैठे हुए कोहली का चेहरा कैसा लग रहा होगा और फिर से अपनी लिखने की मेज़ के पास आ गया। तिलचट्टा तब तक रेंग-रेंगकर न जाने कहाँ चला गया था। 'वह ज़रूर मर गया होगा,' मैंने सोचा और एक नया कागज़ निकालकर सामने रख लिया—प्रिय शोभा...।"

हाथ फिर रुक गया। लगा कि मैं गलत सिरे से शुरू कर रहा हूँ। शोभा के

और अपने बीच की स्थिति को सुलझाने की बात बाद में आती थी। उससे पहले सुलझाने की स्थिति दूसरी थी।

मैं कुछ देर अपने निचले होंठ को दो नाखूनों के बीच मसलता रहा। थोड़े-थोड़े वकफे में सुनाई देती हँसी की आवाज़ बाहर के सन्नाटे को तोड़ रही थी। चेरी और लारा स्प्रिंगडेल के चौराहे तक जाकर अपने क्वार्टर की तरफ लौट रहे थे।

मुझे लगा कि मैं किसी चीज़ को धकेलकर खिड़की तक ले आया हूँ। वह चीज़ भारी है, खिड़की छोटी है, फिर भी यही एक क्षण है जब अपने को उससे मुक्त किया जा सकता है। एक बार उस वज़न को ऊपर तक उठा लेने की ज़रूरत है, खिड़की के चौखटे को ज़रा-सा तोड़ देने की, और बस। उसके बाद कोई आवाज़ नहीं होगी, किसी को पता भी नहीं चलेगा और मन पर कसी हुई एक गांठ खुल जाएगी—कम से कम एक दबाव से तो मन को निजात मिल ही जाएगी। उसके बाद जो जैसे सामने आएगा, देख लिया जाएगा।

हँसी की आवाज़ धीरे-धीरे दूर जाकर खामोश हो गई थी। पेड़ों की सांय-सांय के साथ खड्ड में गिरते नाले की आवाज़ ने फिर पूरे वातावरण को छा लिया था। बाहर की धुंध से खिड़की के स्याह कांचों पर हल्की सफेदी उभर आई थी।

खटाक्···गुसलखाने का दरवाज़ा बन्द हुआ और खट्···खट्···खट्···शारदा अपने कमरे में लौट आई।

चिंग-चिंग-चिंग···तिलचट्टा अभी मरा नहीं था। मेज़ के नीचे पैरों के पास आकर वह लगातार गोल घूम रहा था। झिर्र-झिर्र-झिर्र···चिंगचिंग चक्··· ! मैंने उसे जूते से मसल दिया। पैर हटाया, तो वह सीधा होने की कोशिश में ऊपर उठी टाँगों को बेतहाशा पटक रहा था। मैंने हल्की ठोकर से उसे परे फेंक दिया। कुछ देर प्रतीक्षा की, लेकिन उसके बाद उसकी हल्की-सी भी झिर्र-झिर्र सुनाई नहीं दी तो एक नया कागज़ लेकर उस पर लिखना शुरू किया :

"दि हेडमास्टर, फादर बर्टन स्कूल···।"

डर

अगली सुबह काफी सर्द थी।

अपना त्यागपत्र मैं क्लासें शुरू होने से पहले मिस्टर व्हिसलर की मेज़ पर छोड़ आया था। उस समय चेपल की घण्टियाँ बज रही थीं, इसलिए दफ्तर में सिवाय

चपरासी फकीरे के और किसी से सामना होने की सम्भावना नहीं थी। ख्याल था कि अभी एकाध दिन शायद स्टाफ में किसी को इसका पता नहीं चलेगा। पर ग्यारह बजे टी ब्रेक में सब लोग कामन रूम में जमा हुए, तो लगा कि कम से कम चार व्यक्ति तब तक उस बात को जानते हैं—बर्सर बुधवानी, हेड क्लर्क पार्कर, मिसेज़ पार्कर और एकाउंटेंट गिरधारीलाल।

रात का कोहरा सुबह तक घना होकर बरफानी बादल में बदल गया था, हालाँकि बरफ पड़नी अभी शुरू नहीं हुई थी। हर हाथ की प्याली से उठती भाप मुँह की भाप से टकराकर कुछ ऐसा आभास देती थी जैसे सीधे भाप की ही चुस्कियाँ ली जा रही हों। बड़े सोफे पर और उसके आसपास महिलाओं का जमाव था। उस जमाव में बॉनी हाल स्टाफ की एकमात्र कुंवारी मेट्रन होने के नाते सबसे ज़्यादा चहक रही थी। वह कान खोले जैसे हर बात को दबोचने के लिए तैयार रहती थी और ज्योंही बात कानों तक पहुँचती थी, एकाएक खिल-खिलाकर हँस उठती थी। आँखें उसकी पूरे कमरे में तफरीह कर रही थीं। यह बॉनी हाल की खासियत थी कि वह जिस किसी भी समुदाय में हो, उस समुदाय के हर व्यक्ति को अपनी तरफ देखती जान पड़ती थी। उसकी आँखें एक टिड्डे की तरह यहाँ से वहाँ और वहाँ से यहाँ फुदकती रहती थीं।

कोहली और जेम्स हमेशा की तरह साथ-साथ एक कोने में खड़े थे। जैसे कि वे लोग स्टाफ के सदस्य न होकर बाहर से आए मेहमान हों या ऐसे दर्शक जिन्हें बाहर देखकर चाय पीने के लिए अन्दर बुला लिया गया हो। उनसे थोड़ा हटकर दूसरे ग्रुप में चारों हाउस-मास्टर एक दूसरे से सटकर खड़े किसी गम्भीर मसले पर बात कर रहे थे। मिसेज़ पार्कर एक अलग कुर्सी पर बैठी अपनी कापियाँ जाँच रही थी। उसकी कापियों का कुछ ऐसा सिलसिला था कि हर समय जाँचते रहने पर भी वे कभी पूरी जाँचने में नहीं आती थीं। हर बार हाथ की कापी हटाकर दूसरी कापी उठाने पर वह एक उसांस छोड़ लेती थी।

बुधवानी, पार्कर और गिरधारीलाल तीनों अलग-अलग खड़े थे—पूरे कमरे में यहाँ से वहाँ चक्कर काटते हुए वे मेरे काफी नज़दीक आ गए थे। फिर भी तीनों मुझसे और एक-दूसरे से इतना फासला बनाए हुए थे कि यह न लगे कि उनके उस तरह खड़े होने का कोई खास मतलब है। मुझे लग रहा था कि उनमें से हर एक मुझसे अलग से बात करना चाहता है और इस प्रतीक्षा में है कि दूसरे दो ज़रा परे हट जाएँ, तो वह दो कदम और पास चला आए।

उन तीनों ने—बल्कि मिसेज़ पार्कर समेत चारों ने—बीच में कई-कई आदान-प्रदान चाहती नज़र से मुझे देख लिया था। मगर ऊपर से हर एक अपनी गम्भीरता और उदासीनता बनाए हुए था। पहले दो-एक बार उस तरह देखे जाने से मुझे असुविधा

हुई थी। पर बाद में मैंने स्वयं खोजना शुरू कर दिया था कि उन चार के अलावा क्या कोई और भी है जो उस तरह मुझसे आँख मिलाना चाहता हो।

महिलाओं के वर्ग में उस समय मौसम और आने वाली छुट्टियों को लेकर बात हो रही थी। वहाँ से डोरी थामकर बुधवानी ने दूर से ही मुझसे बात का सिलसिला शुरू करने की कोशिश की, "असली जाड़ा उतर आया है आज तो। इसके बाद लगता है टेम्परेचर रोज़-रोज़ गिरता जाएगा। छुट्टियों से पहले अब धूप नहीं निकलेगी। क्या ख्याल है ?"

"इस बार काफी जल्दी बरफ पड़ने लगी है," मैंने कहा, "एक बरफ पहले पड़ चुकी है, एक आज पड़ जाएगी। इसके बाद धूप अगर निकली भी, तो जाड़ा कम नहीं होगा।"

बुधवानी ने हाथ की प्याली रख दी और अपने को गरमाने के लिए अपने दोनों हाथ मलने लगा। "अच्छी खुली धूप के लिए हमें तीन महीने इंतज़ार करना पड़ेगा," उसने कहा, "मेरा ख्याल है छुट्टियों से पहले अभी दो-एक बरफें और पड़ेंगी—कम से कम एक तो ज़रूर ही पड़ेगी।"

"मेरा भी यही ख्याल है," मैंने अपने हाथ बगलों में दबा लिए। बुधवानी के हाथ उसकी जेबों में चले गए।

'आज बरफ पड़ गई, तो बाहर निकलने के लिए शाम बहुत अच्छी हो जाएगी।" वह मुस्कराया पर वह मुस्कराहट उसकी बात से जुड़ी हुई नहीं थी। वह हल्के-हल्के अपना होंठ काटकर अपनी उत्तेजना को छिपाना चाह रहा था। पर इससे उसकी उत्तेजना छिप नहीं पा रही थी। उस समय बुधवानी के अन्दर से उत्तेजित होने का अर्थ था कि वह मिस्टर व्हिसलर को उत्तेजित देखकर आया था। उसका चेहरा एक आईना था जिसमें हेडमास्टर के मन की हर प्रतिक्रिया का अक्स देखा जा सकता था। जब हैडमास्टर खुश रहता था, तो बुधवानी भी खुश नज़र आता था। पर जब हेडमास्टर की त्योरी चढ़ी रहती, तो बुधवानी के लिए भी चीज़ों का बरदाश्त करना मुश्किल हो जाता था। इसलिए पीठ पीछे लोग उसका ज़िक्र 'हेडमास्टर्ज माइंड' और 'हेडमास्टर्ज वायस' के रूप में करते थे। मिस्टर व्हिसलर को अच्छा-बुरा जो भी करना होता था, उसे मुँह से कहने की जिम्मेदारी बुधवानी पर ही आती थी। यूँ भी वह कुछ इस तरह अपने को हेडमास्टर के तौर-तरीके में ढाले रहता था—कपड़े पहनने से लेकर चलने तक के अन्दाज में—कि उसका अपना कोई अलग व्यक्तित्व नज़र ही नहीं आता था।—अगर किसी दूसरे की तरह सोचने, महसूस करने और व्यवहार करने को ही एक तरह का व्यक्तित्व न मान लिया जाए तो। जिस किसी से बुधवानी खासी बेतकल्लुफी से बात करता था, उसके बारे में यह निश्चित रूप से सोचा जा सकता था कि टोनी व्हिसलर आजकल उस आदमी पर खुश है। जिससे टोनी व्हिसलर

नाराज हों, उससे बेतकल्लुफी तो दूर, बुधवानी की बातचीत तक बन्द हो जाती थी। किसी खास चीज़ को लेकर टोनी व्हिसलर का क्या रुख है, इसकी काफी पहचान बुधवानी की मुस्कराहट या उसके होंठ हिलाने के अन्दाज से हो जाती थी। वह जिस भाव से उस समय मुझे देख रहा था, उसका अर्थ था कि मेरे त्यागपत्र को लेकर हेडमास्टर ने अभी कोई निश्चय नहीं किया था। निश्चय करने से पहले अभी मेरा मन टटोलने की ज़रूरत थी—क्योंकि बुधवानी की मुस्कराहट में मुस्कराने से ज्यादा टटोलने की ही कोशिश थी।

उसकी मुस्कराहट से जवाब में मैं भी मुस्कराया—उसके बढ़कर और पास आने की प्रतीक्षा में और उस विषय में पहली बातचीत की तैयारी के साथ। बुधवानी अपने कोट के कालर को उंगली और अंगूठे के बीच मसलता हुआ सचमुच मेरे बहुत करीब आ गया। यह देखकर कि अब उनके लिए मौका नहीं रहा, पार्कर और गिरधारीलाल अलग-अलग दिशा से कोहली के ग्रुप में जा शामिल हुए। मिसेज़ पार्कर ने माथे पर त्योरी डाले हाथ की कापी पर तीन जगह क्रास खींच दिए।

"तो ?" बुधवानी के हाथ जेबों से निकल आए और आँखें मेरी आँखों में खुभ गईं। अपनी नीची गर्दन को मेरी ऊँचाई तक लाने की कोशिश में उसने काफी धीमे स्वर में कहा, "यह क्या कर दिया तुमने ?"

"क्यों ?" अब मैंने हाथ बगलों से निकालकर जेबों में डाल लिए।

"पहले किसी से ज़िक्र तक नहीं किया और अचानक...?"

"बात इतनी महत्त्वपूर्ण नहीं थी कि मैं पहले किसी से ज़िक्र करता।"

"फिर भी...," उसने एक दोस्त की तरह मेरी कुहनी पर हाथ रख लिया। "...हेड ने अभी मुझे बताया, तो मुझे बहुत हैरानी हुई। मुझे विश्वास है कि तुम...कि तुम उस बात को लेकर बहुत गम्भीर नहीं हो।'

"बात अपने में ही ज्यादा गम्भीर नहीं है," मैंने अपनी कुहनी पर उसके स्पर्श से असुविधा महसूस करते हुए कहा, "मैं नौकरी छोड़ना चाहता था, इसलिए मैंने त्यागपत्र दे दिया है।"

बुधवानी ने एक बार आसपास देख लिया कि मेरे मुँह से निकले शब्द 'त्यागपत्र' ने किसी का ध्यान तो नहीं खींचा। फिर हल्के से अपना हाथ दबाकर बोला, "देखो, जब तक अन्तिम रूप से बात तय नहीं हो जाती, तब तक बेहतर है इस शब्द को जबान पर न लाओ। तुम तो जानते ही हो कि लोग किस तरह हर बात को लेकर तरह-तरह के मतलब निकालने लगते हैं।"

"ठीक है जहाँ तक मेरा सवाल है..."

"वह बात अभी देखने की है," कहते हुए उसने फिर एक बार पूरे कमरे का जायज़ा ले लिया—हाउस-मास्टरों का ग्रुप तब तक छितरा गया था। मिस्टर व्हाइट

और मिस्टर क्राउन बाहर चले गए थे और बाकी दोनों–मिस्टर ब्रैंडल और मिस्टर मर्फी–महिलाओं के बीच जा खड़े हुए थे। मिसेज़ ज्याफ्रे वहाँ कोई किस्सा सुना रही थी, जिससे सब लोग एक ठहाके में फूट पड़ने की तैयारी में थे।

"हेड तुमसे बात करना चाहते हैं," बुधवानी ने फिर मेरी तरफ मुड़कर कहा, "तुम्हारा छठा पीरियड आज खाली है न ?"

मैंने सिर हिला दिया।

"तो लंच के बाद हेड के कमरे में उनसे मिल लेना। उन्होंने बुलाया है। वे इस बात से काफी परेशान हैं कि बिना कारण ही तुमने..."

"कारण मेरे लिए अपने हैं। तुम जानते हो बिना कारण ऐसा कदम कोई नहीं उठाता।"

"कारण जो भी हों, तुम्हें उन पर हेड से बात कर लेनी चाहिए," वह मेरी कोहनी थामे हुए मुझे मैगजीनों वाली मेज की तरफ ले आया। पार्कर इस बीच फिर कोने वाले ग्रुप से थोड़ा इधर को हट आया था। मेरी तरफ उसने एक बार हल्के से आँख भी दबा दी थी, जिसका मतलब था कि यह आदमी तुम्हें क्या समझ रहा है, मुझे पता है। मिसेज़ ज्याफ्रे की बात से फूटा ठहाका अचानक ही दब गया था, क्योंकि एकाएक सब लोग सचेत हो गए थे कि स्कूल के अन्दर हँसी की इतनी ऊँची आवाज़ मिस्टर व्हिसलर को बर्दाश्त नहीं है।

"हेड सचमुच तुमसे तुम्हारी बात जानना और समझना चाहते हैं," बुधवानी को कमरे में छा गई खामोशी ने कुछ अव्यवस्थित कर दिया। वह जो बात ढककर करना चाहता था, वह इससे नंगी हुई जा रही थी। आगे बात करने के लिए उसने तब तक प्रतीक्षा की जब तक मिसेज़ ज्याफ्रे ने एक नया किस्सा छेड़कर फिर लोगों का ध्यान नहीं बंटा लिया। फिर बोला, "यह मैं ही जानता हूँ कि तुम्हारी तरफ हेड का रुख हमेशा किसी हमदर्दी का रहा है। वे तुम्हारी कद्र भी बहुत करते हैं। सो तुम्हारे मन में जो भी बात हो, तुम खुलकर उनसे कर सकते हो।"

तभी बॉनी हाल थिरकती हुई हम लोगों के पास आ गई, "मेरे आफ डे का क्या हुआ ?" उसने बुधवानी से पूछा।

"मैंने हेड से बात कर ली है," बुधवानी कोमल अभिवादन के साथ बोला, "इस सप्ताह से छुट्टियाँ होने तक हर शनिवार तुम्हें खाली मिल जाएगा। तुम यही चाहती थीं न ?"

"ओह फाइन, फाइन !" बॉनी अपनी एड़ी पर घूमकर वापस लौट गई, "इस उपकार के बदले में मैं एक शनिवार को तुम्हारे साथ डेट रखूँगी।"

"हर शनिवार को नहीं ?"

"हर शनिवार को तुम्हारे साथ ? तुम इतने खूबसूरत नहीं हो।"

''तो मैं हेड से कहूँगा कि...''

''शट अप ! मैं एक भी शनिवार को तुम्हारे साथ डेट नहीं रखूँगी।''

बुधवानी के जबड़े उतनी देर ढीले रहने के बाद मेरी तरफ देखकर फिर कस गए, ''तुम्हारा कागज़ पढ़कर हेड को बुरा नहीं लगा, यह मैं नहीं कहता,'' वह मुझसे बोला, ''तुम्हें पता ही है इन सब मामलों में उनका रवैया क्या रहता है। तुम्हारी जगह और आदमी होता, तो वे उसे बुलाकर हरगिज़ बात न करते। चुपचाप उस कागज़ पर दस्तखत करके मुझसे उसका हिसाब करने को कह देते। पर तुम्हारे साथ वे बात करना चाहते हैं, इसी से तुम सोच सकते हो कि तुम्हारे लिए उनके मन में क्या एहसानात हैं। तुम उन लोगों में से नहीं हो जिनके चले जाने से उन्हें लगे कि किसी चीज़ को कोई फर्क नहीं पड़ता, बल्कि वे तो सोच रहे थे कि... ।''

अब गिरधारीलाल पास आ गया, ''वह वाउचर अभी बनाना है या... ?'' उसने पूछा।

''तुमसे कहा था टी ब्रेक के बाद तुम्हें बताऊँगा,'' बुधवानी चिढ़े हुए स्वर में बोला, ''मैं यहाँ से सीधा दफ्तर में ही आऊँगा।''

गिरधारीलाल इस स्वर से कुछ घबरा गया और एक रोनी-सी मुस्कराहट दोनों की तरफ मुस्कराकर कामन रूम से बाहर चला गया।

''...वे तो बल्कि सोच रहे थे,'' बुधवानी ने बात आगे जारी रखी, ''कि सीनियर हिन्दी मास्टर की जो जगह खाली है, उसके लिए तुम्हारा नाम बोर्ड के सामने रखें। तुम एक दोस्त के नाते मेरी राय लेना चाहो, तो मैं तुमसे कहूँगा कि तुम्हें उनसे काफी संभालकर बात करनी चाहिए। तुमने जो कदम उठाया है, इसे तुम अपनी बेहतरी के लिए भी इस्तेमाल कर सकते हो। निर्भर इस पर करता है कि तुम सारी चीज़ को किस तरह हैंडल करते हो। तुम कहो, तो लंच से पहले मैं भी हेड से थोड़ी बात कर लूँगा। वे सुनने के मूड में इसलिए होंगे कि आज तक यहाँ किसी ने अपनी तरफ से ऐसा नहीं किया। तुम पहले आदमी हो जिसने...''

''ओफ !'' मिसेज़ पार्कर की ऊँची आवाज़ ने उसे बीच में रोक दिया। वह गर्दन पर काफी ज़ोर देकर लगभग मेरे कान में बात कर रहा था। अब अपने को अलगाने के लिए वह थोड़ा पीछे हट गया। मिसेज़ पार्कर की 'ओफ' से कमरे के और लोग भी चौंक गए थे। हल्के वकफे के बाद सबके होंठों पर मुस्कराहट आ गई। डायना और बॉनी हाल तो मुँह पर हाथ रखे हंस भी दीं। मिसेज़ पार्कर बिना अपनी 'ओफ' के प्रभाव को जाने अब भी अपनी जगह व्यस्त थी। हाथ की कापी पर वह गुस्से में पूरे-पूरे सफे के क्रास खींच रही थी। ''हॉरीबल ! हॉरीबल !'' साथ वह कहती जा रही थी, ''ऐसे-ऐसे स्पेलिंग हैं कि पढ़कर आदमी के होश-हवास गुम हो जाएँ।'' फिर आँखें उठाकर आसपास के लोगों को देखते हुए उसने कहा, ''मैं

कई बार सोचती हूँ कि यह सब पढ़-पढ़कर मैं अब तक पागल क्यों नहीं हो गई ? मुझे पागल ज़रूर हो जाना चाहिए था। ओफ !"

सारे कमरे में कोई किसी से बात नहीं कर रहा था। अकेला पार्कर ही था जो कोहली से चल रही अपनी बात आगे जारी रखने की कोशिश में था। "वह तब ऊपर से घूमकर सामने चला आया है ? सामने से उसने जो उसे पटखनी दी, तो बस !"

पर कोहली का ध्यान भी मिसेज़ पार्कर की तरफ ही था—और इस बात की तरफ कि पूरे कमरे की खामोशी में उसकी—'हूँ-हाँ' सबको सुनाई दे रही है। पार्कर भी यह देख रहा था, फिर भी वह बोलने से रुका नहीं, "एक और कुश्ती मैंने देखी थी जब मैं बेगमाबाद में था। उस कुश्ती की खासियत यह थी कि···"

मिसेज़ पार्कर कापियाँ परे हटाकर कुर्सी से उठ खड़ी हुई थी। हमेशा थके रहने वाले अपने भारी शरीर को किसी तरह धकेलती हुई वह चाय की मेज़ की तरफ जा रही थी। यहाँ यह देखकर कि चायदानी में चाय नहीं है, वह ऐसे हो गई जैसे उसे बेकार ही उतनी दूर तक आने देकर सब लोगों ने उसके साथ ज्यादती की हो। फिर एक पैर दबा कर अपनी घिसटती चाल से वह पैंट्री के दरवाज़े तक जा पहुँची। वहाँ से उसने आवाज़ दी, "शेरसिंह ! मुझे चाय की एक प्याली बनाकर ला दो, प्लीज़ ! घंटी का वक्त हो गया है, ज़रा जल्दी से। चीनी मत डालना। तुम्हें पता ही है मैं चीनी नहीं लेती।" फिर पैंट्री से अपनी कापियों के ढेर के पास वापस आकर वह निढाल-सी बैठ गई—जैसे कि एक खामखाह के सफर पर निकलने के बाद आधे रास्ते से उसे अपने डेरे पर लौटना पड़ा हो। "सब काम जान लेने वाले होते हैं," वह हाँफती हुई बोली, "पर यह काम तो सबसे ज़्यादा जानलेवा है। पता नहीं इस सबका अंत किस दिन होगा ? मेरे शरीर में प्राण रहते तो शायद होगा नहीं।"

उसने एक नई कापी जाँचने के लिए सामने रख ली, तो बुधवानी वहाँ से चलने की तैयारी में अपने कालर को मसलता हुआ पहले से भी आहिस्ता स्वर में मुझसे बोला, "याद रखना। छठे पीरियड में, हेड के कमरे में। अब तक सिवा दफ्तर के लोगों के किसी को पता नहीं है। दफ्तर के लोगों से भी ऐसे ही बात हो गई थी···यूँ उन्हें भी हेड ने मना कर दिया है। एक बार हेड से तुम्हारी बात हो जाए, तो फिर जैसे हो देख लेना···ओ. के. ?" और चलते हुए मेरा हाथ काफी घनिष्ठता से दबाकर वह एक बार फिर मुस्करा दिया।

शेरसिंह ने जैसे मिसेज़ पार्कर की असुविधा बढ़ाने के लिए ठीक उस वक्त उसे चाय की प्याली लाकर दी जब टी ब्रेक समाप्त होने की घंटी बज रही थी। तब तक आधे लोग कामन रूम से जा चुके थे। बाकी अपने-अपने गाउन संभालकर

जा रहे थे। मिसेज़ पार्कर प्याली हाथ में लेते ही कुढ़ गई। ''देखो, कैसी प्याली लाकर दी है इसने मुझे !'' वह जाते लोगों को सुनाकर बोली, ''ऊपर से नीचे तक गीली ! बताओ, कौन इन्सान ऐसी प्याली में चाय पी सकता है ?'' पर प्याली उसने लौटाई नहीं। एक नज़र अपने पति पर डालकर जल्दी-जल्दी चुस्कियाँ भरने लगी। फिर चाय की गर्मी अन्दर पहुँचने से पल-भर आँखें मूंदे रही। वह जब भी ऐसा करती थी, तो उसका थलथल गोल चेहरा ऐसे लगता था जैसे चमड़े के घिसे हुए थैले पर दो बन्द क्लिपें लगी हों। अगली चुस्की भरने के लिए उसने आँखें खोलीं, तो पार्कर को दरवाज़े की तरफ बढ़ते देखकर उसकी बड़बड़ाहट फिर शुरू हो गई, ''कौन समझाए इन्हें कि प्याली में चाय डालने से पहले एक बार उसे अच्छी तरह पोंछ लेना चाहिए ? पाँच-पाँच साल हो जाते हैं इन्हें यहाँ काम करते, फिर भी ज़रा-सी बात इनकी समझ में नहीं आती। मैं तो कहती हूँ, इन्हें कुछ भी सिखाने का कुछ मतलब ही नहीं है। ये लोग कभी सीख ही नहीं सकते। यहाँ के लड़कों को कभी स्पेलिंग नहीं आ सकते और यहाँ के नौकरों को...''

''तुम्हारी क्लास नहीं है ? घंटी बज चुकी है,'' पार्कर ने उसके पास रुककर कुछ तुर्श आवाज़ में कहा। मिसेज़ पार्कर की दोनों क्लिपें कस गईं। पर इससे पहले कि वह जवाब में कुछ कहे, पार्कर मेरे पास आ गया। ''की गल्ल ए जी ?'' वह हिन्दुस्तानी मास्टरों से मित्रता बढ़ाने के अपने खास लहज़े में बोला, ''ए की पुआड़ा पा दित्ता जे अज्ज ?'' फौज में कई साल रहने के कारण पार्कर हिन्दी और पंजाबी दोनों गुज़ारे लायक बोल लेता था। इस वजह से वह हिन्दुस्तानी मास्टरों में काफी लोकप्रिय था, हालांकि इसी वजह से लोग उससे कतराते थे क्योंकि स्कूल में कौन क्या कहता-करता है, इसकी ज़्यादातर रिपोर्टें पार्कर ही हेडमास्टर के पास पहुँचाता था।

''तुम्हें दफ्तर में काम नहीं है ? तुम्हारे लिए घंटी नहीं बजी ?'' मिसेज़ पार्कर ने प्याली रखते हुए उसे जवाब दे दिया। पार्कर इस तरह हंस कर जैसेकि वह इस चोट की आशा ही कर रहा था, बाहर को चलता हुआ मुझसे बोला, ''तुमसे मुझे कुछ बात करनी है। लंच ब्रेक से पहले या बाद में जब भी वक्त मिला, देखेंगे।'' फिर जल्दी-जल्दी से मिसेज़ पार्कर से कहकर, ''तुम्हारी क्लास रो रही है उधर,'' वह जूता चरमराता बरामदे में पहुँच गया।

पार्कर ने अन्तिम बात उसे नहीं कहने दी, इसलिए मिसेज़ पार्कर हताश भाव से उसे पीछे से देखती रही। तब तक कामन रूम में उसके और मेरे सिवा और कोई नहीं रह गया था।

''देखो, यह आदमी है।'' उसने आँखें झपकाते हुए मुझसे कहा—जैसे मुझसे किसी चोर की शनाख्त करा रही हो।

मैं सिर हिलाकर मुस्करा दिया।

"मैं कितना कुछ बरदाश्त करती हूँ यहां," वह निढाल हाथों से अपनी कापियाँ समेटती बोली, "पर अब मुझसे बरदाश्त नहीं होता। मैं अब जल्द-अज-जल्द यहाँ से वापस चली जाना चाहती हूँ।"

"वापस ? तुम्हारा मतलब है कि··· ?"

"बैक होम। मेरा असली घर लन्दन में है। तुम्हें पता नहीं ?"

वह कितनी ही बार यह बात कहती थी। पर हर बार हर एक उससे यही कहता था, "अच्छा ? मुझे पता नहीं था।"

"मेरी दादी वहाँ पर है। यहाँ तो मेरी सिर्फ एक ही पुश्त बीती है। मेरी माँ एक सिविल सर्वेंट से शादी करके यहाँ चली आई थी।" वह सिविल सर्वेंट क्या और कौन था, इस पर मिसेज़ पार्कर कभी रोशनी नहीं डालती थी। "मेरी दादी मुझे कितनी बार लिख चुकी है कि वह मुझे वीज़ा भेज देगी, मैं जब चाहूँ वहाँ चली आऊँ। मैं तो इसी साल चली जाना चाहती थी, पर···।" और किसी तरह कापियों के साथ अपने को संभाले वह उठ खड़ी हुई। "पर यह आदमी ऐसा है कि मेरी बात ही नहीं सुनता। इसे जाने क्यों यहीं पड़े रहना पसन्द है ! इसकी वजह से मैं भी यहाँ पड़ी हूँ···अपनी लड़की को हालाँकि मैंने पिछले साल भेज दिया है। वहाँ रहकर उसका कुछ बन भी जाएगा, यहाँ पर उसका क्या बनना था ? मेरी तरह ज़िन्दगी-भर किसी स्कूल में कापियाँ जाँचती रहती और शादी भी किसी ढंग के आदमी के साथ न कर पाती।···मैं इस आदमी से कई बार पूछती हूँ कि यहाँ हम लोगों का अब क्या भविष्य है ? यहाँ आए दिन जिस तरह की बातें सुनने को मिलती रहती हैं, उससे तुम्हें लगता है कि यह स्कूल साल, दो साल से ज़्यादा चल जाएगा ? मुझे तो ज़रा नहीं लगता।"

"बातें तो सब तरह की लोग करते रहते हैं, उससे क्या होता है ?" मैंने कहा, "सत्तर साल पुराना स्कूल है।"

"फिर भी···," वह पैर घसीटती मेरे पास आ गई। "तुम शायद बेहतर जानते हो, क्योंकि तुम···अच्छा बताओ, वह बात ठीक है जो चार्ली ने टी ब्रेक से पहले मुझे बताई है ?"

"कौन-सी बात ?"

मिसेज़ पार्कर पल भर सन्देह की नज़र से मुझे देखती रही। फिर अपने मन से बोझ उतार फेंकने की तरह बोली, "तुमने स्कूल से त्यागपत्र दे दिया है ?"

मैंने आँखें हिलाकर एक मैगज़ीन उठा ली।

"फिर भी तुम कहते हो कि यहाँ कुछ होने वाला नहीं है ?"

"क्यों ? एक आदमी के त्यागपत्र दे देने से··· ?"

"इतने मासूम मत बनो। कम से कम मुझे तो तुम बता ही सकते हो। तुम्हें पता है, मैं यहाँ किसी चीज़ के लेने-देने में नहीं हूँ।"

''मेरे पास बताने को कुछ हो तब न !''

''तुमने इसलिए त्यागपत्र नहीं दिया कि··· ?''

''किसलिए ?''

''इसलिए कि··· ?'' मिसेज़ पार्कर ऐसे स्वर में बोली जैसे कि त्याग-पत्र देकर मैंने खास उसी के साथ कुछ बुराई की हो। ''अच्छा, रहने दो। नहीं तो चार्ली बाद में मेरी जान खाएगा।''

''मेरा ख्याल है अपने त्यागपत्र की असली वजह का सिर्फ मुझे पता नहीं है।''

''तुम्हें किस चीज़ का पता नहीं है ?'' मिसेज़ पार्कर अभी बात करने के लिए रुकना चाहती थी, पर अपनी क्लास की वजह से उसे जाने की उतावली भी हो रही थी, ''मेरा ख्याल है यहाँ सबसे होशियार आदमी एक तुम्हीं हो।''

''सचमुच ?''

''नहीं हो क्या ?''

''कह नहीं सकता। मेरा तो ख्याल था कि···।''

''मैं चार्ली से कितनी बार कह चुकी हूँ कि तुम बाहर से जितने चुप रहते हो, अन्दर से उतने ही···उतने ही तेज़ आदमी हो।'' 'तेज़ आदमी' की जगह वह कुछ और कहना चाहती थी, पर आखिरी क्षण कुछ सोचकर उसने शब्द बदल दिया था।

''मुझे आशा है कि यह बात मेरी प्रशंसा में कही जा रही है !'' मैंने फिर मुस्करा दिया। मिसेज़ पार्कर आश्वस्त हो गई कि जो नश्तर उसने बचा लिया था, उसका अंदाज़ा मुझे नहीं हुआ।

''और नहीं तो क्या ?'' वह आँखों में बीतते समय का दबाव लिए बाहर को चल दी, ''तुम्हारी इस वक्त क्लास नहीं है ?''

मैंने सिर हिला दिया। ''सोमवार को मेरे दो पीरियड खाली होते हैं–चौथा और छठा। सिर्फ सोमवार को ही।''

''तभी तुम इतने आराम से खड़े बात कर रहे हो,'' वह पहले से ज़्यादा हड़बड़ा गई, ''खुशकिस्मत आदमी हो तुम जो तुम्हें किसी एक दिन तो दो पीरियड खाली मिल जाते हैं। मेरे किसी भी दिन दो पीरियड खाली नहीं होते। मेरा ख्याल है, यहाँ सबसे खराब टाइम टेबल मेरा है। मैं किसी से कुछ कहती नहीं, इसलिए जैसा चाहते हैं रख देते हैं। मैं भी कहती हूँ चलो, मुझे कौन ज़िन्दगी-भर यहाँ पड़ी रहना है।''

पर चौखट लाँघने के बाद वह फिर एक बार अन्दर लौट आई, ''तुम किसी दिन हमारे यहाँ चाय पीने क्यों नहीं आते ?'' उसने कहा।

''तुमने आज तक कभी बुलाया ही नहीं।''

''आज तक की बात छोड़ो। तुम आज या कल किसी वक्त आ सकते हो···मतलब शाम को किसी वक्त।''

"हाँ-हाँ···क्यों नहीं ? मुझे बहुत खुशी होगी।"

"तो मैं चार्ली से कहूँगी, तुमसे तय कर ले। मैं अपने हाथ की बनी पाई तुम्हें खिलाऊँगी–अगर पाई तुम्हें पसन्द हो तो।"

"पसन्द क्यों नहीं होगी ? खासतौर से तुम्हारे हाथ की बनी पाई···।"

"मैं चार्ली से कहूँगी तुमसे तय कर ले। कल का या परसों का। कुछ देर बैठकर बातें करेंगे।"

मिसेज़ पार्कर के जाने के बाद मैं अकेले कामन रूम में इस तरह खड़ा रहा जैसे कि एक भीड़ से निकलकर वहाँ आया होऊँ। यहाँ-वहाँ तिपाइयों पर पड़ी जूठी प्यालियाँ, सोफे के कवर पर महिलाओं के बैठने की सलवटें। अन्दर की उदास ठण्डक उस एकान्त में मुझे और गहरी महसूस होने लगी। मैंने मन ही मन दिन गिने। छुट्टियाँ होने में पूरे चार हफ्ते थे। मेरा नोटिस पीरियड छुट्टियों में ही पूरा हो जाना था, इसलिए लौटकर एक दिन के लिए भी वहाँ आने की ज़रूरत नहीं थी। मैं कुछ देर इस नज़र से कमरे को देखता रहा जैसे कि मैं अभी से वहाँ से जा चुका हूँ। वह कमरा अगले साल के किसी उतने ही ठंडे दिन में उसी तरह उदास पड़ा है, लोग वहाँ से चाय पीकर अपनी-अपनी क्लासों में गए हैं और किसी को यह याद भी नहीं है कि पिछले साल सक्सेना नाम का कोई आदमी यहाँ काम करता था, या कि आज के दिन उसके त्यागपत्र को लेकर लोगों ने यहाँ थोड़ी हलचल महसूस की थी। नई टर्म से स्टाफ में कुछ नए लोग आ गए हैं जो नए सिरे से अपने को यहाँ के वातावरण में ढकने की कोशिश में हैं। किसी सिलसिले में जब उनमें से किसी के कान में सक्सेना का नाम पड़ता है, तो वह यूं ही चलते ढंग से पूछ लेता है, "सक्सेना ? वह कौन था ?"

फिर मैं सोचने लगा कि अगले साल इन दिनों मैं कहाँ रहूँगा, क्या कर रहा हूँगा। साल के बारह महीनों में से कुछ महीने तो यहाँ से मिली तनख्वाह से निकल जाएँगे–उसके बाद के महीने ? तब यह सोचकर मन को थोड़ा आश्वासन मिला कि अभी मेरा त्यागपत्र मंजूर नहीं हुआ, अभी उस बारे में मुझसे बात की जानी है–मैं चाहूँ, तो त्यागपत्र वापस भी ले सकता हूँ और अगले साल आज के दिन अपने को यहीं, इसी तरह, खड़ा पा सकता हूँ।

"मैंने त्यागपत्र क्यों दिया है ?" यह सवाल मेरे अन्दर से भी कोई बुधवानी या पार्कर मुझसे पूछ रहा था, लेकिन उसे भी जवाब देना मैं उसी तरह टाल रहा था। 'मुझे इस बारे में सोचना नहीं चाहिए,' मैंने अपने से कहा। मुझे डर लग रहा था कि मिस्टर व्हिसलर के पास जाने तक मेरा निश्चय कहीं टूट न जाए।

"क्या सोच रहे हो ?" मुझे पता नहीं चला था कि गिरधारीलाल कब पिछले दरवाज़े से दबे पैरों अन्दर चला आया था। चेचक के दागों से लदे अपने सांवले चेहरे पर सहानुभूति का भाव लिए वह उस कुर्सी के पास आ गया था जिससे मिसेज़

पार्कर उठकर गई थी।

"सोचना क्या है ?" मैंने थोड़ा चौंककर कहा, "ऐसे ही खाली वक्त बिता रहा हूँ।"

"आज बुधवानी ने बचा दिया," वह बोला, "नहीं, हेड ने तो काम कर ही दिया था।" वह सतर्क आँखों से आसपास देखता मेरे नज़दीक आ गया।

"क्या मतलब ?"

"उसने तो त्यागपत्र का कागज़ पढ़ते ही सीधे मुझे बुला लिया था। मुझसे बोला कि मैं तुम्हारे पूरे हिसाब का वाउचर बना दूँ—आज शाम को ही आपसे चले जाने को कह दिया जाएगा। मैंने बाहर आकर बुधवानी को बताया, तो इसने अन्दर जाकर उसे जाने क्या समझा-बुझा दिया। वाउचर रोके रहने के लिए अभी मुझसे बुधवानी ने ही कहा है, हेडमास्टर ने खुद नहीं, बुधवानी ने बताया है कि लंच के बाद तुम हेडमास्टर से मिल रहे हो। मैंने सोचा कि मुझे इस बारे में तुम्हें बता तो देना ही चाहिए। एक घर में रहते हैं, इसलिए इतना तो फर्ज़ मेरा बनता ही है।"

"बता देने के लिए शुक्रिया," मैंने कहा। "हेडमास्टर से मिलने की बात मेरी तरफ से नहीं है। मुझसे बुधवानी ने कहा है कि हेड मुझसे बात करना चाहते हैं।"

"बुधवानी अच्छा आदमी है।" गिरधारीलाल थोड़ा और सतर्क हो गया, "मैं पहले उसे जितना अच्छा समझता था, उससे भी अच्छा है।"

"लेकिन मुझे हेड से कुछ खास बात नहीं करनी है···।"

"बात तुम्हें ज़रूर करनी चाहिए, क्योंकि हेडमास्टर का ख्याल है कि···।"

मैं आगे बात सुनने की प्रतीक्षा में उसे देखता रहा। गिरधारीलाल की सतर्कता में अब एक डर भी आ समाया—कि मेरा हित चाहने में कहीं वह अपने हित की क्षति तो नहीं कर रहा। पर किसी तरह अपने डर पर काबू पाकर उसने इतने धीमे स्वर में कि हम लोगों से एक गज़ दूर भी सुनाई न दे, कहा, "उसका ख्याल है कि इसके पीछे चेरी की कुछ साज़िश है। चेरी अभी कल-परसों ही डी. पी. आई. से मिलकर आया है। दो चार दिनों में किसी दिन डी. पी. आई. के यहाँ आने की भी बात है।"

चेरी पर हेडमास्टर ने कुछ अभियोग लगा रखे हैं, यह बात कामन रूम में ही किसी से सुनी थी। यह भी सुना था कि चेरी ने उन अभियोगों के उत्तर में हेडमास्टर तथा डी. पी. आई. को एक लम्बा खरड़ा लिखकर दिया है। मेरे त्यागपत्र का उसके साथ सम्बन्ध जोड़ा जा रहा है, इससे मुझे थोड़ा गुस्सा हो आया, "मुझे इस चीज़ से कोई मतलब नहीं कि हेडमास्टर मेरे त्यागपत्र को लेकर क्या सोचता है," मैंने कहा, "मेरे त्यागपत्र के कारण बिलकुल व्यक्तिगत हैं।"

"यही मैंने भी मिस्टर व्हिसलर से कहा था कि कोई ऐसी-वैसी बात होती,

तो घर में साथ रहते कभी तो ज़िक्र आता। उसने मुझसे पूछा था कि त्यागपत्र देने से पहले तुमने किसी को कुछ बताया तो नहीं। मैंने कहा कि कल शाम को तो हमारी मुलाकात नहीं हुई, पर परसों और परले रोज़ हमारी घर पर बात हुई है—उसमें ज़िक्र तक नहीं आया ऐसा किसी चीज़ का।''

''कल रात तक मैंने खुद नहीं सोचा था कि मैं त्यागपत्र दे दूँगा।''

''तो फिर एकाएक कैसे··· ?''

''बस तय कर ही लिया कल रात। मेरा मन नहीं लगता था यहाँ।''

'था' में जो अतीत की ध्वनि थी, उसने फिर मुझे अन्दर कहीं पर खरोंच दिया।

''अकेले में मन लग सकना मुश्किल तो है ही। मैंने पहले भी कहा था दो-एक बार कि शोभा बहन को वहाँ से बुला लो। कितने दिन रहेंगी वे अपने पिता के यहाँ ?''

यह शोभा जाते हुए उन लोगों से कह गई थी कि वह जालन्धर जा रही है, अपने पिता के पास। उसके जाने के बाद से मैं भी उस झूठ को निभा रहा था।

''अकेलेपन का मन न लगने से कोई ताल्लुक नहीं था,'' मैंने कहा।

''जो भी बात हो, मिस्टर व्हिसलर को यह नहीं लगना चाहिए कि···।''

''मिस्टर व्हिसलर को क्या लगता है, इसकी मैं चिन्ता नहीं करना चाहता।''

गिरधारीलाल का चेहरा मुरझा गया। वह मुझसे इतने रूखे स्वर की आशा नहीं करता था। वह पल-भर सिकुड़ा-सा मुझे देखता रहा, ''देख लो। अब यह तुम पर है।''

''अब ही क्यों, पहले भी मुझी पर था।'' मुझे खुद लग रहा था कि मैं बेचारे गिरधारीलाल से इस तरह क्यों बात कर रहा हूँ ? उससे मुझे किस चीज़ की चिढ़ थी ?

''खैर, मेरा फर्ज़ था कि मैं इस बारे में तुमको आगाह कर दूँ। हेडमास्टर की त्योरी सुबह से चढ़ी हुई है। वह ग्यारह बजे की चाय पीने घर पर नहीं गया। मिसेज़ व्हिसलर ने इसे बुला भेजा, क्योंकि उन्हें इससे कुछ बात करनी थी। पर इसने कहला दिया कि इस वक्त फुरसत नहीं है—शाम को ही घर आएगा।''

''आगाह कर देने के लिए शुक्रिया !'' मैंने बात समाप्त करने के लिए कहा और पत्रिका में आँखें गड़ा लीं।

गिरधारीलाल फिर भी रुका रहा, ''कोई गलत बात कही गई हो, तो माफ कर देना।'' वह मुझे ठीक से न समझ पाने के असमंजस में बोला, ''मेरा मतलब सिर्फ इतना ही था कि···''

''मुझे पता है तुम्हारा मतलब मेरा भला चाहना ही है।'' मैंने उसका कन्धा थपथपा दिया, ''मैं बाद दोपहर हेडमास्टर से बात कर लूँ, तो फिर···''

''जो भी बात हो बताना। शाम को घर पर मिलेंगे।'' कहकर वह बेबस सद्भावना

के साथ मुस्कराया और दबे पैरों वहाँ से चला गया।

मैं मैगज़ीन हाथ में लिए खिड़की के पास आ गया। बाहर घास पर हल्की-हल्की सफेद चकत्तियाँ पड़ गई थीं। बरफ गिरने लगी थी। 'इस तरह यहाँ खड़ा होकर क्या फिर भी मैं बरफ गिरती देखूँगा ?'' मैंने सोचा और खिड़की की सिल पर बैठ गया।

कुरसी

एक डेढ़ घण्टे में इतनी बरफ गिर गई कि लंच तक सारा लान, छतें, चिमनियाँ और खुले में जो कुछ भी था, सब सफेद हो गया। कामन रूम में तब तक दो बड़ी-बड़ी अंगीठियाँ रख दी गई थीं। बरफ की सफेदी के बीच जहाँ तहाँ उभरे हरे-स्याह-स्लेटी रंगों को देखता मैं पाँचवें पीरियड के बाद वहाँ आया, तो अकेली मिसेज़ व्हिसलर सोफे के सामने रखी अँगीठी के पास खड़ी थी। मुझे देखते ही कहा, ''मैं नहीं जानती थी कि तुम इतने खतरनाक आदमी हो।'' साथ वह अपनी बाईं आँख ज़रा-सी दबाकर हंस दी।

जेन व्हिसलर टोनी व्हिसलर से अपने व्यक्तित्व में इतनी अलग थी कि उसे मिसेज़ हेडमास्टर के रूप में स्वीकार करना मुश्किल लगता था। टोनी व्हिसलर हर समय जितना कसा-कसा रहता था, वह उतनी ही खुली, खुशमिजाज़ और मिलनसार थी—या शायद टोनी को चिढ़ाने के लिए ऐसी बनी रहती थी। कद में वह टोनी से एक-डेढ़ इंच ऊँची थी और उम्र में दो-एक साल बड़ी भी। टोनी ने हेडमास्टर बनने के बाद जहाँ चार-छः बढ़िया सूट सिला लिए थे, वहाँ जेन अब भी सादा छींट के फ्राक पहनती थी। सुनहरे फ्रेम का वह चश्मा भी उसने नहीं बदला था, जिसकी वजह से वह बयालीस की उम्र में कम से कम पैंतालीस की नज़र आती थी। टोनी के चेहरे की हड्डी स्लैव किस्म की थी, जेन की कुछ-कुछ मंगोल ढंग की—नीचे से गोल और ऊपर से उभरी हुई। टोनी से उसकी एक असमानता यह भी थी कि दिन में एकाध बार अपने (मतलब टोनी के) रुतबे का ध्यान छोड़कर कामन रूम में चली आती थी। यूं टोनी के सामने वह अपने को काफी गम्भीर बनाए रखती थी, पर उसकी अनुपस्थिति में खूब खुलकर हँसती थी। उसका ज़िक्र होने पर बाईं आँख दबाकर कहती थी, ''ओ टोनी ? वह तो स्टेनलेस स्टील का पुर्ज़ा है जो बिना घिसे चौबीसों घण्टे काम कर सकता है। उसे दुःख है तो यही कि दुनिया में और लोग भी उसकी तरह स्टेनलेस स्टील के पुर्ज़े क्यों नहीं हैं। यूँ वह इतना अच्छा फोटोग्राफर

है कि मैं समझती हूँ, उसे सिवाय फोटोग्राफी के कोई काम नहीं करना चाहिए। पर उसके स्वभाव को देखते हुए लगता है कि उसे हेडमास्टर या फ़ोटोग्राफर न होकर किसी स्टील प्लांट में हेड फोरमैन होना चाहिए। वहाँ वह दिन रात कच्चे फौलाद को जैसे साँचों में चाहे ढालता रह सकता है। बेचारा टोनी ! मैं सचमुच तरस जाती हूँ उसे कभी खुलकर हँसते देखने के लिए।'' फिर वह अपनी चिड़ी-शक्ल नाक को रूमाल से छूने लगती थी। ''शुक्र है परमात्मा का कि मेरी नाक ज़्यादा लम्बी नहीं है। नहीं तो टोनी जैसे आदमी के साथ चार दिन गुज़ारा करना मुश्किल हो जाता।''

मैं तीन-चौथाई कमरा लांघकर उसके बराबर जा खड़ा हुआ। राख की हल्की परतों के नीचे उठती कोयलों की आँच शरीर को गरमाने लगी, ''हो सकता है मैं हूँ खतरनाक,'' मैंने कहा, ''लेकिन किस तरह से हूँ, यह भी आप ही को बताना होगा।''

''वह मैं नहीं बता सकती,'' मिसेज़ व्हिसलर हाथों से चेहरा गरम करती बोली, ''अपने गुणों का तुम्हें खुद ही पता होना चाहिए।''

मुझे लगा कि वह सीधी अपने पति के पास से वहाँ आई है। उसका उत्साह इस बात का सूचक था कि मिस्टर व्हिसलर को उसने काफी बेचैन मनःस्थिति में देखा है।

''आपका मतलब शायद...''

''मेरा मतलब उसी चीज़ से है जिसे तुम समझ रहे हो। पर उसके अलावा भी किसी चीज़ से है जिसकी मैं बात नहीं करूँगी। मैं सचमुच नहीं सोचती थी कि...'' वह फिर हंस दी। साथ ही उसकी आँखों में हल्की चमक भर आई।

''देखिए, जहाँ तक मेरे त्यागपत्र का सवाल है...''

''मुझे पता है, उसकी कोई न कोई वजह तुम मुझे बता दोगे। लेकिन मैं तुमसे वजह नहीं जानना चाहती। हर आदमी अपने हर काम की कोई न कोई वजह बता सकता है, हालाँकि ज़्यादातर काम किए उस वजह से नहीं जाते जिस वजह से आदमी समझता है कि वे किए गए हैं।''

मैं कुछ पल चुप रहकर अपने ठण्डे हाथों को अँगीठी पर तापता रहा। फिर आलोचना के स्वर में मैंने कहा, ''आप आज काफी खुश हैं।''

''मैं कब खुश नहीं रहती ?'' उसने अपने सैंडल की नोक से अँगीठी के कोयलों को थोड़ा हिला दिया। ''हालाँकि आज तुम्हारी वजह से मुझे अफसोस भी है, पर सचमुच अपने पति की वजह से मैं खुश भी हूँ। उसकी मानसिक तन्दुरुस्ती के लिए ज़रूरी था कि उसे इस तरह का कोई झटका लगे। पिछले कई सालों में मैंने उसे आज जितना परेशान नहीं देखा।''

''तो क्या आप समझती हैं कि...''

"मेरे समझने न समझने की बात जाने दो। कुछ बातें हैं जिन्हें मैं समझकर भी चुप रहती हूँ। कुछ हैं जिन्हें बिना समझे बात कर आती हूँ।" और तभी एल्बर्ट क्राउन को अन्दर आते देखकर वह उसकी तरफ मुड़ गई, "आज तो तुम्हारे त्रिशूली जाने का दिन है, एल्बर्ट ! आज वहाँ बरफ पर फिसलने में खूब मज़ा आएगा तुम्हें।"

हम लोगों में आगे बात नहीं हो सकी, पर अन्दर आते हर व्यक्ति से वह उसी उत्साह के साथ कुछ न कुछ कहती रही। कोहली को उसने सलाह दी कि उसने नई-नई शादी की है, इसलिए अब उसे एक नया गाउन भी खरीद लेना चाहिए। डायना को उसने नई तरह से बाल कटाकर आने के लिए बधाई दी और कहा कि अब वह जल्दी ही किसी नये समाचार की प्रतीक्षा करेगी। जेम्स से पूछा कि उसकी सेहत अब कैसी है और कि डॉक्टर ने उसे नौकरी छोड़ देने की सलाह तो नहीं दी। वह जिस तरह बात कर रही थी, उससे लंच की घण्टी बजने तक कामन रूप में सारा जमाव उसी के आस-पास रहा। अकेली मिसेज़ ज्याफ्रे अलग बैठी एक-एक व्यक्ति से आँख मिलाकर उसके उत्साह की खामोश आलोचना करती रही। कामन रूम से निकलकर डाइनिंग हाल की तरफ जाते हुए भी मास्टरों और मेट्रनों की पूरी कतार जेन के साथ थी। पर डाइनिंग हाल के बाहर पहुँचकर सब लोग उससे थोड़ा-थोड़ा हटकर खड़े हो गए। वह मिसेज़ हेडमास्टर थी, इसलिए फासला ज़्यादा नहीं बढ़ाया जा सकता था। पर उसमें और हेडमास्टर में ठीक से बनती नहीं थी, इसलिए हेडमास्टर के आने के वक्त उसके बहुत नज़दीक भी खड़े नहीं हुआ जा सकता था। हाल में लड़के अपनी-अपनी जगह आकर खड़े हो गए थे। ठक् ठक् ठक्...प्रीफेक्टों के जूतों की आवाज़ ने और सब आवाज़ों को चुप कर दिया। प्रीफेक्ट ऊपर चबूतरे पर हेडमास्टर की मेज़ के गिर्द अपनी सीटों के पास जा खड़े हुए, तो आठ-दस सेकेण्ड के हल्के विराम में सब लोगों ने चोर नज़र से आसपास देख लिया। लंच शुरू होने से पहले ग्रेस के शब्द मिस्टर व्हिसलर को कहने होते थे, पर बरामदे के सिरे तक वह तनी हुई गरदन और चौड़े कन्धे कहीं नज़र नहीं आ रहे थे। एक नज़र अपनी घड़ी और एक पीछे के छोटे रास्ते पर डालकर सीनियर मास्टर मिस्टर ब्राइट ने तुरन्त आपात्कालीन निर्णय ले लिया। खुद अन्दर जाकर उसने ग्रेस के शब्द बोल दिए। 'आमेन' की गूँजती आवाज़ के साथ लंच शुरू हो गया।

मेरी सीट जिस सिरे पर थी, वहाँ से हेडमास्टर की मेज़ बिलकुल सामने पड़ती थी। मिसेज़ व्हिसलर जिस तरह कामन रूम में चहक रही थी, कुछ उसी तरह वहाँ प्रीफेक्टों के बीच हँसती हुई बात कर रही थी। मिस्टर व्हिसलर की उपस्थिति में उस मेज़ पर लंच बहुत संजीदगी के साथ खाया जाता था। मिसेज़ व्हिसलर खामोश और उदासीन बनी रहती थी, जबकि आठों प्रीफेक्ट मिस्टर व्हिसलर का ही एक-एक मुखौटा लगाए पूरे हाल में नज़र दौड़ाते रहते थे। परन्तु उस समय वे सब भी मिसेज़

व्हिसलर के साथ उसी की तरह हाथ हिलाते और गरदन पीछे फेंककर हँसते हुए बात कर रहे थे। उससे पूरे हाल में भी वह तनाव नहीं रहा था जो मिस्टर व्हिसलर की उपस्थिति में रहा करता था। हेडमास्टर की मेज़ पर चल रही बातचीत का खुलापन और सब मेज़ों पर भी छा गया था। और दिनों हाल में बातचीत में ऊँची आवाज़ छुरी-काँटों की रहा करती थी। पर उस समय छुरी-काँटों की आवाज़ बातचीत के शोर में डूब गई थी।

''मुझे मिसेज़ व्हिसलर बहुत अच्छी लगती हैं, सर !'' मेरे पास बैठा चौथे फार्म का इन्द्रजीत कह रहा था। ''मैं जब हेडमास्टर हाउस में था, तो ये कई बार रात को हमारी डारमेटरी का चक्कर लगाने आ जाती थीं। हम लोग इनके आने का इन्तज़ार करते रहते थे क्योंकि ये कोई न कोई बात करके हम सबको हँसा देती थीं। पता नहीं बड़े लड़कों की डारमेटरियों में ये क्यों कभी नहीं आतीं ? मेरा ख्याल है मिस्टर व्हिसलर ने इन्हें रोक रखा होगा। मैं अगर उस बार फेल हो जाता, तो मुझे इस बात की खुशी होती कि एक साल और हेडमास्टर्ज़ हाउस में रहने का मौका मिल जाएगा। ये इतनी अच्छी हैं, इतनी अच्छी हैं, फिर भी···खैर···कितने अफसोस की बात है कि ये एक साल के लिए यहाँ से जा रही हैं !''

यह बात एक अफवाह की तरह कई दिनों से सुनी जा रही थी। ज्यूरिच में मिसेज़ व्हिसलर के किसी रिश्तेदार की जायदाद थी जो वह अपनी वसीयत में इसके नाम छोड़ गया था। उसका अधिकार लेने और व्यवस्था करने के लिए मिसेज़ व्हिसलर वहाँ जाने की सोच रही थी। उस जायदाद का क्या किया जाना चाहिए इसे लेकर उसमें और मिस्टर व्हिसलर में काफी मतभेद था। मिस्टर व्हिसलर का ख्याल था कि उस ज़ायदाद को बेच देना चाहिए, जबकि मिसेज़ व्हिसलर चाहती थी कि वे लोग अब ज्यूरिच को ही अपना स्थायी निवास स्थान बना लें। मिसेज़ ज्याफ्रे दबे-दबे लोगों को बताया करती थी कि इस बात को लेकर दोनों में कितनी खटपट चल रही है। ''मेरा ख्याल है उसे ज्यूरिच में रहने का इतना शौक हो आया है कि वह उसके लिए अपने पति को हमेशा के लिए छोड़कर भी जा सकती है।'' एक बार उसने कहा था, ''और मुझे कहीं यह भी लगता है कि टोनी उससे लड़-झगड़कर, जान-बूझकर उसे इसके लिए उकसा रहा है। वह शायद सोचता है कि इसी तरह अगर इससे छुटकारा मिल जाए तो शायद बुरा सौदा नहीं होगा।''

जेन व्हिसलर के दूर या पास रहने पर टोनी के व्यवहार में क्या अंतर आ जाता है, इसका कुछ-कुछ आभास मुझे पिछली बार छुट्टियों में मिला था। उस बार छुट्टियों के तीनों महीने मैं कहीं बाहर नहीं गया था। एक तो जाने को कोई जगह नहीं थी, दूसरे मैं चाहता भी था कि कुछ दिन बिना कुछ किए, कहीं जाए, बस ऐसे ही पड़ा रहूँ। उन्हीं दिनों एक बार टोनी के बुलाने पर उसके क्वार्टर में गया

था। वहाँ उस समय जिस टोनी व्हिसलर को बहुत से नेगेटिव आसपास फैलाए उन पर निशान लगाते देखा था, वह जेबों में हाथ डाले कंधे चौड़ाकर स्कूल के बरामदों में चक्कर लगाने वाले व्यक्ति से बहुत भिन्न था। उसकी भूरी आँखें भी जिनका काम वैसे सिर्फ यह देखना लगता था कि कौन कहाँ क्या गलत कर रहा है, उस समय एक सहजता का स्पर्श लिए थीं। यूँ भी कसे हुए कपड़ों की जगह उसे एक ढीली-ढाली पोशाक में देखना मुझे अच्छा लगा था। नौकरी के दो सालों में मैं कभी उतने इत्मीनान के साथ उसके पास नहीं बैठ सका था।

"तुम्हें कोहली की कोई खबर मिली है ?" उसने जिस मुस्कराहट के साथ पूछा था, वह भी मेरे लिए बिलकुल अपरिचित थी।

"हाँ, सुना है उसकी बीवी गुज़र गई है।" मैंने कहा, "गिरधारीलाल उस दिन बता रहा था।"

"बहुत अफसोस की बात है न ?" वह उसी तरह मुस्कराता रहा।

"हाँ, बात तो अफसोस की है ही, हालाँकि बेचारी जिस तरह बीमार रहती थी, उससे दोनों की ज़िन्दगी काफी दूभर हो रही थी।"

"तुम्हारा क्या ख्याल है···कोहली को कैसा लगा होगा अपनी बीवी की मौत से ?"

उसकी आँखों की चमक से ही मुझे लगा कि वह किसी खास वजह से यह बात पूछ रहा है। यूं मेरा ख्याल था कि कोहली को इससे ज्यादा बुरा नहीं लगा होगा क्योंकि छुट्टियों से पहले वहाँ से जाने तक वह स्त्री लगभग अपाहिज हो चुकी थी। फिर वह जिस तरह रात-दिन झींखती रहती थी, उससे कोहली को तो क्या, पड़ोसी होने के नाते मुझे भी कम परेशानी नहीं होती। फिर भी शिष्टाचार के तकाज़े से मैंने कहा, "मेरा ख्याल है कोहली को बहुत अकेलापन महसूस हो रहा होगा। बीस साल वह उसके साथ रहा है। ठीक है पिछले दो-तीन साल से वह उसके लिए एक बोझ बन गई थी, फिर भी···।"

टोनी खिलखिलाकर हँस दिया। वह पहली और आखिरी बार था जब मैंने उसे उस तरह हँसते देखा था, "कोहली की एक चिट्ठी आई है," वह बोला, "मैं चाहता हूँ वह चिट्ठी तुम पढ़ लो।"

उसके पास ही एक लिफाफा रखा था जो उसने उठाकर मेरी तरफ बढ़ा दिया। मैं चिट्ठी निकालकर पढ़ने लगा। पढ़ते हुए मुझे भी हँसी आ गई। कोहली ने लिखा था कि "उसे यह सूचना देते बहुत दुःख है कि दो सप्ताह पहले उसकी पत्नी की मृत्यु हो गई है। इसलिए वह छुट्टियाँ समाप्त होने से पहले ही वापस आ जाएगा। वह एहसान मानेगा अगर मिसेज़ क्राउन से कहकर अभी से उसके क्वार्टर की रोगन और सफेदी करा दी जाए।" इसके बाद की पंक्तियाँ थीं : "इससे यह मतलब न लिया जाए कि मुझे इसके बाद फैमिली-क्वार्टर की ज़रूरत नहीं रहेगी। मैं इन्हीं दिनों

दूसरी शादी कर रहा हूँ और अपनी नई पत्नी को साथ लेकर ही वहाँ आऊँगा। यह बात लिख देना मैंने इसलिए आवश्यक समझा है कि कहीं मुझे अकेला मानकर मेरे वाला क्वार्टर किसी और को दे दिया गया, तो मेरे यहाँ आने पर नए सिरे से व्यवस्था करने की झंझट पैदा न हो। मुझे आशा है मेरी स्थिति को ध्यान में रखते हुए आप मिसेज़ क्राउन से विशेष अनुरोध कर देंगे कि···।''

''ऐसा क्या यहाँ इतनी आसानी से हो जाता है ?'' मैंने पत्र रख दिया, तो टोनी ने उसी तरह हँसते हुए पूछा।

''होने को तो सब कुछ हो जाता है, लेकिन···।''

''और तुम्हारा केस देखकर मुझे लगता था कि यहाँ स्कूल-मास्टरों को आसानी से लड़कियाँ मिलती ही नहीं।''

इस पर हम दोनों हँसते रहे। ''कोहली खुशकिस्मत आदमी है।'' मैंने कहा।

''खुशकिस्मत है या बदकिस्मत, इसका पता तो बाद में चलेगा। पर जो काम उसने किया है, वह अपने में काफी बेढ़ंगा है। भले आदमी को कम से कम साल-छः महीने तो इंतज़ार कर ही लेना चाहिए था,'' फिर अपने नेगेटिवों को सहेजते हुए उसने मुझसे पूछा, ''तुम्हारे लिए यह पड़ोस अब भी ठीक रहेगा न ? तुम्हें तो इसे लेकर कोई आपत्ति नहीं है ?''

''मुझे क्या आपत्ति हो सकती है ? मुझे इस पड़ोस की आदत हो चुकी है।''

''यह तुम नहीं कह सकते। जो पड़ोस पहले था, अब उससे अलग तरह का पड़ोस होगा तुम्हारा। मैंने तुम्हें इसीलिए बुलाया था कि एक बार तुमसे पूछ लूँ। तुम चाहो, तो तुम्हारे लिए स्कूल के अन्दर ही दूसरे क्वार्टर की व्यवस्था हो सकती है।''

''आप जैसा चाहें। वैसे मुझे वहाँ रहने में कोई आपत्ति नहीं है।''

''तुम्हें आपत्ति नहीं है, तो ठीक है। बल्कि इस तरह के पति-पत्नी पड़ोस में हों, तो ज़िन्दगी काफी दिलचस्प बनी रहती है।''

उसके बाद उसने अपने हाथ से काफी की प्याली बनाकर मुझे दी थी और मुझे छोड़ने बाहर सड़क तक चला आया था। वहाँ से विदा लेते हुए भी उसने हँसकर कहा था, ''ज़्यादा झांक-वांककर मत देखना, और उसी वक्त जाया करना जब कोहली वहाँ पर हो।''

उन दिनों वह आदमी घर पर अकेला था। मिसेज़ ह्विसलर दो महीने के लिए दक्षिण घूमने गई हुई थी।

उसके कुछ ही दिन बाद स्कूल खुलने से पहले मुझे फिर एक बार उसके यहाँ जाना पड़ा था। तब वह मुझे यह बताना चाहता था कि बोर्ड ने एक सीनियर हिंदी मास्टर रखने का फैसला तो कर लिया है, पर वह जगह अभी भरी नहीं जाएगी। तब तक मिसेज़ ह्विसलर लौटकर आ चुकी थी। उस बार उनके ड्राइंग रूम में मुझे

काफी देर इन्तज़ार करना पड़ा। आखिर वह अन्दर के कमरे से निकलकर आया, तो उसकी भौंहें तनी हुई थीं। मुझे देखकर लगा जैसे कि मुझसे कोई कसूर हो गया हो जिसके लिए वह मुझे डांटने जा रहा हो।

''लुक हेयर,'' उसने आते ही कहा, ''एक बात है जो मैं नई टर्म शुरू होने से पहले ही तुम्हें बता देना चाहता हूँ। तुम्हारे पास इस साल भी उतने ही पीरियड रहेंगे जितने पिछले साल थे। तुम्हें इस बारे में कुछ कहना तो नहीं है ?''

मुझे बहुत कुछ कहना था। लेकिन मैं जानता था कि मैं अपनी बात कहूँ, इसके लिए सवाल नहीं पूछा गया।

''वैसे तो आप जो भी फैसला करें, ठीक है।'' मैंने कहना शुरू किया। ''लेकिन...''

''लेकिन-वेकिन कुछ नहीं। सीनियर हिन्दी मास्टर की नियुक्ति हम अगले साल से पहले नहीं कर पाएँगे। यह बात मैंने बोर्ड में भी कह दी थी। मिसेज़ बुधवानी इस साल भी पिछले साल की तरह छोटी क्लासें लेती रहेंगी। बड़ी क्लासें तुम्हारे पास रहेंगी। तुम्हें बाद में अपने टाइम-टेबल को लेकर कोई एतराज़ हो, इससे बेहतर है कि तुम अभी से यह बात जान लो। वैसे इसमें तुम्हारा फायदा ही है। तुम्हें तीन रुपए अतिरिक्त एलाउन्स मिल जाता है। किस क्लास में क्या चीज़ शुरू में पढ़ाई जाएगी, इसका ब्योरा बनाकर मिसेज़ को दे देना। पिछले साल तुम्हारे पास खेलों की ड्यूटियाँ नहीं थीं। इस साल तुम्हारी वे ड्यूटियाँ भी लगानी पड़ेंगी क्योंकि दूसरे मास्टर इस चीज़ को लेकर एतराज़ करते हैं। अपना नया टाइमटेबल तुम पार्कर के पास देख सकते हो।''

उसके आने के साथ ही मैं कुर्सी से उठ गया था। उसके बाद मैं खड़ा ही रहा—उसने मुझसे बैठने के लिए नहीं कहा। अपनी बात कह चुकने के बाद जेबों में हाथ डाले इस तरह मुझे देखने लगा जैसे कि मैं बिना इजाज़त उसके कमरे में घुस आया होऊं और मुझसे यह पूछकर कि मैं क्यों आया हूँ, अब वह मेरे बाहर निकलने की राह देख रहा हो।

''फार वाट वी हैव रिसीव्ड, मे द लार्ड मेक अस ट्रू ली थैंकफुल फार क्राइस्ट्'स सेक।'' अपनी सीट से उठकर लंच की समाप्ति की ग्रेस भी मिस्टर ब्राइट ने कही और सब लोग प्लेटें छोड़कर खड़े हुए। मैंने पहली सर्विस में अपनी प्लेट में चावल नहीं लिए थे, तब तक बैरे के दूसरी बार आने की राह ही देख रहा था, ''सर भूखे रह गए हैं।'' इन्द्रजीत ने आहिस्ता से कहा और सहानुभूति के साथ मुस्करा दिया। मैं अधभूखे पेट तीन बजे तक का समय काटने की उलझन मन में लिए कामन रूम में आ गया।

अंगीठियाँ आधी बुझ चुकी थीं। फिर भी लोग क्लासों में जाने से पहले उन्हें

घेरकर खड़े हो गए थे। कोहली क्योंकि लंच से पहले परे एक कोने में खड़ा रहा था, इसलिए अब वह एक अंगीठी के ऊपर अपनी दोनों बाँहें फैलाए था—ताकि स्कूल द्वारा दी गई उस सुविधा में अपना हिस्सा प्राप्त करने से वंचित न रह जाए। 'फ्र फ्र फ्र-–अपने ठिठुरते शरीर की कंपकंपी होंठों से व्यक्त करके वह साबित करना चाह रहा था कि उसे आग की कितनी ज़रूरत है। ''बहुत ठण्ड लग रही है ?'' मैंने उसके पास जाकर पूछा।

पर वह जवाब न देकर उसी तरह 'फ्र फ्र फ्र' करता रहा। आँख से उसने पीछे खिड़की की तरफ इशारा कर दिया। बाहर हल्की-हल्की बरफ अब भी गिर रही थी—धुनी रुई के उड़ते रेशों जैसी। खिड़की के पास छः-सात लोग जमा थे—चारों हाउस-मास्टर, मिसेज़ क्राउन, बॉनी हाल और एकाध और। खिड़की के चौखटे पर बाहर की तरफ इतनी बरफ जम गई थी कि वह पूरा बर्फ की तख्तियों का बना लग रहा था। मिसेज़ ज्याफ्रे, जो कामन रूम के बाहर खिड़की के पास खड़ी उन लोगों से बात कर रही थी, अपने नीले स्कर्ट और रुपहले बालों के कारण उस चौखटे में जड़ी एक तसवीर की तरह लग रही थी। साठ साल की उम्र में भी पाउडर से लदे अपने नुकीले दुबले चेहरे, पतले होंठों और चमकती आँखों में वह अपने अतीत यौवन की कुछ-कुछ छाया सुरक्षित रखे थी। कम से कम अपनी लड़की नॉली क्राउन के झाईं-भरे चेहरे से तो उसका चेहरा अधिक युवा नज़र आता ही था। वह खिड़की पर थोड़ा अन्दर को झुककर कह रही थी, ''कुछ न कुछ ज़रूर हुआ है इनके बीच। तभी न वह आज लंच के लिए नहीं आया। यह जिस दिन उसे जितना परेशान कर लेती है, उस दिन उतनी खिली हुई नज़र आती है। नहीं ? मुझे लगता है कि आखिर यह उसे अपने साथ ज्यूरिच ले जाए बिना मानेगी नहीं। वह कितना चाहे कि इससे अपनी मनवा ले, पर हारकर उसे करना वही पड़ेगा जो यह चाहेगी। इसका साल-भर के लिए जाना तो मुझे सिर्फ एक बहाना लगता है। यह वहाँ से लौटकर आएगी, इसमें मुझे बहुत सन्देह है। साल के अन्दर-अन्दर देखना, या तो वह भी इसके पास वहीं चला जाएगा या…''

एल्बर्ट क्राउन हम लोगों की तरफ देखकर हल्के से खांस दिया। मिसेज़ ज्याफ्रे ने उसका इशारा कुछ-कुछ समझा, फिर भी अपनी बात रोकी नहीं। ''…या कि बात मैं नहीं कह सकती। लगाने को आदमी कई तरह से अनुमान लगा सकता है, पर असल में जो होना है, उसका पता तो होने पर ही चलता है।''

''काम का समय है, काम करना चाहिए,'' कहते हुए मिसेज़ क्राउन ने वहाँ से हटकर उस सारे ग्रुप को छितरा दिया। कमरे से निकलते हुए उनमें से हर एक ने एक-एक बार हम लोगों की तरफ देख लिया। जब वे सब चले गए और मिसेज़ ज्याफ्रे भी खिड़की के पास से हट गई तो कोहली ने रुके हुए रिकार्ड की तरह मेरे

सवाल का जवाब दे दिया, "हाँ, बहुत ठण्ड लग रही है आज। तुम्हें नहीं लग रही ?"

मेरे मन में एक बार आया कि कम से कम कोहली को तो बता ही दूँ कि मैंने त्यागपत्र दे दिया है और उस सम्बन्ध में बात करने के लिए अभी मुझे हेडमास्टर के कमरे में जाना है। सुनकर उसके चेहरे पर क्या भाव आएगा और उसकी 'फ्र फ्र फ्र' अचानक कैसे रुक जाएगी, इसकी भी मैंने कल्पना की। पर यह सोचकर उससे नहीं कहा कि किसी दूसरे से यह बात सुनकर उसके चेहरे पर जो भाव आएगा, वह कहीं ज्यादा मनहूस और मनोरंजक होगा। वह एक हाथ लगभग बुझी हुई अंगीठी पर तापता हुआ दूसरा अब अपने गाउन के उस फटे हिस्से पर रखे था जिस पर मिसेज़ ने लंच से पहले टिप्पणी की थी। मुझे जवाब देने के बाद न जाने क्या सोचकर वह थोड़ा अन्तर्मुख हो गया था। कुछ देर चुपचाप खड़े रहने के बाद उसने एक उसांस भरी और मन ही मन जैसे किसी परिस्थिति से समझौता करके बाहर जाने के लिए तैयार हो गया। "तुम्हारी क्लास नहीं है ?" उसने चलते हुए मुझसे पूछा।

मेरे मन में फिर एक बार आया कि उसे बता दूँ। लेकिन मैं फिर अपने को रोक गया। इस बार उसके बाहर नज़र आ रहे जबड़ों की वजह से जो बात करने से कुछ देर और सामने खुले रहते। कुछ देर में कामन रूम बिलकुल खाली हो गया, तो भी मैं वहाँ रुका रहा। पहले कभी हेडमास्टर ने बुलाया होता, तो मैं डाइनिंग हाल से निकलते ही सीधा उसके कमरे में पहुँच जाता। पर उस समय मुझे लग रहा था कि मैं जाने से पहले थोड़ा और वक्त ले सकता हूँ। कम से कम अपना सिगरेट तो पूरा पी ही सकता हूँ। सिगरेट के कश खींचते हुए मैं अपने को उसके साथ होने वाली बातचीत के लिए तैयार भी करता रहा। आज तक जब भी उससे बात हुई थी—सिर्फ एक दिन को छोड़कर—तो जूनियर मास्टर और हेडमास्टर के निर्धारित सम्बन्ध के आधार पर हुई थी। उस एक दिन भी, जब वह खुलेपन से पेश आया था, मैं अपनी तरफ से उस निर्धारित रेखा को नहीं लांघ पाया था। पर आज वहाँ से त्यागपत्र दे चुकने के बाद, मुझे लग रहा था कि मैं बिल्कुल दूसरे आधार पर उससे बात कर सकता हूँ। एक बार यह भी मन में आया कि अपना गाउन उतारकर मैं कामन रूम में छोड़ जाऊँ, पर यह इसलिए नहीं किया कि वह पहले से ही मेरे रुख को भांपकर और उस दृष्टि से तैयार होकर बात न करे। आखिर जब सिगरेट फिल्टर के सिरे तक पिया जा चुका, तो उसे ऐश-ट्रे की तरफ उछालकर मैं कामन रूम से निकल आया। सोचा था कि आज अपनी टाई की गांठ की चिंता नहीं करूँगा, पर बाहर आते ही हाथ अनायास उस पर पहुँच गया। फिर भी और दिनों से कहीं ज़्यादा आत्मविश्वास के साथ मैं आफिस में दाखिल हुआ। बुधवानी, पार्कर और गिरधारी तीनों तीन पुतलों की तरह अपनी-अपनी मेज़ पर झुके थे। उनके चेहरों से लग रहा था कि मेरे देर से आने का तनाव तीनों अपने अन्दर महसूस कर रहे

हैं। फकीरे ने मुझे देखते ही हेडमास्टर के कमरे का दरवाज़ा खोल दिया। बुधवानी अपनी कुर्सी से उठ खड़ा हुआ और एक ओढ़ी हुई मुस्कराहट के साथ मुझे अन्दर ले गया। टोनी हमारे पहुँचने के बाद भी इस तरह अपने कागज़ों में डूबा रहा जैसे हमें अन्दर आते उसने देखा ही न हो। कुछ पल एक तरफ खड़े रहने के बाद बुधवानी ने उसे मेरे आने की सूचना दी और दबे पैरों कमरे से चला गया।

टोनी ने दरवाज़ा बन्द होने तक आंखें नहीं उठाईं। मैं भी उतनी देर खिड़की से बाहर क्रिकेट ग्राउंड की जाली को देखता रहा। फिर पेन नीचे रखते हुए उसने अपने उस खास ढंग से मुझे देखा जिससे बात करने से पहले वह दूसरे को थोड़ा अव्यवस्थित करने की चेष्टा किया करता था। पर उस समय मेरे ऊपर उस नज़र का कुछ खास असर नहीं हुआ। मुझे लगा कि मेरा पूरा सिगरेट पीकर आना बेकार नहीं गया।

"तुम सचमुच स्कूल छोड़ना चाहते हो ?" उसने एक झटके के साथ पूछा। मेरे चेहरे पर अपनी नज़र की प्रतिक्रिया न देखकर उसका स्वर हमेशा से भी कुछ तीखा हो गया था।

"जी हाँ," मैंने कहा, "मैं इस टर्म के बाद वापस नहीं आना चाहता।"

"इसका असल कारण मैं जान सकता हूँ ?"

"कारण मैंने अपने त्यागपत्र में लिखा है।" वह जिस जल्दी से सवाल पूछ रहा था, मैं उसी जल्दी से जवाब देता जा रहा था।

"अपने त्यागपत्र में तुमने कुछ भी कारण नहीं लिखा। सिर्फ यह लिखा है कि तुम्हारी व्यक्तिगत परिस्थितियाँ तुम्हें नौकरी छोड़ने के लिए मजबूर कर रही हैं।"

"मेरा ख्याल था कि यह अपने में ही एक कारण हो सकता है। मेरे लिए इसके अलावा और कोई कारण नहीं है।"

"हूँऽऽ !" वह पल-भर उंगलियाँ चटकाता रहा। उसे आशा नहीं थी कि मेरे जवाब इतने कटे-छंटे होंगे। दो-एक बार आँखें झपकने के बाद उसका चेहरा थोड़ा नरम पड़ गया। उसने मेरे त्यागपत्र का कागज़ निकालकर सामने रख लिया। "तो मैं यह मानकर चलूँ कि तुमने अपने इस फैसले के सब पहलुओं पर ठीक से विचार कर लिया है ?"

मैंने सिर हिला दिया, "आप सोच ही सकते हैं कि बिना ठीक से विचार किए ऐसा कदम कोई नहीं उठाता।"

"तुम यहाँ से छोड़कर कहाँ जाना चाहते हो ?"

"अगर आपका मतलब मेरे कोई और नौकरी करने से है, तो मैं कह सकता हूँ कि फिलहाल मैं कहीं भी नौकरी करने का विचार नहीं रखता।"

"सुनने में बात कुछ अजीब-सी लगती है।" कहता हुआ वह अपनी कुर्सी

से उठ खड़ा हुआ, "इसलिए मैं तुमसे ज़रा विस्तार से जानना चाहता हूँ।" फिर मेज़ से आगे आकर बोला, "आओ, उधर सोफे पर बैठकर बातें करते हैं।"

नौकरी के तीन सालों में यह दूसरा अवसर था जब उसने मुझसे उस तरह आफिस के सोफे पर बैठने को कहा था। पहला अवसर तब था जब मैं वहाँ इण्टरव्यू के लिए आया था। सोफे की तरफ बढ़ते हुए उसने एक नज़र दीवार-घड़ी पर डाल ली। मतलब था कि तुम ग्यारह मिनट लेट आए हो, फिर भी देखो मैंने तुमसे कुछ नहीं कहा। अपने पर काबू रखने की चेष्टा में उसकी नुकीली ठोढ़ी चौकोर चेहरे से इतनी जुदा लग रही थी जैसे कि अलग से तराशकर वहाँ चिपकाई गई हो। गर्दन भी और दिनों से ज़्यादा सुर्ख नज़र आ रही थी—इतनी कि जैसे अभी-अभी उसके अन्दर से लहू फूट आना हो।

"देखो, वैसे तो यह तुम्हारा व्यक्तिगत मामला है," हम लोग सोफे पर बैठ गए, तो उसने कहना शुरू किया, "इसलिए मुझे इस बारे में कुछ कहना नहीं चाहिए। लेकिन तुमने एकाएक जाने का फैसला किया है, इसलिए एक बात मैं तुमसे जान लेना ज़रूरी समझता हूँ। तुम यहाँ किसी तकलीफ की वजह से तो छोड़कर नहीं जा रहे ?" यह उसने जिस स्वर में कहा, वह हेडमास्टर व्हिसलर का स्वर नहीं था जिसे सुनने के कान आदी थे—'ए...क्या कर रहे हो तुम वहाँ ?" वाला चाबुकाना स्वर। मगर अलग-सा होते हुए भी वह मेरे लिए बिलकुल अपरिचित नहीं था। तीन साल पहले उसी सोफे पर हुई बातचीत में वह स्वर पहले भी इस्तेमाल हो चुका था। उसमें अधिकार का दावा और रुतबे का अलगाव तो था, पर साथ अपनी जगह से थोड़ा नीचे उतरकर एक परिस्थिति को स्वीकार करने की मजबूरी भी थी। इस बार मजबूरी का कारण था कि मेरी नियुक्ति डी. पी. आई. के सुझाव से हुई थी, क्योंकि स्कूल में हिन्दी पढ़ाने की व्यवस्था से शिक्षा-विभाग संतुष्ट नहीं था। मेरी नियुक्ति के बाद वह व्यवस्था ठीक हो गई मान ली गई थी, क्योंकि मुझे नौकरी दिलाकर डी. पी. आई. को मुझसे अनुवाद का कुछ व्यक्तिगत काम कराना था।

"मुझे यहाँ रहकर तकलीफ क्या हो सकती थी ?" मैंने उसकी असुविधा में रस लेते हुए कहा, "हम लोग यहाँ एक परिवार की तरह रहते हैं। फिर मैं यह भी जानता हूँ कि जितनी सुविधाएँ मुझे यहाँ प्राप्त हैं, उतनी और किसी स्कूल की नौकरी में नहीं मिल सकतीं।"

उसका हाथ अपनी टाई के निचले सिरे से सरकता हुआ उसकी गांठ तक पहुँच गया था। ये दोनों बातें तीन साल पहले उसी ने मुझसे कही थीं। कुछ उसी तरह अपनी टाई से खेलते हुए उसने मुझे उस नौकरी की विशेषताएँ बतलाई थीं। कहा था कि तीन सौ लड़कों और स्टाफ के साठ सदस्यों को मिलाकर वह तीन सौ साठ व्यक्तियों का एक परिवार है। उस परिवार में सब लोग एक-सा खाना खाते

हैं और एक सी सुविधा के साथ रहते हैं। फिर यह बतलाने के बाद कि तनख्वाह के अलावा यहाँ मुझे पूरा खाना और क्वार्टर फ्री मिलेगा, बिजली और जमादार का खर्च स्कूल देगा, सर्दियों में कोयले की सप्लाई मुफ्त होगी, उसने मुझे एक विशेष सुविधा भी दी थी। 'देखो, एक अकेले आदमी को स्कूल से सिर्फ बेचलर क्वार्टर ही मिल सकता है। फैमिली क्वार्टर हम उन्हीं को देते हैं जो विवाहित हैं। अगर किन्हीं विवाहित मास्टरों की पत्नियाँ स्कूल में नौकरी नहीं करतीं, तो उन्हें भी रिहायश के बदले में स्कूल का कुछ न कुछ काम करना पड़ता है। जैसे रोज़ है, सीनियर मास्टर मिस्टर व्हिटमैन ब्राइट की पत्नी। वह यहाँ फूलों की देखभाल करती है। मगर तुम्हें यहाँ आने पर वही क्वार्टर मिल जाएगा जो तुमसे पहले हिन्दी मास्टर शिवचन्द नरूला के पास था। इस तरह अकेले लोगों में तुम्हीं एक होगे जिसके पास बड़ा फैमिली क्वार्टर होगा। कल को कोई और अकेला आदमी मुझसे यह सुविधा चाहे, तो मैं उसे नहीं दूँगा।'' इस बात का पता मुझे वहाँ आने के बाद चला था कि शिवचन्द नरूला वाला क्वार्टर कोई और वहाँ लेने को तैयार ही नहीं था। एक तो इसलिए कि वह क्वार्टर स्कूल से बहुत दूर पड़ता था, दूसरे इसलिए कि कोहली की बीमार बीवी का पड़ोस किसी को पसन्द नहीं था।

मेरी बात में कहीं एक नोक है, यह उसे महसूस हो गया था। उसका हाथ अब टाई की गांठ से नीचे की तरफ उतर रहा था। आगे कुछ भी कहने से पहले वह थोड़ी देर रुका रहा। जैसे कि अभी मेरे मुँह से और भी कुछ सुनने की उसे आशा हो। एक उड़ती नज़र उसने खिड़की की तरफ डाल ली। एक गंजा गोरा सिर खिड़की के पास से निकल गया। खोपड़ी की बनावट और पैरों की ठप्-ठप् से स्पष्ट था कि वह जेम्स है। टोनी के माथे पर हल्की-सी त्योरी आई जो अगले ही क्षण साफ हो गई। ''तो क्या तुम्हारे पास इतने साधन हैं कि तुम बगैर नौकरी के गुज़ारा कर सको ?'' उसने आँखों से मुझे तौलते हुए पूछा।

''ऐसा होता तो मैं अपने त्यागपत्र में यही कारण लिख सकता था,'' मैंने कहा। ''यह आप भी जानते हैं कि मेरे जैसा आदमी कभी इतने साधन नहीं जुटा सकता।''

''तो फिर नौकरी छोड़कर तुम करना क्या चाहते हो ?'' वह थोड़ा बेसब्र हो गया, ''साधन तुम्हारे पास हैं नहीं, दूसरी नौकरी तुम करोगे नहीं, तो क्या तुम सिर्फ बेकारी का मज़ा लेने के लिए ही कदम उठाना चाहते हो ? अब तुम शादीशुदा आदमी हो। क्या अपनी पत्नी से तुमने इस विषय में राय ले ली है ?''

मैं पहली बार थोड़ा अव्यवस्थित हुआ। अपने चेहरे पर फैलती सुर्खी को वश में रखने की चेष्टा करते हुए मैंने कहा, ''आप शायद जानते हैं कि वह इन दिनों यहाँ नहीं है।''

''जानता हूँ।'' उसके स्वर में ठीक जगह को छू लेने का विश्वास आ गया,

"इसीलिए तुमसे पूछ रहा हूँ।"

"देखिए, यह मेरा व्यक्तिगत मामला है, इसलिए..."

"हाँ-हाँ, मैं जानता हूँ कि यह तुम्हारा व्यक्तिगत मामला है।" वह पल-भर चुप रहा। जैसे मेरी कही बात से किसी निष्कर्ष पर पहुँचने की कोशिश कर रहा हो। फिर बोला, "पर इसके बावजूद मैं तुमसे एक बात पूछ लेना चाहता हूँ।" उसकी एक बांह सोफे की पीठ पर फैलकर मुझसे छः-आठ इंच दूर तक आ गई। "मैं जानता हूँ कि मुझे पूछने का हक नहीं है, फिर भी एक हितचिन्तक होने के नाते पूछ लेना मेरा फर्ज़ है।...तुम्हारी विवाहित ज़िन्दगी तो ठीक चल रही है न ?"

मुझे पता था वह इसी बात पर आ रहा है। मेरे और शोभा के बीच जो कुछ घटित होता रहा था, उसे दीवार के उस तरफ से देखने वाली कोहली की आँखें कितनी दीवारों के अन्दर तक उसका समाचार पहुँचा आई होंगी, इसका अनुमान मैं लगा सकता था। पर पहले से उस प्रश्न के लिए तैयार होने के कारण मैं तब तक थोड़ा संभल गया था। स्वर में कुछ अतिरिक्त रूखापन लाकर मैंने कहा, "मेरे त्यागपत्र के साथ इस बात का क्या सम्बन्ध है, मैं समझ नहीं सका।"

उसका हाथ जो थोड़ा और आगे बढ़ आने को था, सहसा पीछे हट गया। उसकी आँखें भी मेरे चेहरे से हटकर दूसरी तरफ व्यस्त हो गईं। "कई बार होता है सम्बन्ध।" उसने जैसे मुझसे नहीं, किसी तीसरे व्यक्ति से कहा, "मुझे एकाध ऐसे केस का पता है। मेरा मतलब इतना ही था कि अगर कोई वैसी बात हो, तो स्कूल की कोई दिलचस्पी नहीं। आदमी अपना काम ठीक से करता रहे तो स्कूल के लिए सब कुछ ठीक है।"

'यह बात वह मुझसे कह रहा है या अपने से ?' मैंने सोचा। उसके चेहरे से एक साथ कई बातें सोचने का-सा भाव झलक रहा था। अचानक उसने अपनी कलाई की घड़ी को दीवार-घड़ी से मिलाकर देखा और उतारकर चाबी देने लगा। "तुम समझ गए हो न, मैं क्या कह रहा हूँ ?" उसने जैसे अपने विचारों के गुंझल से निकलने की चेष्टा करते हुए पूछा।

मैंने हल्के से आँखें झपका लीं और सीधी नज़र से उसे देखता रहा।

"स्कूल एक संस्था है," वह कुछ देर रुका रहने के बाद बोला, "और संस्थाएँ व्यक्तियों से चलती हुई भी व्यक्तियों पर निर्भर नहीं करतीं। अपनी जगह के लिए एक आदमी बहुत अनुकूल हो सकता है, पर किसी भी जगह के लिए एक आदमी अनिवार्य नहीं होता। फिर भी एक अनुकूल आदमी अपनी जगह से उखड़ रहा हो, तो उसे समय से सचेत कर देना गलत नहीं है। तुम चाहो, तो तीन-चार सप्ताह और सोच लो। छुट्टियों से तीन दिन पहले भी तुम मुझे अन्तिम रूप से बता दोगे, तो..."

"मैं दूसरा कुछ सोचूँगा, तो आपको बता दूँगा। अगर नहीं बताता, तो आप यही मानकर चलिए कि मैं छोड़कर जा रहा हूँ।" तीन-चार सप्ताह और सोचने में जो अनिश्चय की स्थिति रहती, उसकी कल्पना ने ही मुझे अन्दर से सिहरा दिया था। उस समय तक मन में अपने को उस वातावरण से जुड़ जाने की सम्भावना से और गहरी उदासी मन में छा जाती। अगले साल वहाँ न रहने की बात मैं इस हद तक मन में स्वीकार कर चुका था कि टी ब्रेक के बाद कामन रूम में अकेले खड़े होकर जिस स्थिति की कल्पना की थी, उससे अलग, अपने समेत, वहाँ की स्थिति की कल्पना मेरे लिए एक वास्तविकता रह ही नहीं गई थी। अपने वहाँ न होने के स्थान पर होने की चुभन—मैं यह विकल्प ही सामने नहीं रखना चाहता था।

टोनी व्हिसलर के चेहरे की सुर्खी में हल्की स्याही घुल गई। आँखों में वह कठोर भाव घिर आया जो दूसरी ओर से हल्के-से प्रतिरोध को भी सहन नहीं करता था। उस भाव की तीव्रता कुछ महीने पहले मैंने एक स्टाफ मीटिंग में देखी थी। वह मीटिंग विशेष रूप से बुलाई गई थी क्योंकि स्टाफ के गुसलखाने का कमोड किसी ने गन्दा कर दिया था। इसका पता सबसे पहले पार्कर को गुसलखाने में जाने पर चला था और उसी ने उसे साथ ले जाकर दिखा दिया था। मीटिंग में वह आपे से बाहर होकर चिल्लाता रहा था कि 'वे लोग' जिन्हें 'हमारी' चीज़ों का इस्तेमाल करना नहीं आता, अपने को उन चीज़ों से दूर ही रखा करें। 'हम' और 'वे' ये दो श्रेणियाँ थीं जिनमें उसने अपने आसपास की सारी दुनिया को बांट रखा था। 'हम'—अर्थात् स्कूल के गोरे-अधगोरे मास्टर और मैट्रनें, मेज-कुर्सियाँ, कमोड, टायलेट पेपर और बाहर से आने वाली आधी दर्जन पत्रिकाएँ। 'वे'—अर्थात् हिन्दुस्तानी मास्टर और उनकी पत्नियाँ, मज़दूर, चपरासी, रिक्शा वाले और लड़कों के माँ-बाप, डी. पी. आई. और शिक्षा-विभाग, किचन, पैंट्री और वे कुत्ते-बिल्ले जो स्कूल की सीमाओं में दाखिल होकर गन्दगी फैला जाते थे।

"तो ठीक है। मैं तुम्हारा त्यागपत्र मंज़ूर कर रहा हूँ।" कहता हुआ वह सोफे से उठ खड़ा हुआ। मैं भी साथ ही खड़ा हो गया। "मगर साथ ही मैं तुम्हें एक चेतावनी दे देना उचित समझता हूँ। अगर तुम्हारा इरादा सचमुच चले जाने का है, तब तो कोई बात ही नहीं है, पर अगर इसके पीछे कोई और चीज़ है, तो तुम्हें याद रखना चाहिए कि टोनी व्हिसलर किसी भी तरह की उलटी-सीधी हरकतों को बरदाश्त नहीं करता। वह जब तक यहाँ हेडमास्टर है, तब तक सब कुछ उसी तरह चलेगा जैसे कि अब तक चलता आया है। उसके जाने के बाद लोग इस स्कूल का क्या करेंगे, वह नहीं जानता। लेकिन फिलहाल उसका जाने का कोई इरादा नहीं है।"

मैं अपना गुस्सा पीकर पल-भर चुपचाप उसे देखता रहा। फिर मैंने आहिस्ता से कहा, "मैं आपका मतलब नहीं समझ सका।"

"मुझसे इस तरह मासूमियत के साथ बात करने की ज़रूरत नहीं।" वह अपनी कुर्सी पर लौटता हुआ उबल पड़ा, "मैं अच्छी तरह जानता हूँ कि स्कूल में कौन कहाँ क्या कर रहा है, क्या सोच रहा है। स्कूल के बाहर से जो लोग यहाँ अपना जाल बिछा रहे हैं, उन्हें भी अच्छी तरह जानता हूँ। मगर मैं उनमें से किसी की भी परवाह नहीं करता। मैं जब तक यहाँ हूँ, उनमें से कोई मेरा कुछ नहीं बिगाड़ सकता। मेरा ख्याल है अब तुमने मेरा मतलब समझ लिया होगा।" काँपते हाथ से अपनी ट्रे में से कुछ कागज़ निकालकर उसने सामने रख लिए।

"मैं अब भी नहीं समझ सका।" मैंने फिर उसी तरह कहा।

"तुम समझ सके हो या नहीं, मैं इसकी छानबीन में नहीं पड़ना चाहता। समझ सके हो, तो भी तुम्हारे हक में अच्छा है और नहीं समझ सके हो तो भी तुम्हारे ही हक में अच्छा है। कुछ लोग अपने को भुलावे में रखने के लिए अफवाहें फैलाते रहते हैं कि मैं स्कूल छोड़कर यहाँ जा रहा हूँ, वहाँ जा रहा हूँ—या कि मुझे ऊपर से इस चीज़ के लिए मजबूर किया जा रहा है, उस चीज़ के लिए मजबूर किया जा रहा है। मैं उन सब लोगों पर स्पष्ट कर देना चाहता हूँ कि न तो मैं कहीं जा रहा हूँ और न ही मुझे किसी चीज़ के लिए मजबूर किया जा सकता है। तुम्हारा हिसाब मैंने तैयार करा दिया है। पहले सोचा था कि छुट्टियों की तनख्वाह समेत पूरी रकम का चेक देकर आज ही तुम्हें विदा दे जाए, पर बाद में तय किया है कि तुम टर्म पूरी करके ही यहाँ से जाओगे। इस तरह देख भी लोगे कि स्कूल में गड़बड़ करने वालों को आखिर हासिल क्या होता है।...तुम्हें अब कुछ कहना तो नहीं है ?"

"अपनी तरफ से मुझे कुछ भी नहीं कहना है। लेकिन आपने जो बात कही है..."

"मैंने जो बात कही है, उसके बारे में मैं किसी तरह की टिप्पणी नहीं सुनना चाहता। मैं यह हक किसी को नहीं देता—अपनी पत्नी तक को नहीं—कि वह मेरी किसी बात पर टिप्पणी कर सके। तुम अब जा सकते हो।"

"देखिए, मिस्टर व्हिसलर..."

"मुझे देखना कुछ नहीं है। मैंने तुमसे कहा है कि तुम अब यहाँ से जा सकते हो।"

"मिस्टर व्हिसलर !" मेरा स्वर इतना ऊंचा हो गया कि वह कुछ पल चुप रहकर आँखें झपकाता मुझे देखता रहा। फिर दोनों हाथ मेज़ पर रखे तमतमाए चेहरे के साथ कुर्सी से उठ खड़ा हुआ। "तुम कहना क्या चाहते हो ?" उसने पूछा।

"मैं सिर्फ इतना कहना चाहता हूँ कि आपको मुझसे इस तरह बात करने का कोई हक नहीं।"

"तो तुम्हारा मतलब है कि···तुम्हारा मतलब है कि··· ?" उसका स्वर काँपने लगा। वही गंजा गोरा सिर फिर खिड़की के पास से निकल गया।

मैं पल भर सीधे उसकी आँखों में देखता चुप रहा। फिर मैंने कहा, "मेरा मतलब है कि आपको किसी से भी इस तरह बात करने का हक नहीं है।" और उसके कमरे से निकलकर आफिस में आ गया। वहाँ बुधवानी, पार्कर और गिरधारीलाल पहले से ज़्यादा जड़ होकर अपनी-अपनी मेज़ पर झुके थे। पार्कर मेरे आते ही एक फाइल लेकर अन्दर चला गया। मुझे अपने बीच से दूसरे दरवाज़े की तरफ जाते जैसे उनमें से किसी ने देखा ही नहीं। मैं बाहर बरामदे में आया, तो सामने ही जेम्स पर नज़र पड़ गई। वह ठप्-ठप्-ठप् जूते की एड़ियाँ पटकता मेरे साथ-साथ कामन रूम की तरफ चलने लगा।

"बहुत ज़ोरं से चिल्ला रहा था वह !" उसने मेरे कन्धे से कन्धा मिलाए धीमी आवाज़ में कहा।

मैं चुप रहकर चलता रहा।

"चेरी ने इसकी गर्दन दबोच रखी है न, उसी से यह इतना हताश हो रहा है।"

"मैंने फिर भी कुछ नहीं कहा।

"तुम मिसेज़ ज्याफ्रे की बात सुन रहे थे न आज ? मेरा ख्याल है इसकी बीवी ने भी इसे नोटिस दे रखा है।"

"तुम उस समय कहाँ थे ?" मुझे याद था कि जब मिसेज़ ज्याफ्रे बात कर रही थी, वह कामन रूम में नहीं था।

वह अपने पीले दाँत उघाड़कर मुस्करा दिया, "मैं वहीं पास में ही था। तुम्हारा क्या ख्याल है वह ले जाएगी इसे अपने साथ इसी साल ?"

"मुझे इसमें कोई दिलचस्पी नहीं है," मैंने कुछ उकताहट के साथ कहा। "तुम्हें अगर पता न हो, तो मैं तुम्हें बतला दूँ कि मैंने यहाँ से त्यागपत्र दे दिया है।"

वह उसी तरह मुस्कराता रहा। "मुझे पता चल गया है। यही एक तरीका था जिससे तुम इसे सीनियर ग्रेड देने के लिए मजबूर कर सकते थे। अब देख लेना, इसे झख मारकर ग्रेड देना पड़ेगा तुम्हें। नहीं तो···।"

कामन रूम के अन्दर पहुँच जाने से सहसा उसे चुप हो जाना पड़ा। वहाँ मिसेज़ ज्याफ्रे एल्बर्ट क्राउन से बात कर रही थी—"ज्यादा से ज्यादा अगली गर्मियों तक···।" हमें आते देखकर वह भी चुप हो गई।

सहयोगी

रात को स्टिवर्ड चार्ल्टन की काटेज के बाहरी कमरे में हम तीन आदमी बैठे थे···चार्ल्टन, लैरी जो और मैं। खिड़कियाँ-दरवाज़े सब बन्द करके बुखारी में आग जला दी गई थी जिससे कमरा काफी गरम था। फिर भी मैं चाह रहा था कि बाहर की हवा के लिए कहीं कोई दरार छोड़ दी गई होती, क्योंकि चेरी ने सिगार फूंक-फूंककर इतना धुआं कमरे में भर दिया था कि अपने समेत सब कुछ उस कसैली गंध में घुटा-घुटा लग रहा था।

"देखो, वह कुतिया अब तक नहीं आई," चेरी ने राख का मोटा-सा लोंदा ऐश-ट्रे में झाड़ते हुए कहा और अपनी दोहरी ठोड़ी छाती पर झुकाए फिर से कश खींचने लगा। लैरी आँखें मूंदकर बाँहें सिर पर रखे गम्भीर भाव से कुछ सोच रहा था। उसने उसी मुद्रा में अपने होंठ वितृष्णा से हिला दिए। मैं प्लेट से सींक-कबाब का एक टुकड़ा उठाकर धीरे-धीरे चबाने लगा।

शाम को लैरी ने मुझसे अपने यहाँ आने को कहा था, तो मुझे इस पूरे आयोजन का पता नहीं था। स्कूल से चलते समय उसने कुछ उसी तरह मुझे रात को अपने यहाँ पीने आने की दावत दी थी जैसे पहले दिया करता था···हर महीने की पहली के आसपास। इस बार इतना अन्तर ज़रूर था कि पहली तारीख बहुत पीछे छूट चुकी थी। मैंने सोचा था कि इस बार भी वह हमेशा की तरह मद्रास के दिनों के अपने प्रेम-सम्बन्धों की चर्चा करेगा, पर उसके यहाँ पहुँचने पर पता चला कि कार्यक्रम चेरी के क्वार्टर में है। "मैंने स्कूल में तुमसे ज़िक्र करना उचित नहीं समझा।" उसने कहा, "किसी के कान में बात पड़ जाती, तो तुम्हारे लिए खामखाह की परेशानी हो जाती। चेरी चाहता है कि तुम्हारे त्यागपत्र को लेकर जो नई स्थिति पैदा हो गई है, उस पर हम लोग आपस में बात कर लें। वह खुद तुमसे कहना चाहता था, पर मैंने ही उसे मना किया था कि वह बात न करे, मैं तुम्हें अपने यहाँ बुलाकर साथ लेता आऊँगा। तुम्हें कोई एतराज़ तो नहीं ?"

मुझे एतराज़ था, पर उस वक्त उस एतराज़ की बात करना बेमानी था। मैं चुपचाप उसके साथ चेरी के क्वार्टर में चला आया था। वह क्वार्टर एक पहाड़ी की ऊंचाई पर बिलकुल अलग-थलग बना था, इसलिए चेरी उसे क्वार्टर न कहकर अपना काटेज कहा करता था। उस क्वार्टर की तरफ जाते व्यक्तियों को नीचे स्कूल की सड़क से देखा जा सकता था, इसलिए अँधेरा होने के बावजूद मेरी आँखें बार-बार उस तरफ मुड़ जाती थीं। बरफानी हवा और पगडण्डी की बरफ-मिली मिट्टी से ज्यादा मैं उस तरफ की आहटों के प्रति सचेत था। मुझे लग रहा था कि दोपहर को टोनी

व्हिलसर की जिस बात से मुझे गुस्सा आया था, उसे कुछ ही घंटे बाद चेरी के क्वार्टर में जाकर मैं एक तरह से सच साबित कर रहा हूँ। आसपास की झाड़ियों और ढलान पर उगे पेड़ों के बीच से कुछ साये जैसे मुझे उस पहाड़ी पर ऊपर जाते देख रहे थे और मैं कोट का कालर ऊँचा किए अपने को उन द्वारा पहचाने जाने से बचा लेना चाहता था। लैरी मुझसे आगे-आगे चल रहा था, इसलिए भी मैं अपने को उस रास्ते पर काफी अनढका-सा महसूस कर रहा था। पर लैरी को इसका कुछ एहसास नहीं था। वह इतना ही जानता था कि मैंने चुपचाप मुस्कराकर उसका प्रस्ताव स्वीकार कर लिया था।

चेरी के क्वार्टर में पहुँचने पर पता चला कि लारा वहाँ नहीं है। "उसकी माँ की तबीयत ठीक नहीं थी, वह उसे देखने के लिए गई है।" चेरी ने कमरे में दाखिल होते ही बताया, "उसने कहा था कि मैं उसकी ओर से तुमसे क्षमा माँग लूँ।" मगर यह बात सच नहीं थी। वहाँ आने के थोड़ी ही देर बाद मुझ पर स्पष्ट हो गया कि चेरी ने जान-बूझकर उसे वहाँ से भेज दिया है। स्कूल में यह बात प्रायः सुनी जाती थी कि शादी के बाद भी चेरी किंडरगार्डन की मिसेज़ दारूवाला से अपना सम्बन्ध बनाए है और कि जब भी लारा घर से जाती है चेरी मिसेज़ दारूवाला को अपने यहाँ बुला लेता है। उस दिन भी मिसेज़ दारूवाला वहाँ निमन्त्रित थी, हालाँकि हम लोगों को पहुँचे डेढ़ घण्टा हो गया था और वह अब तक आई नहीं थी।

बातचीत की शुरुआत लैरी ने की थी। कहा था कि अब मौका आ गया है जब हम लोगों को मिलकर हेडमास्टर के खिलाफ अपना मोर्चा बना लेना चाहिए। जब वह पहला पेग पी रहा था, तो उसका ख्याल था कि मैंने त्यागपत्र देकर बहुत साहस का काम किया है। पर तीसरे पेग के बाद वह मेरा कन्धा हिलाता हुआ कहने लगा था कि मैं बहुत डरपोक आदमी हूँ...अगर मुझमें साहस होता, तो मैं चेरी की तरह डटकर उस आदमी से लोहा लेता। "त्यागपत्र देने का क्या है ? एक चपरासी भी त्यागपत्र दे सकता है। गुरदा चाहिए लड़ने के लिए। मुझे अफसोस है कि तुम्हारे पास वह गुरदा नहीं है।"

लैरी की बातों से मुझे पता चल गया था कि जेम्स ने मेरे त्यागपत्र की बात पूरे स्कूल में फैला दी है—यहाँ तक कि शाम की चाय के समय यह बात लड़कों की ज़बान पर भी थी। लैरी ने कुरेद-कुरेदकर मुझसे पूछने की कोशिश की कि मेरे निर्णय का वास्तविक कारण क्या है और कि हेडमास्टर ने इस चीज़ को लेकर मुझसे क्या बात की है। मैं उस कमरे में आने के बाद से ही मन में इतना कुढ़ गया था कि उसके हर सवाल को मैंने एक मुस्कराहट के साथ टाल दिया। संक्षेप में इतना बता देने के बाद कि मुझे अब इस नौकरी में दिलचस्पी नहीं रही, उसकी गेंद को हर बार वापस उसी की तरफ उछाल दिया। "तुम बताओ, तुम क्या सोचते हो इस

बारे में ?" लैरी आखिर थककर और शायद अपनी ही रट से ऊबकर कुछ देर के लिए खामोश हो गया।

चेरी शुरू से ही खामोश था। मेरा ध्यान बार-बार उसके भारी पेट पर कसे जैकेट की तरफ चला जाता था जिसके बटन बुरी तरह खिंचे हुए थे। तब तक उसके व्यक्तित्व की जो छाप मेरे मन पर थी, उस समय वह उससे काफी भिन्न लग रहा था। यह वह मुँहफट और दबंग आदमी नहीं था जो किचन, पैंट्री और डाइनिंग हाल के इलाके में दूसरे हेडमास्टर की तरह कहता घूमता था, "मुझसे क्या बात करेगा कोई ? मुझसे इनमें से किसी का कुछ छिपा है ?" और जिसके कमरे में हर समय टेलीफोन पर मांस-मच्छी वालों से की जाने वाली इस तरह की बातचीत सुनाई देती थी, "एक पूरा बकरा खराब है···यह क्या भेजा है तुमने ? ऐसा मांस तो कुत्तों के खाने लायक भी नहीं है, हरामखोर, तुमने समझ क्या रखा है ? यह तंदूर है या ढाबा ? पता है यहाँ एक-एक लड़के से महीने का दो-दो सौ रुपया लिया जाता है ? उसके बदले में मैं उन्हें यह बकरा खाने को दूँ ? तुम दूसरा बकरा जल्दी से भेजो अपने आदमी के हाथ। वह भी ठीक न हुआ, तो तुम्हारे आदमी को ही काटकर चढ़ा दूँगा आज। और कल मुझे तीन सूअर चाहिए। तुम्हारी तरह पले हुए। आ गया समझ में ? आ गया कि नहीं ?" इसके अलावा वह राह चलते किसी के भी कन्धे पर हाथ मार कर कह सकता था, "क्यों पट्ठे, बताओ क्या खाओगे आज शाम को ?" और अपेक्षा रखता था कि उसके बनवाए पानी की शक्ल के स्टू से लेकर डंठलों समेत उबली गोभी तक हर चीज़ की उसके सामने प्रशंसा की जाए। प्रशंसा सुनकर उसका चेहरा एक उदार मुस्कराहट से खिल जाता था। "गोभी कल शाम मैंने तुम्हारे लिए स्पेशल बनवाई थी। मुझे पता है तुम्हें गोभी बहुत पसन्द है।" लोग उससे ज्यादा बात करने से अक्सर बचते थे, पर खास मुश्किल उस समय पड़ती थी जब हेडमास्टर से डांट खाकर वह अपना गुबार निकालने के लिए कामन रूम में चला आता था। "पता है आज सूअर के उसने मुझसे क्या कहा है ? कहता है, खाना दिन-ब-दिन बदज़ायका होता जा रहा है। कोई पूछे इस बन्दर की औलाद से कि खाना यहाँ हेडमास्टर बनने से पहले इसने कभी खाया भी था ? वहाँ मद्रास में मिलता क्या था इसे ? एसम् और तक्रम् ? डण्ठल चूसते यहाँ आकर हड्डियाँ चूसने को मिल गईं, तो बड़ा जानकार हो गया यह खाने का ! जानता नहीं कि हम तो पैदा ही मुर्गे के शोरबे में हुए हैं। बीस साल का तज़ुरबा है मेरा इस काम का। जिन दिनों कलकत्ता के ग्रैंड होटल में मुझे सात सौ तनख्वाह मिलती थी, उन दिनों इसे तीन सौ भी नहीं जुटते होंगे मास्टरी के। पहला हेडमास्टर चाहे पादरी था, पर उसे तमीज़ थी खाने-पीने की। उसके ज़माने में कभी कोई पार्टी होती थी यहां बगैर ब्रांडी-व्हिस्की के ? पर यह नीरे की औलाद, न खुद पीता है न दूसरों को पीने देता है। बस पार्टी के बाद

भेज देता है अपने बैरे को कि जितना सामान बचा हो, उठाकर ले आए। सुबह बुला लेता है हिसाब चेक करने। मैं कहता हूँ कर ले हिसाब चेक, मैं एक-एक पैसे का खर्चा लिखकर रखता हूँ अपने पास। तुझे जिस-जिस चीज़ का बिल चाहिए, उसका बिल ले ले। कुछ और चाहिए तो वह भी ले ले। मुझे क्या पता नहीं कि यह सारी साज़िश किस चीज़ की है ? यह उसे लगाना चाहता है स्टिवर्ड अपनी मदाम जाफरी को (मिसेज़ ज्याफ्रे का चेरीकरण) जिससे लड़कों के माँ-बाप का खून चूस-चूसकर ये अपने ग्लैंड्स में भर ले। मैं कहता हूँ मैंने न कर दिया पंक्चर तुम्हारा एक-एक ग्लैंड तो कहना। दिखाते फिरोगे एक-दूसरे को कि देखो चेरी ने क्या कर दिया है। इन्हें पता नहीं कि चेरी की पहुँच इनके भी माई-बापों तक है। मैंने एक बार वहाँ जाकर कर दी न रिपोर्ट तो हड्डियों की गांठें ढीली हो जाएँगी।''

ज्यादातर बातें वह काली चमड़ी के रिश्ते से हिन्दुस्तानी मास्टरों के सामने और हिन्दी में ही कहता था। एक बार कोहली ने उसे इस तरह खुलेआम बकझक करने से टोक दिया था, तो पन्द्रह दिन उसके यहाँ खाना जाता रहा था जो बैरे-चपरासियों का हिस्सा देकर बच जाया करता था। यह बात भी चेरी ने किसी से छिपा नहीं रखी थी कि वह कोहली को दब्बूपन की सज़ा दे रहा है। ''मैं कहता हूँ क्या करेगा वह यह अच्छा खाना खाकर ? गुरदे में जो सत ईसबगोल भरा है, उससे सब निकल जाता है बाहर। इसलिए कुछ दिन ऐसा खाना खा ले जिससे इसका सत ईसबगोल थोड़ा कम हो जाए।''

पर उस समय व्हिस्की का आधा गिलास हाथ में लिए अपनी कुर्सी पर फैला वह एक मार खाए सांड़ की तरह साँस ले रहा था। मुझे लग रहा था कि उसने एक बार कुछ लम्बी सांस खींच ली, तो जैकेट का एकाध बटन ज़रूर टूट जाएगा।

''तो ?'' लैरी सिर से हाथ हटाकर सीधा हो गया।

''तो क्या ?'' मैंने पूछा।

''तुम इस हक में बिलकुल नहीं हो कि कल हम तीनों—और अगर मिसेज़ दारूवाला भी चलने को तैयार हो, तो चारों···जाकर डी. पी. आई. से मिल लें ? तुम्हें नौकरी छोड़नी ही है, तो इससे तुम्हारा कुछ बिगड़ नहीं जाएगा। मगर दूसरों का, जो यहाँ रहना चाहते हैं इससे थोड़ा भला हो सकता है। मेरी समझ में नहीं आता कि तुम्हारे मन में डर किस चीज़ का है।''

''मेरे मन में डर किसी चीज़ का नहीं है।'' मैंने कहा, ''मगर मेरे छोड़ने का कारण क्योंकि बिलकुल व्यक्तिगत है, इसलिए···''

लैरी वितृष्णा के साथ हँस दिया, ''मैं समझ गया तुम्हारी बात।''

''मैं नहीं जानता कि तुम क्या समझ गए हो, लेकिन···।''

''मैं बिलकुल समझ गया हूँ। मेरा ख्याल है चेरी भी ज़रूर समझ गया होगा।

क्यों चेरी, तुम समझ नहीं गए इसकी बात ?''

चेरी के गले से जो आवाज़ निकली, वह ऐसी थी जैसे एक गाली में से व्यंजन निकालकर केवल स्वर रहने दिए गए हों। ''मैं पहले ही समझ रहा था,'' उसने कहा, ''मैंने तुमसे कहा नहीं था कि मामला कुछ दूसरा ही हो सकता है ?''

''इसे पता नहीं है कि उस आदमी की मियाद यहाँ खत्म हो चुकी है,'' लैरी अपने गिलास में और व्हिस्की डालने लगा। फिर मेरी तरफ मुड़कर कुछ ऊँचे स्वर में बोला, ''तुम सुन रहे हो न मेरी बात ? उस आदमी की मियाद यहाँ खत्म हो चुकी है। इसलिए उसकी जी-हुज़ूरी करने से तुम्हें कुछ फायदा नहीं होने का।''

मैं अपना गिलास रखकर उठ खड़ा हुआ, ''मैं जा रहा हूँ।'' मैंने कहा, ''मुझे नहीं पता था कि तुम लोगों ने इस सबके लिए मुझे यहाँ बुलाया है।''

लैरी भी साथ ही उठ खड़ा हुआ, ''देखो सक्सेना,'' वह मेरी बाँह थामकर बोला, ''तुम्हें यह बताकर जाना होगा कि तुम हमारे दोस्त हो या दुश्मन।''

''मैं नहीं जानता।'' मैंने बाँह छुड़ाने की कोशिश की। लेकिन उसने बांह नहीं छोड़ी, ''मैं तो समझता था कि···''

''तुम हमारे दोस्त हो।'' लैरी के हाथ की जकड़ और मज़बूत हो गई, ''दोस्त होने के नाते तुम्हारा फर्ज़ है कि तुम हमारा साथ दो। तुम हमारा साथ देने से इन्कार नहीं कर सकते।''

''देखो, लैरी···''

''तुम बैठकर बात करो। मैं इस तरह तुम्हें यहाँ से नहीं जाने दे सकता।'' उसने मुझे ज़बरदस्ती फिर कुर्सी पर बिठा दिया, ''तुम यह तो मानते हो न कि टोनी व्हिसलर को जितना मैं जानता हूँ, उतना यहाँ तुम लोगों में से कोई नहीं जानता ?''

''यह दावा वह पहली बार नहीं कर रहा था। कुछ साल पहले वह और टोनी व्हिसलर मद्रास में एक स्कूल में साथ पढ़ाते थे। उसी आधार पर टोनी उसे यहाँ लाया भी था। पर उसके आने के एक-डेढ़ महीने के अन्दर ही यह बात दोनों पर स्पष्ट हो गई थी कि जिस रूप में वे पहले एक-दूसरे को जानते थे, वह अब दोनों में से किसी का नहीं रहा। निराशा के कारण ही लैरी की उन सब लोगों से घनिष्ठता हो गई थी जो टोनी के विश्वासपात्र नहीं थे और उनमें भी सबसे ज्यादा चेरी से।

लैरी इसी तरह का सवाल पूछकर जब कुछ क्षण उत्तर सुनने की प्रतीक्षा में रुका रहता था, तो उसका चेहरा, उभरी हुई आँखों समेत, प्लास्टर आफ पेरिस के एक बुत जैसा लगने लगता था। फिर अपने आप जैसे लोगों की आँखों से ही उत्तर पाकर, वह प्लास्टर पिघल जाता था, ''तो मैं तुम्हें बतला रहा हूँ कि उसके यहाँ रहने का समय अब चुक गया है। जिस तरह यहाँ आकर एकदम यह इस रुतबे पर पहुँच गया है, उसी तरह एकदम अब इससे नीचे गिरने वाला है। मैं यह बात

पूरे विश्वास के साथ कह रहा हूँ। तुम्हें मुझ पर ज़रा भी भरोसा है, तो तुम्हें भी इस बात पर पूरा विश्वास हो जाना चाहिए। तुम देख लेना···इसमें ज्यादा वक्त नहीं लगेगा। मद्रास में तो हम इसे बहुत अक्लमन्द आदमी भी नहीं समझते थे। सचमुच बहुत मामूली दिमाग का आदमी माना जाता था इसे। यह तो यहीं आकर इसने अपने लिए इतना ऊपर तक रास्ता बना लिया है। वहाँ होता तो आज भी यह तीसरे और चौथे फार्म की क्लासें ले रहा होता।''

चेरी ठोड़ी ऊँची करके लगातार सिगार के कश खींच रहा था। कुछ देर खाँसने और मुँह में आया बलगम निगल जाने के बाद वह बोला, ''यह तो यहाँ हर आदमी जानता है कि अगले साल तक यह यहाँ हेडमास्टर नहीं रहेगा। सवाल सिर्फ इतना है कि इसे हटाने में कामयाब कौन होता है।''

''अगर हम लोग समय से कार्यवाही नहीं करते, तो यह निश्चित है कि वह स्त्री जो चीज़ चाहती है, वह कर ले जाएगी,'' लैरी ने उसकी बात पूरी कर दी।

वह किस स्त्री की बात कर रहा है, यह मुझे पूछने की ज़रूरत नहीं थी। स्कूल में जब भी कोई बातचीत में 'उस स्त्री' का ज़िक्र करता था, तो उसका मतलब मिसेज़ ज्याफ्रे से होता था। ज्यादातर लोगों की आपसी बातचीत का विषय भी वही रहती थी। इस दृष्टि से स्कूल में सबसे महत्त्वपूर्ण व्यक्ति वही थी। रहस्यमय भी, क्योंकि उसके अतीत को लेकर कई तरह की बातें लोगों से सुनने को मिल जाती थीं। एक बात जो सबसे ज्यादा प्रचलित थी, वह यह थी कि मॉली क्राउन उसके पति की सन्तान नहीं है। ''मॉली आधी हिन्दुस्तानी है,'' कोहली कहा करता था, ''जब कि इसका पति इसकी तरह खालिस अंग्रेज था। बीस साल यह एक राजकुमारी की गवर्नेस रही है। उसी ज़माने में सुना है कि···।'' लोगों को मिसेज़ ज्याफ्रे का बीस साल पहले का इतिहास कहाँ से मालूम हुआ था, पता नहीं। पर बातें काफी विस्तार के साथ कही जाती थीं। ''यह जिस महाराजा के यहाँ रहती थी, सुना है उसी ने इसके पति को ज़हर देकर मरवा दिया था। पार्टियों में देखते हो यह कितनी कीमती पोशाकें पहनकर आती है ? वे पोशाकें तुम समझते हो इसने अपनी तनखाह से बनवाई हैं ?'' इसके अलावा भी कई तरह का ब्यौरा उसके बारे में दिया जाता था, ''पता है वहाँ से इसे निकाला क्यों गया था ? यह शिकार पर जाया करती थी महाराजा के एक दोस्त के साथ। एक बार ऐसा हुआ कि···''

''तुम्हें पता है वह स्त्री क्या खेल खेल रही है यहाँ ?'' चेरी बोला।

मैंने कन्धे हिला दिए। मतलब था कि न मैं जानता हूँ, न मेरी जानने में दिलचस्पी है।

''वह अपनी जगह इस कोशिश में लगी है कि इसे उखाड़कर इसकी जगह एल्बर्ट को हेडमास्टर लगवा दे।''

''और टोनी इतना बेवकूफ आदमी है कि उसकी इस चाल को समझ ही नहीं

रहा।'' लैरी अपना चेहरा मेरे इतने करीब ले आया कि उसकी साँस से बचने के लिए मुझे अपना सिर काफी पीछे हटा लेना पड़ा। मेरी खामोशी उन लोगों को एक तरह का बचाव लग रही थी जिसे वे किसी तरह तोड़ देना चाहते थे।

''वह तो समझता है कि वह स्त्री उसकी खुफिया है जो यहाँ-वहाँ की सब खबरें उस तक पहुँचाती रहती है।''

''एल्बर्ट और मॉली को भी इस वजह से वह अपने आदमी समझता है।''

''पर यह स्त्री शतरंज की बिसात पर बड़ी सावधानी से एक-एक चाल चल रही है।''

''देखा नहीं कि गोरी चमड़ी वाले के बीच वह अँग्रेज़ बनकर बात करती है और काली चमड़ी वालों के बीच हिन्दुस्तानी बनकर ?''

''यहाँ तक कि बैरों से भी इस तरह बात करती है जैसे कि वे भी इसके बहुत अपने हों—'किसने तुमको बुलाया इदर ? मैंने बुलाया ? किसने बोला'—छिनाल कहीं की !''

''तुम बताओ कि जब एल्बर्ट और मॉली एक बार चले गए थे लन्दन, तो इसने खास कोशिश करके उन्हें यहाँ क्यों बुलाया था ?''

''पिछले हेडमास्टर को पता था कि यह कितनी बदकार औरत है। तभी न उसने कपड़ों की धुलाई का काम इससे लेकर इसे किंडरगार्डन की इंचार्ज बना दिया था ?''

''किंडरगार्डन में यह उस तरह कमीशन नहीं ले सकती न, जैसे धोबियों से लिया करती थी !''

''स्कूल की आधी चादरें और पर्दे उन दिनों हर साल सिकुड़ जाते थे या गुम हो जाते थे।''

''अगर इसे कमीशन मिल सकता, किंडरगार्डन के आधे लड़के भी हर साल गुम हो जाया करते।''

''इसीलिए स्कूल के पर्दों को छू-छूकर अब नाक-भौं चढ़ाती रहती है—'कैसी धुलाई होने लगी है आजकल यहाँ ?''

''बड़ी बनती है सफाईपसन्द ! दुनिया-भर की गन्दगी ज़िन्दगी भर पेट में भरती रही है !''

''उसे धोने के लिए ही तो पीती रहती है इतनी स्पिरिट !''

''और चेरी की जगह पर उसकी आँख किसलिए है ? इसलिए न कि···?''

यहाँ पर चेरी ने उसे टोक दिया, ''उसे मिल जाए न इस महकमे का चार्ज, तो देख लेना हर महीने का खर्च कितना बढ़ जाता है।''

''मेरा मतलब यही था,'' लैरी ने जल्दी से अपनी गलती को सुधारा। ''उसे हर चीज़ में कमीशन लेने की लत पड़ी है, इसीलिए मैं यह कह रहा हूँ।''

"एल्बर्ट यहाँ हेडमास्टर हो जाए, इसकी भी कोशिश वह किसलिए कर रही है ? इसलिए नहीं कि अपने दामाद से उसे लगाव है; वह ऐसा हेडमास्टर चाहती है यहाँ जिसके नीचे अपनी मनमानी करने में उसे किसी तरह की रोक-टोक न रहे।"

"तुम्हारा ख्याल है एल्बर्ट इसे समझता नहीं है ?"

"एल्बर्ट अच्छी तरह समझता है। मेरा ख्याल है जितनी नफ़रत एल्बर्ट को इससे है, उतनी और किसी को हो ही नहीं सकती।"

"देखा नहीं इसकी पीठ पीछे वह कैसे नाक हिलाता रहता है, जैसे कि उसे इससे बदबू आ रही हो।"

"खैर वह चीज़ तो वह पब्लिक रिलेशन्ज के लिए करता है···"

"और जिस तरह वह सबके सामने मॉली से पूछता रहता है, 'व्हेयर इज योर बिग मदर ?"

"एल्बर्ट मॉली से भी उतनी ही नफरत करता है जितनी···"

"इसमें तो कोई शक ही नहीं है। पर उसे जब इस तरह अपना काम बनता नज़र आता है, तो वह भी सोचता है ठीक है···"

अचानक दोनों आदमी चुप हो गए। बाहर किसी के पैरों की आहट सुनाई दे रही थी। "मेरा ख्याल है मिसेज़ दारूवाला है।" कुछ देर उधर कान लगाए रहने के बाद लैरी ने कहा और अपनी टाई पर पड़े टमाटर की चटनी के निशान को उंगली से साफ करने लगा।

पर वह आहट बरामदे तक नहीं आई। बरामदे के परे से ही कच्ची बरफ पर पड़ते पैरों की कचर-कचर दूसरी तरफ चली गई।

"कोई और था शायद !" लैरी ने एक आशंकित नज़र चेरी पर डाल ली।

पर चेरी उस आहट से आशंकित नहीं हुआ था, "होगा कोई।" उसने कहा, "उधर सिंह की कोठी है। वहाँ आधी रात तक लोगों का आना-जाना चलता रहता है।"

"तुम्हें विश्वास है न कि··· ?"

चेरी ने आँखें हिलाईं, "इस तरह इस काटेज तक आने का किसी का हौसला नहीं पड़ सकता।"

लैरी फिर भी आश्वस्त नहीं हुआ। कुछ देर अपने गिलास को हाथ में घुमाने के बाद वह व्यस्त भाव से उठ खड़ा हुआ, "मैं अभी गुसलखाने से होकर आता हूँ।"

पर बाहर जाने के लिए दरवाज़ा उसने काफी आहिस्ता से और सावधानी के साथ खोला। ठण्डी हवा की एक लहर कमरे के धुएँ को चीर गई।

"बातें बहुत बड़ी-बड़ी करता है, पर है बहुत कमज़ोर दिल का आदमी," दरवाज़ा फिर से बन्द हो जाने पर चेरी अपनी कुर्सी थोड़ा आगे को सरकाकर बोला, "तुमसे कहता है कि तुम्हारे अन्दर हौसला नहीं है, पर अपने को देखो···"

मैंने जवाब न देकर घड़ी में वक्त देख लिया।

"तुम अब तक उस बात का बुरा माने बैठे हो ?"

मैंने सिर हिलाया, पर कहा फिर भी कुछ नहीं।

"फिर तुम्हारा चेहरा ऐसे क्यों हो रहा है ?"

मैंने ज़बरदस्ती मुस्करा दिया। "मुझे नींद लग रही है," मैंने कहा, "सोचता हूँ कि अब घर जाकर खाना-वाना खा लिया जाए और..."

"तुम्हें इस आदमी की बातों का बुरा नहीं मानना चाहिए।" वह बोला "तुम्हें पता ही है यह कितना बेवकूफ आदमी है। मैंने तुमसे कोई ऐसी-वैसी बात कही हो, तो तुम बताओ..."

"देखो, चेरी..."

"यह मतलबी आदमी है। अपने मतलब से मेरे पीछे लगा रहता है। तुम्हारी इसके साथ दोस्ती ज़रूर है, पर तुम इसे ठीक से जानते नहीं हो।"

"मैं कभी दावा नहीं करता कि मैं..."

"हम लोग कभी अलग से बैठेंगे, तो मैं तुम्हें इसके बारे में बताऊँगा। एक-एक बोटी मांस और एक-एक गुत्थी नमक के लिए यह आदमी कैसे मेरी मिन्नत करता है, तुम नहीं जानते।"

"मैंने कहा है न कि मुझे इस बात का बिलकुल दावा नहीं है कि..."

"तुम्हारे साथ इसके सम्बन्ध बनाकर रखने का भी एक राज़ है। तुम्हारी नियुक्ति डी. पी. आई. के ज़रिए हुई थी, इसलिए यह समझता रहा है कि तुम्हें खुश रखकर यह अपने को डी. पी. आई. की नज़रों में ला सकता है। मेरे साथ इसके दोस्ती रखने की वजह भी माँस-मच्छी के अलावा यही है कि मैं डी. पी. आई. के पास जाता-आता रहता हूँ। टोनी से जो इसकी अनबन हुई है, उसकी असली वजह तुम जानते हो ?"

मैंने बात में दिलचस्पी न रखने के ढंग से सिर हिला दिया।

"इसका ख्याल था कि यहाँ आकर टोनी का सबसे नज़दीकी आदमी यही होगा। इसकी नज़र सीनियर मास्टर की जगह पर थी, क्योंकि इसने सुन रखा था कि जिमी ब्राइट कुछ दिनों में यहाँ से जाने वाला है। पर जब यहाँ आकर इसने देखा कि टोनी का अन्दरूनी सर्कल बिलकुल दूसरा है और कि मिसेज़ ज्याफ्रे और एल्बर्ट क्राउन के सामने इसकी दाल नहीं गल सकती, तो यह अपनी दूसरी जोड़-तोड़ में लग गया।"

"हो सकता है," मैंने फिर भी अपने को तटस्थ रखते हुए कहा, "यह उसका अपना तरीका है जीने का।"

"तुम बात समझ नहीं रहे।" वह बोला, "मैं तुम्हें इसलिए बता रहा हूँ कि

वह तुमसे अलग से बात करने लगे, तो तुम ज़रा होशियार रहो। आज हम लोग यहाँ मिलकर बात करें, यह सुझाव भी उसी का था। दरअसल यह अपनी जगह डरा हुआ है कि छुट्टियों के शुरू में टोनी इसे नोटिस न दे दे। तुम्हें पता ही है, टोनी का यह तरीका है। उसे जिस आदमी को निकालना होता है, उसे तीन महीने की तनख्वाह और नोटिस एक ही दिन हाथ में पकड़ा देता है। मैंने भी इसीलिए इसके सामने आज ज़्यादा बात नहीं की। इसका मतलब यह नहीं कि मैं इससे या किसी से डरता हूँ। चेरी को और चाहे कुछ भी कह ले, डरपोक कभी कोई नहीं कह सकता। मुझे जो भी कुछ कहना-करना होता है, मैं धड़ल्ले के साथ कहता-करता हूँ। इसीलिए टोनी और किसी से भी उस तरह खम नहीं खाता जिस तरह मुझसे खाता है, बल्कि पूरे स्कूल में वह अगर किसी से डरता है, तो मुझसे। मैं अगर आज डी. पी. आई. से अपनी शिकायत वापस ले लूँ तो उससे जो चाहूँ अपने लिए करा लूँ। मगर मैं एक बुनियादी चीज़ के लिए लड़ रहा हूँ—हेडमास्टर और उसके पिट्ठुओं को स्कूल में खाने-पीने की खास रियायतें मिली रहें, इस चीज़ के खिलाफ—इसलिए अपना नफा-नुकसान ताक पर रखकर मैं यह चीज़ साबित कर देना चाहता हूँ कि दुनिया में उसूल नाम की भी कोई चीज़ है। जिस तरह तुम्हारी लड़ाई उसूल की है कि तुम्हें सीनियर ग्रेड मिलना ही चाहिए जिसके कि तुम हकदार हो, उसी तरह मेरी भी लड़ाई उसूल की है कि बावर्चीखाने के काम-काज को लेकर मुझ पर किसी तरह का दबाव नहीं डाला जाना चाहिए। जब इस काम की उनमें से किसी को समझ ही नहीं है, तो जिसे समझ है, उसे अपने ढंग से काम करने देना चाहिए। ठीक है कि नहीं ? पर मुझे इस आदमी पर इतना भी एतबार नहीं है कि कल को हेडमास्टर इसे फुसलाकर अपनी तरफ करना चाहे तो यह जाकर यहाँ पर हुई सारी बातें उसके सामने उगल नहीं देगा। यह आज बात मेरी तरफ से कर रहा है, पर तुम समझते हो इसे सचमुच इस चीज़ का गम है कि कहीं मिसेज़ ज्याफ्रे मेरी वाली जगह न ले ले ? इसे गम है तो इस चीज़ का कि···"

दरवाज़ा खुलने की आवाज़ से उसकी बात रुक गई और उसने अपनी कुर्सी फिर पीछे सरका ली। लैरी अन्दर आया, तो उसका रूमाल उसके हाथ में था। पीछे दरवाज़ा बन्द करने और कुर्सी की तरफ बढ़ने से उसके ढंग से स्पष्ट था कि वह गुसलखाने में कै करके आया है। अपनी कुर्सी पर आकर वह कुछ पल आंखें मूँदे रहा।

"तुम्हारी तबियत तो ठीक है ?" चेरी ने उससे पूछा।

लैरी ने हाथ से बाहर की तरफ इशारा कर दिया। "यह उस वजह से हुआ है।"

"उस वजह से यानी··· ?'

"हवा की वजह से। ठंडी हवा में जाते ही मेरा सिर चकरा गया था।"

"तुम्हें कोई चीज़ चाहिए इसके लिए ?"

"नहीं। मैं अभी ठीक हो जाऊंगा। काफी ठीक हो गया हूं अब तक।"

"मेरा ख्याल है तुम्हें अपने क्वार्टर में जाकर लेट रहना चाहिए।" मैंने इतनी देर में पहली बार उससे बात की।

"चाहो तो यहीं लेट जाओ···कुछ देर के लिए।" चेरी ने कहा।

"नहीं, मैं ठीक हो जाऊँगा ऐसे ही।" लैरी हठ के साथ बोला, "मैं सीधा खुले में चला गया था। पगडण्डी की तरफ। इसी से हवा खा गया हूँ।"

"वहाँ क्या देखने गए थे···कि कौन गया है निकलकर ?" चेरी की आँखें मुझसे मिल गईं। मैंने अपनी आँखें हटा लीं।

"मैंने कहा था, देख लूँ वह आ भी रही है या नहीं···दारूवाला। पर नीचे सड़क तक वह मुझे कहीं नहीं दिखी। मेरा ख्याल है वह डर के मारे नहीं आई कुतिया।"

चेरी का चेहरा कस गया। वह मिसेज़ दारूवाला के लिए जिस शब्द का प्रयोग स्वयं करता था, उसे लैरी के मुँह से सुनना उसे गवारा नहीं हुआ। "हो सकता है उसे मेरी चिट न मिली हो," उसने कहा, "मैं ऊपर आते हुए एक बैरे के पास चिट छोड़ आया था कि उसके क्वार्टर में दे आए।"

लैरी ने ठीक से आँखें खोल लीं, "तुम्हें उसका जवाब नहीं मिला था कि वह आ रही है ?"

चेरी ने हल्के से सिर हिला दिया और नया सिगार मुँह में लेकर तीलियाँ घिसने लगा।

"पर तुमने तो कहा था कि वह निश्चित रूप से आ रही है।"

"मैंने सोचा था कि उसे चिट मिल जाएगी, तो वह निश्चित रूप से आ जाएगी।"

"तुमने यह नहीं कहा था। तुमने कहा था कि···"

"मेरा ख़्याल था वह आ जाएगी। नहीं आई, तो मैं उसके लिए ज़िम्मेदार नहीं हूँ।"

लैरी की आँखों में लाल डोरे उभर आए थे। उसका चेहरा भी पहले से विकृत हो गया था, "और तुम कहते हो कि तुम्हारे कहने से वह कुछ भी कर सकती है।"

चेरी जवाब में कुछ कहने को हुआ, पर मेरी तरफ देखकर अपने को रोक गया। "इस वक्त हम इस पर बात नहीं कर रहे।" उसने आहिस्ता से कहा, "कि मेरे कहने से वह क्या कर सकती है और क्या नहीं।"

लैरी निचला होंठ बाहर निकालकर ऊपरी होंठ को उस पर दबाए बारी-बारी से हम दोनों को देखता रहा। "लगता है तुम लोग इस बीच किसी नतीजे पर पहुँच गए हो।" उसने कहा।

"तुम्हारे पीछे हम लोगों में बात तक नहीं हुई, किसी नतीजे पर क्या पहुँचना था !" चेरी ने अपने स्वर से मुझे भी साथ समेट लिया।

"खूब !" लैरी सिर हिलाने लगा, "बाहर से लग तो ऐसे रहा था जैसे अन्दर तुम्हारा भाषण चल रहा हो।"

"मैं इससे इसकी पत्नी के विषय में पूछ रहा था। वह बहुत भली स्त्री है। मुझे बहुत अच्छी लगती है।"

"तो कुछ भी तय नहीं किया तुम लोगों ने ?" लैरी अब मेरी तरफ घूम गया। मेरा ध्यान उसके हाथ की नसों की तरफ चला गया जो रूमाल को भींचे रहने से बाहर को उभर आई थीं। "या मुझे अब इस बातचीत से बाहर रखने का फैसला किया गया है इस बीच ?"

"तुम्हें आज थोड़ी-सी पीकर ही नशा हो गया है।" चेरी बोला, "इसलिए बेहतर यही है कि..."

लैरी ने अपने दोनों हाथ हम लोगों की तरफ फैला दिए, "तुम लोग समझते हो कि मैं परवाह करता हूँ ? मैं तुम दोनों को यह बता देना चाहता हूँ कि मैं बिल्कुल परवाह नहीं करता। किसी भी चीज़ की परवाह नहीं करता। जो आदमी टोनी व्हिसलर जैसे आदमी को सुर्ख आँख से देख सकता है, वह किसी की क्या परवाह कर सकता है ? तो ठीक है। मैं खुद अपने को इस बातचीत से बाहर रखना चाहता हूँ। मुझे इसमें कोई दिलचस्पी नहीं है। सच पूछो तो मुझे किसी भी चीज़ में कोई दिलचस्पी नहीं है। मुझे यहाँ की हर चीज़ से उबकाई आती है—लोगों से, बातों से, हर चीज से।"

"इसकी तबीयत ठीक नहीं है।" लैरी ने मेरी तरफ देखकर कहा, "मेरा ख्याल है इसके बाद जो भी बात करनी हो, वह फिर किसी वक्त की जाए। आज के लिए हम लोग..."

"फिर किसी वक्त क्यों की जाए ?" लैरी अपना रूमाल वाला हाथ कुर्सी की बाँह पर पटकने लगा, "जो बात इस वक्त नहीं की जा सकती, वह फिर किसी वक्त भी नहीं की जा सकती। और मैं इस बात में आता कहाँ हूँ ? बात तुम दोनों की है। तुम दोनों की नौकरी का सवाल है। मुझे क्या पड़ी है कि मैं बीच में दखल दूँ ?"

"लैरी !" चेरी ने अपने ऊँचे स्वर से उसे दबाने की कोशिश की।

"मुझसे इस तरह बात मत करो," लैरी सरककर अपनी कुर्सी के सिरे पर आ गया। "मैं किसी के मुँह से इस तरह अपना नाम सुनने का आदी नहीं हूँ।"

"देखो लैरी...।" मैंने एक मध्यस्थ की तरह कहना शुरू किया।

"मुझसे इस तरह बात मत करो।" उसने मुझे भी काट दिया, "मैं जानता हूँ कि तुम लोग किस वजह से मुझसे बात करने से कतरा रहे हो। मैं बच्चा नहीं हूँ। मैंने ज़िन्दगी देखी है। मैं आदमी को सूँघकर बता सकता हूँ कि उसके मन के अन्दर क्या बात है। तुम लोग समझते हो कि मैं समझता नहीं हूँ। मैं सब समझता हूँ।"

"इसे घर जाकर लेट रहना चाहिए।" चेरी बोला।

"मुझे कुछ काम भी है," मैंने कहा, "इसलिए मैं समझता हूँ कि..."

"तुम लोग समझते हो कि मुझे ही कुछ काम नहीं है ?" लैरी और भी चमक उठा, "यहाँ इतनी ज़रा-सी शराब पीने आने के लिए मेरे पास फालतू वक्त रखा है। मैं आया था तुम दोनों की खातिर, वरना मुझे क्या पड़ी थी यहाँ आने की ? शराब मैंने ज़िन्दगी में बहुत पी है। औरतें भी बहुत देखी हैं। अगर किसी का यह ख्याल था कि..."

चेरी ने ताव में उसकी बाँह झकझोर दी, "तुम्हें होश है कि तुम क्या बात कर रहे हो ?"

लैरी ने झटके से बाँह छुड़ा ली और पल भर हाँफता हुआ उसे देखता रहा। फिर ऐसे जैसे कि उसकी बात के उत्तर पर ही सब कुछ निर्भर करता हो—बोला, "तुम समझते हो कि मुझे होश नहीं है ?"

"हाँ, मैं समझता हूँ कि तुम्हें होश नहीं है।" चेरी उसकी आँखों में आँखें गड़ाए रहा।

"सचमुच समझते हो कि मुझे होश नहीं है ?"

"हाँ, सचमुच समझता हूँ कि तुम्हें होश नहीं है।"

"और तुम्हें होश है ?"

"हां, मुझे होश है।"

"सचमुच होश है ?"

"यह तुम्हें भी दीख रहा है कि सचमुच होश है।"

"और अगर मुझे कुछ और ही दीख रहा हो, तो ?"

"और क्या दीख रहा है ?"

"तुम जानना चाहोगे ?"

"क्यों नहीं जानना चाहूँगा ?"

मैंने अपने को तैयार कर लिया था कि जहाँ ये सवाल-जवाब रुकेंगे, वहाँ एक का हाथ दूसरे के गले की तरफ बढ़ जाएगा। वे अपनी-अपनी कुर्सियों पर कुछ उसी तरह आगे को बढ़ भी आए थे। मैं उनके बीच बिलकुल फालतू पड़ गया था। अगर मैं कुछ कहता, तो वह उनके कानों को छूता भी नहीं। आगे आने वाले 'कुछ' की प्रतीक्षा में मैंने अपने को अपनी कुर्सी पर ढीला छोड़ दिया। वे दोनों भी जैसे उसी 'कुछ' की प्रतीक्षा में कुछ पल एक-दूसरे को देखते रुके रहे। फिर लैरी ने सिर पीछे टिकाते हुए वितृष्णा के साथ हँस दिया, "मैं तुम्हें बताकर अपने को छोटा नहीं करना चाहता।"

"हाँ, वैसे तो तुम काफी बड़े हो," कहकर चेरी ने कुछ देर और प्रतीक्षा की। फिर वह भी अपनी जगह ठीक से हो गया।

उसके बाद खामोशी का एक लम्बा अन्तराल रहा। हम तीनों बिना एक-दूसरे की तरफ देखे अपनी-अपनी अस्थिरता को दबाए पर्दों, गिलासों और दीवारों तथा दीवारों के कोनों में उभर आई सीलन को देखते रहे। मुझे खुद अपने अन्दर मितली-सी उठती महसूस हो रही थी। लग रहा था जैसे कोई हाथ मेरे अन्दर उतर गया हो और वहाँ धड़कते लोंदे को धीरे-धीरे अपने में भींचता जा रहा हो। मैंने काफी देर से सिगरेट नहीं पिया था। पीने को मन नहीं था, बल्कि अपनी सांस से टकराता चेरी के सिगार का धुआँ भी मुझे बरदाश्त नहीं हो रहा था। उस गन्ध के अलावा एक और गन्ध जो मेरी उबकाई को बढ़ा रही थी, वह थी लैरी की अलकोहल-मिली साँसों की। सिर पीछे डाल लेने के बाद उसने अपनी बाँहों और टाँगों को बेतरह फैल जाने दिया था और उसके फैलने का ढंग कुछ ऐसा था कि उसका सिर मेरी तरफ को काफी झूल आया था। चेरी लगातार लम्बे-लम्बे कशों का धुआँ बाहर उंडेलता हुआ इस तरह इधर-उधर आँखें घुमा रहा था जैसे कि हम लोगों का वहाँ होना उसके ठीक से किसी चीज़ को देख सकने में बाधा हो।

मैं सोच रहा था कि वहाँ से चलने का प्रस्ताव लैरी के मुँह से निकले, तो ज्यादा अच्छा होगा। अपनी उबकाई पर काबू पाए मैं उसकी प्रतीक्षा करता रहा। पर उसके चेहरे और आँखों के स्थिर होते भाव से जब यह लगने लगा कि वह वहीं पड़ा-पड़ा सो न जाए, तो मैंने अपनी तरफ से खामोशी को तोड़ने का निश्चय कर लिया, ''मैं अब चल रहा हूँ।'' मैंने कुर्सी से उठते हुए लैरी की बाँह को छूकर कहा, ''तुम्हारा इरादा अगर कुछ देर और यहीं बैठने का है, तो···''

लैरी ने एक झटके के साथ अपने को संभाल लिया। आसपास इस तरह देखा जैसे कि जहाँ होने की आशा थी, उसकी जगह अपने को क़िसी और जगह पर देख रहा हो। फिर चेरी के चेहरे पर नज़र डालकर उसने जैसे पिछली स्थिति से इस स्थिति का सम्बन्ध जोड़ा और ठक् से फर्श पर जूतों की आवाज़ करता उठ खड़ा हुआ, ''मैं भी चलूँगा।'' उसने कहा, ''मैं तो कब का चला गया होता। अगर तुम्हें इस तरह जमकर बैठे न देखता। मैं न तो अपनी वजह से आया था यहाँ, और न ही···न ही··· ।'' आगे बात पूरी न कर सकने से उसने होंठ चबा लिया।

चेरी हम लोगों के उठने की प्रतीक्षा में था। ''अच्छा'' उसने अपनी कुर्सी छोड़ते हुए मुझसे कहा, ''फिर किसी दिन बैठेंगे तो बात करेंगे।'' साथ आँखों से उसने मुझे समझाने की चेष्टा की कि हम दोनों के बीच कोई गलतफहमी नहीं है, मैं उस लिहाज़ से मन में किसी तरह की बात लेकर न जाऊँ। लैरी ने भी उसका आँखों का वह भाव देखा और फिर एक बार वितृष्णा से हँस दिया, ''आओ चलें।'' उसने कहा और दरवाज़े की तरफ बढ़ गया।

बाहर निकलने पर हवा इतनी तीखी लगेगी, इसका अंदाज़ा कमरे में बैठे हुए

मुझे नहीं था। पगडण्डी पर आकर लैरी ने मेरे कन्धे का सहारा ले लिया। मुझे बुरा नहीं लगा क्योंकि खुद मुझे भी उस समय उस तरह के सहारे की ज़रूरत महसूस हो रही थी। एक-एक कदम चलते हुए लग रहा था जैसे इस बीच बरफ की फिसलन पहले से काफी बढ़ गई हो। यहाँ तक कि दो-एक जगह बरफ से बचकर चलने की कोशिश में मैं पगडण्डी से हटकर झाड़ियों के अन्दर चला गया। एक जगह तो लैरी मुझे वक्त से संभाल न लेता, तो मैं ढलान से सीधा नीचे को लुढ़क जाता।

"बहुत गन्दी शराब थी।" कुछ दूर उतरने के बाद सामने आए बरफ के एक लोंदे को पैर से हटाते हुए उसने कहा, "अच्छी शराब पीकर मेरी तबियत कभी खराब नहीं होती।"

"अच्छा है हम आज की शाम के बारे में बात न करें।" मैंने कहा। मुझे कोशिश करनी पड़ रही थी कि नीचे सड़क पर पहुँचकर उससे अलग होने तक अपनी तबीयत ज़्यादा खराब न होने दूँ।

"तुम ठीक कहते हो।" वह बोला, "मुझे नहीं पता था यह शाम इतनी गन्दी बीतेगी।"

"मैं तो यहाँ आने के लिए तैयार होकर आया भी नहीं था। मेरा तो ख्याल था कि..."

"हम लोग अगली बार अकेले बैठेंगे। जैसे हमेशा बैठते हैं पहली से पहले ही किसी दिन।"

"हाँ, पहली के बाद तो छुट्टियाँ हो जाएँगी।"

"मैं कह रहा हूँ न उससे पहले ही किसी दिन। इसीलिए तो कह रहा हूँ। लेकिन एक चीज़ का तुम्हें ध्यान रखना चाहिए।" इस बार वह ठोकर खा गया और मैंने उसे संभाल लिया।

"किस चीज़ का ?"

"इस आदमी की बातों में आकर कोई गलत कदम न उठा लेना।"

मैंने उसे जवाब नहीं दिया। देखने की कोशिश की कि पगडण्डी के अभी कितने मोड़ बाकी हैं।

"तुम इसे नहीं जानते," वह बोला, "मैं जानता हूँ। आज बल्कि पहले से ज्यादा जान गया हूँ। तुमने देखा है न कि इसकी 'वह' भी आज नहीं आई। वह भी इसे जानती है।"

"हूँऽऽ !" मैंने कहा और अपनी छाती को हाथ से दबा लिया। कुल दो-तीन मिनट और अपने पर काबू रखने की ज़रूरत थी।

"तुम समझते हो कि इसकी चिट उसे मिली नहीं होगी ? मैं यह बात मान ही नहीं सकता। चिट ज़रूर मिली होगी, पर वह जान-बूझकर नहीं आई। जानती

है कि इसके साथ मिलने-जुलने में नौकरी का खतरा है। वह अपनी नौकरी खतरे में क्यों डाले ?''

एक ही मोड़ और था जिसके बाद चौड़ी सड़क थी। ''फिर कभी बैठेंगे, तो बात करेंगे।'' मैंने कहा, और इस तरह तेज़ चलने लगा जैसे कि पगडण्डी की ढलान ने ही इसके लिए मजबूर कर दिया हो। उसे भी ज़बरदस्ती घिसटकर मेरे साथ तेज़ चलना पड़ा।

''एक मैं ही हूँ,'' वह कहता रहा ''जो इन चीज़ों की परवाह नहीं करता। कल को देख लेना यह भी जाकर हेडमास्टर के तलवे चाट आएगा। मगर मैं इन चीज़ों से बहुत ऊपर हूँ। मैं अपनी मर्ज़ी से ऐसी पचास नौकरियाँ छोड़ सकता हूँ। पर कोई मेरे साथ चालाकी बरतकर मुझे किसी जाल में फँसा दे, ऐसा मैं नहीं होने दे सकता। तुमको भी मैं इसीलिए होशियार किए दे रहा हूँ। यह मेरी गलती थी जो मैं आज तुम्हें इसके यहाँ ले गया। मैं अपनी गलती साफ मान रहा हूँ। पर इसके बाद अगर कुछ होता है, तो वह मेरी गलती नहीं होगी। यह भी मैं तुमसे साफ कहे दे रहा हूँ। तुम अपनी मर्ज़ी से छोड़कर जाना चाहो, यह तुम्हारे ऊपर है। पर अगर तुम अपनी नौकरी बनाए रखना चाहते हो, तो इस आदमी से अपने को बचाकर रखना। यह तुम्हें कई तरह का लोभ दे सकता है–तुम्हारे यहाँ यह चीज, वह चीज़ भिजवाने का, इसका, उसका। अपनी 'उस' के साथ तुम्हारी दोस्ती कराने का। अगर तुम इसकी बातों में आ गए, तो देख लेना क्या होता है। जो हाल इसका होगा, वही तुम्हारा भी होगा। फिर मुझसे मत कहना कि···''

पाँव सड़क पर पहुँच जाने से उसकी बात रुक गई। उसने इस तरह आसपास देख लिया जैसे कि जिस परदे की ओट में वह बात कर रहा था, वह एकाएक सामने से हट गया हो। ''बहुत जल्दी पहुँच गए नीचे।'' उसने कहा, ''तो ठीक है। फिर किसी दिन बैठेंगे, तो बात करेंगे।''

मैंने किसी तरह उसका हाथ अपने हाथ में लिया और आहिस्ता से हिला दिया। उसका हाथ पहले दो-एक क्षण तो ढीला रहा, फिर मेरे हाथ पर कस गया। ''याद रखना, मैं तुम्हारा दोस्त हूँ,'' कहकर वह मुस्कराया। ''वह आदमी दोस्त नहीं है।'' मैंने भी मुस्कराकर इसकी स्वीकृति दी। फिर हम हाथ हिलाकर अपने-अपने क्वार्टर की तरफ चल दिए।

मेरे लिए अपनी उबकाई रोकना असम्भव हो रहा था। फिर भी जितना रास्ता रोशनी थी, उतना रास्ता मैंने साँस रोके हुए पार कर लिया। पर उस खम्भे के पास आते ही जिससे आगे घर तक अंधेरा ही अंधेरा था, मैं खड्ड की तरफ झुक गया और अपनी छाती के कसाव को मैंने ढीला हो जाने दिया।

नाटक

कई दिनों से कोई चिट्ठी नहीं आई थी, कहीं से भी, किसी की भी। खुद चाहे चार हफ्ते से मैंने किसी को एक पंक्ति नहीं लिखी थी, शोभा के पत्र का उत्तर भी नहीं दिया था, फिर भी हर रोज़ ज़रा-सा समय मिलते ही कामन रूम की ड्योढ़ी में अपने पिजन-होल पर एक नज़र डाल आता था। पता यूं पहले से होता था कि पिजन-होल खाली होगा, फिर भी उसे खाली देखने तक मन में एक व्यस्तता का अनुभव कर लेता था। इस तरह सुबह का खालीपन दोपहर की प्रतीक्षा में कट जाता था, दोपहर का अगले दिन की प्रतीक्षा में। जैसे कि किसी दिन पिजन-होल के अन्दर कुछ ऐसा रखा मिल जाना हो जिससे अन्दर की उलझन का उपाय हो सकता हो।

उस दिन स्कूल के बाद खाली पिजन-होल के पास खड़ा था जब सीनियर मास्टर जिमी ब्राइट ने पीछे से आकर कहा, "क्या कर रहे हो खड़े-खड़े ? यह प्रार्थना कि कोई चुपके से आकर खाली पिजन-होल में प्रेम-पत्र रख जाया करे ?"

मैं थोड़ा सकपका गया क्योंकि यह भूलकर कि मैं वहाँ क्यों आया हूँ, शायद एक-डेढ़ मिनट से मैं वहीं खड़ा था। मैंने मुस्कराकर अपनी सकपकाहट को ढाँप लेने की चेष्टा की।

"एक मिनट मेरे साथ चल सकते हो मेरी स्टडी में ?" जिमी बोला, "एक लड़के को सज़ा दी जानी है। मुझे गवाह के तौर पर एक आदमी के हस्ताक्षर चाहिए। मेरा ख्याल है, तुम इस वक्त खाली हो।"

"मैं बिलकुल खाली हूँ।" मैंने अपने को सहेजते हुए कहा और उसके साथ चल दिया, हालांकि मुझे घृणा थी उस सारी प्रक्रिया से। जाकर सीनियर मास्टर की स्टडी में एक तरफ खड़े हो जाओ और एक लड़के को पिछवाड़े पर बेंत की मार खाते देखो। फिर रजिस्टर में हस्ताक्षर करो कि लड़के को कुल कितने बेंत मारे गए। उसके बाद जेबों में हाथ डाले टहलते हुए वहाँ से चले आओ। मगर यह सब भी नौकरी के अनुशासन में शामिल था। इसे भी चुपचाप इसी तरह सह जाना होता था जैसे मिस्टर व्हिसलर की त्यौरियों को और 'डाल' के नाम से खाई जाने वाली बेहूदा दाल को।

जिमी के साथ उसकी स्टडी में पहुँचने पर प्रीफेक्ट जसवन्त को वहाँ खड़े देखकर मुझे कुछ आश्चर्य हुआ। यह बहुत कम होता था कि स्कूल के किसी प्रीफेक्ट को इस तरह सज़ा दी जाए। फिर जसवन्त लगता भी काफी बड़ा था—अपने ऊँचे कद और डेढ़-डेढ़ इंच की दाढ़ी की वजह से। हमें देखकर उसने अभिवादन किया और चुपचाप उस कोने में चला गया जहाँ लड़के मार खाने के लिए खड़े होते थे। जिमी

ने भी बिना उससे कुछ कहे अपना बड़ा बेंत उठाया और सड़ाप्-सड़ाप् सात बार उसके जड़ दिया। जसवन्त ने बिना शरीर या चेहरे पर किसी तरह की प्रतिक्रिया आने दिए एक बुत की तरह पूरी मार सही और इस तरह सीधे होकर जैसे कि इस बीच झुकने के अलावा और किसी तरह की तकलीफ उसके शरीर ने न सही हो, मुस्कराता हुआ जिमी के पास चला आया।

''तुम इसकी वजह तो नहीं जानना चाहते ?'' जिमी ने उससे पूछा।

''अगली बार ऐसा हुआ, तो तुम्हें वापस भेज दिया जाएगा, यह भी जानते हो ?''

''हां, सर !''

''तो अब तुम जा सकते हो।''

जसवन्त ने फिर सिर हिलाकर हम दोनों को अभिवादन किया और स्टडी से बाहर चला गया। जिमी ने सज़ा का रजिस्टर मेरे सामने कर दिया। मैंने चुपचाप हस्ताक्षर कर दिए।

''तुम स्कूल से जा रहे हो, इसलिए पाँच मिनट रुककर चाय की एक प्याली आज यहीं पी लो।'' मैं भी चलने को हुआ, तो उसने कहा, ''तुम्हें इस वक्त कोई काम तो नहीं है ?''

मैंने सिर हिला दिया। स्कूल के बाद कहीं भी रुकने का मौका मिले यह मुझे अच्छा लगता था। इससे अपने को खाली कमरे में लौटकर जाने की ज़हमत से कुछ देर के लिए तो बचाया ही जा सकता था। पर जिमी के यहाँ रुकने में मुझे वैसा नहीं लगा। यह इस ख्याल से कि उसके साथ 'पाँच मिनट' चाय पीने में केवल शिष्टाचार निभाना होगा। वह स्कूल की बिरादरी में सबसे मिलनसार होता हुआ भी सबसे अकेला आदमी था। जैसे एक फीता लेकर दिन के एक-एक मिनट को नापने में व्यस्त। ''जेंटलमैन, आज शाम को चार पचास से पाँच तीस तक स्टाफ की मीटिंग होगी—हेड के कमरे में'' या, ''दोस्तो, बाहर से एक मेहमान आ रहे हैं आज। उनके साथ हम चाय पिएंगे—तीन पचास से चार पैंतालीस तक।'' इसी तरह, ''अब दस मिनट हम लोग गपबाज़ी करेंगे !'' और मज़ाक शुरू। ठीक दस मिनट बाद, ''अब अपने-अपने काम पर !'' और मज़ाक का बटन बन्द, काम शुरू। सुबह के आठ बजे से रात के साढ़े नौ बजे तक स्विचबोर्ड लगातार चालू। साढ़े नौ स्विचबोर्ड बन्द, बत्तियाँ गुल और बिस्तर के अन्दर।

''मैं अभी आ रहा हूँ रोज़ से कहकर'', और वह घर के अन्दर चला गया। मैं सोचता रहा कि बंधे-बधाए पाँच मिनटों में उन लोगों से क्या बात हो सकेगी। जिमी एक ऐसा आदमी था जिसके साथ पचास बार हँस चुकने के बाद भी बेगानगी का अहसास अन्दर से जाता नहीं था। वह जैसे उतनी देर के लिए ही दूसरे से जुड़ता था जितनी देर दूसरा उसके सामने हो। फिर परे हटते ही एकाएक बिलकुल और

पूरा अलग हो जाता था। पर उससे भी ज्यादा बेगानगी का अनुभव रोज़ के सामने होता था। वह स्त्री यह मानकर चलती थी कि स्कूल से और वहाँ काम करने वाले लोगों से उसका कुछ लेना-देना नहीं है। वहां के जितने भी दायित्व हैं, लोगों की तरफ मुस्कराने से लेकर उनसे बात करने तक के, वे सब उसके पति के हैं, क्योंकि उनमें से वही अकेला स्कूल से तनख्वाह लेता है। साधारणतया वह अपने को घर में ही बन्द रखती थी। स्कूल में किसी के भी यहाँ जाती-आती नहीं थी। कभी हफ्ते-पखवारे में एकाध बार वह बाहर नज़र आती थी–अपनी बच्ची को प्रैम में घुमाती हुई या रिक्शा में बैठकर घूमने जाती हुई। इसके अलावा उससे भेंट होती थी साल में एक बार उस नाटक के मंच पर जो जिमी स्कूल के लिए प्रस्तुत करता था। इस बार का नाटक उसी शाम को था, इसलिए मैंने सोचा कि वे पाँच मिनट उस विषय में अपनी उत्सुकता प्रकट करने में बिताए जा सकते हैं।

पर जिमी ने अन्दर से आने में ही पाँच मिनट से ज्यादा लगा दिए। मैं उस बीच उसकी मेज़ का जायज़ा लेता रहा, जिस पर एक-एक चीज़ इस तरह रखी थी जैसे कि उसे कभी हाथ से छुआ ही न जाता हो। जिमी आया, तो ऐसे व्यस्त भाव से जैसे कि कोई रुका हुआ काम उसे अभी-अभी पूरा करना हो। आकर बैठता हुआ बोला, ''तुम रात को नाटक देखने आ रहे हो ?''

मैंने सोचा, अच्छा है रोज़ के आने से पहले ही उस विषय में बात शुरू हो गई। ''स्कूल में कोई ऐसा आदमी है जो नहीं आएगा ?'' मैंने कहा। पर कहकर मुझे लगा कि मेरी बात का कुछ दूसरा अर्थ भी निकल सकता है।

जिमी मुस्कराया। उसे शायद लगा कि मैंने जान-बूझकर बात इस तरह से कही है। मैंने तुरन्त आगे बात जोड़ दी, ''मेरा मतलब है कि यहाँ हर आदमी साल-भर आज के दिन की प्रतीक्षा करता है।''

''पर इस बार मेरा ख्याल है कि हम सब लोगों को निराश करने जा रहे हैं,'' उसने एक बार टटोलती नज़र से मुझे देख लिया। मुझे उसका स्वर ही नहीं, चेहरा भी काफी गम्भीर लगा।

मैंने पल भर प्रतीक्षा की कि शायद रोज़ अन्दर से निकलकर आ जाए, तो मेरे कहे शब्द उसके कानों में भी पड़ जाएँ। पर उधर से कोई आहट न पाकर मुझे जैसे समय से पहले ही अपनी बात कहनी पड़ी, ''तुम्हारा ख्याल कुछ भी हो, पर रोज़ को मंच पर देखना हर बार सब लोगों के लिए एक नया अनुभव होता है।''

''मैं समझता हूँ कि सबसे ज्यादा वही इस बार तुम्हें निराश करेगी।'' उसने थोड़ा और गम्भीर होने की चेष्टा की जिससे मैं उसके शब्दों को ठीक उसी अर्थ में ले सकूँ।

''यह तुम किस वजह से कह रहे हो ?''

"उसकी मनःस्थिति की वजह से। तुम कल ड्रेस रिहर्सल में नहीं थे। होते, तो यही बात तुम भी सोच रहे होते।"

"लेकिन..."

"मैं ठीक कह रहा हूँ। पर वह अभी आएगी तो उससे इस विषय में बात मत करना। वह पहले से ही काफी उदास है। मैं चाहता था, आज दिन में भी एक रिहर्सल कर लेते, पर वह उसके लिए राज़ी नहीं हुई।"

"तो सचमुच तुम्हारा ख्याल है कि... !"

उसने जबड़े कसे हुए सिर हिला दिया, "मुझे लग रहा है कि यहाँ पर उसका यह आखिरी अभिनय होगा। यह बात कुछ तसल्ली की भी है हालांकि इसी वजह से मैं सोचता था कि..."

"मैं समझ नहीं सका।" मैं उसकी तरफ देखता रहा।

"मेरे कान्ट्रैक्ट का एक साल यहाँ बाकी है," वह बोला, "लेकिन हो सकता है मुझे पहले ही उसे कैंसिल करके चला जाना पड़े।"

"क्यों ?"

"क्योंकि...उसे यहाँ अब बिलकुल अच्छा नहीं लगता। मैं तो खैर दिन-भर व्यस्त रहता हूँ, पर उसके लिए बहुत मुश्किल हो जाता है।"

"पर मैंने तो सुन रखा है कि..."

"वह बात ठीक है। कान्ट्रैक्ट पूरा होने से पहले मैं यहाँ से जाऊँगा, तो मुझे लौटने का किराया नहीं मिलेगा। लेकिन रोज़ की तबीयत भी इस साल यहाँ काफी खराब रही है। मैं नहीं चाहता कि जाने तक वह अपनी सेहत बिलकुल गँवा बैठे।"

बैरा अन्दर से चाय की ट्रे ले आया। रोज़ भी साथ ही आ गई। उसके चेहरे से लग रहा था कि वह मुश्किल से अपने को बाहर आने के लिए तैयार कर पाई है। मैंने उठकर अभिवादन किया, तो उसने मुस्कराकर मेरा हालचाल पूछ लिया। फिर अपने हाथ से दो प्यालियों में चाय डालकर एक-एक प्याली हम दोनों की तरफ बढ़ा दी। "मुझे माफ करना, मैं इस वक्त चाय नहीं पिऊँगी।" उसने मुझसे कहा, "मैंने अभी दवा ली है। उसके बाद मुझे चाय नहीं पीनी चाहिए।"

मुझे क्या कहना चाहिए, यह मैं तुरन्त नहीं सोच सका। उसने इतनी बात भी मुझसे पहली बार की थी। पर इससे पहले कि मैं कुछ कहता, जिमी उससे बोला, "मेरा ख्याल है तुम शो से पहले कुछ देर लेट रहो, तो अच्छा है। अगर डाक्टर को बुलाने की ज़रूरत हो, तो..."

"नहीं, डाक्टर को बुलाने की ज़रूरत नहीं है," रोज़ ने निश्चित स्वर में कहा। फिर मेरी तरफ देखकर बोली, "मुझे अफसोस है, मैं तुम लोगों के साथ बैठ नहीं सकूँगी। मेरे लिए इस वक्त आराम करना ज़रूरी है।" और अन्दर चली गई।

"यह आज मुझसे भी खफा है।" जिमी ने उसके जाने के बाद उसके रूखे व्यवहार की व्याख्या करने की चेष्टा की।

"मुझे लगा कि वह काफी थकी हुई है।" मैंने कहा।

"थकी हुई तो है ही। यह जब से यहाँ आई है, तभी से यहाँ की ज़िन्दगी इसे रास नहीं आई। यहाँ रहकर इसकी थकान लगातार बढ़ती ही गई है।"

मैंने घड़ी पर नज़र डाल ली। वहाँ बैठे मुझे दस एक मिनट से ऊपर हो चुके थे। मैं जल्दी-जल्दी चाय के घूँट भरने लगा।

"ऐसी जल्दी नहीं है।" जिमी मेरा इरादा भाँपकर बोला, "आज शो से पहले मैं भी कुछ देर आराम कर लेना चाहता हूँ।"

"इसीलिए मैं सोच रहा था कि..."

"मैं इस वक्त बहुत आराम से हूँ। हां, तुम्हें कोई काम हो, तो..."

"मुझे कोई काम नहीं।"

"तो बैठो और पाँच मिनट। मैं तुमसे एक बात पूछना चाहता हूँ।"

मैंने अपनी प्याली परे रख दी। उसका चेहरा अब भी उतना ही गम्भीर था। उसकी बात सुनने की प्रतीक्षा में हाथों की उँगलियाँ उलझाए मैं थोड़ा आगे को झुक गया।

उसने भी बात कहने से पहले अपनी प्याली की बाकी चाय पी डाली। फिर कहा, "स्कूल में जो नया परिवर्तन हो रहा है, उसका तुम्हें पता तो होगा ही।"

मैं सूने चेहरे से उसे देखता रहा।

"मैं उसी विषय में तुमसे कुछ जानना चाहता था।"

"तुम्हारा मतलब किस परिवर्तन से है, मैं समझ नहीं सका," मैंने कहा।

वह पल-भर तेज़ नज़र से मुझे भाँपता रहा कि मैं बनने की कोशिश तो नहीं कर रहा।

"तुम सचमुच नहीं जानते कि शिक्षा विभाग से स्कूल के सम्बन्ध तोड़कर इसे एक प्राइवेट स्कूल में बदला जा रहा है?"

"सचमुच?" मुझे हैरानी हुई। इस बात की भनक भी तब तक मेरे कान में नहीं पड़ी थी।

"और यह अभी से किया जा रहा है, छुट्टियाँ शुरू होने के पहले से ही। मेरा ख्याल था तुम्हें पता होगा।"

"मुझे बिलकुल पता नहीं था।" मैंने कहा। पर मुझे लगा कि जिमी को मेरी बात पर विश्वास नहीं आया।

"इस बीच तुम्हारी शिक्षा विभाग के किसी व्यक्ति से भेंट नहीं हुई?" उसका इशारा किस व्यक्ति की ओर है, यह मेरे लिए स्पष्ट नहीं था।

मैंने सिर हिला दिया, "मैं इस बीच बहुत कम बाहर निकला हूँ।"

वह कुछ देर चुप रहा। जैसे यह सोचने के लिए कि इसके बाद उसे आगे बात करनी चाहिए या नहीं, "तुम इन दिनों किसी से मिलने या बात करने का इरादा भी नहीं रखते ?" फिर उसने पूछा।

"कह नहीं सकता। पर फिलहाल मुझे नहीं लगता कि···"

"तो छोड़ो इस बात को, मैं ऐसे ही पूछ रहा था।"

"देखो, बुरा मानने की बात नहीं," मैंने कहा, "मुझे सचमुच इस चीज़ का पता नहीं था। हो सकता है इसीलिए किसी ने मुझसे ज़िक्र न किया हो कि अब मेरी इस बात में कोई दिलचस्पी नहीं हो सकती। या शायद···"

वह अविश्वास के साथ मुस्करा पड़ा, "मैं सिर्फ एक ही वजह से जानना चाहता था। ठीक स्थिति का पता चल जाने से मैं अपना कार्यक्रम आसानी से निश्चित कर सकता हूँ। अगर सचमुच शिक्षा विभाग इसे एक प्राइवेट स्कूल में बदल जाने देगा, तो मैं···मेरा मतलब है कि रोज़ जैसा चाहती है, उसे नज़र में रखते हुए मैं···एक साल और यहाँ रहने की जगह इसी साल चले जाने की सोच सकता हूँ। मेरे सामने अपना ही नहीं, बच्चों का भी सवाल है—उनकी पढ़ाई-लिखाई का, उनके कैरियर का। खैर, जाना तो मुझे है ही···फिर भी···"

"तुम समझते हो सचमुच बहुत फर्क पड़ जाएगा इस चीज़ से ?"

"स्कूल को न पड़े, मुझे तो पड़ ही सकता है। वह आदमी आज भी इतना कुछ ऐसा करता रहता है कि मुझे एक-एक दिन यहाँ काटना मुश्किल लगता है। उसके बाद तो वह कुछ भी कर सकता है। मुझे कहना नहीं चाहिए, लेकिन···तुम्हें पता है, रोज़ आज इतनी परेशान क्यों है ?"

"तो क्या इसकी भी वजह··· ?"

"इसकी भी वजह वह आदमी है। हम लोग डेढ़ महीने से 'ब्लड वेडिंग' की रिहर्सल कर रहे हैं। मैंने उसे पहले से बता दिया था कि इस साल मैं कोई प्रहसन प्रस्तुत नहीं करना चाहता। रोज़ की बहुत दिनों से इच्छा थी कि हम कभी यह नाटक खेलें। हम लोग जब यहाँ आए थे, उसके पहले से ही यह बात उसके मन में थी। पर पहले भी यह सम्भव नहीं हुआ था और यहाँ आकर भी अब तक नहीं हो पाया था। मैंने इस साल इसे इसलिए भी चुना था कि जो कुछ हम लोग अब तक करते आए हैं, उससे अलग तरह की कोई चीज़ कर सकें। उस आदमी ने अगर नाटक पहले से नहीं पढ़ रखा था, तो यह कसूर किसका है ? उसे शुरू से पता था कि हम यह नाटक कर रहे हैं। पर नाटक उसे पसन्द नहीं है, यह बात कल उसने मुझसे कही है—ड्रेस रिहर्सल से पहले। बोला कि नाटक उसने अभी पढ़ा है—यह उस तरह का नाटक नहीं है जो स्कूल के लड़कों के बीच खेला जाए। रिहर्सल के बाद कुछ

ऐसी ही बात उसने रोज़ से भी कह दी।"

"तो क्या···?"

"मैंने उससे कहा था कि वह चाहे, तो नाटक को अब भी कैंसिल किया जा सकता है। पर इसके लिए भी वह राज़ी नहीं हुआ। बोला कि नाटक तो अब होगा ही, हालांकि उसे दुःख है कि हम लोगों ने एक गलत तरह का नाटक चुन लिया है। तुम सोच सकते हो कि आज की पूरी शाम में से गुज़रना मेरे लिए कितना मुश्किल हो रहा है। पहले मेहमानों के साथ चाय है, फिर नाटक का डिनर। मैं कितना चाहता हूँ कि आज की पूरी शाम मैं बिस्तर में पड़े-पड़े काट दूँ जो कि वैसे मैं कभी नहीं चाहता। पर ठीक है···" कहता हुआ वह उठ खड़ा हुआ। "यह शाम भी उसी तरह बीत जाएगी जैसे रोज़ की शाम बीतती है। कल सुबह हम इसका ज़िक्र बीते कल की शाम के रूप में कर रहे होंगे।"

उसका उठना मेरे लिए भी उठ जाने का इशारा था। दो लड़के उसकी स्टडी के बाहर आकर खड़े हो गए थे। उन्हें शायद उससे बात करनी थी। 'यह आदमी ऐसी मनःस्थिति में भी अपनी मेज़ इतने करीने से कैसे रख लेता है ?' मैंने उसके पास से चलते हुए सोचा। जो शब्द उसने कहे, वे इतने औपचारिक थे कि उन्हें बोलते हुए अपनी ज़बान मुझे सूखती महसूस हुई। लड़कों के पास से गुज़रते हुए मैं खामखाह मुस्करा दिया, हालांकि उन दोनों की आँखें मेरी तरफ नहीं थीं। बरामदे से उतरकर लान में आया, तो वहाँ रोज़ पर नज़र पड़ गई। वह आँखों पर बाँह रखे एक तरफ आरामकुर्सी पर लेटी थी। मुझे देखकर उसकी अधखुली आँखें पूरी मुँद गईं। मैं पल-भर के लिए रुका कि जाते-जाते फिर एक बार उससे उसकी तबीयत का हाल पूछ लूँ। पर उसकी बन्द आँखों से ज़रा भी प्रोत्साहन न पाकर मैं चुपचाप गेट से बाहर निकल आया।

शाम तक मैंने कुछ नहीं किया। मतलब, हुआ वह सब जो रोज़ होता था—घर जाना, चाय पीना, कमरे में टटोलना—मगर लगा यही कि कुछ नहीं किया। जब स्कूल की चाय पार्टी के लिए तैयार होने का वक्त आया, तो एक जूते के तस्मे कसकर दूसरे के ढीले छोड़े चुपचाप बैठा रहा। मेरे सामने कोहली अपने खास ढंग से कन्धे हिलाता सड़क से निकलकर गया। उसके दो-एक मिनट बाद मैंने गिरधारीलाल को चूहे की तरह झपटकर जाते देखा। मैं अपना हाथ ढीले तस्मे तक ले भी गया, मगर उसे कसने की जगह मैंने जूता उतार दिया। अब मैं इन सबसे बाहर हूँ,' मैंने मन में सोचा। 'अब स्कूल की पार्टियों में हिस्सा लेने या न लेने के लिए मैं किसी के सामने जवाबदेह नहीं हूँ।' उसके बाद भी दो-एक बार मन में आया कि कमरे में बैठकर उतरते अंधेरे की मनहूसत ढोने की जगह लोगों के साथ चाय पीने में वक्त ज्यादा आसानी से कट सकता है। एक बार खिड़की के पास खड़े होकर यह अनुमान

लगाने की चेष्टा भी की कि स्कूल के अहाते में चाय की लम्बी मेज़ों के आसपास इस समय किस तरह की हलचल होगी, पर फिर से जूता पहनने के लिए अपने को फिर भी तैयार नहीं कर सका। 'उन सबको इसी तरह लग सकता है कि अब मैं अपने को किसी तरह स्कूल से जुड़ा हुआ महसूस नहीं करता,' इस तर्क से अपने चुपचाप बैठे रहने का समर्थन करके मैं अपने फटे मोज़े से बाहर निकले नाखून को हाथ से मलता रहा।

घर में कोई आवाज़ नहीं थी—यहाँ तक कि शारदा की खड़ाऊँ की खट-खट् भी नहीं। सिर्फ बाहर से कभी हवा का धक्का बन्द खिड़कियों को थोड़ा हिला जाता था। लगता था कि हवा को अन्दर आने से रोकने के लिए चटखनियों को अपनी पूरी ताकत लगानी पड़ रही है। मुझे अपनी साँस में एक दबाव महसूस हो रहा था—जैसे अन्दर की कोई चटखनियाँ उस हवा के झटके के साथ भी लड़ रही थीं। उसी तरह बैठे हुए और अपनी साँस आने-जाने को महसूस करते हुए एक क्षण आया जब मैं जैसे किसी चीज़ से डरकर सहसा उठ खड़ा हुआ। वह डर किस चीज़ का था ? उस खामोशी का ? अपने अकेलेपन का ? अपनी साँस में रुकावट आ जाने के खतरे का ? या कि वहाँ होते हुए भी न होने, बीत चुकने के अहसास का ? खड़े होकर मैंने कई लम्बी-लम्बी सांसें खीचीं। अपनी बाँहों को कसरत करने की तरह दो-चार बार झटक लिया। 'जब तक मैं यहाँ हूँ, तब तक मुझे यहाँ की चीज़ों से बाहर नहीं रहना चाहिए,' अपने से कहा और नाखून को फटे मोज़े के अन्दर समेटकर बिना हाथ से छुए जूता पहन लेने का संघर्ष करने लगा।

मगर ज़ीने से उतरते हुए लगा कि मैं अपने को नहीं, किसी और व्यक्ति को नीचे ले जा रहा हूँ। एक ऐसे व्यक्ति को जो बहुत दिन उस घर में रह चुकने के बाद फिर एक बार चोरी से वहाँ चला आया हो। सड़क पर आकर स्कूल की तरफ चलते हुए भी लगा कि मैं उस व्यक्ति की बाँह थामकर उसे ज़बरदस्ती अपने साथ घसीट रहा हूँ। वह बार-बार रुक जाता है, मेरे साथ बहस करता है कि उसे नहीं जाना चाहिए और अपनी बाँह छुड़ा लेने की कोशिश करता है। मेरा मन करता है कि उसके साथ और संघर्ष न करके उसे वहीं छोड़ दूँ। मगर यह अहसास कि उसे छोड़ने का अर्थ है स्वयं भी रुक जाना मेरी ज़िद को बनाए रखता है। स्कूल के गेट के पास आकर वह व्यक्ति इस तरह अन्दर के लान पर नज़र डालता है जैसे कि बहुत पुराने परिचित चेहरों को वहाँ खोज रहा हो। जैसे कि उसे आशा हो कि उनमें से जो चेहरा नज़र आ जाएगा, वह उससे यही पूछेगा, "कैसे हो तुम ? कहाँ थे इतने दिनों ?" गेट के अन्दर पहुँचकर मुझे अपने पैर काफी हल्के पड़ते लगे, जैसे कि पूरे वज़न से उस रास्ते पर चलने का अब मुझे अधिकार न हो। लान में अंधेरा था—परले सिरे पर जल रही एक बत्ती की वजह से धुँधला-धुँधला। ऊपर

हाल से कुछ आवाज़ें सुनाई दे रही थीं—आकाश में बसी किसी दूसरी दुनिया में चल रहे एक संवाद की तरह। नाटक शुरू हो चुका था। हाल की सीढ़ियों के पास रुककर मैंने ऊपर देखा। हाल के दरवाज़े से कुछ लोग चिपके खड़े थे। स्कूल के बैरे और चपरासी। मैं सीढ़ियाँ चढ़ने लगा, तो उस दूसरे व्यक्ति ने जैसे फिर से हठ शुरू कर दिया कि वह ऊपर नहीं जाएगा, नाटक नहीं देखेगा। मुझे झुंझलाहट हुई कि आधी सीढ़ियां चढ़कर नीचे उतरना अब कितना भद्दा लगेगा। मैंने उसे फुसलाया, पर वह फिर भी नहीं माना, तो जैसे उसे घसीटकर साथ ले चला। बैरे और चपरासी मुझे देखकर थोड़ा-थोड़ा इस-उस तरफ को सरक गए। कुछ उसी तरह जैसे कोई कुर्सी या बक्सा ढोकर अन्दर ले जाया जाना होता, तो सरक जाते। हाल में दाखिल होकर देखा कि वहाँ बैठने की जगह नहीं है। कितने ही लोग वहाँ पहले दायें-बायें दीवारों के साथ खड़े थे। अंधेरे में पहचान सकना सम्भव नहीं था, फिर भी पीठों से मुझे लगा कि वे शायद स्कूल के लोग नहीं, चोरी से घुस आए बाहर के व्यक्ति हैं। उनके खड़े होने का ढंग भी कुछ ऐसा ही था। कुछ देर रुककर उधर देखते रहने के बाद पीछे की कुनकुनाहट से मैंने महसूस किया कि मैं बैरों और चपरासियों को नाटक देखने में बाधा डाल रहा हूँ। मैं हटकर एक तरफ की दीवार के पास चला गया। मुझसे आगे खड़ी स्त्री ने एक बार घूमकर मेरी तरफ देख लिया। वह चपरासी फकीरे की बीवी काशनी थी जो कभी-कभी हमारे घर के पास घास काटती नज़र आ जाया करती थी। अंधेरे में उसकी आँखों में मुझे एक अजीब-सी चमक दिखाई दी। जैसे कि मेरे वहाँ आ खड़े होने से ही वह अन्तर समाप्त हो गया जिसे उसने तब तक मन में स्वीकार कर रखा था। मुझे ठीक से देखने की सुविधा देने के लिए वह थोड़ा सिमट भी गई।

मैंने अपना ध्यान मंच पर केन्द्रित करने की चेष्टा की। नाटक का वह दृश्य चल रहा था जहाँ दूल्हे की माँ दुलहिन के यहाँ आकर उससे बात करती है। दुलहिन की भूमिका में रोज़ काफी आकर्षक लग रही थी। अपनी उम्र से काफी छोटी भी। उसकी होने वाली सास उससे पूछ रही थी, "तुम जानती हो बच्ची, कि विवाह का अर्थ क्या है ?" उत्तर में "जानती हूँ," कहते हुए रोज़ के चेहरे पर जो भाव आया, वह कुछ वैसा ही था जैसा दोपहर बाद अपने घर के लान में आँखों पर बाँह रखे हुए उसके चेहरे पर देखा था। काशनी ने फिर एक बार पीछे देख लिया और मुझसे आँख मिलने पर हल्के से मुस्करा दी। मैंने उस मुस्कराहट से शरीर में कुछ उत्तेजना महसूस करते हुए एक बार पूरे हाल में नज़र दौड़ाई। अंधेरा। अंधेरे में हल्के-हल्के हिलती आकृतियाँ। इधर-उधर मुड़ते सिर। फुसफुसाहट। सामने रोशनी का चौकोर फलक। वहाँ से आती आवाज़ें उस फुसफुसाहट को ढाँपती हुईं। एक स्त्री का शरीर, मेरे शरीर से तीन-चार इंच के फासले पर। उस शरीर की हल्की गन्ध, मैले कपड़ों

की गन्ध में मिली हुई। काशनी आँखें मंच पर स्थिर किए जैसे अपना पैर खुजलाने के लिए झुक गई। अपना शरीर उसके शरीर से छू जाने से मैं थोड़ा पीछे हट गया। दूल्हा की माँ दुलहिन के पिता से पूछ रही थी, "तो हम लोग हर चीज़ पर सहमत हैं ?" उस आदमी के 'हाँ, सहमत हैं,' कहने तक न जाने किस संकेत से दीवारों के साथ खड़े लोग पीछे दरवाज़े की तरफ सरकने लगे। एक-डेढ़ मिनट में ही मुझसे आगे खड़े लोग एक-एक करके मेरे पास से गुज़र गए। उनमें से कइयों को मैंने पहचाना—स्कूल का ग्वाला, नाई, अखबार वाला, जमादार, जमादार की बीवी। काशनी भी उन लोगों के साथ ही बाहर चली गई। जो लोग दरवाज़े से सटकर नाटक देख रहे थे, उनमें से भी कोई अब वहाँ नहीं रहा। अंक समाप्त होने को था और बत्तियाँ जलने पर वे लोग वहाँ दिखाई नहीं देना चाहते थे। अंधेरी दीवार के साथ अपने को बिलकुल अकेला खड़ा पाकर मुझे अपना-आप बहुत बेतुका लगने लगा। महसूस होने लगा कि जिस व्यक्ति को मैं ज़बरदस्ती अपने साथ अन्दर ले आया हूँ, वह अब मुझे अपने को इस स्थिति में डालने के लिए कोस रहा है। वह चाहता है कि जैसे और लोग वक्त रहते बाहर चले गए हैं, वैसे ही वह भी चला जाए। मगर मैं नहीं चाहता था कि उन लोगों को लगे कि मैं भी उनकी तरह चोरी से नाटक देख रहा था। पर मैं यह भी नहीं चाहता था कि बत्तियाँ जलने पर मैं अकेला लोगों को दीवार के पास खड़ा नज़र आऊँ। अपने शरीर का वज़न मुझे पैरों पर काफी भारी महसूस हो रहा था। मंच पर रोशनी मद्धिम पड़ गई थी। दुलहिन की नौकरानी उससे पूछ रही थी, "तुमने रात को घोड़े की टापें सुनी थीं ?" मैं जानता था कि अब एक-डेढ़ मिनट की बातचीत के बाद अंक समाप्त हो जाएगा। एक बार सोचा कि तब तक आगे की कुर्सियों की तरफ बढ़ जाऊँ। पर इस बार जैसे साथ के व्यक्ति ने मेरी बाँह थाम ली। और मुझे बाहर की तरफ घसीटने लगा। जब हाल में बत्तियाँ जलीं और अन्दर का शोर बाहर की तरफ बढ़ा, मैं सीढ़ियों से नीचे आकर चेपल की पगडण्डी पर चल रहा था।

ठण्ड बहुत थी, फिर भी अन्दर की गर्मी काफी हद तक उस ठण्ड से बचाव कर रही थी। अपने होंठों पर जमी ताज़ा पपड़ियों पर हाथ फेरते हुए मैंने अपनी साँस पर एक गन्ध का असर महसूस किया—चेपल की दीवारों से उठती गन्ध का। वह गन्ध एक पुरानी इमारत के बुसे हुए गौरे-चूने की गन्ध ही नहीं, उसके अन्दर बरसों की गई प्रार्थनाओं तथा दिए गए सर्मनों की गन्ध भी थी—शायद उन सब अनुभूतियों की भी जो वहाँ खामोश बैठकर सर्मन सुनते लोगों के मन में रही थीं। चेपल से आगे खुली हवा में आकर मैंने नंगे आकाश को देखा। उससे अपना-आप कुछ असुरक्षित भी लगा, मन को कुछ राहत भी मिली। लान पार करके मैं क्रिकेट पैविलियन की एक ठण्डी बेंच पर जा बैठा। हथेलियाँ बेंच पर फैलाए घाटी के

बड़े-से-कटोरे में भरे अंधेरे को देखता रहा। कुछ देर बाद हाल की तरफ से पहली, फिर दूसरी घण्टी की आवाज़ सुनाई दी। सोचा कि नाटक आगे देखना हो, तो अभी उठकर चल देना चाहिए जिससे इस बार दीवार के साथ न खड़े होना पड़े। लेकिन उस दूसरे ने इस बार इस तरह मुझे रोके रखा कि तीसरी घण्टी के बाद भी मैं वहीं बैठा रहा। 'मेरे वहाँ होने न होने से कुछ भी फर्क नहीं पड़ेगा।' मैंने सोचा, 'किसी को पता भी नहीं चलेगा कि मैं वहाँ नहीं था।' यह सोचते हुए एक बार काशनी का चेहरा सामने तिर आया। उसकी आँखों की चमक में वैसा ही कुछ था जैसा नंगे आकाश में या घाटी के अंधेरे में। लगा कि वह शायद एकाध बार अपने पीछे खड़े व्यक्ति को फिर से वहाँ देख सकने की आशा में आँखें घुमाएगी। पर उसके बाद शायद उसके लिए भी उस व्यक्ति का अस्तित्व नहीं रह जाएगा। नाटक की चकाचौंध में, जिसका अर्थ उसकी समझ से बाहर था, वह क्षण, जबकि उसको जान-बूझकर पीछे के उस व्यक्ति से छू जाना था, उसकी चेतना से बुझ जाएगा।

कितनी बार चाहने पर भी कि डिनर शुरू होने से पहले मैं वहाँ से उठकर घर चला जाऊँ, मैं नाटक का तीसरा अंक समाप्त होने तक पूरा समय वहीं बैठा रहा। कारण था तेज़ भूख लग आना। शाम को कुछ खाया नहीं था और पार्टी की वजह से रात का खाना घर पर नहीं पहुँचना था। उस समय घर लौट जाने का अर्थ था पूरी रात भूखे रहकर काटना—सुबह के नाश्ते से बची हुई डबलरोटी भी घर पर नहीं थी कि उसके चार स्लाइस जाकर निगल लेता। मैंने वहाँ बैठे-बैंठे सामने अंधेरे के मंच पर वह पूरा नाटक देख डाला। दुलहिन के घर में ब्याह का आयोजन, लेकिन उस आयोजन के बीच से दुलहिन का अपने प्रेमी के साथ भाग जाना। दूल्हा और उसके साथियों द्वारा उन दोनों का पीछा, मृत्यु का जाल, दूल्हा और प्रेमी दोनों की मृत्यु और मृत्यु की रेखा के इस ओर दुलहिन। नाटक के बीच में प्रतीक्षा करता रहा समय बीतने की, डिनर की टेबल पर पहुँचकर कुछ भी खा सकने की। साथ अपने पर कुढ़ता रहा कि क्यों एक दिन की, सिर्फ एक दिन की, भूख भी मैं बरदाश्त नहीं कर सकता। क्या इस तरह की भूख के वक्त, कोई भी व्यक्ति, अपनी कोई भी शर्तें मनवाकर जीने के लिए मुझे मजबूर नहीं कर सकता था ?

नाटक का दूसरा अंक समाप्त हुआ, फिर घण्टियाँ बजीं। तीसरा अंक समाप्त हुआ और कई आवाज़ें हाल से नीचे आईं। चेपल की पगडंडी पर पैरों की आहट सुनकर मैं उठ खड़ा हुआ। कुछ देर के लिए पैविलियन से नीचे चला गया, जिससे वहाँ मुझे कोई देखे नहीं। कुछ वक्त ग्राउंड में टहलते हुए बिताया। फिर भी जब कामन रूम में पहुँचा, तो वहाँ अभी कोई नहीं आया था। साथ के कमरे में खाली प्लेटें रखी थीं, जिनके आस-पास छुरी-कांटे सजाए जा रहे थे।

मैं एक दरवाज़े से अन्दर जाकर दूसरे दरवाज़े से बाहर निकल आया। ऊपर

राबर्टसन हाउस की डारमेटरी में थोड़ी हलचल थी, पर बरामदे में कोई नहीं था। वहाँ लोग घड़ी की सुइयों के हिसाब से डिनर के लिए न आएँ, ऐसा कभी नहीं होता था। मैं टहलता हुआ नोटिस बोर्ड के पास चला गया। दो-एक नए नोटिस थे, पर अंधेरे में आँखें गड़ाकर भी उन्हें नहीं पढ़ सका। लगा कि ज़रूर डिनर का वक्त बदल दिया गया होगा। अगर नोटिस नहीं लगा होगा, तो नाटक के बाद एनाउंसमेंट कर दिया गया होगा। बरामदे की सीढ़ियों पर आकर मैं कुछ देर वीराने में भटक गए आदमी की तरह खड़ा रहा। डिनर के कमरे में जाकर बैरों से पूछ सकता था, पर उस तरह अपने को मैं और भी अजनबी नहीं बनाना चाहता था। सीढ़ियों पर खड़े-खड़े कई बार मन में आया कि लोगों के आने से पहले गेट से निकलकर घर की तरफ चला जाऊँ, पर भूख ने उस ख्याल को हर बार मन से धकेल दिया। लेकिन लोगों का आना शुरू होने तक वहाँ भी खड़े नहीं रहा जा सकता था, इसलिए मैं टहलता हुआ फिर पैविलियन में चला गया। अपना होना उस समय मुझे अपने ही लिए एक बोझ लग रहा था। जैसे मैं अपने-आप से फालतू पड़ गया था और समझ नहीं पा रहा था कि इस फालतू आदमी का क्या करूँ। क्या ऐसा कोई तरीका हो सकता था कि जिससे बिना वहाँ रुके उस आदमी की भूख मिटाकर उसे सुलाया जा सके ? तरीका एक ही था कि चढ़ाई चढ़कर माल पर चला जाए और वहाँ किसी रेस्तराँ में खाना खा लिया जाए। वहाँ पहुँचने तक अपने-अपने क्वार्टरों से आते लोगों से रास्ते में भेंट हो जाने की सम्भावना थी। सोचा कि अगर शोभा घर पर होती, तो अपने को इस समय के फालतूपन से तो बचाया ही जा सकता था। बाद में रात-भर नींद चाहे न आती, पर एक वक्त का खाना खा सकने के लिए वहाँ मंडराते रहने की ज़रूरत से तो निजात पाई जा सकती थी। मैंने नए सिरे से शोभा के नाम लिखे जाने वाले पत्र का मज़मून मन में बनाना शुरू किया। उस रात के बाद कई और मज़मून मन में बनाकर रद्द कर चुका था। हर मज़मून में लगता था कि कोई न कोई पक्ष छूट गया है या अधूरा रह गया है या गलत हो गया है। त्यागपत्र का मज़मून जितनी आसानी से बन गया था, उतनी आसानी से वह मज़मून नहीं बन पाता था। त्यागपत्र से पहले की अपनी अपेक्षाओं में अब नई अपेक्षाएं त्यागपत्र की वजह से आ जुड़ी थीं। लिखना शुरू करने पर मज़मून अब भी इतने तक ही बन पाता था, 'प्रिय शोभा...'

कुछ ही देर में कामन रूम की तरफ जाते पैरों की आहटें सुनाई देने लगीं। एल्बर्ट और मॉली क्राउन मिसेज़ ज्याफ्रे से बात करते हुए बरामदा पार कर रहे थे। कोहली, लैरी और गिरधारीलाल साथ-साथ चेपल की पगडण्डी से आ रहे थे। उनके पीछे कुछ फासले पर दो स्त्रियाँ थीं—शारदा और गिरधारीलाल की बीवी रत्ना। नीचे ग्राउंड से अपनी तरफ आती एक आहट के कारण मैं पैविलियन से बाहर निकल

आया। बॉनी हाल लगभग दौड़ती हुई ऊपर को आ रही थी। मुझे देखते ही वह रुककर हांफने का अभिनय करने लगी। "हलो," वह वहीं से बोली, "पैविलियन में छिपे क्या कर रहे थे तुम अंधेरे में ?"

"तुम्हारा इंतज़ार कर रहा था," मैंने खोखली हँसी से अपनी स्थिति को ढाँपने की चेष्टा की।

"झूठ मत बोलो," बॉनी फिर अपनी उसी रफ्तार से ऊपर तक आ गई, "मुझे तो लगता है कि तुम किसी और के साथ थे यहाँ, जिसे तुमने पहले ही भेज दिया है।'

"और किसके साथ हो सकता था यहाँ !" हम दोनों साथ-साथ चलने लगे।

"यह मैं कैसे कह सकती हूँ। तुम्हारे जैसे अकेले आदमी का कुछ भरोसा थोड़े ही है ?"

वह पार्टी के लिए लम्बा कसा हुआ गाउन पहनकर आई थी जिसमें उसका छरहरा शरीर और भी दुबला लग रहा था। ठोड़ी उठाकर बात करने के कारण उसकी सफेद गर्दन की नसें बाहर को निकल रही थीं।

"मैं अकेला आदमी हूँ, यह तुमसे किसने कह दिया !" मैंने मुश्किल से अपनी आँखें उसकी गर्दन से हटाकर कहा।

"तुम्हारा ख्याल है मुझे पता नहीं है, कि तुम्हारी पत्नी आजकल यहाँ नहीं है ?"

"उससे कुछ फर्क पड़ता है क्या ?"

"क्यों नहीं पड़ता ? तुम्हारी पत्नी यहाँ होती, तो तुम भी इस वक्त और लोगों की तरह नाप-नापकर कदम रखते अपने घर की तरफ से आ रहे होते।" फिर चुटकी लेती नज़र से एक बार मुझे देखकर वह हल्के से हँस दी।

पार्कर और मिसेज़ पार्कर को दाईं तरफ से आते देखकर मैंने बातचीत की। "नाटक के बाद मैं घर नहीं गया। यहीं रुका रहा, क्योंकि…"

"झूठ मत बोलो !" बॉनी ने झिड़कने की तरह अपना हाथ मेरे हाथ से टकरा दिया। मेरे शरीर में एक कंपकंपी दौड़ गई और मैंने फिर कुछ नहीं कहा। पार्कर और मिसेज़ पार्कर के पास आ जाने से हम चारों साथ-साथ कामन रूम की तरफ चलने लगे।

"तुम्हें नाटक कैसा लगा ?" बॉनी ने मिसेज़ पार्कर से पूछा।

मिसेज़ पार्कर ने निढाल ढंग से एक साँस ली। "मुझे इतनी समझ ही कहाँ है ?" वह बोली, "अच्छे और बुरे नाटक का फर्क मुझे पता ही नहीं चलता। मैं तो अब लोगों की बातचीत से जानूँगी कि नाटक कैसा हुआ है। तुम्हें कैसा लगा ?"

"बेहूदा !" बॉनी बरामदे में पैर फिसलाकर चलने लगी। फिर तीनों के चेहरों पर नज़र डालकर उसने आहिस्ता से जोड़ दिया, "हालांकि सबके बीच यह बात कहने से पहले मैं भी देख लूंगी कि और लोग क्या कह रहे हैं।"

कामन रूम तक पचास कदम फिर हममें से किसी ने बात नहीं की। अन्दर जाने से पहले मिसेज़ पार्कर ने अपनी चाल काफी धीमी कर दी। सबसे पहले बॉनी अन्दर गई, फिर पार्कर, फिर मैं। मिसेज़ पार्कर सबसे अन्त में इस तरह दाखिल हुई जैसे कोई चीज़ पहले बाहर ढूँढती रही हो और अब देखने आई हो कि वह चीज़ कहीं अन्दर तो नहीं है।

अन्दर काफी लोग जमा थे। इसका मतलब था कि डिनर का समय सचमुच आधा घण्टा आगे बढ़ा दिया गया था। पर मैंने पूछा किसी से नहीं। चुपचाप जाकर एक तरफ खड़ा हो गया। जितने लोग पहले से आए थे, वे भी एक-दूसरे से अलग छितराकर बैठे थे। बातचीत का जमाव सिर्फ एक ही जगह था—मिसेज़ ज्याफ्रे के आसपास। वहाँ लारा, रूथ मोनिका, मॉली क्राउन, डायना और मिसेज़ एटकिन्सन हल्के-फुल्के ढंग से नाटक की चर्चा कर रही थीं। बॉनी भी सीधे जमघट में चली गई। "मुझे पोशाकें बहुत पसन्द आईं," मिसेज़ ज्याफ्रे कह रही थी, "लगता है उन्हें तैयार कराने में काफी मेहनत की गई थी।" उसकी बात के गहरे अर्थ से अन्य स्त्रियाँ अपनी मुस्कुराहटें दबाए एक-दूसरी की तरफ आँखों से इशारे करने लगीं। डायना और मिसेज़ एटकिन्सन नाटक में क्रमशः नौकरानी और दूल्हा की माँ का अभिनय करके आई थीं, इसलिए इस इशारेबाज़ी में वे औरों से अलग पड़ गई थीं। हाउस-मास्टर ब्रैंडल जिसने नाटक में दूल्हा का अभिनय किया था, सिर पर बाँहें रखे एक तरफ सोफे पर बैठा जैसे अब भी आखिरी पर्दा गिरने की राह देख रहा था। कोहली और गिरधारीलाल साथ-साथ खड़े पूरे कमरे पर नज़र दौड़ा रहे थे जैसे कि तीसरे अंक के बाद अब नाटक का चौथा अंक उनके सामने शुरू हुआ हो, जिसे उसी खामोशी के साथ उन्हें पूरा देखना हो जिस खामोशी के साथ उन्होंने पहले अंक देखे थे। उन दोनों की पत्नियाँ भी कुछ दूर उसी तरह साथ-साथ बैठी थीं—साड़ियों में ढंकी पुतलियों की तरह होंठ बन्द किए आँखें इधर-उधर हिलाती हुईं। चेरी घड़ी देखकर एक मिनट उस कमरे में जाता था जिसमें डिनर की टेबलें लगी थीं और दूसरे मिनट अपने कसे हुए कोट की सलवटें निकालता कामन रूम में चला आता था। लैरी इस कोशिश में कि वह कहीं खड़ा होकर किसी से बात कर सके, पूरे कमरे में एक सिरे से दूसरे सिरे तक घूम चुका था। जितने लोग अकेले खड़े थे, उन सबसे एक-एक बार आँख मिलाकर वह दो-दो, चार-चार शब्द कह चुका था। पर मेरे पास से गुज़रते हुए मुझे उसने जैसे देखा ही नहीं। कोहली और गिरधारीलाल ने भी मुझसे आँखें परे हटा लीं। चेरी ने ज़रूर एक बार मेरा कन्धा छू दिया—कुछ उसी तरह जैसे रास्ते में कोई रुकावट आ जाने पर वह हल्के से उसे हटाकर निकल जाता। तभी मिस्टर और मिसेज़ व्हिसलर के आ जाने से जो थोड़ी-बहुत बातचीत चल रही थी, वह भी रुक गई। बैठे हुए लोग खड़े हो गए। टोनी व्हिसलर ने जैसे

एक ही नज़र में देख लिया कि कौन लोग तब तक आ चुके हैं और कौन नहीं आए। फिर चेरी के पास जाकर उसने पूछ लिया, ''सब तैयार है ?''

''बिलकुल तैयार है सब कुछ।'' चेरी ने अपनी आदत के खिलाफ काफी अदब के साथ कहा और रास्ता छोड़ने के लिए थोड़ा पीछे हट गया।

''मेरा ख्याल है सब लोग अभी नहीं आए।'' टोनी ने फिर एक बार चारों तरफ देख लिया।

''हम लोग हीरो और हीरोइन का इंतज़ार कर रहे हैं।'' मिसेज़ ज्याफ्रे मुस्कराई।

टोनी ने होंठ काटते हुए अपनी घड़ी देखी और साथ के कमरे में दाखिल हो गया, ''खाने में किसी की वजह से देर नहीं की जा सकती,'' उसने कहा, ''खाना हम लोग शुरू कर रहे हैं।''

सब लोग एक उतावली के साथ उस कमरे में दाखिल हो गए जैसे कि जल्दी से जल्दी अन्दर पहुँचकर उन्हें अपने वहाँ हाज़िर होने का सबूत देना हो। चेरी अन्दर जाते हुए सबके हाथों में उनके सीट-नम्बरों की चिटें देता गया। सीटों का बंटवारा हमेशा की तरह इस तरह से था कि एक-एक स्त्री के बाद एक-एक पुरुष बैठ सके। अपनी सीट ढूँढ़कर मैं उसके पास पहुँचा, तो देखा कि मुझे एक मेज़ के सिरे पर बैठना है। मेरे एक तरफ मिसेज़ ज्याफ्रे थी, दूसरी तरफ बॉनी हाल। ग्रेस के बाद सब लोग अपनी-अपनी जगह पर बैठ गए, तो सिर्फ दो ही सीटें खाली रहीं। एक हमारी वाली मेज़ के दूसरे सिरे पर, दूसरी टोनी व्हिसलर वाली मेज़ पर उसके सामने। सूप सामने आ जाने पर मिसेज़ ज्याफ्रे उसमें चम्मच चलाती हुई आहिस्ता से बोली, ''मेरा ख्याल है उन लोगों ने आज डिनर का बायकाट कर दिया है।''

''आज के अभिनय के बाद उन्हें भूख नहीं रही होगी,'' बॉनी हँसी। अपना नेपकिन जाँघों पर फैलाते हुए उसका घुटना मेरे घुटने से आ छुआ।

मुझे लगा कि यह अनायास नहीं हुआ। बॉनी को अपने दुबले शरीर के लिए इतनी जगह की ज़रूरत नहीं थी कि उसका घुटना इतनी दूर तक फैल आता। मैंने अपना घुटना हटाया नहीं। सूप के हल्के-हल्के घूँट भरता इन्तज़ार करता रहा कि कहाँ तक उस घुटने का दबाव मेरे घुटने पर बढ़ता है। थोड़ी देर में वह घुटना परे सिमट गया। मैं जैसे एक झटका खाकर फिर बातचीत में ध्यान देने लगा। मिसेज़ ज्याफ्रे नाटक की चर्चा कर रही थी। उसका ख्याल था कि रोज़ ने आज जान-बूझकर इतना खराब अभिनय किया है, क्योंकि वह जिमी पर यह साबित करना चाहती थी कि उसे स्कूल की ज़िन्दगी कितनी नागवार है। ''उसे सभी कुछ नागवार है,'' वह कह रही थी, ''यहाँ तक कि अपने पति के निर्देशन में अभिनय करना भी। वह अपने सामने स्कूल में किसी को कुछ समझती ही नहीं। जिमी को भी कुछ नहीं समझती। उसे लगता है, उसकी ज़िन्दगी जो लन्दन के वेस्ट एण्ड में बीतनी चाहिए

थी—वहाँ के व्यावसायिक रंगमंच पर—वह यहाँ रहकर यूँ ही बरबाद हो रही है। अपने मन में वह अपने को इतनी बड़ी एक्ट्रेस समझती है कि सिवाय लारेंस ओलिवियर के और किसी के साथ अभिनय करना उसे अपनी हतक जान पड़ती है। बेचारा जिमी ! अगर उसे पहले से पता होता कि वह इतनी बड़ी कलाकार के साथ शादी कर रहा है, तो···।"

बॉनी का घुटना फिर मेरे घुटने से आ छुआ। मेरा नेपकिन टाँगों से गिरने को हो रहा था, उसे मैंने ठीक से फैला लिया। कमरे में चल रही बातचीत के छोटे-छोटे टुकड़े कानों से टकरा रहे थे। पीछे की मेज़ पर भी नाटक की ही चर्चा हो रही थी। एल्बर्ट नाटक के एक-एक दृश्य का विश्लेषण करता बता रहा था कि उसकी दृष्टि से उसे कैसे प्रस्तुत करना चाहिए था। साथ की मेज़ पर टोनी व्हिसलर के आसपास बैठे लोग गम्भीर होकर इस बारे में अपने सुझाव दे रहे थे कि अगले साल किन-किन लड़कों को प्रीफेक्ट बनाया जाना चाहिए। दूसरी तरफ की मेज़ पर पिछली शाम को खेले गए मैच की चर्चा हो रही थी। आवाज़ों से हटकर कुछ देर मेरा ध्यान चेहरों पर केन्द्रित रहा। सूप की प्लेट तक झुककर चम्मच मुँह में ले जाता कोहली का चेहरा, कुर्सी की पीठ के सहारे पीछे को हटा-सा लैरी का चेहरा—चम्मच को अपनी तरफ लाते हाथ को जैसे अहसान के साथ देखता। चम्मच को हाथ में रोककर डरी हुई आँखों से इधर-उधर देखता मिसेज़ दारूवाला का चेहरा। दिनों की अनपच के कारण भूख न रहते हुए भी किसी तरह सूप को अन्दर उँड़ेलता मॉली क्राउन का चेहरा। मेरा नेपकिन फिर नीचे को सरकने लगा, तो उसे संभालने की चेष्टा में मेरे हाथ का चम्मच हिल गया जिससे सूप की कुछ बूँदें मेरी कमीज़ पर गिर गईं। "देखो-देखो, क्या कर रहे हो तुम ?" कहते हुए बॉनी ने घुटने से मुझे ठोकर लगा दी। मैंने नेपकिन का एक सिरा पतलून की बेल्ट में खोंस लिया।

बैरा सामने से सूप की प्लेट हटा रहा था जब जिमी की आवाज़ से चौंककर मैंने पीछे देख लिया। "मुझे अफसोस है हमें आने में देर हो गई।" रोज़ की बाँह थामे वह उसे अन्दर ला रहा था।

"रोज़ की तबीयत अचानक खराब हो गई थी। बहुत-बहुत अफसोस है मुझे।"

कमरे की बातचीत थोड़ी देर रुकी रही। सब लोगों का ध्यान उन दोनों की तरफ चला गया था। चेरी ने जल्दी से अपनी जगह से उठकर उन्हें उनकी सीटें दिखला दीं। हेडमास्टर के सामने वाली सीट ज़िम्मी की थी। हमारी मेज़ के सिरे वाली रोज़ की।

रोज़ कुछ अस्थिर ढंग से अपनी सीट तक आई और किसी तरह अपने को संभाले उस पर बैठ गई। कपड़े उसने बदल लिए थे, पर नाटक का मेकअप उतारकर अपना स्वाभाविक मेक-अप नहीं किया था। जो पोशाक उसने पहनी थी, वह भी

काफी सादा थी। पहले पार्टियों में वह हर बार नई सजधज के साथ आती थी—जैसे कि एक पार्टी के बीच का पूरा समय इसकी तैयारी में ही बिताती हो। इस तरह अपने को सबसे अलग-थलग रखती हुई भी वह पार्टियों में सबके ध्यान का केन्द्र बनी रहती थी। यह उसकी आकर्षक पोशाक, चौंतीस-छब्बीस-चौंतीस के शारीरिक आंकड़ों तथा गहरी नीली आँखों के कारण ही नहीं, उस उपेक्षा-भाव के कारण भी होता था जिसके साथ वह व्हिसलर और दूसरे सब लोगों के पास से निकलकर जैसे हवा से 'गुड ईवनिंग' कहती दीवार-अंगीठी की तरफ बढ़ जाती थी। लोग एक-दूसरे से बात करने का बहाना करते भी देखते रहते थे कि वह कैसे अपने दस्ताने उतारकर बैग में रखती है और वहाँ से रूमाल निकालकर उससे अपनी ठोड़ी और गालों को छूती है। जितनी देर पार्टी चलती रहती थी, उसके मुँह से सिवाय अर्धाक्षरी शब्दों के अक्सर कोई बात सुनाई नहीं देती थी। येस, नो गुड, नाइस, ऑफुल। खाने की मेज़ पर जो लोग उसके दाएं-बाएं बैठे हों, उनके लिए ठीक से खाना खा सकना मुश्किल हो जाता था। आदमी अपनी तरफ से बात शुरू करे, तो उसकी तरफ से जवाब पाने का उसे विश्वास नहीं होता था। पर वह यह भी नहीं जानता था कि कब अचानक उसकी तरफ देखकर वह हौले से कह देगी, "माई गॉड ! यह क्या मछली है ?" ऐसे में वह आदमी हड़बड़ाकर रह जाता था, क्योंकि न तो रोज़ की कही बात होने से वह उसका खण्डन कर पाता था, न टोनी व्हिसलर के दूर से सुनते कानों की पहुँच में उसका समर्थन। नाटक के बाद की रात को तो उसका खामोशी का मुखौटा और भी सख्त होता था। कोई भी उसके सामने उसके अभिनय की प्रशंसा करने लगता, तो वह एक कटे-छंटे 'थैंक्स' के साथ चेहरा दूसरी तरफ हटा लेती थी।

पर उस समय कुर्सी पर बैठते हुए उसने एक बार भरपूर नज़र से कमरे की पाँचों मेज़ों को देख लिया, कुछ इस तरह जैसे वह पार्टी का कमरा न होकर एक छोटा-सा हाल हो जहाँ वह भाषण देने आई हो। जहाँ वह बैठी थी, वहाँ से जिमी की पीठ उसकी तरफ पड़ती थी, टोनी की आँखें। अपना नेपकिन गिलास से निकालकर उसने इस तरह झाड़ लिया जैसे उस पर काफी गर्द जमी हो और उसे घुटनों पर फैलाकर कुहनियों के बल मेज़ पर झुक गई। "हलो एवरीवन !" उसने अपनी नीली पुतलियों को इधर-उधर चलाते हुए कहना शुरू किया, "मेरे पति का कहना है कि मैंने आज नाटक में अच्छा अभिनय नहीं किया। क्या आप सबकी भी यही राय है कि मैंने अच्छा अभिनय नहीं किया ?"

उसके आने के बाद से कमरे की बातचीत वैसे ही मद्धिम पड़ गई थी। उसके इस तरह बोलना शुरू करने पर वह और भी धीमी पड़ गई। बैरों ने इस बीच तली हुई मछली की प्लेटें सबके सामने रख दी थीं। ज्यादातर लोग इस तरह छुरी-कांटे

चलाने में व्यस्त हो गए जैसे मछली के टुकड़ों को काटना काफी मेहनत का काम हो। मिसेज़ ज्याफ्रे ने एक बार गहरी नज़र से मुझे और बॉनी को देख लिया और हल्के-से बुद्‌बुदाई, "मेरा ख्याल है यह पीकर आई है।"

बात बहुत आहिस्ता कही गई थी, फिर भी मेज़ के उस सिरे पर रोज़ के कानों तक वह पहुँच गई। रोज़ ने अपनी प्लेट से मछली का एक टुकड़ा काटकर कांटे पर लगा लिया और उसे हिलाती हुई मिसेज़ ज्याफ्रे की तरफ देखकर बोली, "क्या कहा तुमने मिसेज़ ज्याफ्रे ? मैं पीकर आई हूँ इस वक्त ? तुम ठीक कह रही हो। मेरे पति ने मुझसे अनुरोध किया था कि मुझे इस वक्त थोड़ी-सी पी लेनी चाहिए। बल्कि उसने मुझे ज़बरदस्ती पीने के लिए मजबूर किया है। वैसे पार्टी में आने से पहले थोड़ी-सी पी लेना बुरी बात है क्या ? तुम्हें पीने से इतना परहेज़ है, यह मैं नहीं जानती थी, बल्कि मेरा तो ख्याल था कि तुम्हें खुद इसका काफी शौक है। तुमने तो अपनी काफी ज़िन्दगी राजा-महाराजाओं के साथ काटी है। क्या वहाँ भी लोग यहाँ की तरह परहेज़ बरतते थे ? खैर, मैं इस बारे में कुछ नहीं कह सकती। मैंने आज तक किसी राजा-महाराजा को देखा तक नहीं है। अब शायद देख भी नहीं सकती, क्योंकि राजा-महाराजा अब समाप्त हो गए हैं। फिर भी मैं मानती हूँ कि मुझे यहाँ पीकर नहीं आना चाहिए था। हम लोगों ने आज एक ट्रेजिक नाटक खेला है। उस ट्रेजेडी की भी माँग थी कि यहाँ पीकर न आया जाए। खैर, नाटक हमने कोई भी खेला होता, यहाँ की माँग यही होती। यह स्कूल एक धार्मिक संस्था है। धार्मिक संस्थाओं में इन चीज़ों की मनाही होनी ही चाहिए, पर खैर, जितनी भी चीज़ों की हो सके, उतना ही अच्छा है। आदमी काम करे बस...सुबह से शाम, शाम से सुबह...और भुना हुआ गोश्त और तली हुई मछली खाकर सो रहे। हो सके, तो बगैर उसके सो रहे। मैं अपनी तरफ से चाहती भी यही थी। मगर अपने पति का मैं क्या करूँ जिसे यह बात समझ ही नहीं आई ? बोला कि जिस तरह तुमने मंच पर दो घंटे निकाले हैं, उसी तरह एक घंटा पार्टी में भी निकाल दो। अभिनय करते हुए मैंने उससे कहा भी कि मैं इतना थकी हुई हूँ कि और अभिनय नहीं कर सकती। अगर तुम चाहते ही हो, तो कल नाटक का एक और शो रख लो। वहाँ मैं फिर अभिनय कर सकती हूँ। यह क्या कि दो महीने की तैयारी के बाद सिर्फ दो घंटे के अभिनय से बात समाप्त हो जाए। आदमी को इतना मौका तो मिलना चाहिए कि जो बात वह आज के अभिनय में नहीं कर सका, वह कल के अभिनय में कर सके। पर वह मेरी पीठ थपथपाता रहा और क़हता रहा कि सिर्फ एक घण्टे की बात और है, सिर्फ एक घण्टे की। मैंने उससे कहा भी कि आज मेरे लिए असम्भव है। वे दो घण्टे ही इतने मुश्किल थे, एक घण्टा और बिलकुल असम्भव है। पर जिमी का यह स्वभाव है कि वह बहुत-सी बातें एक साथ सोचता है। अपना सम्मान, स्कूल

का सम्मान, रुपया-पैसा, योजनाएँ, सही कदम और सबके बीच अभिनय, बल्कि इन सबको लेकर अभिनय। यदि किसी को जीवन में बहुत अच्छा अभिनय देखना हो, निर्दोष अभिनय, तो उसे जिमी को देखना चाहिए। ज़िन्दगी का हर कदम सही वक्त पर और सही जगह पर। कभी अपना पार्ट भूलना नहीं, कभी गलत एंट्री नहीं लेना, और विंग में खड़े होकर हर दूसरे की क्यू का पूरा ध्यान रखना। हर चीज़ एकदम दुरुस्त, ठीक वैसे जैसे कि होनी चाहिए। मैं इसके लिए उसकी बहुत प्रशंसा करती हूँ। अपने पर लगाम रखने की उसमें अद्भुत शक्ति है। पर मेरे अन्दर वह शक्ति नहीं है। मैं दो घण्टे के बाद एक घण्टा भी उस तरह और नहीं चल सकती।'' फिर अपने कांटे पर लगा टुकड़ा मुँह में भरकर उसे चबाती हुई बोली, ''यह मछली काफी अच्छी बनी है। मेरा ख्याल है हमें सिर्फ इस मछली की ही बात करनी चाहिए।''

उसकी बात रुकने के साथ ही कमरे में हल्की बुद्बुदाहट शुरू हो गई। लोग इस तरह आपस में बात करने लगे जैसे रोज़ की बात किसी ने सुनी ही न हो। फिर भी बात करते हुए लोग एक-दूसरे से आँखें बचा रहे थे। जैसे हर एक को डर हो कि दूसरा उस विषय में बात न करने लगे। जिमी का चेहरा हमारी तरफ नहीं था, इसलिए उसे मैं नहीं देख सका। पर जो चेहरे सामने थे, उनमें टोनी व्हिसलर का चेहरा सबसे ज़्यादा फीका पड़ गया था। रोज़ अभी बोल ही रही थी जब उसने चेरी को अपने पास बुलाकर उसके कान में कुछ कहा था, जिसके बाद चेरी जल्दी से पीछे पैंट्री की तरफ निकल गया था। उसके लौटकर आने के साथ ही तीसरे कोर्स की प्लेटें आ गईं, जिससे लोगों ने जल्दी-जल्दी सामने की प्लेटें खाली करना शुरू कर दिया। पुलाव और मटन के तीसरे कोर्स के साथ ही फ्रूटक्रीम और कॉफी की भरी हुई प्यालियाँ भी रखी जाने लगीं। टोनी की मेज़ पर बातचीत फिर उसी विषय लौट आई थी कि अगले साल प्रीफेक्ट कौन-कौन लड़के हो सकते हैं। जिन लड़कों के नाम सुझाए गए थे, उनके बारे में टोनी अपने विचार प्रकट कर रहा था। ''तुम्हारा क्या ख्याल है जिमी ?'' उसके पूछने पर जिमी ने भी कम से कम शब्दों में अपनी राय बता देने की चेष्टा की। बहुत हल्के स्वर में बोलने पर भी जिमी की आवाज़ उस समय मुझे हमेशा से भारी लगी। जैसे कि गले की जगह से उसे छाती के अन्दर से बोलना पड़ रहा हो। टोनी ने माथे पर बल डाले हुए उसकी बात सुनी और एल्बर्ट से पूछने लगा। पर उसकी आँखों से लग रहा था कि उसका ध्यान अपनी या उनमें से किसी की बात में नहीं है। उसकी आँखें सामने के चेहरों पर फिसलती हुई बार-बार हमारी मेज़ की तरफ मुड़ जाती थीं। पूरे कमरे में हमारी मेज़ पर सबसे ज़्यादा खामोशी छाई थी। मिसेज़ ज्याफ्रे काँपते हाथों से खाना खा रही थी। रोज़ के जवाब में उसे जो कहना था, वह जैसे उसे खाने के साथ निगलना पड़ रहा था। बॉनी हाल की आँखें उसी तरह आसपास भटक रही थीं जैसे हमेशा भटकती रहती थीं। उसके शब्द

अनकहे रहकर होंठों की तरह-तरह की गोलाइयाँ दे रहे थे। जब रोज़ बात कर रही थी, तो उसके और मेरे बीच का खेल कुछ देर रुका रहा था। पर उसके बाद से हमारे घुटने इस तरह सट गए थे जैसे कि मुँह से कुछ बात न कह सकने के कारण ही हम आपसी दबाव से उस वातावरण पर टिप्पणी कर रहे हों। कुछ देर चुपचाप खाना खाते रहने के बाद रोज़ ने हल्की आवाज़ के साथ अपनी छुरी-कांटा प्लेट में रख दिया और पीछे टेक लगाती बोली, "कितने चुप हैं यहाँ पर सब लोग ! मेरा ख्याल है मेरे बात करने की वजह से सब लोग इतने चुप हो गए हैं। पर चुप होने की क्या बात है ? हम लोग किसी भी विषय पर बात कर सकते हैं। चेपल की बात कर सकते हैं। आनेवाली छुट्टियों की बात कर सकते हैं। एक-दूसरे को बता सकते हैं कि किस-किस पार्टी में कौन-कौन-सी चीज़ अच्छी बनी थी और कौन-कौन-सी खराब। तीन दिन पहले बरफ गिरी थी। और कुछ नहीं, तो उसी की बात की जा सकती है। या मिसेज़ ज्याफ्रे हमें बता सकती है कि कुछ साल पहले के हिन्दुस्तान और आज के हिन्दुस्तान में क्या फर्क है। कौन-कौन-सी चीजें ऐसी हैं जो उन दिनों यहाँ थीं और आज नहीं रहीं। या···"

अपनी जाँघ पर ज़ोर से चिकोटी काट लिए जाने से मेरा ध्यान उसकी बात से हट गया। चिकोटी काटने वाले हाथ तक अपना हाथ ले जाने तक वह हाथ परे हट गया। बॉनी ने नेपकिन हटाते हुए अपने घुटने भी समेट लिए थे। उसका निचला होंठ पहले से ज़्यादा गोल हो गया था और आँखें स्थिर भाव से टोनी व्हिसलर की मेज़ की तरफ देख रही थीं। मिसेज़ ज्याफ्रे एक चम्मच फ्रूटक्रीम खाकर जल्दी से कॉफी का घूँट भर रही थी। रोज़ की चल रही बात के बीच आसपास हल्की हलचल का आभास पाकर मैंने भी टोनी की मेज़ की तरफ देख लिया। टोनी अपनी कुर्सी पीछे हटाकर खड़ा हो गया था। उसके चेहरे पर अब फीकेपन की जगह सुर्खी छाई थी, "फार वाट वी हैव रिसीव्ड···उसने पथराई नज़र से सामने देखते हुए ग्रेस के शब्द कहे और कोट की जेबों में हाथ डाले कमरे से निकल गया। बहुत-से लोग तब तक पुलाव और मटन का कोर्स ही पूरा नहीं खा पाए थे। फ्रूटक्रीम और कॉफी की प्यालियाँ उनके सामने ज्यों की त्यों रखी थीं। डिनर बहुत जल्दी समाप्त हो जाएगा, यह तो सब सोच रहे थे। पर खाना इस तरह बीच में ही रह जाएगा, यह शायद किसी ने नहीं सोचा था।

एक-दूसरे से आँखें चुराते, फिर भी एक-दूसरे के चेहरे को देखने की कोशिश करते सब लोग कामन रूम में निकल आए। टोनी तब तक वहाँ से भी जा चुका था। जेन दरवाज़े के पास खड़ी थी। पूरी भीड़ की तरफ देखकर मुस्कराती आँखों से उसने 'गुडनाइट' कहा और इस भाव से कि 'मुझे जाना पड़ रहा है, क्या कर सकती हूँ ?' बरामदे में निकल गई। जिमी रोज़ की बाँह थामे निकलकर कामन रूम

में आया, तो उन्हें रास्ता देने के लिए लोग इधर-उधर हट गए। जिमी का चेहरा बहुत कसा हुआ था और आँखें जैसे सामने से रास्ता तराशती चल रही थीं। रोज़ उसके साथ कदम मिलाकर चलती हुई भी जैसे अपने को घिसटने दे रही थी। पास गुज़रते हुए मुझे उसका चेहरा जो वैसे बहुत सुन्दर लगा करता था, काफी विकृत-सा लगा। गाढ़े मेकअप के नीचे से उभरती चेहरे की रेखाएँ ज्यादा गहरी जान पड़ीं। ख्याल था कि वे लोग भी बिना किसी से बात किए चुपचाप वहाँ से चले जाएँगे। पर दरवाज़े तक पहुँचने से पहले ही रोज़ ने जिमी के हाथ से बाँह छुड़ाकर पीछे खड़े लोगों की तरफ मुँह कर लिया, "मुझे अफसोस है," वह बोली, "कि मेरी वजह से आप सब लोग आज भूखे रह गए हैं। पर यह दोष मेरा नहीं, मेरे पति का है। मैंने इससे कहा था कि मुझे घर पर अकेली छोड़ दो। पर इसका ख्याल था कि मैं पार्टी में शामिल न हुई, तो लोग जाने क्या सोचेंगे। जिमी का सबसे बड़ा दोष यही है कि यह बहुत भला आदमी है। लोगों की बहुत चिन्ता करता है। मेरी भी बहुत चिन्ता करता है। कोई चाहे कितनी कोशिश कर ले, इसकी चिन्ता करना नहीं छुड़ा सकता। यही वजह है जो आप सब लोगों को आज आधा खाना खाकर उठ जाना पड़ा है। पर मैं समझती हूँ इसके बाद कभी आपको ऐसी स्थिति का सामना नहीं करना पड़ेगा, क्योंकि आज के बाद कम से कम आज के बाद···मेरा ख्याल है जिमी चिन्ता करना छोड़ देगा।" और वह जिमी की तरफ मुड़ गई, "क्यों डियर, मैं ठीक कह रही हूँ न ? अब तो तुम्हारा भी यही ख्याल है न कि हर समय हर चीज़ की चिन्ता करते रहने से कुछ भी नहीं होता ? तुम देख ही रहे हो न कि मैं···"

"हम लोग घर चल रहे हैं," जिमी ने फिर से उसकी बाँह पकड़ते हुए कहा और उसे अपने साथ बाहर ले चला। चलते-चलते हम सबकी तरफ देखकर वह बोला, "शुक्रिया ! आज का इतना लम्बा नाटक देखने के लिए शुक्रिया और गुड नाइट !"

'गुड नाइट !" रोज़ ने भी अपना दूसरा हाथ हिला दिया, "मेरी तरफ से भी शुक्रिया !"

उनके चले जाने के बाद कुछ क्षण लोग इस तरह खड़े रहे जैसे कि हर एक के अन्दर का कोई तार फ्यूज हो गया हो जिसे जोड़ने के बाद ही वह वहाँ से जा सकता हो। सबसे पहले मिसेज़ ज्याफ्रे ने अपना तार जोड़ा और अपने स्कार्फ को कन्धे पर संभालती बोली, "काफी दिलचस्प रही आज की शाम···कुल मिलाकर नहीं रही काफी दिलचस्प ?" मॉली उसकी बात में हिस्सेदार न होने के लिए उससे परे हट गई। एल्बर्ट ने एक चुभती नज़र उस पर डालकर सिगरेट सुलगा लिया। "रात काफी ठण्डी थी," डायना अपने खुश्क चेहरे पर ऊपर से मुस्कराहट चिपकाए बोली, "इससे कुछ तो गर्मी इसमें आ ही गई है। नहीं ?" कहकर उसने कई लोगों की तरफ देखा। पर न तो कोई मुस्कराया, न ही किसी ने हामी भरी। इससे अव्यवस्थित

होकर वह जैसे अपने को छिपाने के लिए भीड़ के दूसरे हिस्से में चली गई। कुछ लोग जो दरवाज़े के पास पहुँच गए थे, हल्की आवाज़ में 'गुडनाइट, गुड नाइट' कहकर बाहर निकलते जा रहे थे। पीछे के लोग जैसे क्यू में थे कि कब वहाँ तक पहुँचे और कब वे शब्द कहकर वहाँ से निकलें। एल्बर्ट और मॉली के वहाँ रहते मिसेज़ ज्याफ्रे फिर कुछ नहीं बोली। लेकिन उन लोगों के जाते ही उसने अपनी तेज़ आँखों से बाकी लोगों को भाँपते हुए कहा, ''मेरा ख्याल है नाटक के इस हिस्से की वह काफी अच्छी तरह रिहर्सल करके आई थी। हेडमास्टर के मुँह पर जो कुछ वैसे नहीं कहा जा सकता था, उसे कहने का इससे अच्छा और क्या तरीका हो सकता था ? और जिमी का पोज़ नहीं देखा आप लोगों ने ? पर एक ही गलती रह गई इसमें। नाटक का स्क्रिप्ट उतना अच्छा तैयार नहीं कर पाए ये लोग। पर उसके लिए शायद काफी समय नहीं था।''

मिसेज़ ज्याफ्रे की बात का भी किसी ने समर्थन नहीं किया। मुँह में कुछ बुद्बुदाकर लोग उसके पास से इधर-उधर को छितरा गए। मैं सबसे अलग मैगज़ीनों वाली मेज़ के पास खड़ा था। बॉनी कमरे के दूसरे सिरे से तीन-चार बार मेरी तरफ देख चुकी थी। मिसेज़ ज्याफ्रे अपनी बात में अकेली पड़कर स्कार्फ समेटती बाहर को चली, तो वह जैसे एक मैगज़ीन चुनने के लिए मेरी तरफ बढ़ आई। कुछ देर मैगज़ीनों को उठाती-रखती रही। फिर आहिस्ता से बोली, ''मैं किसी दिन तुमसे कुछ समय लेना चाहती हूँ। एक-डेढ़ घण्टा। मैं इस साल हिन्दी के स्पेशल पर्चे में बैठ रही हूँ। उसके लिए तुमसे कुछ सहायता लेनी है। तुम कल या परसों कोई समय दे सकते हो मुझे ?''

मैंने उसे जल्दी से बता दिया कि कल से मेरी दिन-भर स्कूल में ड्यूटी है। वह किसी भी समय मुझसे बात करके तय कर ले। मेरे पास से हटते हुए बॉनी ने जिस नज़र से मुझे देखा, उसकी कचोट जाँघ पर काटी गई चिकोटी से कम नहीं थी। एक बड़ा ग्रुप उस समय बाहर जा रहा था। वह पाँव फिसलाती जाकर उसमें शामिल हो गई। कुछ ही देर में सिर्फ हम पाँच-सात आदमी कमरे में रह गए⋯ज्वार उतर जाने पर यहाँ-वहाँ उभर आई चट्टानों जैसे। कोहली जो बगलों में हाथ दबाए लैरी की ओट में खड़ा था, दूर से मेरी तरफ आँखें हिलाकर मुस्कराया, ''चलना नहीं है ?'' उसने पूछा।

''चलो,'' मैंने कहा और उसकी तरफ बढ़ गया। लैरी और एक दो-एक और लोगों को कमरे में छोड़कर हम लोग निकल आए। लैरी ने अब भी मुझसे आँखें नहीं मिलाईं। व्यस्त भाव से दूसरे आदमी से बात करता रहा।

''क्या बात कर रही थी वह ?'' हम लोग गेट से निकलकर सड़क पर आ गए, तो कोहली ने मुझसे पूछा।

"कौन ?" मैंने उसका मतलब समझकर भी अनजान बने रहना चाहा।

"वही···मिस हाल ?"

"वह हिन्दी के पर्चे में बैठ रही है। उसी के बारे में बात कर रही थी।"

कोहली हँस दिया। वही सतही हँसी जिससे वह भोंडेपन को ढाँपने का प्रयत्न करता था। "ज़रा बचकर रहना उससे", वह बोला, "यह न हो कि तुमसे सबक लेने-लेने में ही···"

"मिसेज़ कोहली तुमसे पहले ही चली गई ?" मैंने बात बदलने की कोशिश की।

"उसे मैंने गिरधारी और उसकी बीवी के साथ भेज दिया था। कहा था कि घर जाकर कुछ थोड़ा-बहुत खाने के लिए बना ले। नहीं तो भूख के मारे रात-भर नींद नहीं आएगी।"

उसके मुँह से भूख की बात मुझे हास्यास्पद लगी। उसी तरह जैसे उसके मुँह से सुनी कोई भी बात लगा करती थी। भूख मेरी भी बाकी थी, पर मैं उसकी बात भुलाए रहना चाहता था। पर कोहली की बात से अपनी अंतड़ियों में फिर उसी तरह उसका एहसास हो आया जैसे पार्टी से पहले हो रहा था। जो थोड़ा-बहुत खाया था, उससे जैसे उतनी देर के लिए ही भूख को बहलाया जा सका था। कुछ कदम हम चुप रहकर चलते रहे। फिर वह बोला, "तुम्हें प्रीफेक्ट जसवन्त के किस्से का पता है ?"

मैंने सोचा, अच्छा हुआ उसने उन चीज़ों का ज़िक्र नहीं छेड़ दिया जिन्हें हम बिना खाए मेज़ पर छोड़ आए थे। साधारणतया उससे आशा यही की जा सकती थी। जो कुछ ज़बान से छूने से बच गया था, उसका ज़िक्र ज़बान पर लाकर ही वह कुछ सन्तोष प्राप्त कर सकता था। पर उस समय शायद वह खाने से ज़्यादा महत्त्वपूर्ण किसी बात के विषय में सोच रहा था।

"किस किस्से का ?" मैंने पूछा और खाने की मेज़ को दिमाग से निकाल देने की कोशिश की।

"तुम्हें पता नहीं वह स्कूल से निकाला जाने को था ?" वह बोला "प्रीफेक्ट होने की वजह से किसी तरह मुश्किल से बच पाया है ?"

"पर बात क्या थी ?"

"बात यही थी···तुम्हारी मिस हाल। इसने अपने पीछे लगा लिया था उसे।"

"सच ?"

"और नहीं तो झूठ ? बाद में एक रात उसे इसके क्वार्टर का दरवाज़ा खटखटाते देख लिया गया, तो खुद ही इसने उसकी शिकायत भी कर दी।"

मेरा हाथ जो जाँघ पर चिकोटी के दर्द को सहला रहा था, अब शराफत से पीछे हट गया। कोहली की जगह और कोई होता तो मैं इस बारे में ज्यादा जानने

की कोशिश करता। पर उस आदमी के सामने इस चीज़ में दिलचस्पी जाहिर करना उसे घण्टे-भर की बातचीत के लिए उकसाना था। ''मुझे पता नहीं था,'' मैंने कहा और विषय बदलने के लिए बात को स्वयं ही खाने पर ले आया। ''आज तो मेरा ख्याल है, सभी लोग आधी भूख लिए हुए उठे हैं। तुमने अच्छा किया जो खाना घर पर बनवा लिया। मैं भी सोच रहा हूँ ऊपर माल पर जाकर कुछ खा लूँ।''

मैं जानता था इससे वह खामोश हो रहेगा। किसी से अपने यहाँ खाने के लिए कहना उसके जीवन-दर्शन में शामिल नहीं था। उसने फ्र-फ्र करते हुए अपने कोट के कालर समेट लिए। ''इस स्कूल में पता नहीं क्या-क्या होने को है,'' कुछ वकफे के बाद उसने कहा।

''क्यों ?''

''ऐसे ही। लगता है यहाँ पर सब कुछ उलट-पलट होने वाला है। उस उलट-पलट में किसकी नौकरी रहेगी, किसकी नहीं, पता नहीं।''

''पर यह तुम किस वजह से कह रहे हो ?''

''वजह का तुम्हें पता नहीं है ?'' उसने शिकायत की नज़र से मुझे देख लिया। ''लोग तो कहते हैं कि तुम्हें सब पता है, इसीलिए तुमने पहले से ही अपना दूसरा इंतज़ाम कर लिया है।''

मैंने रूखे ढंग से हँस दिया। उसने अपने कोट के कालर और भी मिला लिए। जैसे कि मेरी हँसी से उस पर किसी तरह का वार हो सकता हो। ''तुम हँस किसलिए रहे हो ?'' उसने पूछा।

मैंने और भी हँस दिया। ''हँसी आ रही है, इसलिए हँस रहा हूँ।''

''पर हँसी आने की वजह ?''

''वजह कुछ भी नहीं। ऐसे ही आ रही है।''

उसने एक उसांस भरी और तेज़ चलने लगा। हम लोग उस दोराहे पर पहुँच गए जहाँ से एक रास्ता ऊपर माल को जाता था। वहाँ उससे अलग होने के लिए मैंने उसका हाथ दबाया, तो वह बोला, ''ठीक है। तुम्हें यहाँ रहना नहीं है, इसलिए तुम्हें यहाँ की किसी चीज़ से मतलब भी क्या है ? जिन्हें रहना है, वे अपने-आप भुगतेंगे जो कुछ भुगतना होगा।''

उसने इंतज़ार किया कि शायद मैं जवाब में कुछ कहने के लिए रुकूँ। पर मुझे उसके साथ वहाँ तक आने में ही इतनी चिढ़ हो रही थी कि उसका एक हाथ एक बार छोड़ने के बाद मैंने उसकी तरफ देखा तक नहीं। इस तरह ऊपर की सड़क पर चल दिया जैसे कि उसकी कही बात मेरे कानों में पड़ी ही न हो। ऊपर पहले मोड़ पर आकर मैंने नीचे घर की तरफ देखा। एक छोटा-सा आदमी अंधेरे में रास्ता टटोलता घर की पगडंडी से नीचे उतर रहा था। उससे हटकर मेरा ध्यान ऊपर चिमनी

की तरफ चला गया जहाँ से उठता धुआँ उस आदमी की भूख का उपचार कर रहा था। थप्-थप्-थप्–पगडण्डी से उतरकर उस आदमी का ज़ीने की तरफ बढ़ना भी मुझे हास्यास्पद लगा। फिर और आगे की चढ़ाई चढ़ते हुए मेरी नज़र माल की मुंडेर पर चली गई। वहाँ कोई नहीं था। फिर भी जैसे वहाँ खड़े किसी आदमी की नज़र से मैंने अपने को देखा। एक वैसा ही छोटा-सा आदमी, उतना ही बेबस, तीखी चढ़ाई पर पैर घसीटता हुआ। उस आदमी की नज़र से अपने को देखते हुए मुझे इतनी उलझन होने लगी कि कुछ रास्ता मैं आँखें मूँदकर चलता रहा। पर आँखें खोलने पर अपने को फिर उसी उपहासास्पद स्थिति में पाया, तो उस दर्शक को वहाँ से हटाने के लिए हाँफता हुआ मुंडेर की तरफ बढ़ने लगा।

सड़क

शनिवार था–मेरी ड्यूटी का आखिरी दिन। सुबह से मैं अपने को विश्वास दिला रहा था कि दिन पूरा होने के साथ मैं उस ज़िन्दगी से लगभग कट चुका हूँगा। छुट्टियाँ शुरू होने तक सिर्फ एक ही काम रहेगा···एक फालतू आदमी की तरह दिन-भर कामन रूम में बैठे रहना, रिपोर्ट भरना। उस काम में रिपोर्टों का उतना महत्त्व नहीं था जितना अलग-अलग तरह के वाक्य बना सकने का। जिससे लगे कि हर लड़के की रिपोर्ट बिलकुल उसी की है–हर दूसरे से अलग तरह की। उस काम में सिर्फ पहले साल मुझे दिक्कत पड़ी थी। उसके बाद बहुत आसान हो गया था, क्योंकि एक साल के लिए सोचे गए वाक्य ज़रा-सी हेर-फेर के साथ हर अगले साल इस्तेमाल किए जा सकते थे। 'लड़का काफी समझदार है, लेकिन मेहनत नहीं करता'···'काम सन्तोषजनक है हालांकि योग्यता इसमें और ज्यादा कर सकने की है।''···'जानकारी ठीक है, पर भाषा पर इसे मेहनत करनी चाहिए।' इत्यादि। पहली कुछ रिपोर्टों में तो यह ध्यान भी रहता था कि वे किन लड़कों के बारे में लिखी जा रही हैं, पर बाद में बिना कुछ भी सोचे ऐसे-ऐसे वाक्य जल्दी घसीटे जाने लगते थे। छह-आठ रिपोर्टों के बाद सिर्फ इतना देख लिया जाता था कि जल्दी में कोई दो रिपोर्टें एक-सी तो नहीं हो गईं। आखिरी कुछ रिपोर्टों तक पहुँचकर जब हाथ बिलकुल सुन्न होने लगते थे, तब एक शब्द से काम चलाया जाने लगता था। 'अच्छा'···'सन्तोषजनक'···'होनहार'।

मैंने सोच रखा था कि इस बार सब रिपोर्टें एक-एक शब्द की ही लिखूँगा जिससे एकाध दिन में वह पूरा काम निपट जाए। अपने को वहां से स्वतन्त्र महसूस

करने के रास्ते में यही एक रुकावट बाकी थी जिसे कम से कम समय देकर मैं छुट्टियाँ शुरू होने से पहले ही अपने को उस ज़िन्दगी से बाहर कर लेना चाहता था।

ड्यूटी शाम के आठ बजे तक थी। लड़कों का डिनर पूरा होने तक। साढ़े आठ बजे अपर रिज पर सेवाय में बॉनी से मिलने की बात थी। बात उसी ने तय की थी। उस रात के बाद अगले दिन लान में भेंट होने पर। एकदम चलते-चलते। ''शनिवार की शाम को खाली हो तुम ?'' उसने सीधे पूछ लिया था। ''आठ बजे के बाद,'' मैंने कहा था, ''आठ बजे तक मेरी ड्यूटी है।'' उसने पल-भर सोचकर अपने दिमाग में हिसाब लगाया था, ''मैं शनिवार को पूरा दिन खाली हूँ। दोपहर को लंच के वक्त से ही बाहर निकल जाऊँगी।...खैर, तुम ड्यूटी के बाद मुझे मिल सकते हो...साढ़े आठ बजे...सेवाय में। वक्त से पहुँच जाना, मैं इंतज़ार नहीं करूँगी।''

उसके बाद भी दो-एक बार हम आमने-सामने पड़े थे, पर दोनों में से किसी ने कोई बात नहीं की थी। इस तरह पास से निकल गए थे जैसे आपस में बातचीत का कोई सिलसिला ही न हो। इस पर जेम्स ने एक बार फब्ती भी कस दी थी, ''तुमसे आजकल आँख नहीं मिलाती, क्या बात है ?'' ''और जो इतने लोग हैं आँख मिलाने को।'' मैंने खोखले स्वर में हँस दिया था। इस पर जेम्स मुस्कराता हुआ सिर हिलाने लगा था, ''यह तुम ठीक कहते हो। इस औरत के पूरे शरीर में आँखें लग जाएँ, तो भी इसे पूरी नहीं पड़ेंगी।'' पर उसके स्वर में कुछ तसल्ली आ गई थी कि उसकी तरह मैं भी उन लोगों में से हूँ जिनसे वह आँखें नहीं मिलाती।

दिन-भर स्कूल में चक्कर काटते हुए मैं शाम सेवाय में पहुँचने की बात सोच रहा था। इसलिए भी कि एक और बात जो अन्दर से छील रही थी, उसे मैं भुलाए रखना चाहता था। पिछली शाम को शोभा का दूसरा पत्र आया था। लिखा था, मेरा पत्र न आने से उसे बहुत परेशानी का सामना करना पड़ रहा है। उससे रोज़ पूछा जाता है कि पत्र आने में इतनी देर क्यों हुई है। ''बाऊजी दिन में तीन-तीन बार खुद नीचे लैटर बाक्स देखने जाते हैं। वापस आकर मुझसे कुछ कहते तो नहीं, पर उनकी आँखों से लगता है, वे इस बात को लेकर जाने क्या सोचते रहते हैं। मेरे मन में कई बार आता है कि उन्हें सब कुछ बता दूँ। पर अपने को इसलिए रोक जाती हूँ कि उसके बाद इस घर में भी और रह सकना शायद मेरे लिए असम्भव हो जाएगा। पिछली कुछ रातों से मुझे बिलकुल नींद नहीं आई। सोचती रहती हूँ कि अपनी ज़िन्दगी का मैंने क्या कर लिया है। अपने को कोसती हूं कि क्यों मैं पहले से ही यहाँ नहीं रही...क्यों उन दिनों इस घर को छोड़कर पिताजी के पास जाकर रहने की बात मैंने तय की ? मैं यहां से न गई होती, तुमसे न मिली होती, तो जिस दुःख में ज़िन्दगी कट रही थी, उस दुःख का ही मान मन में बना रहता। पर अब तो जीने के लिए मेरे पास कुछ भी नहीं—न साधन, न सम्बन्ध, न मान।

तुम्हारे साथ अपने को जोड़कर मैंने हर चीज़ से अपने को वंचित कर लिया है। कभी मैं अपने को दोष देती हूं कि शायद मैं इस लायक रही ही नहीं थी कि किसी और से कुछ पा सकूँ, या उसे कुछ दे सकूँ। पर जितना अपने को जानती हूँ, उससे इस पर विश्वास नहीं होता। इसके बाद कहने को इतना ही रह जाता है कि एक ऐसे आदमी के साथ मैंने अपनी ज़िन्दगी को उलझ जाने दिया है जिसके पास मुझे दे सकने के लिए कुछ नहीं था, किसी को भी दे सकने के लिए कुछ नहीं था। कभी तुमने सोचा है कि तुम अपनी जगह कितने स्वार्थी, कितने दम्भी और कितने हठी आदमी हो ? क्या तुम्हारे जैसे आदमी को कभी किसी भी लड़की की ज़िन्दगी को अपने साथ उलझाना चाहिए था ? क्या इतने साल अकेले रहकर तुम्हें यह पता नहीं जला था कि अकेलेपन की ज़िन्दगी ही तुम्हारे लिए एकमात्र ज़िन्दगी हो सकती है ? मैं पहले एक घर जला चुकी थी, इसलिए यह नहीं मानती कि दूसरा घर मैं नहीं चला सकती थी। मुझे घर की ज़िन्दगी के बगैर अपना-आप बहुत अधूरा लगता था, इसीलिए मैंने निश्चय के साथ यह कदम उठाया था। मगर तुम्हारे पास मुझे देने के लिए घर नहीं था। था सिर्फ अपना-आप, बिना घर-बार के, बिना घर-बार की कल्पना के जिसे एक चुनौती की तरह सामने रखकर तुम एक हठ के साथ अपनी जगह पैर जमाए खड़े हो गए थे। क्या तुम्हें नहीं लगता कि तुम्हारा यह रवैया कितना तर्कहीन, न्यायहीन और दुराग्रहपूर्ण रहा है ? मैं तुम्हारे साथ बिताए दिनों की बात सोचती हूँ, तो मन एकदम बौखला जाता है। लगता है कि उस ज़िन्दगी से बाहर यहाँ रहकर खाली वक्त बिताने में भी अपने से उबकाई आती है। क्या तुम्हीं वह आदमी नहीं हो जिसने मेरे लिए जीने का कोई मतलब नहीं रहने दिया ? कितना बड़ा व्यंग्य है कि ऐसे आदमी से अपने को अलगाकर सुखी होने की जगह मैं रात-दिन एक छटपटाहट अन्दर महसूस करती रहती हूँ ? उसका पत्र न आने से निश्चिन्त न होकर खुद उसे फिर से पत्र लिखने के लिए मजबूर पाती हूँ ?···तुम मुझे स्पष्ट लिखो। छुट्टियाँ होने पर तुम एक दिन के लिए भी यहाँ नहीं आना चाहते, तो यह बात इन लोगों को अभी से जान लेनी चाहिए। इससे शायद मेरे लिए भी आसान हो जाएगा कि मैं इनके बीच या इनसे बाहर अपने आगे के कार्यक्रम की रूपरेखा बना सकूँ। इन लोगों के कई बार कहने पर भी मैंने आज तक जालन्धर पत्र नहीं लिखा और चाहे मैं जो भी करूँ, लौटकर पिताजी के पास नहीं जाऊँगी। यह बात बिलकुल निश्चित है।···तुम्हारी ओर से एक ही पंक्ति काफी होगी। तुम्हारा विचार छुट्टियों में भी वहीं रहने का है, कहीं और जाने का है या···?''

एक इनलैंड में ऊपर-नीचे के सब कोने भरकर उसने पत्र लिखा था। पहले मैं उसे बिना खोले जेब में डाले रहा था। फिर खोलकर और यहां-वहां से दो-चार पंक्तियाँ पढ़कर उसे रख लिया था। पूरा पत्र रात को सोने से पहले पढ़ा था। पढ़कर

महसूस किया था जैसे शोभा यहाँ से जाकर भी गई न हो। उन दिनों की तरह ही सोफाचेयर पर बैठकर खिड़की के शीशे को ताक रही हो। मैं कुछ देर वही बेबसी मन में लिए कमरे में टहलता रहा था, जैसे कि एक दीवार से दूसरी दीवार तक जाने और लौटने के बीच शोभा की आँखों का भाव कुछ बदल सकता हो, तनाव कुछ कम हो सकता हो। सोफाचेयर के सामने खड़े होकर मैंने जैसे शोभा को उसकी लिखी एक-एक बात का उत्तर भी दिया था। क्या यह वह निश्चित रूप से कह सकती थी कि अपने पहले पति की मृत्यु को उसने मृत्यु के रूप में सहा था ? उससे अपने अन्दर की किसी मानसिक स्थिति के लिए निस्तार का अनुभव नहीं किया था ? उसे यह नहीं लगा था कि उस आदमी में जो कुछ उसे स्वीकार नहीं था, उससे इस बहाने उसे छुटकारा मिल गया है ? मुझमें सबसे गलत क्या यही नहीं था कि उस आदमी को काफी सही कर दिया था ? क्या दूसरी बार दूसरे आदमी के साथ उसके ज़िन्दगी शुरू करने के पीछे यही भावना नहीं थी कि शायद इस बार पहले से ज्यादा 'अपनी-सी' ज़िन्दगी जी पाएगी ? मुझे मेरे इस रूप में स्वीकार न कर पाना क्या मेरे पैर जमाकर खड़े रहने के कारण ही था या इस कारण भी कि वह जिस ढंग से अपना पैर जमाकर रहना चाहती थी, उसके लिए उसे जगह नहीं मिल पाई थी—न मेरी ज़िन्दगी में आने से पहले, न उसके बाद ? अब भी क्या वह अपने पहले पति के घर में रहकर वहाँ के लोगों से, अपने पिता से और मुझसे सिर्फ अपना पैर जमाकर अपने ढंग से जी सकने का तीन तरफा संघर्ष नहीं कर रही थी ? अपने-आपके जिस हठ के साथ वह मेरे यहाँ रही थी और एक दिन मेरे पास से चली गई थी, उसके पीछे क्या कुछ भी तर्कहीन, न्यायहीन और दुराग्रहपूर्ण नहीं था ? और अब भी क्या सचमुच वह इस दुःख में जी रही थी कि मैंने उसके लिए अपनी ज़िन्दगी को सह सकना असम्भव बना दिया है या कि सिर्फ इस कोशिश में कि जिस घर में इस समय रह रही है, वहाँ अपने होने के लिए अपना और इन लोगों का समर्थन प्राप्त कर सके ? मेरे यहाँ आकर उसने मेरे साथ दोनों का एक घर बनाने की कोशिश की थी, या अपने लिए अपनी तरह का घर बनाने के लिए मुझे एक साधन बनाने की ?

शोभा उत्तर देने के लिए वहाँ नहीं थी, इसलिए मैं हर तरह से अपनी भड़ास उस पर निकाल सका था। वह भी शायद मुझसे दूर होने के कारण ही इतना सब लिख पाई थी। एक-दूसरे के सामने होने पर हम लोग इतनी बात कभी न कर पाते। चुपचाप एक-दूसरे की तरफ देखते रहते या उपेक्षा से आँखें फेरकर सो जाने की कोशिश करते। मैंने इनलैंड सामने रखे हुए फिर एक बार कोशिश की थी कि जो कुछ मन में है, उसे पत्र में लिख दूँ। कम से कम इतना पता तो उसे दे दूँ कि छुट्टियाँ शुरू होने के बाद से मैं नौकरी में नहीं हूँ और नहीं जानता कि उसके बाद

मेरा अपना कार्यक्रम क्या होगा। पर हुआ वही था जो हर बार होता था। खाली कागज़ पर कुछ लकीरें और बस। जिन दो समस्याओं का हल मैंने एक साथ ढूँढ़ना चाहा था, उन्हें एक क्रम दे लेने से ही जैसे सब गड़बड़ हो गया था। मुझे त्यागपत्र लिखने के साथ ही शोभा के नाम पत्र भी लिखना चाहिए था। दोनों चीज़ों को आगे-पीछे रखने से पहली चीज़ दूसरी के लिए परिस्थिति बन गई थी। मैं सारी रात बार-बार उठकर गुसलखाने में जाता रहा; नींद न आने के कारण। तब मुझे शारदा से सहानुभूति भी हुई। उसकी रात भी शायद ऐसी ही मानसिक स्थिति में बीतती थी। उधर कोहली खर्राटे भर रहा था और हम दोनों बारी-बारी से अपने-अपने गुसलखाने की बत्ती जला-बुझा रहे थे।

सुबह सोचा था कि एक बार स्कूल के काम से फारिग हो जाऊँ, फिर इत्मीनान से सोचूँगा कि शोभा को क्या लिखना चाहिए। उसकी चिट्ठी की बात दिमाग में उभरने लगती थी, तो मैं शाम को सेवाय में बॉनी से मिलने की बात सोचने लगता था। बाद दोपहर एक बार मन में आया कि बॉनी के क्वार्टर का एक चक्कर लगा आऊँ। शाम की बात पक्की करने के लिए नहीं, फकत इसलिए कि कोई मुझे वहाँ जाते देख ले। अगर टोनी व्हिसलर तक वह बात पहुँच जाती तो वहाँ रहने के बाकी दिन उसकी कुलबुलाहट देखने में मज़ा आता, क्योंकि वह कुछ भी कर सकने की स्थिति में न होता। न मुझे बुलाकर चेतावनी देने की, न स्कूल छोड़ने का नोटिस देने की और न ही स्टाफ की मीटिंग बुलाकर उसमें भाषण देने की। जब प्रीफेक्ट जसवन्त को बेंत पड़ रहे थे, तब मुझे उसके कारण का पता होता, तो ज़रूर एक बार उसकी तरफ आँख दबाकर उसका हौसला बढ़ाने की कोशिश करता। बॉनी के क्वार्टर में जाने की बात जसवन्त की वजह से ही मेरे दिमाग में आई थी। मगर पैविलियन तक जाते-जाते याद हो आया कि आज उसका पूरा दिन खाली है और उसे लंच से पहले ही बाहर निकल जाना था। इससे मुझे निराशा हुई, पर शाम को बॉनी से मिलने की उत्सुकता इससे और बढ़ गई थी। सुबह से शाम के साढ़े आठ बजे तक उसने जाने किससे कहाँ-कहाँ मिलने की बात तय कर रखी थी। ड्यूटी के राउंड लगाता हुआ मैं यह भी देखने की कोशिश करता रहा कि प्रीफेक्ट जसवन्त स्कूल में है या नहीं। तीन बजे तक उसे न देखकर मुझे विश्वास होने लगा कि वह नहीं है। खुशी भी हुई। पर चाय के बाद उसे टेनिस कोर्ट में खेलते देखकर खुशी जाती रही। यह जानने का कोई उपाय नहीं था कि वह सुबह से ही स्कूल में था या कुछ देर पहले बाहर से लौटकर आया था।

शाम तक काफी थकान महसूस होने लगी। शायद इसलिए कि आखिरी ड्यूटी की ऊब और दिनों की ऊब से कहीं ज़्यादा थी। मैं अपने को मुश्किल से उस वक्त की तरफ धकेल रहा था जब घण्टी की आवाज़ के साथ मुझे हमेशा के लिए बरामदों

में चक्कर काटने की मजबूरी से छुट्टी पा जानी थी। उस बीच मॉली क्राउन मुझसे एक सूची पर हस्ताक्षर कराने आई, तो मैंने बिना ठीक से पढ़े चुपचाप हस्ताक्षर कर दिए। सूची उस सामान की थी जो स्कूल की तरफ से मेरे क्वार्टर के लिए दिया गया था। सोफा चेयर्ज़, पर्दे, कुर्सियाँ, पलंग और न जाने क्या-क्या। वह इतने बढ़िया कागज़ पर और इतने अच्छे ढंग से टाइप की गई थी कि उससे उन चीज़ों की असलियत का कुछ भी अन्दाज़ा नहीं हो सकता था। हस्ताक्षर करते हुए मैंने सोचा कि उन सब चीज़ों के फोटो भी यहाँ साथ लाए जाने चाहिए थे। पर उनसे भी बहुत कम अन्दाज़ा हो सकता था। उन कुर्सियों-पर्दों की सही तसदीक उन्हीं पर हस्ताक्षर करके की जा सकती थी, पर उस सूची पर हस्ताक्षर करना उसी तरह की भरती थी जैसे बिना क्लास लिए स्कूल में हाज़िर रहकर रजिस्टर में हाज़िरी लगाना। मैंने चुपचाप हस्ताक्षर कर दिए। कागज़ मॉली क्राउन को लौटाते हुए मुस्करा दिया। 'यह इस तरह मुस्कराने की आखिरी बार है,' मन में सोचा, 'इसके बाद फिर कभी इसे कागज़ लौटाते हुए इस तरह का मुस्कराना नहीं होगा।'

''लिस्ट तुमने देख ली है ?'' मॉली ने अपनी तरफ से पक्की कार्यवाही करने के लिए पूछ लिया।

मैंने सिर हिला दिया।

''इसलिए कह रही हूँ कि तुम्हारे जाने से पहले एक दिन इन सब चीज़ों की चेकिंग करनी होगी।''

''किसी भी दिन जब तुम्हें फुरसत हो, मुझे बता देना।'' मैंने कहा।

''दो-एक घण्टे का काम होगा।'' मॉली के झाइयों-लदे चेहरे पर ज़िम्मेदारी की कालिख उभर आई।

''किसी भी शाम को जब तुम्हें फुरसत हो।'' मैंने फिर दोहरा दिया।

''मैं तुमसे तय कर लूँगी,'' वह बोली, ''कुल इकासी आइटम हैं।''

''कितने ?'' मुझे आश्चर्य हुआ। स्कूल की तरफ से मेरे क्वार्टर में दी गई गली-सड़ी चीज़ों की संख्या इतनी बड़ी है, मुझे मालूम नहीं था।

''इकासी।'' वह पढ़कर गिनाने लगी कि नग कितने हैं, लैम्पशेड कितने और पायदान कितने।

''ठीक है।'' मैंने उसे बीच में टोक दिया, ''उस दिन वही गिन लेंगे।''

''तुम एक कापी अपने पास रख लो ताकि मेरे आने से पहले...''

''नहीं-नहीं।'' मैंने जल्दी से कहा, ''उसी दिन सब देख लेंगे। कापी मुझसे खो जाएगी।''

मॉली ने कागज़ समेट लिए। कुछ इस तरह होंठ हिलाकर कि मैं अपना भला नहीं चाहता, तो उसे क्या पड़ी है जो खामखाह मुझे मजबूर करे, ''मैं इसलिए कह

रही थी कि सब चीज़ों की कीमतें भी लिस्ट में दी हुई हैं।'' उसने फिर भी आखिरी कोशिश कर देखने की तरह कहा, ''अगर कोई चीज़ गुम हो गई, तो...''

''वह भी उसी दिन देख लेंगे,'' मैंने उसी तरह कहा, ''जिन चीज़ों के पैसे कटने होंगे, उनके बारे में पहले से जान रखने से क्या फायदा है ?''

मॉली क्राउन के पीले दाँत उघड़ आए। टूटे-टूटे घुन-खाए-से। निचले जबड़े के आधे हिस्से समेत। मुझे एल्बर्ट पर तरस आया कि उसे हफ्ते-पखवाड़े में एक बार उन दाँतों को होंठों से छूना पड़ता होगा। मॉली शायद इसी वजह से बहुत कम खुलकर मुस्कराती थी। कहीं पढ़ा था कि मोना-लीज़ा की दबी-दबी मुस्कराहट का वास्तविक रहस्य था उसके मैले दाँत। मॉली के साथ भी शायद ऐसा ही था। वह अपने चेहरे की झाइयों को भी किसी तरह ढंक सकती, तो शायद सुन्दर नज़र आती। कागज़ों को अच्छी तरह तहाए हुए वह वह मेरे पास से चल दी, तो मैं कुछ दूर तक उसके नाटे शरीर की तेज़ चाल को देखता रहा। वह उन स्त्रियों में थी जो ज़िन्दगी-भर किसी चीज़ के पीछे लगी रहकर कुछ न कुछ हासिल कर ही लेती हैं। पर वह कुछ क्या था जो इस स्त्री को हासिल करना था ? एल्बर्ट और मिसेज़ ज्याफ्रे से अलग उसे शायद किसी और ही चीज़ की खोज थी। पर किस चीज़ की ?

साढ़े सात बजे जब लड़के खाना खा रहे थे और मैं डाइनिंग हाल में चक्कर काटता हुआ सिर्फ आधा घण्टा और इस तरह बिताने की मजबूरी से लड़ रहा था, तब दो-एक बैरों ने मुझे इशारे से पैंट्री के अन्दर बुला लिया। ''साहब, एक बात पूछें ?'' कुछ क्षण एक-दूसरे की तरफ देखने के बाद उनमें से एक ने कहा, ''क्या यह सच है कि हेडमास्टर की यहाँ से बदली हो रही है ?''

''बदली नहीं,'' दूसरे ने उसकी बात में संशोधन किया, ''सुना है इसे हटाकर इसकी जगह दूसरा हेडमास्टर लाया जा रहा है। क्या यह बात सच है ?''

वे सब इस तरह मुझे देख रहे थे जैसे मेरे 'हाँ' या 'ना' कहने पर कुछ निर्भर करता हो–जैसे इससे उनमें से हर एक को अपनी ज़िन्दगी का रास्ता खुल जाने का उपाय नज़र आ रहा हो।

''मुझे पता नहीं।'' मैंने सिर हिलाया जैसे उन्हें यह सूचना देते मुझे खेद हो रहा हो, ''मैंने ऐसा कुछ नहीं सुना।''

''तो इसका मतलब है कि...''

मैं आगे बात सुनने की प्रतीक्षा करता रहा।

''...कि आपके केस का अभी फैसला नहीं हुआ।''

मैं, मुस्करा दिया, ''मेरे केस का फैसला हो गया है।'' मैंने कहा, ''मैं यहां से जा रहा हूं।''

उन सबके चेहरों पर सहानुभूति की छाया आ गई साथ एक उदासी जैसे कि

जिस बाज़ी पर उन्होंने दाँव लगा रखा था, वह हार गई हो। "आखिरी फैसला हो गया है ?" उनमें से एक ने अपनी निराशा से लड़ते हुए पूछ लिया।

"हाँ, बिलकुल आखिरी फैसला," कहकर कुछ देर फालतू पड़ा-सा मैं उनके बीच खड़ा रहा, फिर वापस डाइनिंग हाल में निकल आया। सर्विस रुकी रहने से डाइनिंग हाल में काफी शोर हो रहा था। ड्यूटी मास्टर के न रहने से लड़के अपनी जगहों से उठकर इधर-उधर जा रहे थे। मुझे देखते ही वे दौड़कर अपनी जगहों पर पहुँच गए। "खामोश !" मैंने चिल्लाकर कहा और पास की मेज़ पर तीन-चार बार हाथ मार दिया। हाल में बिलकुल खामोशी छा गई। मैंने घड़ी में वक्त देखा। पन्द्रह मिनट और मेरी आवाज़ का उस तरह असर हो सकता था, ज्यादातर लड़के यह जानते थे। शायद इसीलिए वे एक-दूसरे की तरफ देखते हुए मुस्करा रहे थे। मेरे मन में आया कि एक बार उसी तरह ज़ोर से चिल्लाऊँ, "मुस्कराओ नहीं।" पर इस ख्याल से कि आदेश का पालन न हुआ, तो खामखाह मन छोटा होगा, मैंने आँखें बाहर की तरफ घुमा लीं। सर्विस फिर से शुरू हो गई थी। एक-डेढ़ मिनट के अन्दर खाना पहले की तरह खाया जाने लगा। अपनी-अपनी प्लेट में पुडिंग लेने की कोशिश में लड़के यह भूल गए कि अभी-अभी जो ड्यूटी-मास्टर इतने ज़ोर से चिल्लाया था, आज के बाद उसके चिल्लाने की आवाज़ वहाँ कभी सुनाई नहीं देगी।

आठ बजने में पाँच मिनट थे। कुछ मेज़ों पर खाना खाया जा चुका था, कुछ पर अभी खाया जा रहा था। मेरे मन में आया कि मैं चाहूँ, तो इन आखिरी पाँच मिनटों के अपने अधिकार का उपयोग कर सकता हूँ—जिन लोगों ने अभी पूरा नहीं खाया, उन्हें और खाने से रोक सकता हूँ। सिर्फ पाँच मिनट पहले ग्रेस कहकर मैं उन्हें और अपने को उस समय अपने वहाँ होने का अहसास करा सकता हूँ। सोचकर तय करने का समय नहीं था, इसलिए मैंने तुरन्त निश्चय कर डाला। मेरे मुँह से ग्रेस के शब्द निकलते ही सब खाना खाते हाथ रुक गए। कुछ एक ने आश्चर्य के साथ मेरी तरफ देख लिया। हाउस-प्रीफेक्ट अपने-अपने हाउस के लड़कों के साथ बाहर निकलने लगे। निकलते हुए कुछ लड़कों की आँखों में शिकायत थी, कुछ की आँखों में गुस्सा। मगर मैं बाँहें गाउन में समेटे उदासीन भाव से खड़ा हाल को खाली होते देखता रहा। मन में कहीं मुझे यह भी लग रहा था कि इस तरह दूसरों का खाना छुड़वाकर मैंने उन सब दिनों का बदला ले लिया है, जब मुझे वहाँ खाने की मेज़ से भूखे उठ जाना पड़ा था। थोड़ी देर में सब लड़कों के चले जाने पर मैंने आस-पास देखा : इस ख्याल से कि शायद बैरों में से कोई मेरे इस कारनामे पर चुस्की लेने के लिए मेरे पास आए। पर पूरे हाल में कोई भी नहीं था। बैरों को खाना समाप्त होते ही प्लेटें उठानी चाहिए थीं, पर वे सब पैंट्री के अन्दर चले गए थे। वहां से सुनाई देती आवाज़ों का मतलब लगा सकना मुश्किल था। पर मुझे लगा

कि मेरी हिमाकत में साझीदार न होने के लिए ही शायद वे सब अलग जा खड़े हुए हैं। मैं कुछ देर जूठी प्लेटों के बीच अपने अकेलेपन में कुण्ठित-सा खड़ा रहा। फिर जैसे यह जाहिर न होने देने के लिए कि मैं उस स्थिति से कुण्ठित हूँ, धीरे-धीरे जमाकर पाँव रखता बरामदे में निकल आया।

बरामदे में अपने जूते की आवाज़। ठक् ठक् ठक् जैसे कि जिस आदमी से आँखें बचाकर मैं हाल से बाहर आया था, उसने मेरा पीछा नहीं छोड़ा था। उससे बचने के लिए बरामदा पार करके किसी और जगह पहुँच जाना ज़रूरी था। एक बस्ती और दूसरी बस्ती के बीच का अंधेरा रास्ता लाँघने की तरह चमकते बरामदे का वह टुकड़ा लाँघकर मैं कामन रूम में आ गया। वहाँ मिसेज़ दारूवाला अकेली एक कोने में बैठी कुछ सोच रही थी। मुझे देखते ही उसने अपना सोचने वाला चेहरा उतारकर अच्छा-सा चुस्त-दुरुस्त चेहरा लगा लिया। ''हेलो !'' उसने चहकने की तरह कहा, ''क्या हाल हैं तुम्हारे आज शाम ?''

मुझे ध्यान था कि साढ़े आठ बजे अपर रिज पर पहुँचने के लिए मुझे वहाँ रुकना नहीं चाहिए। पर अपनी टाँगों में जो कंपकंपी महसूस हो रही थी, उसकी वजह से मैंने दो-चार मिनट बैठ जाना ठीक समझा। ''ठीक हैं,'' मैंने अपने गाउन के दोनों सिरे गीध के पंखों की तरह सोफे पर फैलाकर बैठते हुए कहा, ''बल्कि कहना चाहिए बहुत अच्छे हैं, क्योंकि यहाँ ड्यूटी देने की यह मेरी आखिरी शाम थी।''

''तो इसका मतलब है, आज से तुम बिलकुल आज़ाद हो। सच, कितने खुशनसीब हो तुम !''

''हाँ...एक तरह से हूँ ही।'' मैंने बाँहें समेटकर अपने अन्दर वह खुशी महसूस करने की कोशिश की जो उस समय मुझे महसूस होनी चाहिए थी। पर उसकी जगह जो चीज़ महसूस हुई, वह थी एक तरह की नमी जो सारे शरीर को लिज़लिज़ा रही थी। टांगों की कंपकंपी पर काबू पाने के लिए मैंने दोनों घुटने साथ मिला लिए।

''फिर तुम्हारा चेहरा ऐसे उतरा-सा क्यों हो रहा है ? इससे तो लगता है कि...''

''क्या लगता है कि... ?''

''लगता है कि...बुरा तो नहीं मानोगे ?''

''नहीं।''

''लगता है...कि या तो तुम किसी चीज़ से परेशान हो, या तुम्हें किसी चीज़ को लेकर अफसोस हो रहा है।''

''ऐसा बिलकुल नहीं है।'' मैंने जल्दी से अपने चेहरे की नसों को ढीला करके अपना भाव बदलने की चेष्टा की। यह पाकर कि होंठ काफी सूख रहे हैं, उन्हें भी थोड़ा गीला कर लिया। ''सिर्फ थकान है दिन-भर की। ज़रूरत महसूस हो रही है कि कुछ देर घर जाकर आराम कर लूँ, पर साढ़े आठ बजे पहुँचना है एक जगह।''

पर वह बिना विश्वास किए मुझे देखती रही। उसका पूरा शरीर कुर्सी पर आगे को बढ़ आया था। शायद हमदर्दी की वजह से। अपने मोटे-मोटे कोट में वह रोज़ से ज़्यादा ठिगनी लग रही थी। "तुमसे एक बात पूछूँ ?" उसके हाथों की उगलियाँ उलझ गईं और चेहरा थोड़ा सुर्ख हो गया।

मैंने 'हाँ, पूछो' के ढंग से आँखें हिला दीं।

"तुम्हारी पत्नी आजकल कहाँ है ?"

मेरे चेहरे की नसें फिर कस गईं, "खुर्जा।" मैंने कड़वी चीज़ निगलने की तरह कहा।

"खुर्जा में उसकी पहली ससुराल है न ?"

मैंने सिर हिला दिया।

"वह वहाँ क्यों गई हुई है इतने दिनों से ?"

"उन लोगों ने बुला भेजा था।" मैं गाउन समेट कर उठने के लिए तैयार हो गया।

"तो तुम यहाँ से पहले उसी के पास जाओगे या··· ?"

"मैं उसके पत्र का इन्तज़ार कर रहा हूँ। उसके बाद ही अपना कार्यक्रम बना सकूँगा।" मेरे उठने के साथ ही वह भी उठ खड़ी हुई। कोट की जेबों में हाथ डाले। "मुझे कहना नहीं चाहिए," टोहती आँखों से मुझे देखती वह पास आ गई, "पर मुझे लगता है कि तुमने नौकरी छोड़कर अच्छा नहीं किया।"

"क्यों ?"

"मुझे लगता है ऐसा। मन हममें से हर एक का करता है नौकरी छोड़ देने का, पर सचमुच नौकरी छोड़ देने से···"

"क्या होता है ?"

उसने एक उसांस भर ली, "यह तुम्हें भी पता है। हर एक को पता है। इसीलिए···"

मैंने गाउन उतारकर गोल कर लिया, "साढ़े आठ बजे पहुँचना है।" मैंने कहा, "आठ दस यहीं हो रहे हैं। सोचता हूँ अपना गाउन यहीं छोड़ जाऊँ। सुबह ले लूँगा।" और मैंने हाथ का गोला पास की कुर्सी पर सरका दिया।

"अच्छा, एक बात बताओ," वह सोचती आँखों से सामने देखती फिर भी रुकी रही, "तुम्हारा ख्याल है आदमी लिखकर जी सकता है ?"

"पता नहीं। क्यों ?"

"मैं कुछ थोड़ा-बहुत लिखती रहती हूँ, कभी-कभी। मन में आता है कि अगर उसी से कुछ आमदनी हो सके···डेढ़-दो सौ तक भी···तो···तुम जानते हो मैं बिलकुल अकेली हूँ, अब इतने में मैं अपना गुज़ारा चला सकती हूँ।"

वह मुझसे इतनी छोटी थी कि उसके बिखरे बालों का मेरी ठोड़ी से भी सीधा कोण नहीं बनता था। बात करने के लिए उसे गरदन उठाकर मेरी तरफ देखना पड़ रहा था। जिन दिनों मैं स्कूल में आया ही था, उन दिनों वह मुझे खासी सुन्दर लगा करती थी। तब तक उसका सम्बन्ध-विच्छेद नहीं हुआ था। सम्बन्ध-विच्छेद के बाद से मुझे उसके चेहरे की सभी लकीरें साफ नज़र आने लगी थीं, क्योंकि मैं बिना उसकी उम्र के साल गिने उसकी तरफ़ देख ही नहीं पाता था। मुझे उसके शरीर का हर-ढका-अनढंका हिस्सा सैंतीस साल का लगता था हालांकि उदार नज़र से देखने पर अब भी वह काफी आकर्षक कही जा सकती थी। उसके गालों के ऊपरी हिस्से काफी चिकने थे—पारसी पीलेपन की जगह देसी गोरापन लिए। अगर वह नीचे से अपना चेहरा ढंककर सिर्फ आँखें और ऊपर का हिस्सा बाहर निकाले रहती, तो अपनी उम्र से कई साल छोटी नज़र आती।

पर वह मुझे पूरे सैंतीस की लग रही थी, इसलिए कि उसकी बातें भी खासी बेतुकी जान पड़ रही थीं। मैं खुशनसीब हूँ जो मैंने नौकरी छोड़ दी, मैंने नौकरी छोड़कर अच्छा नहीं किया, मैं सीधा अपनी पत्नी के पास जाऊँगा या कहाँ जाऊँगा, वह लिखकर जी सके, तो खुद भी नौकरी छोड़ दे—उसे शायद पता नहीं था कि वह एक के बाद एक क्या बात किए जा रही है। ''मुझे इस बारे में बिलकुल पता नहीं है।'' मैंने अपने को उससे झाड़ लेने की तरह कहा, ''तुम्हें किसी ऐसे आदमी से बात करनी चाहिए जो इस विषय में जानकारी रखता हो।''

उसकी आँखें और भी उदास हो गईं। ''मैंने पहले भी पूछा है कई लोगों से। पर यहाँ ऐसा कोई आदमी है ही नहीं।''

यह उसने ऐसे कहा जैसे मैं ही आखिरी आदमी था जिससे वह पूछ सकती थी और मेरे एक या दूसरी तरह का उत्तर दे देने के बाद उसे फिर किसी से नहीं पूछना था। इससे मुझे अपना कद कुछ और भी ऊँचा लगा और मैंने ज़िम्मेदार आदमी की तरह कहा, ''मैं जानता नहीं, फिर भी मेरा ख्याल है लिखने से इतना कमा लेना बहुत मुश्किल है यहाँ।'' साथ कहना चाहा, 'खासतौर से तुम्हारे लिए।' पर उतना अंश मन में ही काट दिया।

हम लोग बरामदे में निकल आए थे। वह कोशिश करके मेरे साथ कदम मिलाती चल रही थी, ''तुम ठीक कहते हो।'' वह सिर हिलाकर बोली, ''मेरा खुद भी यही ख्याल है। मैंने अब तक जो तीन-चार चीज़ें छपने के लिए भेजी हैं, वे किसी ने छापी ही नहीं। इसके लिए कोई खास गुर होता है शायद जो मुझे नहीं आता।'' और हम लोग कुछ कदम चुपचाप चलते रहे। जिस निष्कर्ष पर वह पहुँचना चाहती थी और पहले कई बार पहुँच चुकी थी, उस पर फिर से पहुँचकर वह काफी सन्तुष्ट हो गई थी। बरामदे से नीचे आकर मैं रुक गया ताकि वहाँ से उससे अलहदा हुआ जा सके।

"अच्छा, देखो...," वह फिर भी उस अध्याय को मन में खुला रखती बोली, "मैं और सोचूँगी अभी। अब नहीं, तो हो सकता है दो-एक साल बाद तय कर सकूँ कुछ।"

मैंने जबड़े कसे हुए सिर हिला दिया।

"तुम माल पर जा रहे हो ?"

मैंने फिर उसी तरह सिर हिला दिया।

"जाना तो मुझे भी था माल पर, लेकिन..."

"मुझे जल्दी जाना है," मैंने कहा, "इसलिए..."

"तुम्हारी डेट है किसी के साथ ?"

मैं टालने की हंसी हंस दिया। "हो सकता है। कम से कम अपने साथ तो है ही।"

उसकी आंखों में हल्की चमक आ गई, जैसे कि मन में उस सम्बन्ध में अनुमान लगाते हुए वह किसी चीज़ का आभास पा गई हो। "आज शनिवार की रात है। बहुत-से लोग बाहर गए होंगे।" उसके स्वर में स्पर्धा भी थी, चेतावनी भी।

"ठीक है," मैंने कहा, "उन बहुत-से लोगों में एक मैं भी रहूँगा।" वह और बात न करने लगे, इसलिए मैं विदा लेने का गम्भीर भाव चेहरे पर ले आया। वह फिर भी रुकी रही, तो एक कसी हुई 'गुड नाइट' उसकी तरफ उछालकर गेट की तरफ चल दिया। गेट पार करते हुए देखा कि वह लौटकर बरामदे से होती हुई फिर कामन रूम की तरफ जा रही है। अपने क्वार्टर में लौटने से पहले शायद एकाध बार और उसे किसी से पुष्टि लेनी थी कि लिखकर जी सकना मुश्किल है, इसलिए...

जिस वक्त मैं माल पर पहुँचा, आठ पचीस हो चुके थे। तेज़-तेज़ चढ़ाई चढ़ने से दम फूल रहा था। वहाँ से अपर रिज तक कम से कम पन्द्रह मिनट का रास्ता तो था ही। मन में सड़क की नीचाइयों, ऊँचाइयों और रास्ते की इमारतों की गिनती करता मैं उसी रफ्तार से आगे चलता गया। सेंट कोलंबस तक पहुंचते-पहुंचते यह हालत हो गई कि घुटने आगे चलने से जवाब देने लगे। उससे कुछ आगे फ्रूट मार्केट के पास आकर मैंने बहुत आहिस्ता चलना शुरू कर दिया और नावल्टी के मोड़ से जो सीढ़ियाँ अपर रिज को जाती थीं, उनके नीचे पहुँचकर बिलकुल रुक गया। ऊपर सेवाय में बजते बैण्ड की आवाज़ सुनाई दे रही थी। उस आवाज़ की ताल-लय मेरे शरीर की ताल-लय से बिल्कुल अलग थी। मैंने मन ही मन सीढ़ियों की गिनती की। सौ-सवा सौ से कम सीढ़ियाँ नहीं थीं। वक्त साढ़े आठ से पाँच-छह मिनट ऊपर हो चुका था। मैं घूमकर सड़क के रास्ते ऊपर तक जा सकता था, पर उसमें कम से कम दस मिनट और लगने की सम्भावना थी। बॉनी ने कहा था कि वह इंतज़ार नहीं करेगी। हो सकता था कि वह अब तक उठकर चल दी हो। मैंने फिर सीढ़ियों

को देखा। पर चढ़ने की हिम्मत नहीं हुई। आखिर मैंने यह ख़्याल ही छोड़ दिया कि मुझे ऊपर जाना या किसी से मिलना है। कुछ देर सुस्ताने के बाद आहिस्ता-आहिस्ता टहलता हुआ सड़क पर ही आगे को चल दिया। 'मुझे जल्दी किस चीज़ की है ?' अपने से कहा, "घण्टा-भर एक लड़की के साथ बैठकर चाय या कॉफी पी लेने से क्या किसी चीज़ में फर्क पड़ सकता है ?

पैरों में पसीना आ रहा था; बाहर से बरफानी सर्दी के बावजूद। मोज़े इस तरह पैरों से चिपक गए थे कि मन हो रहा था कहीं बैठकर जूते-मोज़े उतार दूँ। सड़क पर घिसटता अपने-आप काफी बेहूदा लग रहा था। अगर किसी ने कुछ देर पहले मुझे सड़क पर लगभग दौड़ते देखा होता और अब इस तरह घिसटते देखता, तो उसे हँसी आए बिना न रहती पर मुझे हँसी की जगह गुस्सा आ रहा था। उस दिन एक लड़की ने जाँघ पर चिकोटी काट दी, इसलिए आज उससे मिलने के लिए इतनी भाग-दौड़ करना क्यों ज़रूरी हो गया था ? क्यों मैं पहले से ही आराम से चलकर आने की बात नहीं सोच सका था ? पर गुस्सा इतने तक ही था। वह इस बात को लेकर भी नहीं था कि मैं डिनर के बाद इधर के दरवाज़े से सीधा बाहर आने की जगह कामन रूम की तरफ क्यों चला गया ? वहाँ दो मिनट सोफे पर पसर रहने की बात मैंने क्यों सोची ? मिसेज़ दारूवाला जब बात करने लगी थी, तो उसके लिए वहाँ रुके रहना भी मैंने क्यों ज़रूरी समझा ?

सुबह से सोच रहा था कि शाम आठ बजे के बाद से अपने को बिलकुल स्वतन्त्र महसूस कर सकूँगा। सुबह से ही नहीं, कई दिनों से सोच रहा था। लेकिन यह क्या बन्दिश थी कि तब से अब तक भी लगातार मैं बाहर की लगामों और चाबुकों से ही चल रहा था ? डाइनिंग हाल छोड़ने से पहले तक स्वतन्त्रता का वह क्षण बहुत पास नज़र आ रहा था। पर बरामदे में निकलने के बाद से ही जैसे वह कहीं खो गया था और अब अपनी पिंडलियों की अकड़न ठीक करते हुए चलने में मुझे अपने अन्दर उसका कहीं आभास ही नहीं हो रहा था। मैंने घाटी में उगे पेड़ों, आसपास चलते लोगों और सामने नज़र आते साइन-बोर्डों पर नज़र डालते हुए जैसे ज़बरदस्ती अपने को विश्वास दिलाने की चेष्टा की कि मैं अब सचमुच स्वतन्त्र हूँ—यह निश्चय कर लेने के बाद कि वक्त पर सेवाय में पहुँचना मेरे लिए बिलकुल ज़रूरी नहीं है, मैंने उस खोए हुए क्षण को हवा के अन्दर दबोच लिया है। पर राधूमल साधूमल के बाहर स्कूल के कुछ लोगों को खड़े देखकर उनसे बचने की कोशिश में वह विश्वास फिर शिथिल पड़ने लगा। शोभा का दूसरा पत्र जिसे मोड़कर जेब में रखा था, अब भी जेब में ही था। 'इस पत्र का उत्तर कब दूँगा ?' इस ख़्याल ने अन्दर से कोंचकर उस विश्वास को और भी बिखरा दिया। अपर रिज के मोड़ पर आकर मैं इस तरह खड़ा हो गया जैसे कि अपने को बहुत बड़ा धोखा दे लेने

के बाद अब मेरी समझ में न आ रहा हो कि अपने को उसकी ज़िम्मेदारी से कैसे बचाऊँ।

स्कूल के जो लोग राधूमल साधूमल के बाहर खड़े थे—पादरी बेन्सन, डायना और रूथ एटकिन्सन—वे भी अब उसी मोड़ की तरफ आ रहे थे। उन्होंने शायद अपने पास से गुज़रते हुए भी मुझे देखा था, अब भी देख लिया था। मैं कुछ इस भाव से जैसे कि वे मेरे किसी पुरानी नौकरी के सहयोगी हों, जिन्हें मैं अब ठीक से पहचानता भी नहीं, पतलून की जेबों में हाथ डाले सेवाय की तरफ चल दिया। शोभा की चिट्ठी पतलून में खटक रही थी। उसे निकालकर कोट की जेब में रख लिया—सेवाय के पास पहुंचकर उड़ती नज़र से नीचे देखा—जैसे सिर्फ माल से गुज़रती भीड़ का जायज़ा लेने के लिए। वे लोग अखबार एजेंसी के बाहर रुक गए थे। शायद वे भी मुझसे उतना ही बचना चाह रहे थे जितना मैं उनसे। पादरी बेन्सन का दुबला चेहरा क्षमा-याचना के भाव से सबकी तरफ देख रहा था—अखबार वाले की तरफ भी। गिरजे में हर रोज़ ईश्वर से क्षमा माँगते-माँगते उसका हमेशा का हुलिया ही ऐसा हो गया था। शायद आईने के सामने खड़े होने पर वह अपने अक्स को भी उसी नज़र से देखता था। अपनी ऊँचाई से उसे देखते हुए मुझे उससे सहानुभूति हुई। उन महिलाओं की वजह से भी जो उसके साथ थीं। 'ईश्वर, इसे क्षमा करो…' मेरे मन में प्रार्थना के शब्द उभर आए। सेवाय में बैंड उसी तरह बज रहा था। दूर सेंट कोलंबस की घड़ी में आठ पचास हो चुके थे। 'बॉनी अब तक ज़रूर चली गई होगी,' मैंने सेवाय के पूरे शीशे के दरवाज़ों की तरफ देखते हुए सोचा और जैसे यही मेरे अन्दर जाकर देख लेने की वजह हो, एक व्यस्त आदमी की तरह गरदन उठाए रेस्तराँ के हाल में पहुंच गया।

लेकिन बॉनी वहीं थी। हाल के एक कोने में घाटी की तरफ खुलती खिड़की के पास अलग-अलग बैठी। पीठ मेरी तरफ थी, इसलिए मुझे अन्दर आते उसने नहीं देखा। मैं चाहता, तो बिना उसे पता चलने दिए वापस बाहर निकल आ सकता था। पर मैं सीधा उसकी तरफ बढ़ गया। शनिवार की शाम होने के कारण। मुझे बैंड वालों पर तरस आया जो खाली सीटों के सामने खामखाह अपनी सांस फुला रहे थे। मैंने बॉनी के पास पहुँचकर इस तरह 'हलो' कहा जैसे अचानक वहाँ आकर उसे बैठे देख लिया हो। वह काफी नाराज लग रही थी। मुझे देखकर उसने हल्के-से आँखें झपका लीं और अपने बियर के गिलास को हाथ में घुमाती रही।

"अफसोस है मुझे देर हो गई," मैंने बैठते हुए कहा, "तुम वक्त पर आ गई थीं ?"

उसने फिर आँखें झपका लीं।

"आज मेरी ड्यूटी का आखिरी दिन था।" मुझे लगा कि इस बहाने मैं अपने

देर से आने की व्याख्या कर सकता हूँ।

"मुझे पता है।" वह जल्दी से बात काटने के ढंग से बोली।

"इसीलिए…"

उसकी आँखों का भाव सहसा बदल गया। मैं बात करते-करते रुक गया, क्योंकि मुझे लगा कि वह मेरी बात के बीच में ही हँसने जा रही है।

वह कुछ देर प्रतीक्षा करती रही, फिर मुस्करा पड़ी।

"तुम मुस्करा किस बात पर रही हो ?" मैंने अपने को छोटा महसूस करते हुए पूछा।

"बस ऐसे ही।"

"फिर भी… ?'

वह और खुलकर मुस्करा पड़ी। साथ उसने खिड़की से नीचे की तरफ इशारा कर दिया।

"वहाँ क्या है ?" मैंने पूछा।

"सड़क," वह बोली "नज़र आ रही है न ?"

"हाँ,…लेकिन…"

"मुझे यहाँ से नज़र आ रही थी। मैंने काफी देर पहले तुम्हें आते देख लिया था। जब तुम सीढ़ियों से ऊपर देख रहे थे तो मैं यहाँ खिड़की के पास खड़ी थी।"

वह हँस पड़ी। मेरे कान सुर्ख हो रहे थे, फिर भी मैंने उसकी हँसी में साथ दे दिया।

"स्कूल में मुझे देर हो गई थी।" मैंने दोनों बातों को जोड़ने की कोशिश की, "इसलिए दौड़ते हुए इतना रास्ता आने में सांस फूल गई थी।"

"तुम्हें पता नहीं है तुम कैसे लग रहे थे।" वह बोली, "पहले मैंने सोचा था तुम्हें बताऊँगी नहीं। पर अब सोचा कि क्यों तुम्हें झूठ बोलकर और भद्दा पड़ने दूँ।"

वह अपनी मुस्कराहट को ढंकने के लिए घूँट भरने लगी। मैंने जैसे ज्यादा आराम से बैठने के लिए कुर्सी का रुख थोड़ा बदल लिया।

"मेरा ख्याल था तुम अब तक चली गई होगी।" कुछ देर अपनी सकपकाहट से लड़ते रहने के बाद मैंने कहा।

"तुम्हें देख न लिया होता तो ज़रूर चली जाती।" वह बोली 'मैं कभी किसी के इंतज़ार में इतनी देर नहीं बैठती।"

बैंड रुक गया था। बीच के सोफे से उठकर कुछ लोग बाहर जा रहे थे। हमसे दो मेज़ें छोड़कर बैठा एक अकेला युवक एकटक हमारी तरफ देख रहा था। शायद बॉनी को अकेली बैठी देखकर वह वहाँ आ बैठा था और अब यह भाँपने की कोशिश कर रहा था कि वह मेरा इन्तज़ार कर रही थी या मैं ऐसे ही उसके पास आ बैठा हूँ।

''अब क्या प्रोग्राम है ?'' मैंने बॉनी से पूछा, ''यहीं बैठना है या··· ?''

''बाहर चलेंगे।'' वह बैरे को बिल लाने का इशारा करती बोली, ''इतनी देर से यहाँ बैठे-बैठे मुझे उलझन हो रही है।''

''बाहर कहाँ ?''

''कहीं भी। इतनी लम्बी सड़क है। उसी पर चलते रह सकते हैं।''

''सिर्फ चलते रहने का ही मन है या कहीं चलकर बैठना भी है ?''

''पता नहीं।'' वह गिलास खाली करके अस्थिर भाव से इधर-उधर देखने लगी, ''पहले यहाँ से तो बाहर निकला जाए।''

मैंने बिल अदा कर दिया। बैरे के प्लेट हटाने के साथ ही वह उठ खड़ी हुई, ''आओ, चलें।'' और वह दरवाज़े की तरफ बढ़ गई। बैरे को जो पैसे लौटाकर लाने थे, वे सब मुझे ज़बरदस्ती टिप के लिए छोड़ देने पड़े। मैं बाहर निकलने तक देखता रहा कि बैरे की नज़र मेरी तरफ मुड़े तो सवा दो रुपये टिप देने के बदले मैं उससे सलाम तो ले लूँ। लेकिन वह जैसे जान-बूझकर काउंटर पर ही रुका रहा। उस युवक की आँखें अलबत्ता दरवाज़े तक हमारा पीछा करती रहीं।

''अब ?'' बाहर आकर मैंने पूछा।

वह भी कुछ देर बिना कुछ कहे इधर-उधर आँखें दौड़ाती रही। शायद मन में वह भी यही बात सोच रही थी।

''किस तरफ को चलें ?'' मैंने फिर पूछ लिया।

''स्कूल की सड़क छोड़कर और किसी भी तरफ को।''

''त्रिशूली की तरफ ?''

''चलो।''

''लेकिन उस रास्ते में बैठने की कोई जगह नहीं मिलेगी—सिवाय एक हवाघर के।''

''न सही। बैठकर करना भी क्या है ?''

''तुम्हें भूख नहीं लगी है ?''

''नहीं। तुम्हें लगी है ?''

भूख मुझे लगी थी। पर मैं यह भी सोच रहा था कि कहीं और बैठकर बीस-तीस रुपये खर्च करने से बचा जा सके, तो अच्छा ही है। ''कुछ खास नहीं।'' मैंने कहा, ''एक वक्त बिना खाए भी चल सकता है।'' कहते हुए उस रात की याद हो आई जब भूख की वजह से ही पार्टी के लिए रुका रहा था। उस रात भी अगर उसने मुझे किसी खिड़की से उस हाल में देख लिया होता···।

''तो ठीक है,'' उसने कहा, ''त्रिशूली की तरफ ही चलते हैं।''

''सवा नौ !'' मैंने सेंट कोलंबस की घड़ी में देखकर सोचा, ''अगर हम लोग

दो घण्टे भी घूमते रहें, तो सवा ग्यारह तक घर पहुंचकर मैं स्कूल से आया खाना खा सकता हूं।''

हम लोग अपर रिज पार करके लोअर माल की तरफ उतरने लगे।

बॉनी सधी चाल से चल रही थी। जैसे मुझे सड़क पर खस्ता हालत में देख लेने के बाद उसे तनकर चलने का अधिकार हासिल हो गया हो। मैं फिर मन में रास्ते की मंज़िलें गिन रहा था। चल इस तरह से रहा था जैसे मेरे शरीर को एक फीते से बाँधकर खींचा जा रहा हो। लोअर माल तक हम लोगों की चाल काफी तेज़ रही, ढलान की वज़ह से। वहाँ पहुंचकर धीमी पड़ गई। सड़क बिलकुल सुनसान नहीं थी। चौथाई किलोमीटर तक दोनों तरफ घर होने से इक्का-दुक्का लोग आ-जा रहे थे। फिर भी इतनी तसल्ली थी कि हम लोग एक ऐसे इलाके में हैं, जहां किसी परिचित के मिलने की सम्भावना नहीं है।

''कुछ बात करो !'' बॉनी कुछ उकताए-से स्वर में बोली, ''तुम इस तरह गुमसुम क्यों चल रहे हो ?''

मुझे काफी देर से लग रहा था कि मुझे कोई बात करनी चाहिए। जब हम लोग लोअर माल के रास्ते में थे, तभी से। पर तब मैं लोअर माल पर पहुंचने की राह देख रहा था, अब आबाद हिस्से के गुज़र जाने की। ''तुम भी तो गुमसुम चल रही हो।'' मैंने कहा ''मैंने सोचा तुम्हारा मन शायद सिर्फ टहलने को ही है, बात करने को नहीं।''

वह कुछ क्षण चुप रहकर चलती रही। बीच-बीच में रास्ते के काल्पनिक रोड़े-पत्थरों को ठोकरें लगाती। फिर बोली, ''मुझे लग रहा है मैंने तुम्हें खामखाह बाहर बुला लिया है। मुझे बुलाना नहीं चाहिए था।''

''तो इसमें क्या है ?'' मैंने उसकी बात से छिलकर कहा, ''थोड़ी दूर से एक पगडण्डी ऊपर को जाती है। उस रास्ते वापस चला जा सकता है।''

''मेरा मतलब यह नहीं था,'' वह आग्रह के साथ मेरी बात को काटती बोली, ''मेरा मतलब था कि…''

''क्या मतलब था ?''

''पता नहीं। तुम कोई बात क्यों नहीं करते ? कोई भी बात करो।''

उसके स्वर में एक अस्थिरता थी, जिसने मेरे मन की बंदिश को थोड़ा खोल दिया, ''तुम एकाएक काफी बेचैन नज़र आने लगी हो।'' मैंने कहा।

''मैं आज सुबह से ही काफी बेचैनी महसूस कर रही थी।'' वह बोली, ''मैं चाहती थी कोई मुझसे देर तक बात करे—लम्बी बात। पर सारा दिन ऐसी ही छुटपुट बातों में बीत गया है। जैसे और हर दिन बीतता है।''

''तुम समझती हो किसी के साथ लम्बी बात करने से कुछ फर्क पड़ सकता था ?''

"पता नहीं," उसने चलते-चलते घूमकर आसपास और पीछे देख लिया, "यह भी पता नहीं कि मैं बात ही करना चाहती थी या और कुछ चाहती थी।"

"और कुछ यानी ?" मेरा ध्यान उसकी गरदन की तरफ चला गया। उसकी गरदन इतनी पतली थी कि उसे दो उंगलियों से अपनी तरफ मोड़ा जा सकता था।

"मुझे कुछ भी पता नहीं।" वह उतावली के साथ पहले से तेज़ चलने लगी, "सच, मुझे लग रहा है कि मैंने खामखाह ही तुम्हें बाहर बुला लिया है।"

"मैंने तुमसे पहले ही कहा है कि···" पर इस बार मैं उसकी बात से छिला नहीं।

"नहीं, नहीं," वह उसी तरह ज़ोर देकर बोली, "वापस मैं नहीं चलना चाहती। वह हवाघर कितनी दूर है जिसकी तुम बात कर रहे थे ?"

"ज़्यादा दूर नहीं है। आधा मील···ज़्यादा से ज़्यादा एक किलोमीटर। तुम पहले इधर कभी नहीं आईं ?"

"नहीं, इसीलिए सोचा कि यह रास्ता भी देख लिया जाए।"

तीन-चार लड़कियां चहकती हुई सामने से आ रही थीं। उनके पास से गुज़रने तक हम लोग चुप रहे। बॉनी ने एक बार घूरकर उन्हें पीठ की तरफ से भी देख लिया। फिर जैसे अपने दिमाग से किसी चीज़ को झाड़ते हँस दी।

"हँस किस बात पर रही हो ?" मैं थोड़ा अचकचा गया।

"किसी बात पर नहीं। या समझ लो बहुत-सी बातों पर। मैं इन लड़कियों को देखकर सोच रही थी कि···"

"क्या ?"

"कि कितना फर्क होता है आदमी की एक जगह की ज़िन्दगी और दूसरी जगह की ज़िन्दगी में। ये लड़कियाँ जैसी सड़क पर हैं, वैसी घर में जाकर नहीं रहेंगी। जैसी घर में होंगी, वैसी किसी अकेले कोने में जा खड़ी होने पर नहीं रहेंगी। इनमें से हर एक के मन में न जाने कितना कुछ है, जिसे वह अकेली ही जानती हैं। अगर मैं सिर्फ अपने को ही ले लूँ, तो न जाने कितना कुछ है मेरे अन्दर, जिसे मेरे सिवा कभी कोई नहीं जानेगा।"

"जैसे ?"

वह फिर हँस पड़ी, "तुम्हारा ख्याल है, तुम्हें मैं बता दूँगी ?"

आगे सड़क का कुछ हिस्सा भीगा हुआ था शायद धूप न पड़ने से पिघलने वाली बरफ के कारण। चप्-चप् करते उस हिस्से को पार करते हुए मैंने उसका हाथ थामने के लिए अपना हाथ बढ़ा दिया। पर उसने अपना हाथ मेरे हाथ में देने की जगह जेब में डाल दिया।

"अपना हाथ मुझे दे दो।" मैंने हठ के साथ कहा।

"चलते चलो।" वह बोली, "अभी काफी वक्त है इसके लिए।"

"पर अगर मैं कहूँ कि..."

"बिना हाथ पकड़े चलोगे ही नहीं ? तो लो पकड़ लो हाथ।" कहते हुए उसने अपना हाथ मेरे हाथ में दे दिया। मैंने अपनी बात रखने के लिए उसका हाथ पकड़ तो लिया, पर अपने को उससे बड़ा महसूस नहीं कर सका। ऐसे लगने लगा जैसे किसी का निर्जीव-सा एहसान अपने हाथ में लिए चल रहा हूँ।

वह कुछ गुनगुनाने लगी। पर अचानक चुप हो गई।

"हमने इस सड़क पर आकर अच्छा नहीं किया।" मैंने कहा।

"क्यों ?"

"किसी ऐसी जगह चलते जहाँ खूब रोशनी होती, या ऐसी जगह...।"

"जहाँ बिलकुल अंधेरा होता ?"

"मैंने नहीं सोचा था कि तुम मुझे ऐसी मनःस्थिति में मिलोगी।"

"तो क्या सोचा था ?"

मैंने उसकी तरफ देखा। उसकी आँखें उपहास कर रही थीं। मैंने उसका हाथ छोड़ दिया।

"हाथ क्यों छोड़ दिया ?" वह बोली।

"ऐसे ही।"

"तुम लौट चलना चाहते हो ?"

"नहीं।"

"तो इस तरह मुँह लटकाकर मत चलो।" कहते हुए उसने फिर अपना हाथ मेरे हाथ में दे दिया। इस बार काफी देर हमारे हाथ आपस में कसे रहे।

"कभी-कभी मुझे लगता है कि मैं बहुत खतरनाक लड़की हूँ।" वह मेरे हाथ से खेलती बोली।

"क्यों ?"

"तुम्हें नहीं लगता ? उस रात पार्टी में मैंने तुम्हारे साथ जो शरारत की थी, उसके बाद भी ?"

"उस रात तो नहीं लगा था, पर..."

"आज लग रहा है ?"

"हाँ, आज सचमुच लग रहा है।" कहते हुए मेरी आवाज़ कुछ बदल गई। हम लोग सड़क का मोड़ मुड़ रहे थे। आबादी वाला हिस्सा पीछे छूट गया था। मैंने उसका हाथ छोड़कर उसे बाँहों में ले लेने की कोशिश की, पर वह मेरी एक बाँह हाथ में लेकर अपने को पीछे को कसे रही।

"क्या बात है ?" मैं फिर ओछा पड़ गया।

"अभी चलते चलो !" उसका कसाव कम नहीं हुआ।

"तुम नहीं चाहतीं ?"

"मैं पहले तुमसे बात करना चाहती हूँ।" उसने मेरी दोनों बाँहें हटा दीं।

मैं पल-भर उसकी आँखों में देखता रहा। अब उनमें उपहास नहीं था। "बात तो कभी भी की जा सकती है, कहीं भी।" मैंने अपने चोट खाए अहं को सहलाते हुए कहा।

"यह गलत है।" वह बोली, "बात तो शायद ही कभी की जा सकती है। हाँ, यह खेल कभी भी खेला जा सकता है। कहीं भी। किसी के साथ भी।"

"तुम सचमुच ऐसा समझती हो ?"

"तुम नहीं समझते ?"

पल भर पहले जब वह बाँहों में थी, तो वह मेरे लिए सिर्फ एक शरीर रह गई थी। उस शरीर की उठान को अपने साथ भींच लेने की आकांक्षा के सिवा कोई भाव मन में नहीं रहा था। पर अब उस शरीर की जगह दिख रहा था एक लम्बा कोट, कोट पर रखा एक चेहरा और चेहरे में जड़ी दो आँखें जो एक चुनौती लिए मुझे देख रही थीं।

हम लोग चुपचाप आगे चलने लगे। एक-दूसरे से थोड़ा फासला बनाए रहकर। उसी तरह हम उस पगडण्डी से आगे निकल आए जहाँ से ऊपर अपर माल पर जाया जा सकता था। वह बिलकुल घाटी की मुंडेर के साथ-साथ चल रही थी। सिर तिरछा किए उधर के किसी गाँव की हल्की रोशनियों को देखती। मैं सर्द हवा की चुभन चेहरे पर महसूस करता पहाड़ी की तरफ चल रहा था। सड़क को बीच से काटते जिस्त के निशानों की लकीरें ताकता।

"तुम्हें अफसोस हो रहा है मेरे साथ आने के लिए ?" एक मोड़ के पास रुककर मुंडेर पर कुहनी रखे वह मेरी तरफ मुड़ गई। उसके रुकने से मुझे भी रुक जाना पड़ा। लेकिन मैं अपनी तरफ ही रहा। उसके पास नहीं गया। "मेरा ख्याल है हमें चलते रहना चाहिए," मैंने कहा।

"बताओ, तुम्हें अफसोस हो रहा है ?"

"इसमें अफसोस की क्या बात है ?" मैंने नाराज़ आदमी की तरह कहा, "काफी अच्छा लग रहा है टहलना। मुझे तो शौक भी है इसका। शाम को खाना खाने के बाद अक्सर टहलने निकल जाता हूँ।" कहते हुए मुझे अपने टिफिन कैरियर का ध्यान हो आया। सोचा उसे खोलने पर जाने क्या-क्या उसमें से निकलेगा। और जो निकलेगा वह निगलने लायक होगा भी या नहीं।

"तुम क्या सोचकर आए होगे, मैं जानती हूँ।" वह बोली, "इसलिए तुम्हें इस तरह निराशा हो रही है। मेरा तौर-तरीका ही ऐसा है कि हर आदमी उस तरह की

बात सोचने लगता है। लेकिन मैं अपने को दोष नहीं देती। मुझे अच्छा लगता है इस तरह की होना।"

उसने बाँहें मुंडेर पर फैला ली थीं। मुझे लगा कि लकड़ी ज़रा भी कच्ची हुई, तो बोझ पड़ने से टूट जाएगी। वह जिस तरह खड़ी थी, उससे लग रहा था जैसे उसे अब आगे चलना ही न हो। 'बनने की कोशिश कर रही है लड़की,' मैंने सोचा और जैसे मजबूरी में जिस्त की लकीर लांघकर उसके पास चला गया, "इस तरह मत खड़ी होओ," मैंने कहा, "कहीं ऐसा न हो कि···"

"नीचे खड्ड में जा गिरूँ ?" उसने हँसते हुए अपना बोझ सँभाल लिया, "नहीं, गिरूँगी नहीं। मौत से मुझे बहुत डर लगता है। लेकिन बिना चोट खाए अगर गिरने के सुख का अनुभव किया जा सके, तो मुझे बहुत अच्छा लगेगा।"

उसकी आँखें ऐसे हो गई थीं जैसे उसने कोई बहुत बड़ी बात कह दी हो। मुझसे वह इसके उत्तर में कुछ सुनने की आशा भी कर रही थी। शब्दों के बदले में शब्द। यही शायद उसकी नज़र में 'बात' करना था। मैंने अपने दिमाग के डब्बे को हिलाया कि कोई तो बात उससे कहनी ही चाहिए। लेकिन डब्बा बिलकुल जाम हो रहा था।

मेरी चुप्पी से थोड़ा और ऊँचे उठकर उसने मेरी बाँह हाथ में ले ली और आगे चलने लगी। थोड़ी देर के लिए उसे फिर से काल्पनिक रोड़े-पत्थरों को ठोकरें लगाने का शौक चर्रा आया। हवा में एक लम्बी ठोकर लगा लेने के बाद वह बोली, "तुमसे तुम्हारे बारे में कुछ पूछूँ ?"

मैंने उदासीन भाव से हामी भर दी।

"तुम्हारी पत्नी तुम्हारे साथ क्यों नहीं रहती ?"

मुझे लग गया था कि वह कोई ऐसा सवाल पूछेगी। जैसे मुझमें सब लोगों की दिलचस्पी सिर्फ दो ही कारणों से थी—मेरी पत्नी के मुझसे अलग रहने के कारण और मेरे स्कूल से त्यागपत्र दे देने के कारण। मिसेज़ दारूवाला ने भी कुछ देर पहले यही दो बातें की थीं। और लोग भी इसी दायरे में रहकर बात करते थे। सबको टाल-मटोल के उत्तर देते हुए मैं अन्दर से बहुत उलझ जाता था। उस तरह के उत्तरों से मैं इतना तंग पड़ चुका था कि उस समय फिर वैसा ही कुछ कहने की बात ने मुझे अन्दर से मितला दिया। अकेली सड़क, खुली घाटी और पत्ता चलने की तरह बात करती वह लड़की—इस सबसे मुझे उकसाहट हुई कि आडम्बर का वह लबादा कम से कम उस समय के लिए तो उतार ही दूँ। यह भी लगा शायद यही एक तरीका है जिससे मैं उसकी ऊँचे से ऊँचे उठते जाने की कोशिश को कुछ हद तक बेकार कर सकता हूँ। ड्यूटी समाप्त होने से अब तक अपने अन्दर जिस स्वतन्त्रता का अनुभव नहीं कर पाया था, उसका कुछ विश्वास भी इस तरह अपने को दिला

सकता था। "इसलिए कि वह रहना नहीं, चाहती," 'मैंने उसके चेहरे पर अपने शब्दों का प्रभाव देखते हुए कहा, "और इसलिए भी कि मैं भी उसके साथ नहीं रहना चाहता।"

उसके चेहरे के भाव में अन्तर नहीं आया। उसके लिए जैसे यह उतनी ही स्वाभाविक बात थी जितना किसी का यह कहना कि फलाँ चीज़ इसलिए नहीं खाता कि उसका स्वाद उसे अच्छा नहीं लगता। "तुम्हें हैरानी हुई है ?" फिर भी मैंने पूछ लिया।

"नहीं !" वह बोली, "हैरानी मुझे बहुत कम बातों से होती है। फिर इसमें तो हैरानी की ऐसी कोई बात नहीं है।"

"नहीं है ?"

"नहीं। मुझे हैरानी होती अगर तुम इसकी बजाय कोई और वजह बताते।...लेकिन नहीं। हैरानी मुझे फिर भी न होती, क्योंकि मैं उस पर विश्वास न करती।" कहते हुए वह गरदन उठाकर हँस पड़ी।

"तुम कहना चाहती हो कि तुम पहले से ही ऐसा सोचती थी ?"

"मैं ही क्या, मेरा ख्याल है सभी लोग ऐसा सोचते होंगे। यह इसलिए नहीं कि तुम लोगों के अलग रहने से ऐसा अनुमान किया जा सकता है, बल्कि इसलिए कि जो लोग स्वयं अलग रहने का साहस नहीं कर पाते, वे इसका बहुत अच्छी तरह अनुमान लगा सकते हैं। स्कूल में ज़्यादातर लोग ऐसे हैं, बल्कि सच कहा जाए तो ऐसे सभी हैं।"

"तुम सबके बारे में कैसे कह सकती हो ?" मैंने इस तरह उसकी तरफ देख लिया जैसे कि एक हल्की-सी दरार खुल जाने से अब मुझे उसके अन्दर झाँककर देख लेने का मौका मिल गया हो और इससे पहले कि दरार फिर बन्द हो जाए, मुझे उसका लाभ उठा लेना हो।

"मैं कह सकती हूँ, क्योंकि मैं प्रायः सभी को जानती हूँ।" वह मेरी नज़र को भाँपती बोली। फिर पल भर चुप रहने के बाद उसने कहा, "तुम्हें ईर्ष्या तो नहीं हो रही ?"

"किस बात से ?

"इसी बात से कि मैं सब लोगों के बारे में इतने अधिकार के साथ बात कर सकती हूँ ?"

"नहीं, ईर्ष्या मुझे नहीं हो रही। उलटे..."

"...तसल्ली मिल रही है कि और सब लोग भी तुम्हारी जैसी ही स्थिति में हैं...बल्कि उससे भी बदतर स्थिति में, क्योंकि उनमें तुम्हारी तरह स्थिति को स्वीकार करके चलने का साहस नहीं है ?"

"मेरे लिए न इसमें ईर्ष्या की कोई बात है, न तसल्ली की। मुझे दूसरे लोगों में कोई दिलचस्पी ही नहीं है।"

"सचमुच नहीं है ?" उसका निचला होंठ थोड़ा सिकुड़ गया।

"आदमी को अपने से फुरसत मिले, तो वह दूसरों में दिलचस्पी ले। मुझे लगता है कि मुझे कभी अपने से फुरसत ही नहीं मिल पाती।"

"तो इसका मतलब यह लिया जाए कि इस समय भी तुम..."

मैंने उसकी तरफ देखा। सोचा कि इस तरह तो न जाने कब तक बात करते रहा जा सकता है। बिना मतलब एक वाक्य से दूसरे वाक्य तक सफर करते हुए। यह केवल समय बिताना था—उस चीज़ को जो मिलने की बात तय करते समय शायद दोनों के मन में थी, लगातार स्थगित करते जाना। वह ऐसा शायद जान-बूझकर ही कर रही थी। मेरे अन्दर उतावली बढ़ाने के लिए। मैं इस बीच कई बार मन में खीझ चुका था। कई बार उससे उबाकर अपने में अकेला पड़ चुका था। कई बार सोच चुका था कि उससे साफ-साफ पूछ लूँ कि वह कब तक इस तरह मछली और कांटे की स्थिति बनाए रखना चाहती है। कितनी ही बार उसके दुबले शरीर का आकर्षण मेरे मन से मिट गया था। परन्तु अकेली सड़क और पेड़ों की सरसराहट के बीच मैं बार-बार उस मुकाम पर लौट आया था जहाँ आगे के कुछ क्षणों को और देख लेने की बात मन के दूसरे हर भाव पर छा जाती थी। आगे का रास्ता ज़्यादा दूर तक नज़र नहीं आ रहा था। पहाड़ी की करवट और पेड़ों झुरमुटों के बीच सड़क की मुंडेर बीस-तीस कदम के बाद अंधेरे में खो गई-सी लग रही थी। "अब काफी हो चुका यह सब," यह सोचने के साथ मैं जैसे एक निर्णायक स्थिति पर पहुँचने के लिए रुक गया। वह मुझसे दो-तीन कदम आगे जाकर रुकी।

"मैं जानती हूँ, तुमने मेरे सवाल का जवाब क्यों नहीं दिया।" वह बोली, "पर तुम रुक क्यों गए ?"

"तुम एक बात जानती हो तो दूसरी भी जानती ही होगी।" मैंने कुछ रूखे स्वर में कहा।

वह पल-भर स्थिर आँखों से मुझे देखती रही। जो मैं कहना चाहता था, वह बिना कहे उसने जान लिया है, यह उसकी आँखों में स्पष्ट था। पर इस बार वह हँसी या मुस्कराई नहीं। लौटकर मेरे पास आ गई और मेरी बाँह हाथ में लेकर चलती हुई बोली, "तुम्हें लग रहा है कि मैं तुम्हारे धीरज की परीक्षा ले रही हूँ ? लेकिन ऐसा नहीं है।"

"जो भी है," मैंने कहा, "मुझे मान लेना चाहिए कि मेरे अन्दर इस तरह बात करते रहने की और हिम्मत नहीं है। मुझे थकान महसूस हो रही है !"

"थकान या ऊब ?"

''कुछ भी समझ लो ?''

''तुम चाहते हो कि...''

''मैं कुछ भी नहीं चाहता...या सिर्फ इतना ही चाहता हूँ कि...''

''हम लोग चुपचाप लौट चलें ?''

मैंने नीम-रज़ामन्दी से सिर हिला दिया। वह हल्के से आँखें मूँदे पल-भर कुछ सोचती रही। ''कुछ देर चलकर हवाघर में बैठने का तुम्हारा मन नहीं है ?''

''नहीं।''

''यहाँ पास से कोई शार्ट-कट है स्कूल के लिए ?''

''थोड़ा आगे से है। हवाघर के सामने से।''

''तो चलो, उसी रास्ते से चलते हैं। तुम्हें भूख भी लग आई होगी।''

''तुम्हें नहीं लगी ?''

''कह नहीं सकती। कई बार मुझे पता नहीं चलता। जब तक खाना सामने नहीं आता, तब तक लगता रहता है कि बिलकुल भूख नहीं है। पर सामने आते ही ज़ोर की भूख लग आती है।''

''मेरे साथ बिलकुल इससे उलटा होता है। जब तक खाना नज़र नहीं आता, अंतड़ियाँ भूख से कुलबुलाती रहती हैं। पर खाने पर नज़र पड़ते ही उससे मन हट जाता है। स्कूल के खाने के साथ तो खासतौर से ऐसा होता है।''

''तो कहीं इसी वजह से तो तुम नौकरी छोड़कर नहीं जा रहे ?'' उसकी स्वाभाविक हँसी फिर लौट आई। हँसने पर उसका चेहरा फिर मुझे काफी सुन्दर लगा।

''इस वजह से नहीं, तो समझ लो इसी से मिलती-जुलती किसी वजह से।'' हम लोगों की आँखें कुछ देर मिली रहीं। मेरी बाँह पर उसके हाथ की पकड़ कस गई। ''चलो, मैं तुम्हारे यहाँ चलकर तुम्हें खाने के लिए कुछ बना दूँगी।''

''तुम चलोगी ?...मेरे क्वार्टर में ?...इस वक्त ?'' मेरी आवाज़ ज़रा कांप गई।

''क्यों, तुम्हें अच्छा नहीं लगेगा ?''

''मुझे अच्छा लगने की बात नहीं। लेकिन तुम जानती हो कि मेरा क्वार्टर बिलकुल अकेला नहीं है। कोहली और गिरधारीलाल उसी घर में साथ रहते हैं।''

''वे लोग अब तक सो गए होंगे।'' वह बोली, ''और जागते भी हों, तो मैं परवाह नहीं करती। उनमें से किसी का हौसला नहीं होगा कि मेरे खिलाफ जाकर शिकायत कर सके।...तुम परवाह करते हो ?''

''मैं स्कूल छोड़कर जा रहा हूँ, इसलिए मुझे तो कोई फर्क ही नहीं पड़ता।''

''पर तुम्हारी आवाज़ से लगता है कि तुम्हें फर्क पड़ता है।''

''यह तुम शायद अपनी बात से बचने के लिए कह रही हो।''

''तुम मुझे नहीं जानते, जानते होते, तो ऐसा न कहते। अगर तुम्हारे मन में

सचमुच कोई रुकावट नहीं है, तो हम सीधे यहाँ से चल सकते हैं। स्कूल से जो खाना आया होगा, उसी को मैं तुम्हें ठीक से पका दूँगी। जैसे रोज़ अपने लिए पकाती हूँ। उसके बाद कहोगे, तो तुम्हारे सुबह के कपड़े भी निकालकर रख दूँगी। तुम्हारे बटन-वटन भी लगा दूँगी। जैसा कि तुम्हारी पत्नी यहाँ होती, तो तुम्हारे लिए करती।···तुम्हें अच्छा लगेगा, अगर एक रात मैं तुम्हारे लिए यह सब कर दूँ ?''

''हाँ। पता नहीं। कह नहीं सकता।''

''क्यों ?''

''यह भी नहीं कह सकता।''

''तो इसका मतलब क्या यह नहीं कि तुम अब भी लोगों की परवाह करते हो ! नौकरी छोड़कर भी इस चीज़ से उबर नहीं पाए !''

''हो सकता है। पर मुझे ऐसा नहीं लगता।''

''तो फिर संकोच क्यों है तुम्हें ?''

''मैं शायद ठीक से समझा नहीं सकूँगा। यूँ बेकार भी है कोशिश करना। जहाँ तक उस घर का सवाल है···वहाँ की हर चीज़ का···उसके साथ बहुत कुछ जुड़ा है बीते दिनों का···इसलिए उस सबके बीच जाकर।''···

वह रुक गई। मुझे भी रुक जाना पड़ा। ''तो क्या···?'' वह मेरी आँखों में कुछ पढ़ने की कोशिश करती सीधी नज़र से मुझे देखती रही।

''मेरा ख्याल है वहाँ चलकर मुझे काफी अस्थिरता महसूस होगी। यहाँ खुली हवा में चलते जैसा महसूस हो रहा है, वैसा वहाँ महसूस नहीं होगा।''

''मैं तुमसे कुछ और पूछ रही थी।'' वह पल-भर अन्तर देकर बोली, ''तुम्हारे नौकरी छोड़ने की असल वजह कहीं···''

हमारे हाथ आपस में कस गए। मैंने उसकी बात का उत्तर नहीं दिया। एक खड़खड़ाती जीप ढलान का मोड़ मुड़कर हमारी तरफ आ रही थी। उसकी रोशनियों से आँखें चुंधिया रही थीं, इसलिए मैंने कोशिश···की कि हम लोग जल्दी से सड़क के एक तरफ हो जाएं। पर हमने जितना ही बचने की कोशिश की जीप उतना ही हमारे ऊपर को आकर पास से निकली। एक क्षण के लिए तो लगा कि ड्राइवर जान-बूझकर हमें नीचे कुचलने जा रहा है। जीप निकल गई, तो हम अचकचाए से पीछे से उसे देखते रहे।

''कोई हम लोगों का परिचित था क्या ?'' बॉनी ने पूछा।

''पता नहीं।''

''तुम्हें नहीं लगा कि उसने जान-बूझकर हमें डराने की कोशिश की है ?''

''हाँ, लगा तो कुछ ऐसा ही है। हो सकता है पिए हुए हो वह।''

''या इस वक्त अकेले ड्राइव करने से चिढ़ा हुआ हो। हम दो को साथ-साथ

सड़क पर देखकर खार खा गया हो। या वैसे ही मूड में आ गया हो। एक पल के लिए तो मुझे लगा था कि बस…"

"इस बात को दिमाग से निकाल दें। हम लोग क्या बात कर रहे थे ?"

"हां, क्या बात कर रहे थे हम लोग ?" वह अपने को सहेजने की कोशिश करती बोली, "तुम कुछ कह रहे थे शायद।"

"मैं ? नहीं तो।"

"तो मैं कुछ कह रही थी क्या ? क्या कह रही थी ?"

मैंने सोचने की कोशिश की। तुरन्त बात के उस फीते को जोड़ नहीं पाया जिसे जीप के पहिये काट गए थे। मेरी टाँगें काँप रही थीं। बॉनी भी मुश्किल से अपनी कंपकंपी को संभाले थी।

"छोड़ो उस बात को," मैंने कहा, "जो भी कह रही थी, वह उतना महत्त्वपूर्ण नहीं था।"

"मेरे ईश्वर !" बॉनी ने उंगलियाँ माथे पर रख लीं।

"क्यों, क्या हुआ ?"

"कुछ नहीं, मैं उस क्षण की ही बात सोच रही हूँ। अगर कुछ इंचों का फर्क न रहता।"

"आगे चलें क्या ?"

"अभी नहीं।"

मैंने उसके हाथ अपने हाथों में लेने चाहे तो, उसकी बाँहें उठकर मेरे कन्धों पर आ गईं। बाँहों में भींच लेने पर उसके शरीर का दुबलापन मुझे और ज़्यादा महसूस हुआ। पर वह दुबलापन चुभनेवाला दुबलापन नहीं, माँस की नरमाई लिए दुबलापन था। दो नन्हे-नन्हे चूज़े मेरी छाती से गरदन सटाए जल्दी-जल्दी साँस ले रहे थे। उनके रेशों का लचीलापन मेरी सख़्त हड्डियों से दबकर भी कम नहीं हुआ था। मेरे होंठ बॉनी के होंठों पर दबकर जैसे एक गार में अपने लिए पनाह ढूँढ़ रहे थे। मेरा एक हाथ उसके कन्धे पर कसा था और दूसरा उसके शरीर की उभरी रेखाओं को नाप रहा था।

"फ़र्ज़ करो हम लोग कुचल गए होते ?" साँस लेने का मौका मिलने पर उसने और भी साथ सटते हुए फुसफुसाकर कहा।

"तो भी कुछ इसी तरह सड़क पर पड़े होते…।"

उसने कुछ और कहना चाहा, पर कहने के लिए उसके होंठ खाली नहीं रहे। उसकी पीठ से सरकता मेरा हाथ उसकी गरदन पर आ गया। "ओह !" मेरे दाँतों से चिहुँककर उसने चेहरा पीछे हटा लिया।

"तो तुम चलना चाहोगी इस वक्त मेरे साथ मेरे यहाँ ?" मैंने उसका चेहरा

फिर अपने पास करना चाहा। पर वह अपने को पीछे कसे रही। ''अब नहीं,'' उसने जैसे एक निश्चय के साथ कहा और कोशिश करके अपने को मुझसे अलग कर लिया।

''क्यों ?''

वह चुपचाप चलने लगी। अपनी बात का उत्तर न मिलने से खिसियाना पड़कर मैं भी कुछ देर के लिए चुप हो रहा। दूर से एक और जीप की खड़खड़ाहट सुनकर हम दोनों सड़क पर अलग-अलग तरफ को हट गए। उस जीप में कई लोग थे। तीन या चार जोड़ी युवक और युवतियाँ ठसाठस भरे हुए। उन लोगों की मिली-जुली हँसी की आवाज़ एक झपाटे के साथ हमारे बीच से निकल गई।

हम लोग तिरछे कोणों से चलते हुए फिर पास आ गए। ''तुमने मेरी बात का उत्तर नहीं दिया,'' मैंने कहा।

''तुम्हारे वाला हवाघर वह सामने नहीं है ?'' उसने जैसे मेरी बात न सुनकर कुछ दूर आगे इशारा करते हुए पूछ लिया।

''हाँ, वही है वह हवाघर।''

''कुछ देर वहाँ बैठ लें ? बस जरा-सी देर ?''

''जैसा तुम चाहो।''

हवाघर सड़क के मोड़ पर था। घाटी की तरफ न होकर पहाड़ी की तरफ। कुछ ऊंचाई पर। वहाँ पहुँचकर वह मेरे साथ एक ही बेंच पर नहीं बैठी। साथ ही आड़ी बेंच पर बैठ गई। ''तुमने जो बात कही थी, वह ठीक थी।'' बेंच की पीठ पर बाँहें फैलाते हुए उसने कहा, ''मुझे अचानक फिर उसका ख्याल हो आया है।''

''किस बात का ?''

''उसी बात का जो कुछ देर पहले तुमने कही थी। अपने क्वार्टर में न चलने की।''

''पर वह बात तो मैंने···''

उसने मेरा हाथ दबाकर मुझे चुप कर दिया, ''देखो मनोज,'' वह गहराई से कुछ सोचने की तरह आँखें झपकाती बोली, ''कुछ बातें होती हैं, बहुत छोटी-छोटी, जिन्हें आदमी समझने की कभी कोशिश भी नहीं करता। पर वे छोटी-छोटी बातें ही ज़िन्दगी में ज्यादा माने रखती हैं। बहुत-सी बड़ी लगने वाली बातों से ज़्यादा महत्त्वपूर्ण होती हैं।''

उसकी उंगलियाँ बहुत ही पतली थीं। मैंने कई बार उसकी पाँचों उंगलियों को एक-एक करके मसला। फिर उसका हाथ छूट जाने दिया।

''जो बात तुमने कही थी, उसका शायद उतना ही अर्थ नहीं है जितना तुम मुझे समझाना चाहते थे।'' वह कहती रही, ''उससे कहीं ज़्यादा अर्थ मेरी समझ में

आ रहा है। मैं एक बात अपने बारे में तुमसे स्पष्ट कह देना चाहूँगी। तुम जानते ही हो कि स्कूल में मेरा नाम खासा बदनाम है। पर मैं कभी उसकी परवाह नहीं करती। यह इसलिए नहीं कि उसमें कुछ सच्चाई नहीं है, बल्कि सच कहूँ, तो इसलिए कि उसमें काफी कुछ सच्चाई है। मुझे इस बात का खब्त रहा है कि हर आदमी को थोड़ा खरोंचकर देखूँ कि उसकी अन्दरूनी सूरत बाहर की सूरत से कहाँ तक मेल खाती है। तुम मुझसे स्टाफ के किसी भी आदमी के बारे में पूछ लो। मैं तुम्हें बता सकती हूँ कि अपने अन्दर से वह आदमी उस आदमी से कितना अलग है जिसे तुम रोज़ कामन रूम में मिलते हो। टोनी व्हिसलर से लेकर डायना तक कोई भी व्यक्ति ऐसा नहीं है—बुधवानी, कोहली, गिरधारीलाल और ऐसे ही दो-तीन लोगों को छोड़कर—जिनके साथ मैंने घण्टों अकेले में बातें नहीं कीं या जिसे मैंने उसके अन्दर की सीवनों की तरफ से नहीं देखा। हर आदमी ने अपने-आप मुझे देख लेने दिया हो, ऐसा नहीं। आदमी जब अकेला होता है, तो वह भी एक वैसा ही चेहरा चढ़ाए रखने की कोशिश करता है जैसा लोगों के बीच चढ़ाए रखता है। सिर्फ वह चेहरे से काफी अलग होता है। उस आदमी की असलियत का अन्दाज़ा उस दूसरे चेहरे से नहीं, पहले का चेहरा हटाकर यह नया चेहरा लगाने की प्रक्रिया से लगाया जा सकता है। जब कोई मुझसे कहता है कि वह मुझसे कुछ भी छिपाना नहीं चाहता, तो शायद वह सबसे ज़्यादा छिपाने की कोशिश कर रहा होता है। पर एक कोशिश और दूसरी कोशिश के बीच वह सीवन कहीं सामने पड़ जाती है जिसे वह दोनों तरफ से ढंके रहना चाहता है।''

वह काफी गम्भीर हो गई थी, हालांकि उसके नुकीले चेहरे के साथ उस तरह की गम्भीरता का सम्बन्ध जोड़ना मुश्किल था। वह अपने जिस खब्त की बात कर रही थी, मुझे उसमें ज़्यादा दिलचस्पी नहीं थी। वह कितने लोगों के साथ कितना-कितना समय बिता चुकी है और इससे उसने क्या-क्या निष्कर्ष निकाले हैं इस सबकी जानकारी से ज्यादा दिलचस्प मुझे उसकी जानकारी देने की कोशिश लग रही थी। बात उसने जहाँ से शुरू की थी, उसके साथ आगे की बात का कोई सीधा सम्बन्ध मुझे नज़र नहीं आ रहा था।

''तुम खुद ही कह रही थीं न कि सब लोगों की ज़िन्दगियाँ अन्दर से एक-सी हैं'' मैंने कहा, ''हाँ, तो थोड़ी-बहुत हेर-फेर हो सकती है। मैं नहीं समझता कि बार-बार एक ही बात को जानने के लिए तुम्हें इतना तरद्दुद उठाने की ज़रूरत थी ?''

''एक-सी होने पर भी कितनी अलग-अलग तरह से एक-सी होती हैं, यह जान सकना अपने में उतनी छोटी बात नहीं है,'' वह थोड़ा चमककर बोली, ''जिन लोगों के साथ तुम दिन-रात काम करते हो, उनमें से हर एक के बारे में कुछ ऐसा भी है, अनजाना, जिसे जानकर तुम्हें सचमुच आश्चर्य हो सकता है। उदाहरण के लिए

टोनी व्हिसलर को ले सकते हो। जानते हो क्या चीज़ है जो उस आदमी को ऐसा बनाए रखती है जैसा कि वह है ? उसकी नपुंसकता। वह ज़ेन से छुटकारा चाहता हुआ भी उसकी नकेल में रहता है, क्योंकि उसे डर लगता है कि कहीं यह बात बाहर लोगों पर प्रकट न हो जाए। इसी तरह रोज़ ब्राइट है। उसे कम उम्र के लड़कों के साथ वक्त बिताने का शौक है। यही बात है जो उसके पति को एक मशीन के पुर्ज़े की तरह हर वक्त काम करते रहने के लिए मजबूर करती है। यह जानकारी मुझे उन दोनों में से किसी से नहीं, उनके हाउस के एक प्रीफेक्ट जसवन्त से मिली है। चेरी और लारा ने वैसे तो प्रेम-विवाह किया है, पर उसकी असल वजह मिसेज़ दारूवाला है जो उन दिनों चेरी के साथ अपने सम्बन्ध को लेकर बड़ी-बड़ी घोषणाएँ करने लगी थी। मॉली क्राउन मिसेज़ ज्याफ्रे की अपनी बेटी न होकर बनाई हुई बेटी है—जिस महाराजा के यहाँ वह गवर्नेस थी, उससे रुपया वसूल करने के लिए यह गर्भवती होने का स्वांग भरकर विदेश चली गई थी और वहाँ से लौटकर यहीं किसी से इसने इस लड़की को हथिया लिया था। इसी तरह पादरी बैटलिंग के कंवारे रहने का असली कारण यह है कि···''

वह बात करते-करते रुक गई। मेरे होंठों पर उभरती मुस्कराहट को उसने देख लिया था। पल-भर ठेस-खाई नज़र से मुझे देखती रहकर बोली, ''तुम्हें शायद सचमुच दिलचस्पी नहीं है। अच्छा हटाओ। उन लोगों की मैं और बात नहीं करूँगी। मैं जो कहना चाहती थी, वह यह है कि किसी भी आदमी को उसके घर की दीवारों के अन्दर देखो—वह किसी-न-किसी रूप में ज़रूर उन दीवारों की अपेक्षाओं से बंधा होगा। वह अगर अपने से बाहर उमड़ता या हाथ-पैर पटकता है, तो भी उन सीमाओं से जकड़ा रहकर। दीवारों की अपनी ही एक नैतिकता होती है। उनके बीच रहकर आदमी या तो चुपचाप उस नैतिकता का पालन करता है, या उसके प्रति एक खामोश विद्रोह—और विद्रोह की खामोशी भी उस नैतिकता के दबाव की स्वीकृति ही है। उस दबाव से आदमी अपने को मुक्त अनुभव कर सकता है केवल वहाँ जहाँ किसी भी तरह की दीवारें न हों—एक ऐसी ही अकेली खुली सड़क पर, हवा और आकाश के घेरे में। अगर इस समय यहाँ की जगह हम लोग तुम्हारे कमरे में होते, तो क्या मैं इतने खुलेपन से तुमसे बात कर सकती ? वहाँ या तो दबे स्वर में हम तुम्हारी पत्नी के विषय में बात कर रहे होते, या पड़ोसियों के अस्तित्व को नकारने के लिए गुपचुप प्यार। मेरी दिलचस्पी एक और आदमी के अन्दरूनी व्यवहार को देखने में होती और तुम्हारी···शायद एक और लड़की के साथ रात गुज़ार लेने-भर में। पर तुम्हें शायद मुझसे निराशा ही होती, क्योंकि मेरे अन्दर तुम्हें वह प्रतिक्रिया न मिलती जिसकी तुम मुझसे अपेक्षा रखते।''

वह फिर कुछ देर के लिए खामोश हो रही। अपनी बाँहें समेटकर उसने गोदी

में रख ली थीं। लकड़ी की बेंच पर उसका पूरा शरीर बहुत सिमटा-सिमटा-सा लग रहा था। जैसे कि अपनी सब गोलाइयाँ खोकर वह काफी सपाट हो गया हो। उसे देखते हुए, और दिमाग में उसकी कही बात की झनझनाहट महसूस करते हुए, मैं उस स्थिति से अपने को काफी दूर निकल आया महसूस कर रहा था जिसमें कुछ देर पहले उसके साथ चला था। क्या यही सब मुझसे कहने के लिए उसने आज की शाम साथ बिताने का प्रस्ताव किया था ? या कि मैं ही अपने व्यवहार और बातचीत से उसे उस मनःस्थिति में ले आया था ?

"तुम्हें शायद बुरा लग रहा है कि मैं एकाएक इस तरह बात क्यों करने लगी," वह अपने उड़ते बालों पर हाथ फेरती बोली, "पर शायद यह सब मैं तुमसे उतना नहीं जितना अपने से कहना चाह रही हूँ। मैं अपने लिए भी बहुत बार महसूस करती हूँ कि मैं हमेशा उस तरह खुलकर अपने को स्वीकार नहीं कर पाती जिस तरह कि करना चाहती हूँ। जहाँ तक शरीर की नैतिकता का सम्बन्ध है, उसे लेकर मेरे मन में कभी कोई कुण्ठा नहीं रही। जब सत्रह साल की थी, तभी से। मैं तुम्हारे सामने यह भी स्वीकार कर सकती हूँ कि कई-एक लोगों के साथ मेरा शारीरिक सम्बन्ध रहा ही है, हालांकि हर एक के साथ एक-सा नहीं। इन दिनों तुममें कुछ ज्यादा दिलचस्पी लेने का कारण तुम्हारा यहाँ अकेले होना भी था और यह भी कि तुम अब स्कूल छोड़कर जा रहे हो। दिन में सोचा था कि कुछ देर टहलने के बाद तुम मुझे अपने साथ घर चलने के लिए कहोगे और मैं चलकर तुमसे प्यार करती हुई तुम्हारी पत्नी का ज़िक्र छेड़-छेड़कर तुम्हें थोड़ा खिझाऊंगी। मुझे अच्छा लगता है प्यार करते समय साथ के आदमी को खिझाना। इससे उस आदमी को कैसा लग रहा है, यह मैं नहीं सोचती। पर हर आदमी के साथ अन्त में मेरी अनबन हो जाती है। ऐसा शायद मेरी ही वजह से होता है या मैं जान-बूझकर होने देती हूँ, क्योंकि मैं किसी के साथ भावनात्मक उलझन में नहीं पड़ना चाहती। दो-एक बार अगर वैसी उलझन महसूस हुई है, तो मैंने कोशिश से अपने को उससे मुक्त कर लिया है। मैं इसे एक विशेष परिस्थिति में रो पड़ने जैसी ही कमज़ोरी समझती हूँ जो कि मेरी सम्मान-भावना को ठेस पहुँचाती है। ऐसी कमज़ोरी अपने में देखकर मैं अपने को बहुत छोटी महसूस करती हूँ। मैं नहीं चाहती कि किसी भी आदमी का मुझपर इतना अधिकार हो कि मैं उसके बिना जी ही न सकूँ। गलतफहमी में मत पड़ना···तुम्हें लेकर इस तरह की किसी कमज़ोरी का तो सवाल ही नहीं है, क्योंकि तुमसे मेरा परिचय ही कितना है ? दूसरे मैं नहीं समझती कि तुम्हारे जैसा आदमी किसी भी लड़की के मन में वैसी उलझन पैदा कर सकता है। इसका भी मतलब गलत मत लेना, पर मैं अपने इन दो घण्टों के अनुभव से कह सकती हूँ कि तुम बने ही कुछ दूसरी तरह के हो। अपनी पत्नी से तुम्हारी क्यों नहीं पट सकी, इसका भी कुछ-कुछ अनुमान मैं लगा

सकती हूँ। फिर भी न जाने क्यों कुछ देर से मेरा मन कुछ और-सा हो रहा है। मैं कई बार खुद नहीं समझ पाती कि मैं दरअसल चाहती क्या हूँ। किसी एक आदमी के साथ घर बसाकर रहने की बात से मुझे शुरू से ही चिढ़ रही है। इन कुछ सालों में जो कुछ देखा है, उससे वह चिढ़ और बढ़ गई है। पर कई बार यह भी लगता है कि मेरा मन जो इतना भटकता है, उसका वास्तविक कारण मेरा अकेलापन ही है। नहीं तो क्यों मैं एक तरफ दूसरों में इतनी दिलचस्पी लेती और दूसरी तरफ उनका उपहास उड़ाती हूँ ? क्या मेरी वास्तविकता यही नहीं है कि मैं अपनी छटपटाहट को कुरेदने में ढूँढ़ती हूँ ?'' और कुछ देर वह गरदन उठाए हवाघर की छत को देखती रही। फिर आँखें नीचे लाकर बोली, ''मैं यह भी नहीं समझ पा रही कि तुमसे यह सब मैं क्यों कह रही हूँ ? क्या इसलिए कि तुम मेरे लिए और लोगों से थोड़े ज्यादा अजनबी हो···और क्योंकि अब तुम यहाँ से जा रहे हो, इसलिए मेरी कही बातें भी तुम्हारे साथ ही चली जाएँगी ? हर समय आसपास दिखाई देकर तुम मुझे उनकी याद नहीं दिला सकोगे ?···पर मुझे अफसोस है,'' उसका भाव सहसा बदल गया और उसका हाथ फिर मेरे हाथ की तरफ बढ़ आया, ''तुम ऐसी बातें सुनने के लिए मेरे साथ नहीं आए थे। तुम चाहो, तो हम लोग अब भी तुम्हारे यहाँ चल सकते हैं। घर के अन्दर पहुँचकर हो सकता है हम दोनों बिलकुल दूसरी तरह महसूस करें।''

उसने मेरा हाथ अच्छी तरह दबा दिया। कुछ पल प्रतीक्षा करने के बाद कि शायद वह कुछ और कहे, मैंने उठने की तैयारी करते हुए आहिस्ता से कहा, ''मेरा ख्याल है यहाँ से तो चला ही जाए अब।''

वह एक झटके के साथ उठ खड़ी हुई। जैसे उसे पहले से ही इस बात के कहे जाने की आशा रही हो। ''किधर से चलोगे ?'' सीढ़ियों की तरफ बढ़ते हुए उसने पूछा, ''सड़क से या बीच के छोटे रास्ते से ?''

''बीच के रास्ते से चलते हैं,'' मैंने कहा, ''सड़क का रास्ता काफी लम्बा पड़ेगा।''

''ठीक है,'' वह संभाल-संभालकर सीढ़ियों पर पैर रखती बोली, ''लम्बे रास्ते से गए, तो न जाने और क्या-क्या कहकर तुम्हें परेशान करती रहूँ !''

पगडण्डी पर आकर हम लोग घिरे हुए देवदारों के नीचे चलने लगे। सारी पगडण्डी पर भीगे हुए सड़े पत्ते और टूटे हुए बीज बिखरे थे। आसपास झाड़ियों के झुरमुट थे, ऊपर छितराई डालें। बीच-बीच में पाँव बरफ के चूते-पिघलते लोंदों पर पड़ जाते। अपने पैरों की आवाज़ के सिवा कहीं कोई आहट नहीं थी। हवा के अतिरिक्त दबाव महसूस हो रहा था केवल अपनी साँसों का। एक मिली-जुली गन्ध थी—ज़मीन की, पेड़ों की, अपने आपकी। कुछ रास्ता चल आने के बाद उसने अपनी बाँह मेरी बाँह में उलझा ली, ''तुम्हें मुझसे काफी निराशा हुई है आज। नहीं ?''

उसे जाने क्या लग रहा था कि मैं क्या सोच रहा हूँ। पर मेरे दिमाग में सिवाय

उस रास्ते को नापकर सड़क तक पहुँचने के और कोई विचार नहीं था। या कई-एक विचार थे, आपस में गुँथे हुए, जिनमें कोई एक विचार स्पष्ट नहीं था। मुझे अच्छा लगता अगर वह और बात न करती और बाकी का रास्ता हम लोग चुपचाप तय कर लेते।

"मैं कुछ दूसरी ही बात सोच रहा था।" मैंने बात को उस प्रकरण से हटा लेने के लिए कहा।

"क्या बात ?"

"जितना कुछ इतने दिनों में अपने आसपास बिखेरा है, उस सबको समेटने की। पता नहीं कितनी चीज़ें हैं जो इस बीच जमा हो गई हैं। समझ नहीं पा रहा कि उन सबका क्या करना चाहिए। दो-तीन सौ किताबें, कितनी ही क्राकरी हैं, और भी जाने क्या-क्या सामान है ज़िन्दगी ढोने का।"

वह कुछ देर चुप रही; अपनी बाँह में उलझी मेरी बाँह की प्रतिक्रियाओं से मेरे भाव का अनुमान लगाती। फिर बोली, "क्यों नहीं अपनी पत्नी को तार देकर बुला लेते ? वह आकर सब समेट देगी।"

"इस समय उसका ज़िक्र करना बहुत ज़रूरी था क्या ?" मैंने हल्की झुंझलाहट से अपने अन्दर के रुकाव को थोड़ा बह जाने दिया। बरफ का एक लोंदा रास्ता रोके था, उसे मैंने जूते की नोक से छितरा दिया।

"मैं तुम्हें छेड़ने के लिए नहीं कह रही।" वह बोली, "मेरा मतलब था कि··· तुम उसके साथ रहो या उसके बगैर, स्थितियों में क्या ज्यादा अन्तर आ सकता है ?"

मैंने कुछ उत्तर नहीं दिया। चुपचाप चलता रहा।

"क्या तुम नहीं मानते कि कुछ चीज़ों का कोई हल नहीं होता ?" वह फिर बोली, "इसलिए कुछ स्थितियों को ज्यों का त्यों रहने देना भी उतना ही बुरा या अच्छा है जितना उनसे छुटकारा पा लेना ?"

मैं फिर भी होंठ सिकोड़कर चुप रहा, तो उसने मेरा आशय भाँपकर उस बात को वहीं छोड़ दिया। कुछ देर अपनी उंगलियों से मेरी बाँह को हल्के सहलाते रहने के बाद कहा, "अकेले सारा सामान समेट लोगे अपना ?"

"देखूँगा एकाध दिन में कि क्या कर पाता हूँ। बहुत-सी चीज़ें हैं जिन्हें अपने साथ नहीं ले जा सकता। उन्हें यहीं किसी को दे दूँगा, या ऐसे ही फेंक दूँगा।"

"पर यहाँ से जा कहाँ रहे हो ? तुम्हारे रंग-ढंग से इतना तो झलकता ही है कि सीधे अपनी पत्नी के पास तुम नहीं जाओगे।"

"कह नहीं सकता। यह सोचना मैंने आखिरी दिन पर टाल रखा है। हो सकता है एक बार चला ही जाऊँ उससे मिलने। यह भी हो सकता है कि कुछ दिन दिल्ली

एक दोस्त के पास रह जाऊँ। उसने बहुत दिनों से कह रखा है। एक ख्याल कलकत्ता-शिलांग जाने का भी है। उस तरफ कभी गया नहीं, इसलिए सोचता हूँ कि क्यों न पहले कुछ दिन उस इलाके में जाकर घूम लिया जाए !''

आगे पगडण्डी काफी ऊबड़-खाबड़ थी। कई जगह इतनी खस्ता कि लगता था पैर रखते ही नीचे धँस जाएगी। मैं पहले एक ही बार उस रास्ते से गुज़रा था। पर तब मई का महीना था और समय दिन का था इसलिए दिक्कत नहीं हुई थी। उस समय अंधेरे में अपने अलावा उसे भी संभालकर ले चलना अपने में ही एक काम था। कई जगह लगा कि उतने खराब रास्ते में हमें नहीं आना चाहिए था। पर उसने शिकायत नहीं की। चुपचाप मेरी बाँह पर अपनी बाँह का भार दिए चलती रही। बातचीत का विषय भी इससे बदल गया। वह ऐसे बीहड़ रास्तों से कब-कब गुज़री है। मैं कौन-कौन से पहाड़ों पर गया हूँ। किस जगह के लोग किस तरह से रहते हैं। कौन-से ऐसे स्थान हैं जहाँ एक बार आदमी को ज़रूर जाना चाहिए। हम दोनों जानते थे कि वह सारी बातचीत उस रास्ते को लाँघ जाने का बहाना-मात्र है। पर ज्यों-ज्यों रास्ता कट रहा था, हम दोनों साथ होते और आपस में बात करते हुए भी धीरे-धीरे एक-दूसरे से अलग होते जा रहे थे—अन्दर से केवल अपने-अपने में व्यस्त।

जहाँ पगडण्डी सड़क से मिलती थी, वहाँ पहुँचने से थोड़ा पहले उसने मेरी बाँह दबाकर मुझे रोक लिया। पल-भर सीधी नज़र से मुझे देखती रही, फिर बोली, ''तुम अब भी चाहोगे मैं तुम्हारे साथ तुम्हारे क्वार्टर में चलूँ, कुछ देर के लिए ?''

''तुम्हारा मन हो तो चलो,'' मैंने कहा, ''मुझे अपनी तरफ से कुछ नहीं कहना है।''

''मैं जानती हूँ तुम्हें कैसा लग रहा है,'' उसके हाथ मेरे कन्धों पर आ गए। ''मैंने वहाँ बैठकर तुमसे जो बातें की हैं, उसके बाद मुझे शायद तुमसे पूछना भी नहीं चाहिए। पर कहीं तुम यह तो नहीं सोचोगे कि...''

''क्या ?''

''कि मैंने जान-बूझकर...''

''कम से कम यह बात नहीं सोचूँगा।''

मेरी बाँहें अपने गिर्द न कसने से उसने मेरे कन्धों को एक बार हाथों में भींचकर छोड़ दिया। ''घर जाकर खाने का क्या करोगे ?'' सड़क की तरफ चलते हुए उसने पूछा।

''वही जो रोज़ करता हूँ। थोड़ा गरम करके खा लूँगा।''

मेरे स्वर की उदासीनता से वह कुछ मुरझा गई। ''मुझे पता नहीं क्या हो गया था आज,'' उसने आँखें झपकाते हुए कहा, ''ऐसा हमेशा नहीं होता; मैं बल्कि

अपने पर मान किया करती हूँ कि मैं हमेशा खुश रह सकती हूँ और दूसरों को खुश रख सकती हूँ।''

''उस बात को जाने दो अब। कल सुबह स्कूल में मुलाकात होगी।''

सड़क पर आकर उसने फिर मेरा हाथ अपने हाथ में ले लिया। ''देखो, मुझे सचमुच अफसोस है आज के लिए।''

''कुछ समय साथ बीत गया, यही क्या काफी नहीं है ?'' पर अपना स्वर मुझे स्वयं बेढंगा लगा।

''मुझे फिर भी अफसोस है...''

''किस बात का ?''

''वह तुम भी जानते हो। मैं नहीं सोचती थी कि मेरे वह सब कहने से तुम इतने गुमसुम हो जाओगे।''

''तुम्हारी किसी बात से मैं गुमसुम नहीं हुआ। मुझे ऐसे भी कभी-कभी दौरा पड़ जाता है इस तरह का।''

''मैं जानती हूँ कि मैं वह सब न कहती, तो तुम्हें कम से कम आज की शाम इस तरह का दौरा हरगिज़ न पड़ता।''

मैंने जैसे आश्वासन देने के लिए उसकी बाँह को थपथपा दिया। ''तुम खामखाह परेशान हो रही हो। उस तरह की सचमुच कोई बात नहीं है।''

एक हल्का अन्तराल खामोशी का। फिर उसका हाथ मेरी गरदन पर आ गया, ''अच्छा, गुड नाइट !''

उसका शरीर काफी साथ सट आने से मैंने उसे हल्के से चूम लिया, ''गुड नाइट !''

वह चल दी, तो कुछ देर वही रुका मैं उसके कोट की हिलती सलवटों को दूर जाते देखता रहा। फिर अपने घर की तरफ चल दिया। पक्की सड़क के बाद कच्ची सड़क, फिर घर की पगडण्डी। उस पगडण्डी की तरफ बढ़ते हुए तीन बातें दिमाग में उभर रही थीं—डब्बे में बन्द बदज़ायका खाना, शाम को उसी रास्ते घिसटकर ऊपर को जाता अपना-आप और अपने में स्वतन्त्र महसूस कर सकने का वह दूर झिलमिलाता क्षण जो आकर भी अब तक नहीं आया था। मेरा माथा जकड़ गया था, सिर दर्द कर रहा था और लग रहा था कि जिस्म की हरारत भी कुछ-कुछ बढ़ गई है।

दरवाज़े

रात से पहले की खामोशी शाम गहराने के बाद की। झुटपुटे में रचा-बसा एक डर—न जाने किस चीज़ का। काफी देर खिड़की के पास खड़ा रहने के बाद मैं कमरे में हट आया। बाहर सब कुछ अंधेरे से पहले के सुरमईपन में डूब गया था। जो धुँधला आभास बाकी था, उसे बिलकुल मिटते देखने का मन नहीं हुआ। वह मेरी आखिरी रात थी वहाँ। एक सुबह और दोपहर और बीतनी थी, और मुझे उस घर को खाली करके चले जाना था।

अपना सामान मैंने आधा छाँट लिया था, काफी देर पहले। जो कुछ छाँटने को बाकी था, उस पर लाचारी की नज़र डालकर हर बार उसे और बाद के लिए टाल दिया था। कितना कुछ था जो शोभा के आने से पहले का छँटना रहता था—जिसे अपने कँवारेपन के दिनों से कभी बाद के लिए टालता रहा था। वे ढेरों पत्र जिन्हें कभी छाँटकर फाइलों में लगाने की बात सोचता था। तसवीरें जिनका कभी कोई एलबम नहीं बना सका था। कितनी ही चीज़ें थीं जो 'घर की सम्पत्ति थीं'—अर्थात् उस घर की जिससे मेरा सम्बन्ध वहाँ पैदा होने के नाते था। माँ और पिता के गुज़रने के बाद वह सब कुछ मौसी के यहाँ धरोहर के रूप में रखा रहा था। वे उस बार आई थीं, तो एक-एक चीज़ गिनकर सब कुछ मुझे सौंप गई थीं। एक बड़ा ट्रंक जिसमें पुराने ज़माने के बरतनों से लेकर आधे कढ़े मेज़पोशों तक दसियों तरह का सामान भरा था। मौसी जब सब चीज़ें मुझे गिना रही थीं, तो मैं उन्हें गिनने की जगह उनके वापस ट्रंक में बन्द होने की राह देख रहा था। वे बार-बार कहती थीं कि वे दोनों लड़कियों को साथ लेकर मेरे पास पहाड़ की सैर के लिए नहीं आईं, मेरी अमानत सुरक्षित रूप से मेरे पास पहुँचाने के लिए ही आई हैं। मुझे कुछ हद तक इस पर विश्वास भी था क्योंकि अपना पुराना मकान बेच देने के बाद उनके पास फालतू चीज़ें रखने के लिए जगह नहीं रही थी। बेचारी राजो मौसी ! वह सामान जिसकी कीमत कुल मिलाकर दो सौ रुपया भी नहीं थी, वह चौदह साल मेरे पैर जमने के इन्तज़ार में भरत की तरह अपनी रखवाली में रखे रही थीं। उसके बाद तीन आदमियों के आने-जाने का डेढ़ सौ रुपया भाड़ा भरके उसे मेरे पास पहुँचाने आई थीं। मुझे उनमें से किसी चीज़ की ज़रूरत नहीं है, मेरे यह लिखने का उन पर कुछ असर नहीं हुआ था। वे सब चीज़ें उनकी बहन जिस तरह सौंप गई थी, उसी तरह, ज्यों का त्यों, उन्हें मेरे सुपुर्द कर देना उनका नैतिक कर्तव्य था। अपने लिए वह उनमें से एक कपड़े का टुकड़ा भी नहीं रख सकती थीं। बाद में एक बार और शोभा ने उस ट्रंक को खोलकर उसमें झाँका-भर था। शोभा ने तो पुराने सामान

की गन्ध से ही नाक-भौं सिकोड़ ली थीं। मैं कोशिश करके आँखों में थोड़ी भावना ले आया था जो ज़्यादा शोभा को चिढ़ाने के लिए ही थी। उसके बाद फिर कभी उसे खोलने की नौबत नहीं आई थी। वह ट्रंक अछूत की तरह गुसलखानें में एक तरफ पड़ा मैले कपड़े जमा करने की मेज का काम देता रहा था। सुबह उसे खोलकर मैंने उसका सब सामान बाहर फैला दिया था। एक चाय-सेट को छोड़कर और कुछ भी नहीं था जिसे काम में लाया जा सकता—पर वह जापानी चाय-सेट भी, जिसकी दूधदानी का हत्था टूट गया था मेरे लिए एक समस्या बन रहा था। उस सेट के अलावा शोभा के दिनों भी बहुत-सी प्लेटें-प्यालियाँ थीं जिन पर इस बीच धूल की परतें जम गई थीं। छह नये गिलास जो शोभा किन्हीं खास-खास अवसरों पर इस्तेमाल करने के लिए लाई थी, बिना एक बार भी इस्तेमाल हुए फूस की कतरनों समेत एक गत्ते के डब्बे में बन्द थे। शोभा जिस दिन ज़रा खुश होती थी, या ज्यादा परेशान होती थी, उस दिन कुछ न कुछ नया खरीद लाती थी। इसी तरह का उसका खरीदा एक आबनूस का टेबल-लैम्प था जिसमें एक बार भी बल्ब नहीं लगा था। एक पूरा सेट डाइनिंग टेबल पर बिछाने की चटाइयों का था जिनके लिए डाइनिंग टेबल खरीदने की योजना बनने के दूसरे ही दिन रद्द हो गई थी क्योंकि बीच की रात को मुझे 'चपर्-चपर्' की आवाज़ के साथ खाना खाते देखकर उसे उस विचार से ही वितृष्णा हो गई थी। कुछ चीज़ें थीं जो शोभा के जाने के बाद मैं अकेले जी सकने के गुमान में खरीद लाया था। बिजली की केतली, इस्तरी, स्टोव, टोस्टर और फ्राइंग पैन। उनमें से स्टोव को छोड़कर और किसी चीज़ का प्लग लगाने तक का मुझे उत्साह नहीं हुआ था।

जो आधा काम तब तक किया था वह था कपड़े-किताबें छाँट लेने का। बहुत-से कपड़े ऐसे थे जो या तो छोटे हो गए थे या कहीं न कहीं से फट रहे थे। उन्हें अलग करके काम लायक कपड़ों को एक बक्से में बन्द कर लिया था। जूता एक भी काम का नहीं था। पर जिस एक के तस्मे ठीक थे, उसे पहनकर बाकी को गुसलखाने के पीछे की गैलरी में डाल आया था जिससे जमादार को उन्हें ले जाने के लिए मुझसे पूछना न पड़े। किताबों में से जो फट गई थीं, उन्हें छोड़कर बाकी को एक बण्डल में बाँध लिया था, हालांकि जो छोड़ दी थीं, उनमें से भी कुछेक अब तक पढ़ी नहीं जा सकी थीं।

खट् खट्र खट्र खट्...शायद अपने कमरे में टहल रही थी। जान-बूझकर पांव घसीटती हुई। या शायद सचमुच उससे ठीक से चला नहीं जा रहा था। मुझे लग रहा था जैसे वह आवाज़ ज्यादा मुझे सुनाने के लिए ही हो। थोड़ी देर पहले जो उधर से उसकी 'उँह-उँह, ओह-ओह' सुनाई दे रही थी, उसका भी मुझे कुछ वैसा ही मतलब लग रहा था। अपने आसपास के सामान को लेकर मैं जिस हताश स्थिति

में था, उसमें कोई मुझे देखे नहीं, इसलिए मैंने अपनी चटखनी अन्दर से लगा रखी थी। फिर भी चीज़ों के उठाने, रखने, घसीटने-पटकने की आवाज़ें, इधर से उधर जा रही थीं। जब भी मेरे कमरे में कुछ ज्यादा ऊँची आवाज़ होती, उधर की 'उँह-उँह, ओह-ओह' पहले से बढ़ जाती। पहले कुछ देर जैसे वह आवाज़ कम्बल से ढँकी रही थी, फिर कम्बल से बाहर आ गई थी। जब मैं खिड़की के पास चला गया, तो वह आवाज़ मद्धिम पड़ते-पड़ते बिलकुल रुक गई। कुछ देर बाद दबे-दबे रोने की आवाज़ आने लगी जिससे मुझे लगा जैसे स्याही में डूबता बाहर का पूरा दृश्यपट ही हल्के-हल्के कराह रहा हो। मेरे खिड़की से हटने तक उस आवाज़ की जगह इस 'खट् खटर् खटर् खट्' ने ले ली थी।

शायद अपने कमरे में अकेली थी। उसके अकेली होने पर इस तरह की आवाज़ें उस कमरे से बहुत कम सुनाई देती थीं। पर दोपहर को उसमें और कोहली में जो झगड़ा हुआ था, यह उसकी शिकायत थी, जिसे कोहली के वापस घर आने तक चलते रहना था। बात मामूली-सी थी। पर शायद उतनी मामूली नहीं भी थी। कोहली की स्कूल में पूरे दिन की ड्यूटी थी—आखिरी ड्यूटी—जिसके कारण रात के साढ़े आठ, नौ तक उसके घर लौटने की सम्भावना नहीं थी। पर एक बजे लड़कों को दोपहर का खाना खिलाकर वह न जाने किस वजह से थोड़ी देर के लिए घर चला आया था। मैंने अपने कपड़ों को कीलों से उतारना शुरू ही किया था जब उधर ताबड़तोड़ शारदा की पिटाई होने लगी थी। पिटाई उसकी कोहली पहले भी करता था, पर वक्त देखकर। रात को सबके सो जाने के बाद। मेरी तरफ से भी निश्चिन्त होकर कि या तो मैं घर पर नहीं हूँ, या उस वक्त तक मेरे जगे होने की सम्भावना नहीं है। हाथ भी इतने ज़ोर से नहीं लगाता था कि वह चीखकर अड़ोस-पड़ोस को जगा दे। फिर भी गिरधारीलाल की बीवी को इसका पता चल ही जाता था और वह हैरानी से मुझसे पूछती थी, "आप साथ के कमरे में सोते हैं, आपको पता नहीं चलता ?" मुझे अगर पता चलता भी था, तो मैं यह जानकारी अपने तक पहुँचाने का श्रेय उसी को दे देता था। इससे अपनी नज़र में उसका महत्त्व काफी बढ़ जाता था जिससे वह मेरी ज्यादा कद्र करती थी। पर कोहली से हममें से कोई भी इस विषय में बात नहीं करता था। हमें पता था कि शारदा के आने के बाद से उसकी ज़िन्दगी का हिसाब कई तरह से गड़बड़ाया रहता है। और तो और बेचारे की उम्र तक का हिसाब और कुछ ठीक नहीं रहा था। मैट्रिक्युलेशन सर्टिफिकेट के हिसाब से उसकी उम्र तैंतालीस साल की थी, पर अब वह शारदा की उम्र उन्नीस साल बताकर उसका और अपना फर्क चौदह साल का बताता था। बीच के दस साल क्या हुए, यह पूछ कर उसका मन खराब करना ठीक नहीं लगता था। यूं शारदा की शक्ल भी ऐसी ही थी कि उसकी उम्र का सही अन्दाज़ा नहीं होता था। वह

उन्नीस की भी हो सकती थी और उनतीस की भी। बहरहाल उन्नीस और तैंतालीस के बीच कहीं दस साल का घपला था। इसके अलावा भी कई तरह का घपला था। कोहली के पुराने सूट नये सिरे से कटने और रंगने के बाद बहुत जल्दी यहां-वहां से चिन्दी होने लगे थे। फिर भी शुरू के दिनों में कोहली ने शारदा को बहुत संभाला था। खाना बनाने के लिए घर में नौकर रख लिया था और शारदा को नई साड़ी पहनाकर रोज़ शाम को साथ घुमाने ले जाता था हालांकि शारदा सड़क पर उससे हटकर चलना ही पसन्द करती थी। रात को भी कोहली देर-देर तक उसकी वजह से जगा रहता था क्योंकि शारदा को बत्ती बुझी रहने पर अंधेरे से डर लगता था और जली रहने पर नींद नहीं आती थी। वह रात को कितनी-कितनी बार उठकर गुसलखाने में जाती थी जिसके लिए हर बार कोहली को खुद उठकर बत्ती जलानी पड़ती थी। अंधेरे में शारदा पलंग से नीचे पांव तक नहीं रख पाती थी। उसे लगता था कि कमरे में कोई चल-फिर रहा है जो उसके पलंग से उतरते ही उसे दबोच लेगा। बत्ती जल जाने पर वह आदमी न जाने कहाँ जा छिपता था। पर अंधेरे में न सिर्फ शारदा को उसके पैरों की आवाज़ सुनाई देती थी, वह उसे चलते-फिरते देख भी सकती थी। कोहली के यह समझाने का कुछ असर नहीं होता था कि कमरे की चटखनी अन्दर से बन्द है, इसलिए कोई बाहर से वहां नहीं आ सकता। शारदा फिर भी कहती रहती थी, "मैंने उसे अभी अपनी आँखों से देखा है। गले में लाल रंग की कमीज़ थी और नीचे काले रंग की पैंट। बत्ती जलने से पहले वह वहाँ दरवाज़े के पास खड़ा था।" धीरे-धीरे कोहली ने बहस करना छोड़ दिया था। रात को अधजगा रहने से उन दिनों उसे क्लास में नींद आने लगती थी। लोग मज़ाक करते थे, "क्या बात है कोहली ? नई शादी की है, इसका यह मतलब तो नहीं कि रात-रात भर सोओ नहीं। अगर इतना ही प्यार है तो महीने, दो महीने की छुट्टी लेकर उसे कहीं बाहर ले जाओ। इस पर कोहली के चेहरे के दो रंग हो जाते थे। ऊपर से वह हँसने की कोशिश करता था, पर साथ उसके आँखें नीचे को झुकी जाती थीं। वह बहुत गम्भीर होकर अलग-अलग से हर एक से कहता था, "मुझे आजकल इन्सोम्निया की शिकायत है। एलोपैथिक की दवाई मुझे रास नहीं आती। छुट्टियों में नीचे जाकर होमियोपैथिक इलाज करूँगा।" पर इस बात को लेकर दूसरी तरह से टिप्पणी होने लगी थी। वह जब भी किसी को अकेला खामोश और उदास नज़र आता, तो हल्के-से आँख दबाकर उससे पूछ लिया जाता, "तुम्हारा होम्योपैथिक इलाज कब से शुरू हो रहा है, कोहली ?" आखिर हारकर उसने यह कहना भी छोड़ दिया था। जब उसकी ज्यादा खिंचाई की जाने लगती, तो आँखें छत की तरफ उठाए वह चुपचाप खांसकर रह जाता था।

कुछ महीने इस तरह निकाल लेने के बाद अपने इस दूसरे विवाहित जीवन

के दूसरे दौर में कोहली के पुरुषत्व ने विद्रोह करना शुरू कर दिया था। उसने ताकीद कर दी थी कि रात-भर कमरे की बत्ती बुझाई नहीं जाएगी। शारदा के साथ घूमने जाना बन्द कर दिया था। नौकर को निकाल दिया था। और गाली-गलौज से शुरुआत करके थप्पड़ के इस्तेमाल तक उतर आया था। इनमें से जिस चीज़ ने शारदा को सबसे ज्यादा तकलीफ पहुँचाई थी, वह था नौकर का निकाल दिया जाना। इससे उसका एकमात्र सुख–दोपहर को बिस्तर में लेटे हुए भूपतसिंह को आवाज़ देकर खाना वहीं मँगवा लेना–उससे छिन गया था। जब कोहली ने उससे शादी की, तो अपनी आमदनी का हिसाब, मकान, खाना, ट्यूशनें और यूनिवर्सिटी के पर्चे, सब गिनकर बताया था। अपनी बैंक की पास-बुक भी दिखाई थी जिसमें दस हज़ार रुपये जमा था। पर उससे खटपट बढ़ने के बाद वह चिल्लाकर कहने लगा था, "दो सौ रुपये तनखाह में मैं नौकर नहीं रख सकता। आसपास और किसके यहां है नौकर ? इतनी तनखाह में रोटी का ही गुज़ारा नहीं होता, नौकर कौन रख सकता है ?" इधर इसमें एक और वाक्य जुड़ने लगा था, "पता नहीं यह नौकरी भी रहती है या नहीं !"

भूपतसिंह आदमी भी कुछ अजीब तरह का था। शरीर दुबला-पतला पर चेहरा काफी चौड़ा। आँखें खामोश शत्रुता के भाव से हर एक को देखती हुईं। सुबह से लेकर रात तक काम करता हुआ भी काफी सुस्त। काम से फुरसत मिलते ही ज़ीने में बिछकर पड़ जाने वाला। न डांट-डपट का कोई असर, न प्रशंसा का। कड़ी-से कड़ी सरदी में भी गला छाती तक खुला। वह जब तक कोहली के पास था, मैंने कभी उसे बात करते नहीं सुना। न घर में, न घर से बाहर। नौकरी छूटने के बाद भी वह वहीं आसपास मंडराता नज़र आता था। या तो उसे दूसरी नौकरी मिली नहीं थी, या उसने की ही नहीं थी। कोहली को वह सड़क पर कहीं खड़ा मिल जाता, तो कोहली की भौंहें तन जातीं। भूपतसिंह कोहली को देखकर भी न देखता। आसपास की झाड़ियों-टहनियों में आँखें उलझाए रहता। कोहली ऐसे जबड़े सख्त किए उसके पास से गुज़रता था, जैसे बस चले तो उठाकर खड्ड में फेंक दे। पर भूपतसिंह शायद गला उघाड़े ही इसलिए रहता था कि दूसरे को उसकी सख्त हड्डी का अन्दाज़ा हो जाए। कोहली उसे देखकर बिना मुँह खोले बड़बड़ाता पास से निकल जाता था।

उस दिन दोपहर की लड़ाई भूपतसिंह की वजह से ही हुई थी। कोहली को घर आने पर वह अपने कमरे में बैठा दिखाई दे गया था। गनीमत थी कि शारदा उस वक्त गुसलखाने में थी और कोहली को एकाध सवाल पूछने के बाद चुपचाप उसे बाहर कर देने का मौका मिल गया था। भूपतसिंह फिर से अपने को उस नौकरी पर बहाल कराने आया था ताकि छुट्टियों में उनके साथ नीचे जा सके–उसने कहा भी कि दस रुपये कम तनखाह पर बीबीजी ने उसे रखने की हामी भर दी है–पर कोहली ने सीधे उसे ज़ीने का रास्ता दिखा दिया। भूपतसिंह के जाने के बाद शारदा बहुत देर तक गुसलखाने से नहीं निकली। अब निकली, तो कोहली उस पर गरजने

के लिए तैयार बैठा था। "यह आदमी क्या कर रहा था यहां ?" से शुरू करके पन्द्रह-बीस मिनट में ही उसने वह तमाशा खड़ा कर दिया कि नीचे से रत्ना को बीच-बचाव के लिए आना पड़ा। कोहली को ड्यूटी के लिए वापस स्कूल जाना न होता, तो शायद बखेड़ा ज्यादा देर चलता। रत्ना ने किसी तरह उसे ज़ीने से नीचे तक पहुँचा दिया जहां से गिरधारीलाल उसे संभालकर साथ ले गया।

खट्‌ खटर्‌ खटर्‌ खट्‌...उधर से शारदा फर्श को काट रही थी, इधर से मैं—पलंगों को एक तरफ घसीटकर सब चीज़ों को कमरे के बीचोंबीच लाकर पटकता हुआ। दोनों तरफ के दरवाज़े बन्द रहने पर भी जैसे हम लोगों में एक तरह की बातचीत चल रही थी। वह अपनी 'खटर्‌-'खटर्‌, से मेरा ध्यान अपनी तरफ दिलाना चाहती थी और मैं अपनी धम-धपक से उस पर प्रकट करना चाहता था कि मेरी अपनी ही उलझन इतनी है कि मेरे पास और किसी के लिए समय नहीं है। सब चीज़ों को एक जगह जमा कर लेने का खब्त मुझे क्यों सवार हुआ था, कह नहीं सकता। उससे चीज़ें व्यवस्थित होने की जगह और भी उलझती जा रही थीं। जगह इतनी नहीं थी कि उन्हें अलग-अलग हिस्सों में बाँटकर रखा जा सकता। जहां पहले वे दस अलग-अलग समस्याओं की शक्ल में थीं, वहाँ अब एक ही बड़ी-सी समस्या का रूप धारण कर रही थीं। फिर भी ज्यों-ज्यों अम्बार बड़ा हो रहा था, मुझे लग रहा था जैसे कोई चीज़ मेरे लिए आसान होती जा रही हो। मुझे अगर उन सब चीज़ों से अपने को मुक्त करना था, तो अब एक ही झटके में कर सकता था। बरामदे से कमरे और कमरे से गुसलखाने में जाते हुए दस बार सोचने की ज़रूरत नहीं थी कि किस चीज़ का क्या करना चाहिए।

अलमोनियम के उन फूलदानों को, जो शोभा ने शादी से चार-पाँच दिन पहले मुझे खरीदकर दिए थे और जिनकी बाद में हम दोनों में से किसी को याद नहीं रही थी, उस ढेर में रखते हुए मैंने साथ के कमरे की चटखनी खुलने और खड़ाऊँ की खटर्‌-खटर्‌ के अपने दरवाज़े तक आने की आवाज़ सुनी। कुछ पल दोनों तरफ प्रतीक्षा की खामोशी रही। फिर शारदा ने हल्के से दरवाज़ा खटखटा दिया। मैंने मुँह और आँखें सिकोड़कर अपनी झुँझलाहट को थोड़ा कम किया और दरवाज़ा खोल दिया। शारदा बहुत बिखरे ढंग से बाहर खड़ी थी। साड़ी पेटीकोट से तीन-तीन इंच ऊँची। सिर के बाल जैसे धुनकी से धुने गए। ब्लाउज़, ब्रेसियर और शरीर—तीनों का कसाव अलग-अलग। आँखें आक्रोश से भरकर अपने हाल पर रहम खाती हुईं। "कहिए," मैंने बहुत शिष्टता के साथ कहा। ऐसे जैसे दोपहर की घटना का मुझे बिलकुल पता ही न हो।

"क्या बजा है अब ?" उसने पल-भर सीधे मुझे देखते रहने के बाद एक नज़र अन्दर के सामान पर डाल ली।

"सात बीस। नहीं, उन्नीस" मैंने घड़ी देखते हुए इस तरह कहा जैसे एकाध

मिनट के फर्क पर किसी चीज़ का बनना-बिगड़ना निर्भर हो।

"इनकी ड्यूटी कितने बजे तक रहेगी ?"

"आठ बजे तक। लेकिन लौटने में साढ़े आठ, नौ बज सकते हैं।" वह पल-भर रुकी रही। शायद कुछ और कहना या पूछना चाहती थी। पर मेरे ठण्डे लहज़े को देखकर वह बात ज़बान पर नहीं ला पाई। आहिस्ता से आँखें झपकाकर अपने कमरे की तरफ मुड़ गई। मैंने इस बार दरवाज़ा भिड़ाकर चटखनी नहीं लगाई। अपने सामान के पास आकर इस तरह खड़ा हो गया जैसे वह सब भी शारदा के अस्तव्यस्त व्यक्तित्व जैसा ही कुछ हो, जिससे शिष्टतापूर्वक दो शब्द कहकर अपने को उससे अलग किया जा सकता हो।

आध-पौन घण्टा और उसी तरह बीत गया। उन सब चीज़ों से अलग हटकर उनके बारे में सोचते हुए। क्या यह उचित था कि उन्हें वहीं बैरों-चपरासियों में बाँट दिया जाए ? या कि बड़े बक्से में जितना सामान आ सके उसे पार्सल से शोभा के पास भेज देना ज्यादा ठीक था ? इतना निश्चित था कि अपने लिए मुझे उससे ज्यादा सामान नहीं रखना था जितना जहाँ कहीं भी साथ ले जाया जा सके। अपने आगे के कार्यक्रम के बारे में बहुत तरह से सोचकर भी मैं इससे ज्यादा कुछ तय नहीं कर पाया था कि जब तक स्कूल से मिले पैसे साथ देंगे, तब तक मुझे किसी एक जगह नहीं रहना है—उस शुरुआत से पहले एक बार शोभा से मिल लेना चाहिए या नहीं, इसका कुछ निश्चय नहीं कर पाया था। एक बात मन में आती थी कि सामान शोभा के सुपुर्द करने के बहाने एक बार वहाँ जाया जा सकता है। इससे उसे इस बात की शिकायत नहीं रहेगी कि मैंने अपने निर्णय के सम्बन्ध में उससे एक बार बात भी नहीं की ! पर वहाँ जाने में सबसे बड़ी बाधा थी उस घर के लोग जिनके सामने चेहरा बनाए रखने के लिए किसी दूसरी तरह की शुरुआत में उलझ जाना पड़ सकता था। 'मुझे जिन चीज़ों से अपने को मुक्त करना है, वे बाद में किसके पास रहती हैं, या उनका क्या होता है, इसकी चिन्ता मैं क्यों कर रहा हूँ ?" मैंने अपने से कहा और कुछ क्षणों के लिए जैसे सचमुच उस सबसे उबर लिया। परन्तु कमरा पार करते हुए फिर अपने को उन सब चीज़ों से घिरे हुए पाया—फिर से उसी चिन्ता से परेशान कि आखिर उस सबके बारे में अन्तिम निर्णय क्या रहा—उसे शोभा के पास भेज देने का, साथ ले जाने का, लोगों में बाँट देने का, या उसी तरह वहीं पड़ा छोड़ जाने का ?

अंधेरा हो जाने से बाहर का दृश्यपट बिलकुल बुझ गया था। दोनों सोफा-चेयर जिन पर शोभा और मैं आमने-सामने बैठा करते थे, खाली पड़े एक-दूसरे को तक रहे थे। मेज़ मैंने साफ कर दी थी। सिवाय स्याही के कुछ निशानों के मेरे वहाँ बीते दिनों का कुछ भी आभास उससे नहीं मिलता था। वह उस समय उतनी ही खस्ता और नंगी थी जितनी उस दिन जिस दिन पहली बार वहाँ आने पर मॉली क्राउन

ने कमरे का सामान मुझे दिखाया था। मैं यह भी नहीं कह सकता था कि वे निशान मेरे ही दिनों के थे। उनमें से कुछेक पहले के भी हो सकते थे। ''हम इसे पेंट करा देंगे,'' पहले दिन मॉली क्राउन ने कहा था। पर तब से अब तक उसके पेंट होने की नौबत नहीं आई थी। 'मेरे बाद में आने वाले आदमी से भी शायद वह यही कहेगी' मैंने सोचा, 'और वह भी कुछ साल मेरी तरह एक आशा और भरोसे में काट देगा।'

करने को बहुत कुछ था, फिर भी मुझे कुछ भी करने को नहीं सूझ रहा था। खाने का डिब्बा स्कूल से आ गया था। पर ज्यादा से ज्यादा देर मन को उससे परे रखकर मैं उसके प्रति अपनी उपेक्षा प्रकट कर लेना चाहता था। 'आज आखिरी बार होगा जब मैं यह सड़ा हुआ खाना खाऊँगा,' इस दिलासे से मैंने स्टोव पर उसे गरम करने का इरादा भी छोड़ दिया था। 'जाते हुए इसकी असलियत को याद रखने के लिए इसे ठण्डा ही खाना चाहिए,' यह जैसे मैंने अपने से नहीं, खाने के उस डिब्बे से कहा था जो क्षमा-याचना की स्थिति में एक तरफ पड़ा अपनी और स्कूल की तरफ से मेरे सामने लज्जित हो रहा था।

खट्-खट्-खट्...दरवाज़े पर फिर से दस्तक सुनकर मैंने किवाड़ खोल दिए। इस बार भी शारदा ही थी ''अभी नौ नहीं बजे ?'' उसने मुझे देखकर कुछ सकपकाहट के साथ पूछ लिया।

''नहीं। अभी आठ दस हुए हैं।''

''कुल आठ दस ?'' उसे जैसे मेरी घड़ी पर विश्वास नहीं आया।

''मेरी घड़ी में एकाध मिनट से ज़्यादा का फर्क नहीं हो सकता।''

वह इस बार आँखें झपकाकर लौटी नहीं; उसी तरह खड़ी रही।

''आज ड्यूटी का आखिरी दिन है, इसलिए हो सकता है कोहली को लौटने में थोड़ा और समय लग जाए।'' कुछ पल प्रतीक्षा करने के बाद मैंने फिर कहा।

उसके चेहरे पर निराशा का भाव नहीं आया। उसने जैसे आँखों से कहना चाहा कि यह बात वह पहले से जानती है।

''आप घर बिलकुल खाली करके जा रहे हैं ?'' थोड़े और वक्फे के बाद वह बात को दूसरे विषय पर ले आई।

मैंने आँखें झपकाकर सिर हिला दिया।

''सारा सामान साथ ले जाएंगे ?''

''कुछ ले जाऊँगा, कुछ यहीं छोड़ जाऊँगा।''

''यहाँ क्यों छोड़ जाएँगे ?''

मुझे कुछ अटपटा लगा। इतनी बात उसने मुझसे कभी नहीं की थी। ''बहुत-सी चीज़ें हैं जिनकी ज़रूरत नहीं पड़ेगी।'' मैंने बात छोटी करने के लिए कहा।

''मैं तो सोच रही हूँ कि अपना सारा सामान ले जाऊँगी।'' कहते हुए जैसे

मेरे सामान पर ठीक से नज़र डालने के लिए वह दहलीज लाँघ आई।

मैंने जान बूझकर उसकी बात का वह मतलब नहीं लिया। कहा, "कोहली ने तो ऐसा कुछ नहीं बताया।"

"उन्हें भी अभी पता नहीं है।" वह कमरे में इस तरह नज़र दौड़ाती बोली, जैसे यहाँ की हर चीज़ की अपने घर की चीज़ों से तुलना कर रही हो। "मैं अब आने पर उन्हें बताऊँगी। मैं इस आदमी के साथ और नहीं रह सकती।"

उसकी आँखें मुझसे मिल गईं। मेरी प्रतिक्रिया जानने के लिए, या वैसे ही। कुछ और ही तरह की थीं उसकी आँखें। जैसे शीशे की बनी। अपनी चमक के बावजूद निर्जीव। मैं अपने सामान की तरफ देखता हुआ चेहरे पर व्यस्त भाव ले आया। उस भाव का अर्थ यह भी था कि मुझे इससे कुछ भी फर्क नहीं पड़ता कि तुम उस आदमी के साथ ज़िन्दगी भर रहती हो या आज ही उसे छोड़कर चली जाती हो। मेरे लिए इससे, बल्कि तुम्हारे समूचे अस्तित्व से ज्यादा महत्त्वपूर्ण यह चीज़ है कि मुझे सोने से पहले क्या-क्या करना और क्या-क्या समेटना है। इसलिए तुम्हारा इस वक्त यहां होना मेरे लिए एक खामखाह की उलझन है, जिसे टालने के लिए मुझे जल्दी से सोचना है कि मुझे क्या ऐसा सोचना चाहिए जिससे तुम बिना ज्यादा सवाल किए अपने कमरे में वापिस चली जाओ। पर सामान से मुझे पहले ही इतनी घिन हो रही थी कि ज्यादा देर मैं उन चीज़ों पर आँखें नहीं टिकाए रह सका। मेरी आँखें फिर उसकी तरफ मुड़ीं तो वह उसी तरह मुझे देख रही थी। चेहरे पर वही ढीला भाव जो उसके लेसदार पेटीकोट और उखड़ी हुकों वाले ब्लाउज़ में था। नाम के लिए उसने कन्धे पर शाल ले रखा था। पर वह इस तरह अलग से झूल रहा था जैसे कन्धा एक खूँटी हो जो उसे लटका रखने के काम आती हो। ब्लाउज़ यूँ तो सफेद था, पर गले से लेकर नीचे तक खुलने वाले पूरे हिस्से पर मैल की लकीर थी—वैसी ही लकीर अन्दर से दिखाई देते ब्रेसियर के सिरों पर भी थी। लगता था कि वह स्त्री न तो हफ्ता-हफ्ता भर नहाती है और न ही अन्दर से कपड़े बदलती है। ब्रेसियर में कसे, फिर भी ठीक से न कस पाए, माँस-पिण्डों की खुश्की भी इस चीज़ की साक्षी थी। 'कोहली ने दिन में इसे बुरी तरह पीट दिया था, उसके बाद तो कम-से-कम एक बार इसे नहा ही लेना चाहिए था,' मैंने सोचा, 'पर उसके लिए शायद हर चीज़ नहाने से बचने का बहाना बन जाती थी।'

"आप जाकर बहनजी से मिलें, तो उन्हें भी बता दीजिएगा," वह मुझसे उत्तर न पाकर बोली, "उनसे तो मैं पहले भी कहा करती थी, मेरा इस आदमी के साथ गुज़ारा नहीं है। मेरे माँ-बाप ने पता नहीं क्या देखकर मुझे इसके साथ ब्याह दिया। यह भी कोई आदमी है जिसके साथ एक लड़की ज़िन्दगी काट सके ! मेरी अभी उम्र ही क्या है ! जब शादी हुई, तब मैं पूरे उन्नीस की भी नहीं थी। मेरे माँ-बाप ने इतने दिन दौड़-धूप करके मेरे लिए ढूंढा भी तो यह आदमी ! मुझे उन पर तरस

आता है कि अब नये सिरे से उन्हें मेरे लिए सब कुछ करना पड़ेगा। बेचारों ने पहले ही गरीबी में मुश्किल से ब्याह का खर्च उठाया था। अब दूसरी बार पता नहीं कहाँ से जुगाड़ करेंगे। पर मैंने सोच लिया है, मुझे चाहे सारी उम्र कुंवारी रहना पड़े, मैं इस आदमी के साथ और एक दिन भी नहीं रहूँगी। इसीलिए अपना सारा सामान मैं साथ ले जा रही हूँ। बिलकुल नया सामान है सारा। यहाँ इसके पास मैं किसलिए छोड़ जाऊँ ? मुझे तो फिर भी कोई न कोई मिल ही जाएगा, इसे कोई मेहरी-चमारी भी नहीं मिलने की घर बसाने को। घर उसका बस सकता है जो और कुछ न हो, आदमी तो हो। यह तो आदमी ही नहीं है। इसका घर क्या बसेगा ?''

वह बात करती हुई अपने गले की हड्डी को सहला रही थी। उसके नाखून बड़े-बड़े थे—बगैर किसी कोशिश या तराश के बढ़े हुए। उंगलियां पूरे शरीर की तरह गठी हुई और बेतरतीब। मुझे कोहली पर गुस्सा आ रहा था। उसे उस औरत से शादी करना क्यों इतना ज़रूरी लगा था ? और लगा ही था, तो क्या आज के दिन ही उसे उसकी पिटाई करनी थी जिससे मेरे जाने से पहले मेरे कमरे में आकर वह मुझे अपने बेढंगेपन से दो-चार होने का नायाब मौका बख्श दे ?

''मेरा ख्याल है आपको अभी कुछ देर आराम करना चाहिए,'' मैंने कहा। ''और जो भी फैसला करना हो, ठीक से सोच-समझकर करना चाहिए ताकि···''

''मैंने सब सोच-समझ लिया है जी,'' अब उसकी उंगलियाँ उसी हिस्से को खुजलाने लगीं। ''इतने दिन इसके साथ रह लेने के बाद भी अभी सोचना-समझना बाकी है ? आप अगर देखें न कैसे इसने मेरी हड्डी-पसली एक की है आज, तो आप ज़बान पर भी न लाएँ यह बात।''

''खैर, आप ज़्यादा जानती हैं आपके लिए क्या ठीक है···'' मुझे डर लगा कि कहीं वह सचमुच ही मुझे अपनी हड्डी-पसली न दिखाने लगे। ''···मैं तो आपसे इसलिए कह रहा था कि···''

''मुझे पता है आप किसलिए कह रहे हैं,'' उसके स्वर में और आत्मीयता भर आई। ''आप मेरा भला चाहते हैं और भला चाहने वाला हर आदमी यही कहेगा कि अगर किसी तरह निभ सकती हो, तो एक औरत को निभा लेनी चाहिए। मैं खुद शोभा बहनजी से यही कहा करती थी। मैं कहती थी कि भाई साहब में और कितनी बुराइयाँ हों, कम-से-कम वे अपनी औरत पर हाथ तो नहीं उठाते। एक औरत और सब कुछ सह सकती है जी, पर मार खाना कभी बरदाश्त नहीं कर सकती। आजकल कोई ज़माना है मार खाने का ? हम आजकल की औरतें हैं, उस ज़माने की नहीं जब मरद लोग चादर डालकर उन्हें पीट लिया करते थे। उस ज़माने में तो किसी औरत की दूसरी शादी हो ही नहीं सकती थी। पर आजकल तो औरत भी चाहे, तो दूसरी शादी कर सकती है। सरकार ने इसके लिए कानून ऐसे ही नहीं बनाया। शोभा बहनजी की मैं इस बात के लिए तारीफ करती थी। उन्होंने बिलकुल

नए ज़माने की बनकर दिखा दिया था। मैं इस आदमी से इतनी बार कह चुकी हूँ कि शोभा बहनजी को देखो और आज के ज़माने को समझो। यह पहले वाला ज़माना नहीं है।''

मैं नहीं सोच पा रहा था कि घिसी चप्पल, फटे पैरों और स्याह टखनों वाली उस आजकल के ज़माने की औरत को उसके पति के लौटने से पहले उसके कमरे में वापस भेजने के लिए मुझे क्या करना चाहिए। मैं इतना रूखा भी नहीं होना चाहता था कि उसका गुबार कोहली की जगह मेरे ऊपर निकलने लगे। वह जिस तरह खड़ी थी, उससे लगता था कि तुरन्त वापस दहलीज लाँघने का उसका कोई इरादा नहीं है। वह बात कोहली के और अपने सम्बन्ध को लेकर कर रही थी, पर नज़र उसकी मेरे साथ-साथ कमरे के फर्श पर बिखरी एक-एक चीज़ का जायज़ा ले रही थी। वह शायद मन में उन चीज़ों की कीमतों का अन्दाज़ा लगा रही थी और सोच रही थी कि अगर सचमुच मैं कुछ चीज़ें वहाँ छोड़ जाना चाहता हूँ, तो वे चीज़ें कौन-सी हो सकती हैं। जिन चीज़ों से उसकी आँखें बार-बार टकराती थीं, वे थीं टोस्टर, केतली, इस्तरी और उसी तरह का दूसरा सामान जो उसकी दूसरी शादी के दहेज में काम आ सकता था। चीज़ों से हटकर उसकी आँख मेरे चेहरे पर आ टिकती थीं तो कुछ वैसी ही रुचि उसकी मुझे अपने में नज़र आने लगती थी।

''साढ़े आठ हो गए हैं,'' मैंने जैसे उसे समय की चेतावनी देते हुए कहा, ''कोहली अब आता ही होगा। मुझे भी जल्दी से यह काम पूरा करके कुछ देर के लिए बाहर जाना है। कई लोग हैं जिनसे मिलना हैं।'' यूँ मिलना मुझे किसी से नहीं था। बाहर जाने का भी मेरा कोई इरादा नहीं था।

''आप बताइए, क्या-क्या काम है,'' वह बोली, ''मैं आपकी कुछ मदद करा देती हूँ। शोभा बहन जो यहाँ होतीं, तो आपको अपने हाथों से कुछ भी न करना पड़ता। हम दोनों मिलकर सब कर देतीं।''

''नहीं, मदद से होने का काम नहीं है,'' मेरी अस्थिरता बढ़ने लगी। सबसे बड़ा काम तो कागज़ों को छाँटने का है। वह सिर्फ मैं ही कर सकता हूँ।''

''काम तो यहाँ कितना ही नज़र आ रहा है,'' वह सामान के गिर्द घूमती बोली, ''कितनी ही चीजें शोभा बहनजी ने उधर गुसलखाने में भर रखी थीं। पता नहीं उनका आपको पता भी है या नहीं,'' और वह इत्मीनान से चलती गुसलखाने में पहुँच गई। मैंने मन में पहले से ज़्यादा कुढ़कर एक सिगरेट सुलगा लिया।

''यहाँ कितना कुछ बिखरा पड़ा है,'' गुसलखाने से उसकी आवाज़ आई। ''यह सन्दल सोप की टिकिया आप ऐसे ही फेंक जाएँगे ?''

उसका ढंग आवाज़ देकर उधर बुलाने का था। मुझे कोफ्त हुई कि क्यों नहीं मैंन सन्दल सोप की टिकिया भी उधर से इधर ला रखी। कुछ देर इन्तज़ार करने के बाद वह फिर वहीं से बोली, ''यह आइना भी पड़ा है एक। यह आपका है या

स्कूल का है ?"

"कुछ सामान उधर पड़ा है, मुझे मालूम है," मैंने धुएँ में अपनी झुँझलाहट निकालते हुए कहा। "उसे मुझे अभी बाद में देखना है।"

मैं दो-एक कदम गुसलखाने की तरफ बढ़ गया, पर दरवाज़े से आगे नहीं गया। वह सन्दल सोप की टिकिया हाथ में लिए आईने में अपने को देख रही थी। संतुष्ट होकर कि आईने में उसका रूप वैसा ही नज़र आता है जैसा कि आना चाहिए, उसने एक उड़ती नज़र मुझ पर डाली—एक पुरुष की साहसहीनता का उपहास उड़ाती स्त्री की नज़र। फिर बाहर को आती बोली, "कितनी कीमती-कीमती चीजें फेंक रखी हैं आपने इधर-उधर। घर की चीज़ों की कद्र दरअसल औरतों को ही होती है। मरदों को तो किसी चीज़ की कद्र होती ही नहीं।" और वह दोनों चीज़ें मेरी तरफ बढ़ाती मुस्करा दी। "इन्हें कहाँ रख दूँ ?"

"यही कहीं रख दीजिए," मैंने कहा, "या अगर उधर काम में आ सकती हों, तो···"

"ना बाबा !" वह जैसे अपराध से बचने के लिए सिर हिलाती बोली। "मैं किसी की कोई चीज़ नहीं लेती। शोभा बहनजी को पता चले, तो मन में क्या सोचेंगी ?"

"उन्हें पता चले, तभी न वे सोचेंगी ?"

वह फिर मुस्करा दी। "आप क्या उन्हें बताएँगे नहीं ? वे पूछेंगी नहीं आपसे कि फलाँ चीज़ कहाँ गई, या आपने किसे दे दी ?"

वह जाने दाँतों पर मिस्सी मलती थी या क्या—उसके दाँतों की दरारें काली हो रही थीं। दाँतों के अन्दर से ज़बान की नोक मुस्कराने पर बाहर झाँक जाती थी।

"काम में आ सकती हों, तो सचमुच रख लीजिए," मैंने कहा। "यहाँ बहुत-सी चीज़ें ऐसी हैं जो···."

"ना बाबा !" वह फिर उसी तरह बोली, "शोभा बहनजी से तो मैं माँगकर ले भी सकती थी। पर उनके पीछे से उनकी कोई चीज़ मुझे नहीं लेनी है। कल को आप लोग कभी घूमने के लिए ही यहां आएं और शोभा बहनजी देखें क़ि उनकी कोई चीज़ मेरे पास पड़ी है, तो वे मन में न जाने इसका क्या मतलब निकालेंगी ?" और अपनी मुस्कराहट को होंठों में ही दबाए उसने कहा, "अच्छा, आप लोग कभी मिलने के लिए तो आया करेंगे न ?"

पर इससे पहले कि मैं जवाब देता, ज़ीने पर कोहली के पैरों की आवाज़ सुनाई दे गई। वह इससे थोड़ा सकपका गई—साथ उसे ध्यान हो आया कि कुछ देर पहले वह हमेशा के लिए उस घर से जाने की बात कर रही थी। "शोभा बहनजी से मेरी नमस्ते कह दीजिएगा।" वह जल्दी से दोनों चीज़ें रखकर बाहर निकलती बोली, "पता नहीं फिर कभी उनसे मुलाकात होगी या नहीं। मैं पता नहीं इसके बाद कहाँ रहूँ, आप लोग कहाँ रहें···मेरी नमस्ते ज़रूर कह दीजिएगा।"

कोहली ऊपर पहुँच गया था। वह उसके सामने से निकलकर अपने कमरे में पहुँच गई। कोहली ने एक हारी-सी नज़र मुझ पर डालकर उसे अन्दर जाते देखा और गंदले पानी में चुपचाप गोता लगा जाने की तरह उसके पीछे जाकर अन्दर से चटखनी लगा ली।

मैंने भी वही किया—उसी तरह अपने कमरे की चटखनी लगा ली। सोचा, 'अच्छा है कोहली ने मुझसे बात नहीं की, नहीं तो मैं खामखाह उसके सामने कुछ अव्यवस्थित महसूस करता और वह भी शायद कुछ ज़्यादा ही शक अपने मन में लेकर जाता। कुछ देर मैंने सुनने की कोशिश की कि शायद उधर फिर से उनका लड़ाई-झगड़ा शुरू हो। पर वहाँ ऐसी खामोशी छाई थी जैसे उन दोनों ने अन्दर जाते ही अपनी-अपनी जगह साँस रोककर बैठे रहने का समझौता कर लिया हो। अगर मैंने अपनी आँखों से उन्हें अन्दर जाते न देखा होता, तो मुझे लगता कि उस पोर्शन में उस समय कोई है ही नहीं। इससे अपने फर्श पर चलते हुए मुझे अपने पैरों की आवाज़ कुछ ज्यादा ही ऊँची—बल्कि कुछ हद तक डरावनी महसूस होने लगी। मैं कोशिश करके हल्के पैरों चलता बरामदे में आ गया।

मेरा सिगरेट बिना पिये झड़-झड़कर उंगलियाँ जलाने को आ रहा था। उसे फर्श पर गिराकर मैंने पैर से मसल दिया। मन को फिर एक बार तैयार करना चाहा कि बिखरे सामान का कुछ कर सकूँ। पर हाथों में उसके लिए उत्साह नहीं ला सका। वह सब सामने होते हुए भी जैसे मेरे लिए एक ऐसा अतीत था जिसे समेटने का तरद्दुद मुझसे नहीं बन पड़ रहा था। मन कह रहा था कि यदि किसी तरह उस सबको समेट भी लिया जाए तो क्या उसे साथ ढोने का उत्साह मैं अपने में ला पाऊँगा ?

'सिर्फ एक रात बीच मैं है,'' मैंने सोचा। 'तभी तक इन सब चीज़ों से किसी न किसी रूप में जुड़े होने की मजबूरी है। कल एक बार यहाँ से निकल जाने के बाद इनके सम्बन्ध में सोचने की मजबूरी भी नहीं रहेगी। मुझे तब तक कुछ करना है, तो यही कि बीच का समय किसी तरह निकाल देना है।'

मैंने बरामदे में आकर कुर्सियों को एक तरफ घसीट दिया ताकि वहाँ पलंग बिछाने की जगह हो जाए। कमरे में पलंग बिछाने के लिए उन सब चीज़ों को नए सिरे से इधर-उधर हटाना पड़ता। पलंग की मैली नेवाड़ पर पड़े दाग बरामदे की सिमटी हुई रोशनी में ज्यादा भोंडे और घिनौने लगे। मैट्रेस, चादर, तकिया और रजाई पलंग पर पटककर मैंने उन दागों को ढंक दिया। टिफिन-कैरियर खोलकर जल्दी-जल्दी ठण्डा खाना निगल लिया—जैसे कि वह एक जेल के अन्दर अपनी सज़ा के आखिरी दिन का खाना हो। उसके बाद बिस्तर को ठीक किया और ज़बरदस्ती नींद लाने के लिए बत्तियाँ गुल करके लेट गया।

पर नींद नहीं आई। इस करवट, उस करवट, सीधे, उलटे, किसी भी तरह

नहीं। लग रहा था जैसे वह अतीत जिसे पीछे कमरे में छोड़कर मैंने बीच का दरवाज़ा बन्द कर लिया है, वह मेरी ही तरह उस तरफ करवटें बदल रहा हो। बार-बार मुझे एहसास करा रहा हो कि मेरी कोशिश के बावजूद वह मुझसे कटा नहीं है। वह वहाँ है—उतना उतना ही सजीव, निश्चित और प्रताड़नामय। जिस कमरे में उसे बन्द कर दिया गया है, वह कमरा मेरे अन्दर आ समाया है और किवाड़ भिड़ा लेने या चटखनी लगा लेने से मैं अपने को उससे मुक्त नहीं कर सकता।

न जाने कितना समय नींद लाने की कोशिश में निकल गया। नींद की टिकियाँ पास में नहीं थी, नहीं तो उन्हीं के सहारे सो जाने की कोशिश करता। बहुत पहले एक बार एक शीशी लाकर रखी थी। कर्नल बत्रा के मना करने के बावजूद। उसमें से एक टिकिया एक बार खाई भी थी पर बाद में वह शीशी घर में दिखाई ही नहीं दी। शायद शोभा ने उठाकर कहीं रख दी थी, या फेंक दी थी। यह शायद उसने इसलिए किया हो कि शीशी के बाहर मोटे लाल अक्षरों में छपा था—ज़हर। शोभा ऐसी चीज़ों से बहुत डरती थी जिनमें जान ले लेने की क्षमता हो—बिच्छू-साँप से लेकर गैस के स्टोव तक। इसीलिए वह कोयले जला-जलाकर हाथ काले करती रहती थी। उस समय भी जैसे वह उन्हीं काले हाथों से मेरे अन्दर के कमरे में रखी एक-एक चीज़ को उठाकर देख रही थी। मैं खिड़की के शीशे पर आँखें गड़ाए अपना ध्यान झरने की आवाज पर केन्द्रित करने की कोशिश कर रहा था। पर उस आवाज़ से ज़्यादा ध्यान खींच रही थी वह खामोशी जो दरवाज़े की दरारों से सटी पीछे कमरे की मुरदा हलचल का आभास दे रही थी। ज़रा देर आँख मूँदते ही लगने लगता था कि शोभा ने वह आईना अपने हाथ में उठा लिया है जिसमें थोड़ी देर पहले शारदा अपना चेहरा देख रही थी। उसे रखकर वह पलंग की नेवाड़ कसने लगी है। डाइनिंग टेबल की चटाइयों को खोलकर देखने लगी है। सिर्फ ब्लाउज़-पेटीकोट में बड़े-बड़े कोयलों को तोड़कर उनके टुकड़े करने लगी है। तब मैं आँखें खोलकर फिर सामने के अंधेरे को देखता। लगता कि झरने की आवाज़ के साथ-साथ पानी के रास्ते में खड्ड में उतरा जा रहा हूँ। मेरे पीछे-पीछे बॉनी अपने कोट में सिमटी चल रही है। वह पीछे से आवाज़ देकर मुझे रोकना चाहती है। कहना चाहती है कि ज़रा-सा पाँव फिसल जाने से मैं खड्ड में गिरकर चूर-चूर हो सकता हूं। पर मुझे लौटकर उसी रास्ते चढ़ाई चढ़ने के विचार से ही दहशत होती है। मैं विश्वास किए रहना चाहता हूं कि खड्ड का वह रास्ता ही आगे चलकर सीधी सड़क में बदल जाएगा। फिर सहसा मैं चौंक जाता। कमरे में कोई खटका न होने पर भी लगता जैसे वहाँ खटका हुआ हो। आभास होने लगता कि गुसलखाने के पीछे की सीढ़ी से शारदा कमरे में चली आई है। कोहली को बाहर रखकर उसने अन्दर की चटखनी लगा ली है और कमरे की एक-एक चीज़ को उठाकर देख रही है। परख रही है कि वह उसके किसी काम आ सकती है या नहीं। चीज़ों को रखते-उठाते हुए उसकी आंखें किसी और चीज़

को भी खोज रही हैं और उसी खोज में उसने अपनी आँखें दरवाज़े की दरार से सटा ली हैं। मैं तब तीन-चार तरह से करवट बदलकर उस सबको दिमाग से झटकने की कोशिश करता। अपने सिर को हल्के-हल्के तकिये पर पटकता कि क्या किसी भी तरह मुझे नींद नहीं आ सकती ?

दो-तीन-चार हल्के-हल्के सफेद चकत्ते खिड़की के शीशे पर आ जमने से लगा कि बाहर फिर बरफ गिरने लगी है। शाम तक बरफ के आसार नहीं थे, इसलिए थोड़ा आश्चर्य भी हुआ। कोशिश करके देखने से हवा में उड़ते हल्के-हल्के फाहों की झलक भी दिख गई। 'चलो, जाने से पहले एक बरफ और देख ली,' इस ख्याल में मैंने अपने मन को रुझा लेना चाहा। बरफ बहुत हल्की थी। फिर भी अंधेरा उन छोटे-छोटे रेशों की उड़ान से भरा-भरा लग रहा था। सड़क की खामोशी टूट गई थी। उसपर कोई एक या दो व्यक्ति जल्दी-जल्दी चलकर जा रहे थे—शायद बरफ से बचकर जल्दी से घर पहुँचने के लिए। 'शायद चेरी और लारा होंगे,' मैंने सोचा, 'आज भी खाने के बाद रोज़ की तरह सैर करने निकले होंगे।' पर तभी लगा कि आवाज़ उनके क्वार्टर की तरफ न जाकर बिलकुल दूसरी तरफ जा रही है। मैंने ध्यान हटा लिया।

खिड़कियों पर बरफ के अलावा सीलन भी फैल गई थी— मेरे आसपास की हवा भी सीलन से भारी होने लगी थी। दो-एक बार सीलन की खुशबू अपने अन्दर खींचने के बाद मैंने फिर अपने को तकिये पर ढीला छोड़ दिया। अंधेरे और खामोशी में छिपी वही हलचल फिर से शुरू हो गई। शोभा—बिस्तर में करवट बदलती, कॉलिक से कराहती और कर्नल बत्रा की दवाई लेने से इन्कार करती। शारदा—ब्लाउज़ की हुकें खोलकर अपने हाथों से आज़माती कि उसका शरीर अब तक कितना युवा है। कोहली—अधनींदी आँखों से ब्लैकबोर्ड पर बड़ी-बड़ी रकमों का जोड़ करता। कॉमन रूम से गुज़रते पैर—बरफ के गीलेपन की छाप छोड़ते। टोनी व्हिसलर—कोट की जेबों में हाथ डाले ग्रेस के शब्द कहता। चेरी और लैरी—कामन रूम में अलग-अलग खिड़कियों के पास खड़े। मिसेज़ ज्याफ्रे—आधा मेकअप किए अपनी आई-ब्रो पैंसिल ढूँढ़ती। जिनी ब्राइट—नोटिस बोर्ड पर नोटिस पिन करता। रोज़ ब्राइट—माथे पर त्यौरी डाले मंच से ग्रीन रूप में आती। पादरी बेन्सन—छड़ी हाथ में लिए अकेला सड़क पर घूमता। मिसेज़ दारूवाला—कई तरह की कास्मेटिक्स की शीशियाँ लिए माल से उतरकर आती। माली क्राउन—भरी हुई खाने की मेज़ पर बैठकर चावल का एक-एक दाना चुगती। बॉनी हाल—बरफ के गोले बना-बनाकर घाटी में उछालती। जैने व्हिसलर…

मैं बिस्तर में बैठ गया। लगा कि लेटे रहने से इस निरन्तर चलते परिदृश्य से नहीं बचा जा सकता। नीचे फर्श पर पाँव रखने से फर्श काफी ठण्डा लगा। साथ ऐसा आभास हुआ जैसे दरवाज़े के उस तरफ कमरे में कोई कराह रहा हो। आवाज़ इतनी सजीव थी कि उसे अपने दिमागी फितूर का हिस्सा नहीं माना जा सकता था। मैंने कुछ देर रुककर टोह ली। मन में हल्का-सा डर भी आ समाया। आवाज़ बीच

में कुछ देर रुकी रही पर यह विश्वास होने तक कि वह शायद भ्रम ही हो, फिर से सुनाई देने लगी। मैंने दरवाज़ा खोलकर जल्दी से कमरा पार किया और बत्ती जला दी। बटन की तरफ जाते हुए केतली पैर से टकराकर उलट गई थी। रोशनी होने पर वही सामने हिलती नज़र आई। बाकी चीज़ें उसी जड़ता में यहाँ-वहाँ पड़ी थीं जिसमें बत्ती बुझाने से पहले उन्हें छोड़ा था। पर 'हाय-हाय' की मरी-सी आवाज़' अब सुनाई दे रही थी। वह आवाज़ कोहली की थी—साथ के पोर्शन में।

मैं कुछ देर जड़-सा खड़ा उस आवाज़ को सुनता रहा। आवाज़ काफी हल्की थी। फिर भी बाहर गिरती बरफ के सन्नाटे में वह आसपास के पूरे वातावरण को कुरेदती-सी महसूस होती थी। जैसे उसकी चारदीवारी में जितना कुछ था, उस सबके अन्दर से वह आवाज़ निकल रही हो— मेरे समेत। मेरी टाँगें कुछ-कुछ काँप रही थीं—न जाने सरदी से, या बत्ती जलाने से पहले के डर की वजह से खुश्क गला, पपड़ियाए होंठ, जलती आँखें, पर शरीर फिर भी सुन्न। मैंने घड़ी में वक्त देखा—कुल सवा दस। आश्चर्य हुआ कि इतना कम वक्त कैसे हुआ है—घड़ी कहीं रुक तो नहीं गई ? उसे कानों के पास लाकर उसकी आवाज़ सुनी—टिक्-टिक्-टिक्। साथ ही अपने दिल की धड़कन भी महसूस की। वे दोनों आवाज़ें जैसे एक ही थीं—एक-दूसरी की प्रतिध्वनियाँ। घड़ी की सूइयाँ जैसे मेरी धड़कनों के हिसाब से आगे बढ़ रही थीं—एक-एक सेकेंड। टिक्-टिक् टिक। मैंने घड़ी को कलाई से उतारकर चाबी दी और फिर से लगा लिया। कोहली की आवाज़ अब पहले से और हल्की पड़ गई थी।

मुझे लगने लगा जैसे वह आवाज़ हल्की पड़ते-पड़ते धीरे-धीरे बिलकुल खामोश हुई जा रही हो—हमेशा के लिए। अपनी पिंडलियों की ठण्डक मुझे घुटनों से होकर जाँघों में फैलती महसूस हुई। लगा जैसे कि मैं अपने और बाहर किसी चीज़ के निरन्तर चुकते जाने का साक्षी हूँ—धीरे-धीरे, टिक्-टिक्-टिक्, एक-एक कराह के साथ वह चीज़ अपने अन्त की ओर बढ़ रही है। अगर उस प्रक्रिया को रोकने के लिए कुछ किया नहीं जाता, तो कुछ ही देर में उसे रोक सकने की सम्भावना ही नहीं रह जाएगी। मैंने एक असहाय-सी नज़र कमरे में बिखरी चीज़ों पर डाली। क्या कुछ ऐसा किया जा सकता था जिससे उस बिखराव को एक व्यवस्था में बदला जा सके ? या उस अव्यस्थित स्थिति से छुटकारा पाया जा सके। अन्दर कहीं एक आवेश था—उन सब चीज़ों को एक-एक बार ठोकर लगाकर परे हटा देने का, परन्तु उस आवेश की तह में थी एक निष्क्रिय उदासीनता जिसके कारण एक उंगली तक हिलाने से वितृष्णा हो रही थी। 'सुबह के बाद सब ठीक हो जाएगा, मैंने अपने को आश्वासन देना चाहा। यह जितनी भी घुटन है, इस घर को छोड़ देने तक ही है। इसके बाद एक नई और अनजानी ज़िन्दगी की खोज अपने-आप हर चीज़ में एक गति ले आएगी—एक ऐसी गति जो इस तरह के अवरोध के लिए अवसर ही नहीं रहने देगी।'

मैंने बत्ती बुझा दी। कोहली की आवाज़ सचमुच रुक गई थी। मैंने प्रतीक्षा की कि वह आवाज़ फिर से शुरू हो, तो मैं अपने बिस्तर की तरफ लौटूँ। पर काफी देर कान लगाए रहने पर भी वह आवाज़ फिर सुनाई नहीं दी, तो अपना उस तरह अंधेरे कमरे में बन्द होना मेरे अन्दर एक वास्तविक डर का रूप लेने लगा। लगने लगा कि सुबह तक कहीं ऐसा कुछ न हो जाए जिससे दरवाज़े का अन्दर से बन्द होना दूसरों के लिए उस स्थिति को सुलझाने, या कम से कम जान सकने में, बाधा बन जाए। मैंने एक बार फिर से बत्ती जलाकर दरवाज़े की चटखनी खोल दी। फिर दोबारा बटन बन्द किया और रास्ते में बिखरी चीज़ों में पाँव बचाता एक चोर की तरह अपने बिस्तर में लौट आया।

बरफ तब तक पहले से तेज़ हो गई थी।

सुबह मैं काफी देर से उठा। नींद देर से नहीं खुली—नींद तो रात-भर ठीक से आई ही नहीं थी—अधनींदी जड़ता के खुमार ने देर तक बिस्तर से निकलने नहीं दिया। बरफानी मौसम ने समय का अनुमान भी ठीक से नहीं होने दिया। खिड़की के काँचों पर फैलती पथरीली सफेदी उठने के क्षण को टालते जाने में सहायता करती रही। साथ अपने अन्दर का यह विचार कि उन काँचों को देखते हुए जागने की वह आखिरी सुबह है।

साथ के पोर्शन में काफी पहले से हलचल शुरू हो गई थी। कुर्सियों के घिसटने की आवाज़ें, शारदा के चलने की खटर्-खटर् और कोहली के नाश्ता करने की त्वाप्-त्वाप्-त्वाप्। शारदा और कोहली की बातचीत के टुकड़े सुनाई दे जाते थे, उनसे भी लगता था कि घर के उस पोर्शन में ज़िन्दगी अपनी पहले की सतह पर लौट आई है। दोनों में से ज्यादा बात शारदा ही कर रही थी—वहाँ से साथ-साथ चलने की तैयारी के सिलसिले में कोहली 'ठीक है, ठीक है, जैसे ठीक समझती हो, कर लो,' में एक तरह का आत्मसमर्पण भी था और किसी अवांछित घटना से अपने को बचा लेने का सन्तोष भी। एक तीसरा व्यक्ति जो उन दो के साथ सामान बँधवाने में सहायता कर रहा था, वह था भूपतसिंह। सुबह के साथ शायद उसे फिर से नौकरी पर बहाल कर दिया गया था।

उठने के बाद अपनी तैयारी पूरी कर लेने में मुझे देर नहीं लगी। एक बार निर्णय कर लेने के बाद कि सामान को तीन तरह से अलग करना है, सब कुछ जैसे अपने-आप होता गया। एक हिस्सा था साथ ले जाने का। दूसरा दो बक्सों में बन्द करके गिरधारीलाल के पास छोड़ जाने का। तीसरा वहीं बैरों-चपरासियों में बाँट देने का। किसी भी चीज़ को लेकर मैंने ज्यादा नहीं सोचा। उठाया, देखा और तय कर दिया कि उसे किस हिस्से में जाना है। मुझे स्वयं आश्चर्य हुआ कि उठने के पैंतालीस मिनट के अन्दर वह सारा काम, जो हफ्तों से मुझे एक मुसीबत नज़र आ रहा था, कैसे पूरा हो गया। अब सिवाय बिस्तरबन्द के कुछ भी बाँधना शेष नहीं

था। जो दो-चार ज़रूरत की चीज़ें बाहर थीं, उन्हें चलते वक्त साथ डाल लेना था, बस।

नाश्ता आया रखा था। उसे भी उसी तरह निगल लिया जैसे रात का खाना निगला था। उसके बाद जैसे हर चीज़ से फारिग होकर कुछ देर कुर्सी पर सुस्ता लिया। सामने स्कूल की सड़क से कुछ रिक्शा और सामान-लदे कुली निकलकर जा रहे थे। जो लोग सुबह की गाड़ी से जाने को थे, उन्होंने शायद रात में ही अपनी तैयारी कर ली थी। बरफ की सफेदी को लाँघते पहियों और पैरों को कुछ देर देखते रहने के बाद जैसे अपनी तैयारी के आखिरी मरहले को पार करने के लिए मैं उठ खड़ा हुआ। जल्दी से शेव करके सिर-मुँह धो लिया और सफर के कपड़े पहन कर चलने से कई घंटे पहले ही अपने को चलने की मनःस्थिति में ले आया।

एक खालीपन अब भी था। परन्तु वह खालीपन एक अन्तराल था जिसे कई तरह से भरा जा सकता था—कमरे में टहलकर या बाहर बरफ में घूमकर। वैसे कुछ देर के लिए एक बार स्कूल भी जाना था। वहाँ से अपना चैक लेना था। गिरधारीलाल से कहना भी था कि कुछ सामान उसके यहाँ पड़ा रहेगा। हममें से कोई भी जब कभी आकर ले जाएगा। मुझे पता था। गिरधारीलाल इनकार नहीं करेगा। किसी भी तरह का इनकार उसके स्वभाव में था ही नहीं। उसके लिए अपेक्षित साहस उसमें नहीं था ! वह उन व्यक्तियों में से था जिनकी भलमनसाहत उनमें किसी तरह का साहस नहीं रहने देती। अपनी इस साहसहीनता के कारण ही वह स्कूल में सबका हितचिन्तक बना रहता था। इसीलिए अपने घर की चारदीवारी के अन्दर वह सबसे दुःखी आदमियों में से था। उसकी भलमनसाहत का नाजायज़ फायदा सभी लोग उठाते थे। मैं भी पहले कई बार उठा चुका था। इसलिए जाते-जाते एक बार और उठा लेने में मुझे संकोच का अनुभव नहीं हो रहा था। उसका छोटा-सा कमरा जो पहले ही सामान से लदा रहता था। 'हमारे यहाँ सामान बहुत ज्यादा है न ?' रत्ना कमरा छोटा होने की बात न कहकर अक्सर इसी चीज़ पर ज़ोर दिया करती थी। मेरे दो बक्सों से कितना घिचपिच हो जाएगा, यह सोचकर मुझे उस पर तरस भी आ रहा था। वह बेचारा तो इसी ख्याल से हामी भर देने को था कि शायद दो-एक महीने के अन्दर वह सामान उसके यहाँ से उठा लिया जाएगा। अगर उसे मेरे मन की वास्तविक स्थिति का पता चल जाता कि सामान को निपटाने का और कोई तरीका न सूझने से ही मैंने उसे बक्सों में भरकर वहाँ छोड़ जाने की बात सोची है, और कि मेरे मन में कहीं यह बात भी है कि शायद उसे कभी वहाँ से उठाने की नौबत ही न आए, तो सम्भव था कि वह एक बार मेरे हित में मुझे सलाह देता कि मैं उसे बुक कराके साथ ले जाऊँ। पर वह बात उस पर प्रकट करने का मेरा कतई इरादा नहीं था। उसे बेवकूफ बनाकर सब लोग उससे अपना काम निकालते रहते थे। यह भाग्य उसने स्वयं अपने लिए चुना था, इसलिए मेरे मन में कोई द्वन्द्व नहीं

था। 'दो-एक साल पड़ा रहेगा सामान उसके यहाँ, तो शायद वह खुद ही उसे फिंकवा दे, या अपने इस्तेमाल में ले आए, यह सोचकर मैंने बाद की स्थिति का समाधान कर लिया था। वैसे एक डर यह भी था कि वह भी कहीं राजो मौसी की तरह एक दिन दोनों बक्से (और अपना पूरा परिवार) लिए किसी दूर के शहर में मेरी अमानत लौटाने न आ पहुँचे। 'यह उलझन उसकी होगी, मेरी नहीं, इस विचार से मैंने भविष्य की उस सम्भावना को भी दिमाग से स्पंज कर दिया था।

सामान की समस्या को सुलझा लेने के बाद से अपना-आप मुझे काफी हल्का महसूस हो रहा था। मेरे पाँव अब एक ऐसी अनिश्चित स्थिति की दहलीज़ तक पहुंच गए थे जिससे आगे उस अनिश्चितता को अपने आप निश्चितता और वास्तविकता में बदल जाना था। कुछ देर सीटी बजाता कमरे की एक दीवार से दूसरी दीवार तक चक्कर काटता रहा। कुछ देर खिड़की से बाहर झाँकता हुआ उसके चौखटे पर ताल देता रहा। समय धीरे-धीरे बीत रहा था। लेकिन मुझे उसके जल्दी बीतने की उतावली नहीं थी। मैं पहली बार—जोकि वैसे आखिरी बार भी थी—अपने को उन दीवारों के घेरे में उतना हल्का महसूस कर रहा था, जैसे वहाँ रहते पहली बार मैं मैं था—मनोज सक्सेना। (जैसे कि इस नाम का अपना कोई अर्थ हो)—जो कि शिवचन्द्र नरूला या किसी और का रूपान्तर मात्र नहीं था। अपने अतीत, वर्तमान और भविष्य तीनों से मैं अपने को एक साथ मुक्त महसूस कर रहा था। अब फर्श की दरी या दरवाज़ों के परदों पर पड़ी न किसी और छाप से मुझे वास्ता था, न अपनी छाप से। इतने दिन वहाँ रह चुकने के बाद मैंने अपने को फिर से कोरा कर लिया था।

कुछ देर बाद कमरा बन्द करके ज़ीने पर आया, तो कोहली से मुलाकात हो गई। वह नीचे स्टोर से पुरानी रस्सियाँ लेकर आ रहा था। हर साल छुट्टियों में इस्तेमाल करने के बाद वह उन्हें फिर वहीं बन्द कर देता था। "बहुत खुश नज़र आ रहे हो !" उसने खिसियानी मुस्कराहट से अपने चेहरे की नहूसत छिपाते कुछ ईर्ष्या के साथ कहा। "बीवी के पास जा रहे हो, इसलिए ?"

मैंने मुँह से कुछ नहीं कहा। बाईं आँख दबाकर उसकी बात का उत्तर दे दिया और झपाटे से नीचे उतर आया। बाहर सब तरफ बरफ की सफेदी फैली नज़र आ रही थी। रात में बरफ चार-चार इंच से ज्यादा गिरी लगती थी। ऊपर सड़क पर पहुँचकर पीछे पगडण्डी पर अपने पैरों के निशानों को देखा—सामने उन पहियों और पैरों के निशानों को जो सड़क से गुज़रकर जा चुके थे। बरफ-ढके रास्ते में खुभे-खुभे स्याह निशान बरफ से ज्यादा ठण्डे और उदास लग रहे थे। 'थोड़ी देर में वे सब निशान पिघल जाएँगे', यह सोचकर मुझे सिहरन हुई। पर अपनी मनःस्थिति बदलने न देने के लिए मैं उसी तरह सीटी बजाता कच्ची बरफ को रौंदने लगा।

सड़क के तीसरे मोड़ पर काशनी से भेंट हो गई। वह वहाँ अकेली खड़ी थी—नीचे घाटी की तरफ झुककर न जाने क्या देखने की कोशिश करती। मुझे देखकर वह

मुस्करा दी थी। जैसे साथ-साथ खड़े होने के बाद से एक अनकहा सम्बन्ध हमारे बीच स्थापित हो गया हो। उसकी आँखों में भी हर बार एक अतिरिक्त उत्सुकता नज़र आई थी—और एक प्रतीक्षा जैसे कि उसे मेरे कुछ कहने की आशा हो। इसीलिए पास से गुज़रने के बाद मेरी आँखें पीछे उसकी तरफ घूम जाती थीं—और तब वह भी कुछ उसी तरह पीछे देखती मिलती थी। मैं उस समय भी हर बार की तरह उसके पास से निकल जाता, पर उसके एक कदम अपनी तरफ बढ़ आने से मेरी चाल धीमी पड़ गई। "कैसे खड़ी हो यहाँ ?" मैंने जैसे बार-बार अपनी ज़बान पर दोहराया हुआ प्रश्न पूछ लिया।

"ऐसे ही खड़ी थी," वह बोली, "देख रही थी कि नीचे कहीं घास हो तो जाकर छील लूँ।"

उसने जिस तरह कहा, वह एक स्वर अजनबी का होकर भी बिलकुल अजनबीपन का नहीं था। उसकी आँखों में फिर वही चमक भी आ गई थी जो मुझे अपने को बाँधती-सी लगी। वह सुडौल शरीर की काफी सुन्दर स्त्री थी। दो साल पहले उसे देखते थे, तो बिलकुल लड़की-सी लगा करती थी। तब उसके चेहरे पर वे हल्की झाइयाँ नहीं थी जो इधर कुछ महीनों से झलकने लगी थीं।

"अब तो स्कूल में तीन महीने छुट्टियाँ रहेगी," मैंने कहा। "फकीरा भी इस काम में तुम्हारा हाथ बंटा दिया करेगा।"

"वह क्या हाथ बँटाएगा, जी। घर बैठे हुक्का गुड़गुड़ाता रहा करेगा।" उसकी आँखों ने जतला दिया कि वह जानती है, मैं खामखाह यह बात कह रहा हूँ। "और फिर व्हिसलर साब की कोठी पर उसकी ड्यूटी भी रहेगी। व्हिसलर साब तो छुट्टियों में यहीं रहेंगे, नहीं ?"

"हाँ, यही रहेंगे।" मैंने कहा, "हर साल यहीं रहते हैं।"

"हाँ, पार साल यहीं थे। उससे परले साल भी थे। पर इस साल का पक्का पता नहीं। कोई कहता है जेनी मेम साब उन्हें नौकरी छुड़वाकर अपने साथ विलायत ले जा रही है। कोई कहता है चेरी साब और जीफरी मेम साहब ने मिलकर कोई साज़िश की है जिससे उन्हें छोड़कर जाना पड़ रहा है। कोई कुछ कहता है, कोई कुछ। आपको तो पता होगा।"

"मुझे कुछ भी पता नहीं है," मैंने कहा। "मेरा ख्याल तो यही है कि फिलहाल वे छोड़कर कहीं नहीं जा रहे। लोग ऐसे ही बातें उड़ाते रहते हैं।"

उसके चेहरे से लगा कि उसे मेरी बात पर विश्वास नहीं आया। "विसलर साब बहुत अच्छे आदमी हैं।" वह भाँपती नज़र से मुझे देखती बोली, "वे चले गए तो दूसरा कोई हेडमास्टर पता नहीं कैसा आएगा। विसलर साब ड्यूटी सख्त लेते हैं, पर जिस आदमी का काम हो, उसी से। पहला हेडमास्टर काम में ढील बहुत देता था, पर समझता था कि एक आदमी को चपरासी लगाया है, तो उसके सारे

घर को ही चाकर रख लिया है अपने यहाँ। आज विशनू को भेज देना, आज काशनी को भेज देना। आदमी भी वह बस ऐसा ही था। उसकी ड्यूटी दो सो, दो ही, उसके यहाँ आने-जाने वाले मेहमानों की भी ड्यूटी दो। मैंने तो परमात्मा का शुक्र किया था जब वह गया था यहाँ से।'' फिर पलभर मुझ पर आँखें गड़ाए रहने के बाद उसने कहा, ''कुछ लोग तो यह भी कहते हैं जी, कि आप ही ने बड़े अफसरों से कह-कहाकर···।''

मैंने हँस दिया, तो वह जैसे ज़रूरत से ज्यादा बात कर जाने के डर से चुप हो गई। ध्यान से देखती रही कि उसने कुछ ऐसा तो नहीं कह दिया जिसका कुछ गलत नतीजा भुगतना पड़े। ''तुमसे यह किसी ने नहीं कहा कि मैंने खुद ही अपनी छुट्टी कर ली है यहाँ से ?'' मैंने आश्वासन देते स्वर में कहा।

''हाँ, यह भी सुना है।'' वह बोली, ''मेरा घरवाला तो यही कहता है कि तनखाह कमती मिलने से आपने नौकरी छोड़ दी है। पर दूसरे लोग और भी बातें कहते हैं। आप क्या सचमुच छोड़कर जा रहे हैं ?''

''हाँ, यह आज मेरा आखिरी दिन है यहाँ।'' मुझे लग रहा था कि मेरे अन्दर फिर कोई चीज़ मुरझाई जा रही है। जो हल्कापन लेकर घर से चला जाऊँगा यहाँ से।''

''अगले साल लौटकर नहीं आएँगे ?''

''नहीं।''

उसके होंठ दब गए। किसी तरह की निराशा से नहीं, सहज स्वीकृति के भाव से। उस मुद्रा में उसका धीरे-धीरे साँस लेना मुझे बहुत आकर्षक लगा।

''सामान बाँधने के लिए आदमी की ज़रूरत तो नहीं आपको ?'' उसने पूछा।

''नहीं। सामान सब बँध गया है। बस अब उठवाना है और चल देना है।'' कहते हुए मैंने सोचा कि जो सामान मैंने बाँटने के लिए अलग कर रखा है, क्यों न वह अकेली उसी को देकर उससे छुटकारा पा जाऊँ ? उससे दस आदमियों के घर पर आने का झंझट भी बचेगा और किसे क्या दिए जाए, यह सोचने की उलझन भी नहीं रहेगी। ''कुछ चीज़ें जो साथ नहीं ले जा रहा, वे बाहर पड़ी हैं। फकीरा अगर खाली हो तो उससे कहना डेढ़-दो घण्टे में किसी वक्त आकर ले जाए—तीन बजे से पहले। तीन बजे तक मैं निकल जाऊँगा।''

उसने सिर हिला दिया। उसी सहजता से। ''कह दूँगी उससे, वह नहीं खाली होगा, तो मैं आकर ले जाऊँगी।''

उसके पास से आगे आकर मैं तब भी अपने को मुड़कर देखने से नहीं रोक सका। पर वह उस समय नहीं देख रही थी। मेरे आगे आने के साथ ही पहले की तरह फिर घाटी में झाँककर देखने में व्यस्त हो गई थी।

स्कूल में मुझे ज्यादा समय नहीं लगा। चेक तैयार था। जिन कागज़ों पर हस्ताक्षर

करने थे, वे भी तैयार थे। गिरधारीलाल ने समझाने की कोशिश की कि किस चीज़ के कितने पैसे काटे गए हैं। "जो भी हिसाब बना है, ठीक है," कहकर मैंने चेक जेब में डाल लिया। मैंने बक्स रखने की बात उससे कही तो गिरधारीलाल थोड़ा भावुक हो गया। जैसे कि उसे अपना इतना निजी मानने के लिए वह मेरे प्रति आभारी हो। "और भी कोई काम हो तो मुझे जाकर लिख देना। जब भी यहाँ आओ, मेरे पास ही ठहरना।" उसका कहने का ढंग ऐसा था जैसे मुझे अपने यहाँ ठहरने का निमन्त्रण देकर काफी साहस का काम कर रहा हो, "बीच-बीच में चिट्ठी ज़रूर डाल दिया करना।"

दफ्तर से निकलकर एक बार सोचा कि जिन-जिन लोगों के क्वार्टर पास में हैं, उनसे जाकर मिल आऊँ। पर यह सोचकर टाल दिया कि औरों से भी उसी तरह की बातें सुनने से बचे रहना ही अच्छा है। लौटते हुए आखिरी बार कामन रूम में जाकर अपने खाली पिजन-होल को देख लिया जैसे कि उस सारी इमारत से बस उतना ही हिस्सा, नौ गुना नौ इंच का, मेरा अपना था। उसके नीचे मेरे नाम का अधफटा कागज़ चिपका था। वह जितना उखाड़ सका, उखाड़ दिया। जितना नहीं उखड़ा, उतने को नाखून से कुरेद दिया। लौटते हुए बरामदे में जेम्स दिखाई दे गया। "तैयारी हो गई जाने की ?" के सिवा उसने कुछ नहीं पूछा। जिस तरह पाँव पटकता वह पास से निकल गया उससे लगा जैसे उसे किसी छिपी हुई चीज़ का सुराग लग गया हो जिसे वह जल्दी से जाकर झपट लेना चाहता हो।

ग्राउण्ड से गुज़रते हुए मैंने एक नज़र उस पूरे फैलाव पर डाल ली। बरफ, इमारत के पत्थर, चार-चार, आठ-आठ की टोलियों में ग्राउण्ड पार करते लड़के। गिरजाघर, टेनिस कोर्ट और हाल की सीढ़ियाँ। पेविलियन की खाली बेंचें, लान-मोअर और घिसटकर चलती मिसेज़ पार्कर। मुझे देखकर मिसेज़ पार्कर का रुख दूसरी तरफ हो गया। मुझे लगा जैसे वह सारा दृश्यपट बरफ का बना हो जिसे बस अब थोड़ी ही देर में पिघलकर बह जाना हो। उस सब कुछ समेत जो उस समय वहाँ नहीं भी दिखाई दे रहा था। मैं आहिस्ता-आहिस्ता चलता हुआ गेट से बाहर आ गया—जैसे उस दृश्यपट के साथ पिघलने से बचा अकेला व्यक्ति।

फिर वही बरफ से ढकी सड़क, वही पैरों और पहियों के निशान, वही मैं, पर मन पर एक झीना परदा उदासी का उतर आया था। मेरा इस बार उस सड़क से लौटना सचमुच आखिरी बार लौटना था। एक-एक कदम के साथ जैसे पीछे की सड़क मेरे लिए मरती जा रही थी, और सड़क के लिए मैं। मुझे एक साथ दो तरह का अनुभव हो रहा था—बीत चुकने का और बीतने के स्थान से आगे देख सकने का। अपने को यह विश्वास दिलाने के लिए मुझे प्रयत्न करना पड़ रहा था कि पहला अनुभव अस्थायी है—केवल उन्हीं कुछ क्षणों तक सीमित—जबकि दूसरा इसके बाद एक अनिश्चित समय तक वैसा ही बना रहने को है। लौटकर घर के ज़ीने

से चढ़ा, तो खाने का डिब्बा फिर कमरे से बाहर रखा था। इस बार उसे देखकर मन हुआ कि उसे बाहर से ही उठाकर फेंक दूँ। उसे देखना ऐसे ही था जैसे बीते हुए से आगे आकर सहसा फिर अपने को उसके सामने पाना। एक उसांस के साथ मैंने कमरा खोला। ''बस अब दो घण्टे और इस तरह महसूस हो सकता है,'' अपने से कहा और गाड़ी के इन्तज़ार में प्लेटफार्म की बेंच पर बैठने की तरह अन्दर कुर्सी में जा धँसा।

अब मन समय की रफ्तार से उदासीन नहीं था। लग रहा था कि उस घर में, या वहाँ से बाहर, कभी समय उतना धीरे-धीरे नहीं बीता। कलाई की घड़ी में सेकेण्ड की सूई इतनी मरियल चाल से घूमती लग रही थी कि मन होता था कि डायल खोलकर उसे उंगली से घुमाने लगूँ। साथ के पोर्शन में कोहली की तैयारी पूरी हो चुकी थी। उसके कुली सामान ढोकर नीचे जा रहे थे। उसे तीन बजे की गाड़ी से जाना था, इसलिए वह काफी हड़बड़ाहट में था। शारदा से फिर भी वह बहुत मुलायम ढंग से बात कर रहा था। जितना गुस्सा था वह सब कुलियों पर निकाले ले रहा था। मैंने तीन आदमियों के लिए कहा था, तो तुम पाँच आदमी क्यों आए हो ? मैं पैसे तीन आदमियों के ही दूँगा, तुम चाहे और भी दो साथ ले आओ। एक-एक आदमी एक-एक चीज़ उठा रहा है ! तुम लोग समझते हो कि हमारे पास हराम का पैसा है···?

खट्-खट्···थप्-थप्···त्वाप्-त्वाप्···हुई आः। सामान उतर गया। ताला लग गया। कोहली और शारदा की आवाज़ भी ज़ीने से उतर गई। मैंने शुक्र किया कि जाते हुए उन लोगों ने मेरा दरवाज़ा खटखटाकर कुछ कहने की ज़रूरत न समझी। ऊपर की पूरी खाली मंज़िल पर अब मैं बिलकुल अकेला था—अपनी खामोशी और अस्थिरता का अकेला साक्षी।

कमरे में आने के बाद से उदासी का झीना परदा धीरे-धीरे गहरा होता गया था। जैसे मेरे अन्दर का कोई अंश ढहकर बैठता जा रहा था जिसे मैं उठाए रखने की कोशिश कर रहा था। ''मुझे अब क्यों ऐसा लग रहा है ? इसकी तो कोई वजह ही नहीं है ?'' बार-बार अपने से यह कहते हुए मुझे झुंझलाहट हो रही थी। ''मुझे इस समय सुबह से ज्यादा हल्का महसूस करना चाहिए था। पर मैं तो अपने को सुबह जितना भी हल्का महसूस नहीं कर पा रहा !''

एक बार मन में आया कि क्यों न कुछ देर पहले ही सामान उठवाकर वहाँ से चल दूँ। शाम की बस से जाने का निश्चय इसीलिए तो किया था कि नीचे पहुँचकर बड़ी लाइन का सफर शुरू होने से पहले अपने को ज्यादा सोचने का समय न दूँ। नीचे तक छोटी पहाड़ी गाड़ी में जाने से अपने को इसलिए बचाया था कि आगे कहाँ का टिकट लेना है, इस समस्या का सामना करने से और कुछ समय बचा रहा जा सके। तीन दिन पहले बुधवानी ने जब सीट के लिए पूछा था, तब उससे कह

दिया था कि मैं एक दोस्त की प्राइवेट गाड़ी में नीचे तक जा रहा हूँ। उसे शायद लगा था कि पैसे की बचत के लिए ऐसा कर रहा हूं। पर मन में मेरा कार्यक्रम था कि स्टेशन की विदाइयों से अपने को बचाकर चुपचाप शाम की बस पकड़ ली जाए। नीचे उस समय पहुँचा जाए जब आगे की गाड़ी लगभग चलने को हो। पहला सफर कहाँ तक का होगा, यह निर्णय उस आखिरी क्षण पर छोड़ दिया जाए जब टिकटघर की खिड़की के सामने खड़े होकर टिकट बाबू को पैसे देने होंगे। पर वही द्वन्द्व ज़िसके लिए तब अपने को समय नहीं देना चाहा था, अब चुपचाप कमरे में बैठकर घड़ी को देखते हुए मन में उभर रहा था—'मुझे यहाँ से आखिर जाना कहाँ है ?'

दो बजे तक का समय किसी तरह निकाल लेने के बाद उस असमंजस को टालते हुए वहाँ और बैठे रहना लगभग असम्भव हो गया। 'मुझे यहाँ बन्द होकर बैठने की वजह से ही इतनी अस्थिरता महसूस हो रही है,' मैंने अपने से कहा, 'एक बार सड़क पर पहुँच जाने के बाद ऐसा महसूस नहीं होगा।' पर कुलियों से तीन, पौने तीन बजे आने को कह रखा था। इसलिए तब तक वहाँ से निकल चलना सम्भव ही नहीं था। मैं मन में न सिर्फ उनके आने की प्रतीक्षा कर रहा था, बल्कि साथ ही फकीरे या काशनी के आने की भी, क्योंकि मॉली क्राउन से कह रखा था कि साढ़े तीन बजे क्वार्टर उसे बिलकुल खाली मिलेगा। चाहता था कि उसके आने पर वहाँ के फर्श उसे उतने ही साफ मिलें जितने उस दिन जिस दिन पहली बार मुझे वह क्वार्टर दिखलाया गया था।

दो बजे के ज़रा ही देर बाद पीछे जमादार वाली सीढ़ी पर ऊपर आते कदमों की आहट सुनाई दी। मैंने जल्दी से जाकर उधर का दरवाज़ा खोल दिया। काशनी टूटे हुए मर्दाना जूते पहने बाहर खड़ी थी। "तुम आई हो ?" मैंने इस तरह उससे पूछा जैसे उसके आने का विकल्प मेरे दिमाग में रहा ही न हो।

"मेरा आदमी साब की कोठी पर है।" वह जानी पहचानी जगह पर आने की तरह अन्दर दाखिल होती बोली, "उसे आने में देर लग जाती, इसलिए मैं आप ही आ गई हूँ।"

वह कमरे में आकर एक तरफ खड़ी हो गई। इन चीज़ों की तरफ उसने देखा भी नहीं जो मैंने छाँटकर अलग कर रखी थीं। खामोश आँखों से मुझे देखती जैसे किसी चीज़ की प्रतीक्षा करती रही।

"ये सब चीजें हैं।" कुछ क्षणों के भोंडे विराम के बाद मैंने कहा।

उसने उड़ती नज़र से उन सब चीज़ों को देख लिया। उसके बाद भी कुछ क्षण उसी तरह खड़ी रही। फिर कुछ ऐसे भाव से जैसे घर बुलाकर मैंने उसका अनादर कर दिया हो, दो-दो चीज़ों को उठाकर बाहर ले जाने लगी। बिना किसी उत्सुकता या आग्रह के। छाँटते समय मुझे प्यालियाँ, डस्टर और नाड़े उतने बेकार नहीं लगे थे जितने उस समय लगे। उसका उन्हें उठाना मेरा अहसान लेने की तरह नहीं, मुझ

पर अहसान करने की तरह था। निर्विकार भाव से अन्दर का ढेर बाहर पहुँचाकर वह फिर मेरे सामने आ खड़ी हुई। "अब जाऊँ ?" उसने कुछ इस तरह पूछा जैसे कि उसे अब भी कहीं लग रहा हो कि मैंने सिर्फ इतने काम के लिए उसे नहीं बुलाया हो सकता।

कमरे में उसके आने के बाद से ही हरी घास की-सी एक हल्की गन्ध भर गई थी। वह शायद तब से घास छीलती रहकर आई थी। मैंने उसके शरीर का आकर्षण पहले भी बहुत बार महसूस किया था। पर उस समय वह आकर्षण एक चुनौती की तरह सामने था। उसके पूरे हाव-भाव से यह स्पष्ट था कि वह किसी भी क्षण मेरे अपनी ओर बढ़ आने की प्रतीक्षा में है। पर साथ उसमें एक उपेक्षा भी थी—कि कोई भी पुरुष उसके लिए इतना बड़ा नहीं है कि उसके साथ शारीरिक घनिष्ठता को वह बहुत महत्त्व दे।

"और कोई काम तो नहीं है ?" कुछ देर चुप रहने के बाद उसने फिर पूछ लिया।

"और कोई काम···" मैं कुछ अव्यवस्थित भाव से अपने आसपास देखने लगा—निश्चय कर सकने से पहले थोड़ा समय लेने के लिए। पूरा घर अकेला था। मैं दिन-दहाड़े वहाँ कुछ भी करता, उसका कोई साक्षी नहीं था। जिस मनःस्थिति में उसके आने से पहले था, उसका कुछ उपचार भी शायद इससे हो सकता था। वहाँ से चलने से पहले कुछ ऐसा करना जिसे कर सकने से पहले बाधा महसूस होती, उस पूरे वातावरण के प्रति अपनी वितृष्णा प्रकट करने का एक उपाय भी हो सकता था। एक ही झटके में मैं स्कूल से, शोभा से और आसपास की सब चीज़ों से एक तरह का प्रतिशोध ले लेने का एक सुख प्राप्त कर सकता था। 'क्यों नहीं ?' मेरा मन अन्दर से मुझे धकेल रहा था। 'तुम ऐसा क्यों नहीं कर सकते ?' पर मेरी आँखें उसके मैले कपड़ों के भीतर एक और मैलेपन की आशंका से ठहरी हुई थीं।

"अच्छा, तो चल रही हूँ मैं···" वह कुछ अधीरता के साथ बोली। वह मुझे सोचने के लिए उतना समय देने के लिए तैयार नहीं थी। यह शायद उसे अपना अपमान लग रहा था।

मैं निश्चय फिर भी नहीं कर पाया। "ठीक है," मैंने अटकते स्वर में कहा, "फकीरे से कह देना, मैं उसे याद कर रहा था।"

वह तिरस्कृत होकर तिरस्कृत करते ढंग से सिर हिलाकर चुपचाप बाहर को चल दी। ठप्-ठप्-ठप्-ठप्···उसके फटे जूते की आवाज़ गुसलखाने से बाहर पहुँच गई।

'तुम डरपोक हो,' मेरा मन अन्दर से मुझे लानत दे रहा था। 'अगर तुम्हारे मन की बाधाएँ इसी तरह बनी रहेंगी, तो तुम क्या कभी भी अपने को मुक्त महूसस कर पाओगे ?'

मैं भी गुसलखाने से होकर बाहर गैलरी में आ गया। वह पीठ मेरी तरफ किए

चीज़ों को समेट रही थी। मेरे बाहर आ जाने पर भी वह उसी तरह काम में लगी रही, जैसे कि मेरे आने का उसे पता ही न चला है। मुझे लग रहा था कि निर्णय के लिए अब ज़रा भी समय मेरे पास नहीं है। एक बार वह सीढ़ी से उतर गई, तो निर्णय अपने-आप ही हो जाएगा—दूसरी तरफ से। मैंने जैसे अन्दर से अपने को चाबुक मारना शुरू किया। 'क्यों तुम चुपचाप खड़े इस क्षण को यूँ ही बीत जाने दे रहे हो ? अगर तुम कुछ भी करते हो, या उससे तुम पर कुछ भी असर होता है, तो तुम उसके लिए किसके प्रति उत्तरदायी हो ? क्यों बिना परिणाम की बात सोचे अपने सामने के क्षण को स्वीकार करने का साहस तुममें नहीं है ? क्यों तुम अपने अन्दर की सारी रुकावटों को तोड़ने की पूरी तैयारी करके भी अब तक इस तरह उनसे घिरे हुए हो ?''

वह सामान अपने पटके में बाँधकर खड़ी हो गई। चलते हुए एक बार उसने मेरी तरफ देख लिया—ऐसी नज़र से जैसे जिस व्यक्ति को उसने अन्दर छोड़ा था, उसकी जगह मैं कोई और ही अजनबी व्यक्ति होऊँ। वह सीढ़ी पर पाँव रखने जा रही थी, इसलिए अधिक सोचने का समय नहीं था। ''सुनो,'' मैंने सहसा निश्चय करके उसे पीछे से आवाज़ दे दी।

वह रुक गई। उसकी आँखों में कुछ वैसी ही चमक भर गई थी जैसी उस दिन हाल के अन्दर देखी थी।

''एक मिनट अन्दर आना ज़रा...'' कहकर मैं जल्दी से कमरे में आ गया। वह तुरन्त मेरे पीछे नहीं आई, जैसे अपनी जगह पर खड़ी कुछ सोचती रही। फिर सामान की गठरी गैलरी में छोड़कर गुसलखाने में आ खड़ी हुई।

''यहाँ आओ, अन्दर !''

वह अन्दर आ गई। मैंने सहसा उसे अपने साथ सटा लेने की कोशिश की, तो वह इस तरह सट आई जैसे कि वह रूई और कपड़े की बनी एक पुतली हो—बिना किसी तरह के विरोध या प्रयत्न के मैंने छः-आठ बार उसके होंठों, गालों और गरदन को चूम लिया। फिर भी उसमें जान नहीं आई। वह जिस तरह चुपचाप अपने को मेरी बाँहों में छोड़े थी, उससे लग रहा था कि उसके लिए इस सबका कोई विशेष अर्थ ही नहीं है—वह उसी निर्जीव भाव से उस सारी प्रक्रिया में से गुज़रकर चुपचाप अपनी गठरी उठा लेगी और ठप्-ठप्—बिना पीछे देखे सीढ़ी से उतर जाएगी।

उसके शरीर की जो गन्ध पास से महसूस हो रही थी, वह उसकी उपस्थिति की गन्ध से काफी अलग थी। मैल और पसीने की वह गन्ध, उसके उस विशेष भाव के कारण, मेरा भी उत्साह ठण्डा किए दे रही थी। फिर भी उस हद तक आगे बढ़ आने के बाद अब अपने को पीछे हटा लेना सम्भव नहीं लग रहा था। उस तरह उसकी आँखों में पराजित होने की स्थिति में मैं अपने को नहीं देखना चाहता था। मैंने आहिस्ता से उससे फर्श पर बैठ जाने को कहा, तो वह चुपचाप बैठ गई।

लेटने को कहा तो उसने लेटकर आँखें मूँद लीं।

इस तरह तो कुछ भी सम्भव नहीं है, मुझे लगा। इसे कम-से-कम अपनी आँखें तो खुली रखनी चाहिए। "सुनो···" मैंने हल्के से उसे हिला दिया।

उसने आँखें खोल लीं। सिवाय हल्की बेसब्री के उनमें और कोई भाव नहीं था।

"तुम···ठीक-ठाक तो हो न ?" यह सवाल, जिससे तब भी मैं अन्दर ही अन्दर लड़ रहा था, सहसा मेरी जबान पर आ गया। उसके निश्चेष्ट भाव, चेहरे की झाइयों और बाँहों तथा पिंडलियों की रूखी चमड़ी ने जैसे इसके लिए मौका दे दिया। वह कई क्षण एकटक मुझे देखती रही। उस नज़र से पहली बार लगा जैसे उसके अन्दर कोई चीज़ जाग गई हो। उसके होंठ पल-भर सिकुड़े रहने के बाद हल्की घृणा की मुस्कराहट से फैल गए। साँस पहले से तेज़ चलने लगी। उसने आहिस्ता से सिर हिला दिया। फिर जैसे और स्पष्ट करने के लिए धीमी आवाज़ में कहा, "नहीं।"

मेरी बाँहें जो उसके आधे शरीर को एक गठरी की तरह साथ सटाए थी, सहसा परे सरक आने को हुईं। पर मैं चेष्टा से उन्हें उसी स्थिति में रखे रहा। कुछ क्षण हम चुप रहकर जैसे एक-दूसरे को तोलते रहे। "तबीयत खराब है तुम्हारी ?" मैंने अपने भाव को स्वर से ढकने की चेष्टा की। पर ढीली पड़ती बाँहों ने उसे और भी स्पष्ट कर दिया।

उसका शरीर कुछ हिला—अपने को मुझसे अलगा लेने की चेष्टा में। मेरी बात का उत्तर उसने सिर्फ पलकें झपकाकर दिया।

हम दोनों जान गए थे कि वह प्रकरण अब अपनी समाप्ति पर है। फिर भी अपने को पूरी तरह अलगा लेने से पहले अभी बीच की कुछ मंजिलें तय की जानी थीं।

"कोई खास बात है या···" मेरे हाथ उसके शरीर से हटने को हुए, तो साथ ही उसके भी हाथ उन्हें हटाने के लिए उठ आए। अपने कपड़े ठीक करती वह संभलकर बैठ गई। उसके होंठों पर वही मुस्कराहट फिर उभर आई थी। मैं अपनी बात का उत्तर पाने के लिए उसे देख रहा था। पर वह जैसे अपनी मुस्कुराहट से उत्तर दे चुकी थी। "खास बात क्या होनी है ?" फर्श से छिली अपनी कुहनी पर आँखें टिकाए वह बोली, "कुछ दिन पहले छोटा आपरेशन हुआ था मेरा। अभी पूरी तरह ठीक नहीं हुई।"

"छोटा आपरेशन, यानी···"

वह उसी तरह अपनी कुहनी को देखती रही। "समझते नहीं आप ?" और उसकी मुस्कराहट कुछ अधिक स्पष्ट होकर फैल गई। मुझे लगा कि मेरी बनियान के अन्दर कुछ नमी उभर आई है—बासी पानी की सतह पर हल्की काई की तरह। उसकी बात जैसे सीधे खाल के मुसामों में जा धंसी थी। उसके चेहरे पर उपहास का-सा भाव था। शायद उसी के कारण उन कुछ क्षणों के लिए वह मुझे खासी बदसूरत लगी।

"तुमने पहले क्यों नहीं बता दिया ?" मेरे स्वर में तुरशी भर आई—एक जूनियर मास्टर और चपरासी की बीवी के भेद को फिर से स्थापित करती। ओछा पड़ने की खीझ मन में लिए मैं उठकर गला साफ करने खिड़की के पास चला गया।

"आप पूछते तो बता देती।" मेरे लहजे से अप्रभावित वह अवहेलना के स्वर में बोली, "मैंने तो आप ही की वजह से नहीं बताया।"

"मेरी वजह से ?"

"आप लोगों का कुछ पता थोड़े ही न होता है ? कोई बता देने को अच्छा समझते हैं, कोई न बताने को।"

मैं कुछ देर बिना कुछ कहे खिड़की पर झुका रहा। ख्याल था कि इसके बाद शायद वह अपने-आप उठकर चली जाएगी। टप्-टप्-टप् बरफ की बूँदें छज्जे से टपक रही थीं। सामने देवदार के पत्तों पर जमी बरफ हवा से नीचे छितरा रही थी। हिश्छाप··· छत पर फैली बरफ की चादर का एक बड़ा-सा टुकड़ा टूटकर नीचे आ गिरा। गिरने के साथ वह इस तरह चूरा हुआ कि बरफ की अपनी शकल रह ही नहीं गई।

"मैं जाऊँ अब ?"

मुझे फिर पीछे देखना पड़ा। वह उसी तरह बैठी थी। आँखों से कुछ टटोलती और प्रतीक्षा करती उसका पूछने का ढंग ऐसा था जैसे कह रही हो कि वह जाने लगे तो मैं फिर से वापस नहीं बुलाऊँगा ? मैंने चुपचाप सिर हिला दिया। वह मुँह में हल्के से कुछ बड़बड़ाती हुई उठ खड़ी हुई।

"क्या कहा है तुमने ?" मैंने उमड़ते गुस्से के साथ पूछ लिया।

"कुछ नहीं···कहना क्या है अब ?" और वह गुसलखाने की तरफ बढ़ गई। फिर दहलीज के उस तरफ से बोली, "जाकर बीबीजी से मेरी नमस्ते कह देना।" साथ उसने जिस नज़र से मुझे देखा, उसमें सान पर घिसे चाकू की-सी काट थी। ठप्-ठप्-ठप्···उसके जूते की आवाज़ गैलरी से होकर सीढ़ी पर पहुँच गई।

मैं और भी कई मिनट खिड़की के पास बाहर देखता रहा। छज्जे से टपकती बूँदें—मोम की बूँदों की तरह बड़ी-बड़ी। टप्-टप्-टप्। नीचे झाड़ियों में से गुज़रकर जाती वह हवा को थपकियाँ देती देवदार की बाँहें। खाली सड़क। रौंदी हुई बरफ। ऊपर माल को जाता लहरिया रास्ता। सिर उठाकर देखने पर माल की मुंडेर। सब कुछ रोज़ की तरह खाली। निस्तब्ध।

हाथ फैलाकर छज्जे से टपकती बूँदों को मैं हथेली पर लेने लगा। तत् तत् तत्···। मोटर-स्टैंड का वेटिंग रूम। बिस्तरों, बक्सों, गठरियों, स्त्रियों, पुरुषों तथा बच्चों से लदा। दमघोंटती बदबू—फर्श, बेंचों, दीवारों, पेट्रोल का धुआँ छोड़ती गाड़ियों, कीचड़ हुए बरफ के लोंदों, गैस के मरीज़ यात्रियों और रुके हुए पनालों की। भाग-दौड़—सामान यहाँ से वहाँ रखवाते, धक्कम-धक्के में टिकट खरीदते, झगड़ते और गालियाँ बकते मुसाफिरों की; नीचे से आती गाड़ियों के पीछे दौड़ते, अपने-अपने

टोकन खिड़कियों से अन्दर पहुँचाते और एक-दूसरे से मारपीट करते कुलियों की; तथा उस सबके बीच सुबह के अखबार, बासी फल और धूल-खाई मिठाइयाँ बेचते फेरी वालों की। पचीस आदमियों के बीच गुत्थमगुत्था होकर किसी तरह टिकट तो मैं ले आया था, पर सत्रह सौ इकावन नम्बर की बस जिससे सफर करना था, अभी नीचे से आई नहीं थी। मैं हर दो-चार मिनट बाद बाहर आकर घिचपिच खड़ी बसों के नम्बर पढ़ता था, नीचे से आ रही हर बस की आगे-पीछे की नम्बर-प्लेटें देखता था और उस खिंचते-कसते गुंझल से बचने के लिए वेटिंग हाल की सुरक्षित चौहद्दी में लौट आता था। वह सारा वातावरण ही जैसे एक छटपटाहट का था—हर चीज़ के वहाँ से निकल भागने की झटपटाहट का और न निकल पाने की मजबूरी का। हर चीज़ हर दूसरी चीज़ से उलझकर उसके और अपने रास्ते में रुकावट बनी थी। रास्ते में कुछ जगह लैंड-स्लाइड होने की वजह से उधर की गाड़ियाँ लेट आ रही थीं। इधर की गाड़ियां उनके बैरियर पार करने की प्रतीक्षा में रुकी थीं। पूरा मोटरस्टैंड एक ऐसे इंजन की तरह घरघरा रहा था जिसका एक्सीलरेटर जाम हो गया हो।

एक बुड्ढा आदमी था जो कई बार उधर से इधर और इधर से उधर सड़क पार कर चुका था। एक जीप थी जो पार्किंग के लिए जगह की तलाश में कभी दायें जाती थी, कभी बायें। स्टैंड के बीचोंबीच सन्तरों की एक टोकरी किसी बस के पहिये से कुचल गई थी और कई छोटी-बड़ी—हर उम्र के लोग मलीदा होने से बचे सन्तरों पर इधर-उधर से झपट रहे थे। मैं आठवीं बार वेटिंग रूम की सड़ांध से बचने के लिए फिर बाहर निकल आया था। एक बेबसी की नज़र सड़क पर डालता हुआ सोच रहा था कि क्या यह सम्भव होगा कि समय से नीचे पहुँचकर मैं आज कहीं की भी गाड़ी पकड़ सकूँ !

एक तरफ बदबू से सिर फटने को आ रहा था और दूसरी तरफ अंतड़ियों में भूख की कुलबुलाहट महसूस होने लगी थी। चलते समय रास्ते की जो योजना दिमाग में थी, वह सब गड़बड़ा गई थी। सोचा था, साढ़े पाँच बजे अधरास्ते के उस छोटे-से होटल में चाय पिऊँगा जिसका बुड्ढा मालिक हर आनेवाले की खातिरदारी के लिए स्वयं खड़ा रहता था। हर बार सफर करते हुए मन में आशंका रहती थी कि इस बार शायद वह वहाँ नहीं मिलेगा। पर उसे देख लेने पर एक आश्वासन-सा महसूस होता था कि इतना समय बीत जाने पर भी सब कुछ अभी उसी तरह है—कि उस बीच जो कुछ हुआ है, उसके होने से किसी चीज़ में कोई अन्तर नहीं आया। वह बुड्ढा सरदार जैसे एक सिग्नल था, जिसके डाउन होने के बाद ही ज़िन्दगी की पटरियाँ कोई वास्तविक रुख बदल सकती थीं। वैसा ही एक और सिग्नल था बैरा रामजस—नीचे के स्टेशन की कैंटीन का—जो साल भर बाद वहाँ जा बैठने पर भी उसी परिचय की मुस्कराहट के साथ मेज साफ करता था और खाना खाने से पहले झुककर पूछ लेता था, "वही आप वाला आर्डर ?" और सिर हिला देने पर अपनी

याददाश्त के प्रमाण के तौर पर सूप से लेकर कॉफी तक एक-एक चीज़ लाकर सामने रखने लगता था। सोचा था, साढ़े आठ बजे वहां पहुंचकर खाना खा रहा हूँगा—रामजस को बता रहा हूँगा कि इसके बाद शायद काफी दिनों तक मेरा इस तरफ आना न हो। पर छः बजने को थे और अभी यही पता नहीं था कि वहाँ से चलने में कितना समय और लगेगा। गनीमत थी कि कुलियों के साथ सामान भेज देने के बाद स्कूल के डिब्बे में से थोड़ा-बहुत खाना हलक से नीचे उतार लिया था। खाना उतना ही गन्दा और उबकाने वाला था जितना रोज़ होता था, बल्कि कुछ उससे ज्यादा ही, या शायद उस समय मुझे लगा वैसा था। पर साढ़े पाँच बजे तक अपने को भूख से सुरक्षित रखने के लिए, जैसे अपने आँख चुराते हुए, उससे थोड़ा बहुत पेट भर लिया था। अब ज्यों-ज्यों समय बीत रहा था, अपने शरमसार करता यह विचार मन में जाग रहा था कि जितना खाया था, उससे कुछ ज्यादा क्यों नहीं खा लिया, जिससे कि वह सुरक्षा कुछ देर और बनी रहती—कम-से-कम प्रतीक्षा का यह समय तो निकल ही जाता।

मुचड़ा हुआ टिकट हाथ में था। बस का नम्बर देखने के लिए उसे बार-बार जेब से निकाल लेता था। जितनी देर हो चुकी थी, उसी से लग रहा था कि चाय की जगह शायद खाना अधरास्ते के होटल में खाना पड़े और नीचे पहुँचने पर रामजस से सिर्फ एक प्याली चाय पी लेने का मौका न मिले। एक ख्याल यह भी था कि खाने के वक्त अधरास्ते का बुड्ढा सरदार भी अपनी जगह पर न मिला, तो यात्रा की शुरुआत से ही पटरी बदल जाने का एहसास न होने लगे—लगने लगे कि आगे का सब कुछ होने के अर्थ में उसका रूप अब निश्चित है···।

टिकट को सिगरेट की तरह गोल करके हाथों में मलता हुआ मैं सड़क के उस तरफ ढलान के घरों और उनसे आगे दाईं तरफ रेलवे शेड की छत को देखता रहा। छत पर बन्दरों की एक टोली अड्डा जमाए थी। पन्द्रह-बीस बन्दर थे—छोटे-बड़े और मझोले—जो छत के कंगूरों पर टहलते हुए आसपास की पूरी स्थिति का निरीक्षण कर रहे थे। वे शायद किसी एक तरफ धावा बोलने से पहले अपनी योजना निश्चित कर लेना चाहते थे। शेड के अन्दर से आता इंजन का धुआँ उनकी योजना को अपनी तरफ से एक दिशा दे रहा था। शायद यह वही इंजन था जिसे स्कूल-पार्टी की आखिरी गाड़ी ले जानी थी—उस पार्टी की जो एक रात नीचे के स्टेशन पर काटकर आगे जाने को थी। पादरी बेन्सन, बॉनी हाल, बुधवानी और कई लोगों की सीटें उस गाड़ी में बुक थीं। उस समय तक शायद वे सब स्टेशन पर आ चुके थे और इंजन के शेड से आने की प्रतीक्षा में पटरियों पर आँखें गड़ाए थे। मैं अब भी हाथ का टिकट फाड़कर उन लोगों के साथ उस गाड़ी में जा सकता था। बुधवानी बता रहा था कि उस गाड़ी में तेरह सीटें खाली बची हैं। लेकिन उन लोगों के बीच जाना फिर से उसी घेरे में लौटना था जिससे इतनी बेसब्री से अपने को बाहर निकालकर लाया था। एक बार स्कूल की सड़क पार कर आने के बाद से जिन चेहरों को मन से

बुझा देना चाह रहा था, नए सिरे से उन्हें अपने आसपास उभार लेने का अर्थ हो सकता था फिर से उनकी अपेक्षाओं के अनुसार निर्धारित होने लगना–उसी तरह बातें करना, सोचना, कुढ़ना और शायद बुधवानी के विनम्र सुझाव के अनुसार सीधे खुरजा तक का टिकट ले लेना। मैंने अपना ध्यान ज़बरदस्ती शेड की छत से हटाया और फिर अपने आसपास देखने लगा। हताश भाव से पनाले के किनारे बैठकर बीड़ियाँ फूँकते कुली। एक बस के नीचे लेटकर उसका साइलेंसर ठीक करता मिस्तरी। भीख के लिए हाथ फैलाए एक बुढ़िया और तीन बच्चे। सफर से मितली से बचने की गोलियाँ बेचता एक दवाईफरोश। एक घिनौनापन था जो उस पूरे वातावरण से मुझ पर घिरा आ रहा था, पर वास्तव में वह घिनौनापन क्या उस वातावरण में ही था ? मुझे लगा कि चलने के समय तक जिस शिद्दत से कुछ और चाह रहा हूँ। पर वह कुछ और क्या था ?

सुना कि सत्रह सौ इकावन नम्बर की बस खराब होकर बैरियर के पास रुकी है। अभी एक-डेढ़ घण्टा और लगेगा उसे ठीक होकर आने में। उतने समय के लिए सफर की शुरुआत का और स्थगित हो जाना मुझे उस समय अच्छा ही लगा। मैं एक बार फिर लौटकर वेटिंग रूम की चौहद्दी में गया, पर दस-बीस सेकेंड से ज्यादा वहाँ नहीं रुक सका। वहाँ रखे अपने सामान को इस नज़र से देखा जैसे उसे भी खामखाह साथ ढोकर ले आया हूँ, सामान जैसी ही चिढ़ अपने आप से भी हुई–कि क्यों मैं इस व्यक्ति को भी हर जगह साथ ढोने के लिए विवश हूँ, जो हर तरह से स्वतंत्र होने के लिए छटपटाता हुआ भी हर दो घण्टे में भूख की बात सोचने और उसका उपाय करने के लिए कुछ भी कूड़ा-कचरा पेट में भरने लगता है ? इस बार वेटिंग रूम से बाहर आना जैसे सामान और उस व्यक्ति दोनों से अपने को अलगा लेने की कोशिश करना था, जैसे कि दोनों को वहीं छोड़कर मुझे चुपचाप सड़क पर आगे कहीं को चल देना था।

मोटर-स्टैंड पर अंधेरा उतर रहा था। शेड के नीचे से इंजन फफ्-फफ्-फफ् धुआँ छोड़ता प्लेटफार्म की तरफ चला गया था। सत्रह सौ इकावन के प्रायः सभी मुसाफिर जो कुछ देर पहले एक-दूसरे से उस बस के विषय में पूछ रहे थे, अब इधर-उधर छितरा गए थे। मुझे रात को नीचे पहुँचकर कहीं की भी गाड़ी मिल सकेगी, इसकी अब सम्भावना नहीं रही थी। आसपास गाड़ियों, आदमियों और ढोए जाने वाले सामान की कुलबुलाहट तनाव के शिखर पर पहुँचकर जैसे वहीं ठहर गई थी। जाम होकर घरघराता इंजन अब सिर्फ घरघरा रहा था–जाम को तोड़कर आगे बढ़ने की कोशिश उसके अन्दर से जवाब दे गई थी। मैंने पास से गुजरते एक फल वाले को रोककर उससे दो बासी सेब ख़रीद लिए और सत्रह सौ इकावन के टिकट को एक हाथ से मसलता कचर-कचर सेब खाने लगा।

❑❑❑

Understanding Post 9/11 Cross-Border Terrorism in South Asia

U.S. And Other Nation's Perceptions

Understanding Post 9/11 Cross-Border Terrorism in South Asia

U.S. And Other Nation's Perceptions

Amulya K Tripathy
D. Santishree Pandit
Roshni Kujur

Ess Ess Publications
New Delhi

Understanding Post 9/11 Cross-Border Terrorism in South Asia
U.S. and Other Nation's Perceptions

ISBN: 978-81-7000-800-2

First Published 2016

Published by:
Ess Ess Publications
4831/24, Ansari Road,
Darya Ganj,
New Delhi-110 002.
INDIA
Phones: 23260807, 41563444
Fax: 41563334
E-mail: info@essessreference.com
www.essessreference.com

Cover Design by *Patch Creative Unit*

Printed and bound in India at Salasar Imaging Systems.

For the Students and Diplomats, Who will serve the Cause of International Peace and Harmony

Contents

Editor's Note

Terrorism is an age old phenomenon that has evolved into an international network and threatens international peace, democracy and development. Andrew Link later describes the "deliberate" harm caused by international terrorists movement as "Cross-border or transnational harm" that poses a serious challenge to national and international security.

According to Yonah Alexander, terrorism is "the use of violence against random civilian targets in order to intimidate or to create general pervasive fear for the purpose of achieving political goals". Terrorism is an organized instrument to achieve political objectives and can be defined as "an act or threat of an act of tactical violence by a group of trained individuals, having international linkage to achieve political objectives".

Terrorism today has changed from a vehicle of intra-state violence to a transnational phenomenon where loosely organized international network of terrorist use mercenaries, organized Crime Cartels, Sophisticated Weaponry and Modern Communication to operate from through and into various countries. International criminals and terrorist organizations have become intrinsically linked resulting in "Globalisation of Terror" as well.

The objectives of terrorism might have often rationalized on ethnic, religion, political and ideological grounds. But the prime targets of terrorist's acts are the innocent civilians and legitimate state authorities.

South Asia has a long experience of terrorism and cross-border terrorism.Since the Cold War period South Asia has been suffering by the terrorists activities.This book analyses the terrorist activities in South Asia and particularly Cross Border terrorism.It deals with the cross-border terrorism in India, Pakistan, Bangladesh, Afghanistan, Nepal and Srilanka.

The existence of international terrorist groups and their supporters in South Asia is identified as a threat to both regional stability and to the attainment of central U.S. policy goals. Al Qaeda forces that fled from Afghanistan with their Talibansupporters remain active on Pakistani territory, and Al Qaeda is believed to have links with indigenous Pakistani terrorist groups that have conducted anti-Western attacks and that support separatist militancy in Indian Kashmir.

This edited volume is an attempt to put together thoughts and perspectives of Indian and few foreign scholars thought on various aspects of this significant theme and join the ongoing endeavour worldwide and in South Asia particular to debate and discuss various dynamics and dimensions of this issue.

In the first chapter Sivani Baral and J.K.Baral said terrorism is not new to South Asia, particularly to India. It is there since independence. Further it is said the sources of terrorism are internal and external in nature. It is for quite some time there has been international consensus that Pakistan is the "epicenter of international terrorism". And Pakistan has sponsored terrorism in India since early 1980s. India's states of Jammu and Kashmir and Punjab were plagued by Pak-sponsored terrorist violence in 1980s.

Further they said Pakistan's war of terror against India has been asymmetrical. It is an undeclared and clandestine war. It is sending terrorists across the border into India. It is an attack on India's security, sovereignty and territorial integrity. It is an open violation of international law. But India, being committed and loyal to international law, would not pay back to Pakistan in its own coin. In an attempt to rebut the charge that it has been a sponsor of international terrorism, Pakistan emphasizes that it has not suffered less than any other country at the hands of terrorists. Pakistani commentators have argued that in recent years Pakistan has not been less victimised than India by terrorists. The terrorists have not only killed large number of civilians in Pakistan; they have also penetrated its defence establishments causing a lot of destruction and casualties. Malala Yousufzai, a school girl of Swat area, was lucky to survive a bullet hit on her head on 9 October 2012.

It is said about Pakistan's strategy of Good Terrorists and Bad Terrorists.Which is the double standard of Pakistan's approach towards counter terrorism.The article has analysed on Nuclear Terrorism, while discussing on Nuclear Weapons of Pakistan.It has discussed on China's role of terrorism in India.How China supports the insurgency in North-East and Maoists of Nepal.Here China too hardily speaks of Pak-sponsored terrorism.

The article further said Afghanistan is linked to terrorism in South Asia in more than one way. As said above, after the withdrawal of Soviet troops from Afghanistan in 1989, Pakistan diverted some of the Islamic veterans of the Afghan war to India's state of Jammu and Kashmir to cause terrorist violence. This led to a qualitative change in the Pak-sponsored terrorism in India.

About the US and terrorism in South Asia, there are broadly two contrary views. One, counter-terrorism cooperation between the US and India has increased and that the US has pressurized Pakistan to prevent the terrorists from using its soil to hit out at India. But the contrary view is that the US has done little to take Pakistan to task for its involvement in terrorist violence in India and that its stand on terrorism has been inconsistent and hypocritical. In order to deal with cross-border terrorism, India has also taken resort to diplomacy. At different levels the government of India has talked to its Pakistani counterpart to stop sending terrorists to India and to not allow them to use Pakistan's territory to perpetuate terrorist violence against India. Finally, the article has suggested policy options.

The second chapter attempts at length the relationship between terror internationally inflicted by the actors and terrorism espoused by weaker player as a tactic in asymmetric struggles, and roles that one could scarcely be fully understood without reference to the other. Geopolitics in South Asia is today largely determined by strategic goals, interests, pursuits of the USA and challenges which cannot be simplistically reduced to terrorism. There are more diffused forms of violence and insecurity and in particular the problem of poverty and inequality. Asian nations have largely ignored these threats and therefore do not consider alternate paradigms of society. The call for alternative programmes of sustainable development, alleviation of poverty and justice for the marginalised does not get a hearing in globalization in the new geopolitics of Asia. There is a clear need for sustainable model of human development and people's security.

In third chapter, it is said South Asia remains one of the most volatile regions on the globe, with the persistent threat of widespread transnational Islamist terrorism. Clearly, the response mechanisms evolved thus far have not been sufficient or effective. Indeed, a valid concern has often been voiced on whether the countries of the South Asian region have any coherent, consistent or effective policies against Islamist terror. American role in the South Asian affair can be classified in to two parts i.e. Cold War period and Post-Cold War period. Regarding US approach on terrorism in South Asia again differs in between pre-9/11 period and post-9/11 period. A great change in US approach towards South Asia witnessed after terrorist attack on American establishment on 9/ 11. Perhaps US could realize and agreed to the demand of India and other few nations about Pakistan as the epicentre of terrorism.

In the fourth chapter Roshni Kujur said,South Asia is the epicenter of cross-border terrorism.And India is worst sufferer.Further she said,it may be argued that as far as South Asia is concerned, the post 9/11 development worsened the security environment of the region. The South Asian countries decided to join the US led war against terrorism because of their own interests. India was prompt in offering its support in the hope that such a configuration of the situation in South Asia. Pakistan decided to join because of predictable economic incentives, the need to save its strategic assets and salvaging its Kashmir policy from total destruction. President Pervez Mushraff acceptance facilitated America's military needs of the moment and led to yet a commitment of aid to Pakistan, has earned the country the title "key ally".

The fifth chapter deals on Emerging Terror Threats; Challenges for Modi Governments.He said,since last few years we have witnessed decrease the act of terror on Indian soil. Kashmir is also comparatively peaceful and due to crumbling capability, Pakistan has not been able to promote terror activities within Indian soil as it was doing earlier. Of course gamut's of internal threats are still looming and it also remains a critical challenge for the Modi government. Out of 675 total districts of the country, over 200 are partially or entirely under the writ of the Maoists and that still remains a critical challenge for the government. It is also an open secret that there is a tacit understanding with these insurgents and their foreign masters as we have witnessed in Manipur case in June 2015. Nevertheless the mandate of this paper is confined to the external terror threats. Basically it has dealt Pakistan –Afghanistan based terror groups, their masters, role of Pakistani army and new in this series, Islamic State. Islamic state has officially declared that India is their target.Further it is said, Afghanistan has emerged as the nerve centre for competition between India and Pakistan since 'Operation Enduring Freedom' has been launched in October 2001 in the backdrop of 9/11 attack on New York and Washington. Afghanistan is also crucial for India.

It is vindicated with the fact that since October 2001 till date, terror acts have occurred in its bare minimum in India. Merely because that all major terror groups in Afghanistan are busy right now to safeguard themselves. Peace and stability in Afghanistan therefore is must for peace in India.

In this chapter the writer Atreyee Mitra has analysed how Nuclear terrorism involves the actual or potential use of nuclear materials to generate fear to achieve political goals. The presence of nuclear weapons in South Asia threatens to make regional conflict catastrophically costly. Nuclear tests conducted in May 1998 by India and Pakistan have consequences for the security and stability not only of South Asia but also of the broader Asia-Pacific region and the world at large. The vulnerability of weapons, tensions in South Asia, and the terrorist threat all create problems that extend beyond just a regional concern; they are, indeed, global issues. The threat of nuclear, or radiological, terrorism is not limited to the confines of the United States. South Asia continues to be a volatile region that hosts many militant groups and sources of radioactive material. Because of these and other factors, nuclear and radiological terrorism remains a frightening possibility in the region.

The seventh chapter deals on Nuclear Terrorism Threat Profile For India. The writers have said, Terrorism is violence created to build in fear, to create an atmosphere of alarm which in turn makes people to exaggerate the strength of terrorists. Since most terrorist groups big or small and do not carry out their terror actions frequently, the violence they plot must be deliberately shocking. In simple words terrorism is violence choreographed for its effect on an audience and terrorism is theater.Nuclear terrorism has two dimensions a. possibility of nuclear weapon with terrorists and b. chances for terrorists using the same. The intention to use the nuclear weapon is more dangerous as it is the fundamental concept based on which the idea to go after the nuclear weapon comes.

For India the threat is even worse as Pakistan treats India as its opponent country had had wedged war against India in the past. Along with this, it has also supported militants and terrorists groups against India. The support was so strong that Pakistan nationalists who were trained terrorists have conducted deadly attack on India's financial capital Mumbai. Pakistan has started its nuclear program only after India conducted its first nuclear tests. Pakistan's nuclear program has one single motive that is to defend and attack against India. Pakistan have also advocated against India in International bodies like United Nations Organisation. Further they said Pakistan has developed most of its nuclear assets through proliferation activities only, its nuclear programs were supported by People Republic of China which is against the Treaty on the Nonproliferation of Nuclear Weapons. Abdul Qadeer Khan (A Q Khan) who was considered as father of Pakistan's nuclear program used proliferation to start the nuclear program of the country.

In the eighth chapter D.Santishree Pandit and Rimili Basu have analysed how India and Sri Lanka relations in the Post LTTE period have been complex due to domestic pressures especially from the state of Tamil

Nadu and the compulsions of good neighbourhood policy in South Asia. Not surprisingly, with the world attention diverted towards Asia in the past century, and especially towards India and China, the Big Powers are visualizing the area from a global context, with complex issues in their agenda like the control of the Indian Ocean, energy security, demeaning China by supporting India, etc. In this context the concentric circle of relationship of India with her neighbours is also to be adjusted, since India is visioning to become a major power of Asia in the forthcoming centuries. Pangs of proximity have always haunted the relationships of India and her neighbours. Asia has become the centre of the New Cold war and the Indian Ocean an extremely important sea lane. However, compulsions of Big Power interference, overtly or covertly cannot be ruled out altogether.

Ninth chapters deals on Indo-Nepal Border: New Heaven for Terrorists and Smugglers.

It is said, in last twenty-five years or so, the terrorism has emerged as one of the most serious challenges to global peace and security. India is one of the most vulnerable countries to terrorism. India has been a victim of state sponsored terrorism emanating from Pakistan. Since early 1990s, Pakistan has been actively promoting and supporting many terrorist groups like Jash-e Mohammad, Hizbul Mujahidin, Harkat -ul Ansar and others, which have been engaged in organizing terrorist activities in Indian State of Jammu and Kashmir and other parts of the country. These groups have developed local connections in India. Indian Mujahidin is one such outfit, which organizes terrorist activities in India with the active collaboration of their Pakistan based mentors.

The government of India has taken preventive measures to check the cross border terrorism with fencing of Indo-Pak border and intensified patrolling of border areas. This has pressed terrorist groups to find alternative route to infiltrate in India. The Indo-Nepal cross border terrorism is the result of this emerging situation. Even in eighties, the Sikh militants used open Indo-Nepal border to infiltrate in India. The porous, hilly and not-properly managed Indo-Nepal border has facilitated the infiltration of mostly Pakistan based terrorists and other ultra elements in India. The ongoing civil turmoil and political transition in Nepal has further aggravated the situation. Further, the policy of Indian government to allow former Kashmiri militants to return to Jammu and Kashmir via Nepal under the surrender and rehabilitation policy has also prompted active terrorists to get transferred in the guise of surrendered terrorists. This policy was adopted due to the difficulties involved in accessing the routes along the India-Pakistan border. The activities of terrorists operating across Indo-Nepal border have increased in recent years. A suspected Hizbul militant Liyaqat Shah was arrested by the Delhi Police on 20 March, 2013 while crossing Indo-Nepal border near Gorakhpur. He was allegedly conspiring to carry out terror attacks in the national capital ahead of festival of Holi (Indian Express: 17 May 2013). Three Chinese nationals were arrested by Sashastra Seema Bal (SSB) while crossing Indo-Nepal border near Rupedhiya in Uttar Pradesh on January 17, 2011. They were taking pictures of some important installations near border. An Indian PAN card, two mobiles and a camera were recovered from them. They were booked for illegally entering country without valid Visa.

This chapter deals on Rise of Radical Islamist Ideology In Bangladesh and India's Policy. It argues that the rise of Islamic elements in Bangladesh is also a great threat not only for Bangladesh, but also for India. It has been seen, that India's foreign policy towards its less powerful neighbours has been given less importance in foreign policy drafting of India.

Bangladesh, has never been given the due importance in the foreign policy agenda of India. But now with the ongoing situation of rising Islamic elements , it is necessary to give serious consideration, so that Bangladesh should not become another Pakistan for India. This paper has dealt into the reasons and why should India be bothered with the rising Islamic forces in Bangladesh.

Further it is said that,theUnited States Institute of Peace report of 2007 looks at increasing Islamist violence in Bangladesh. The report shows that recent years have seen a deepening crisis in governance with continued politicization of civil society, deterioration of judicial independence, and diminishing rule of law and respect for human rights. Since the late 1990s, Islamist militancy has spread throughout the country, raising questions about Bangladesh's internal security and the consequences for South Asian regional security. The political environment of Bangladesh has been mired in conflict, as the two major parties the Bangladesh Nationalist Party (BNP) and Awami League (AL) are continuously fighting out for control of power and the country's resources. Another new development on the negative side is the continuous attack on the bloggers have further proved Islamic fundamentalism has taken a firm shape in the country. "These assassinations have opened a new front between the values of a syncretic, secular, humanistic Bangladeshi culture against a rigid worldview incapable of allowing difference to coexist," said Alyssa Ayres senior fellow for India, Pakistan, and South Asia at the Council on Foreign Relations, a major US think tank.

In this chapter, Indo-Bangladesh relationship have been analysed from a variety of perspective and the standard perception which reflected that terrorism is one among several contentious issues in this bilateral tie. This paper, by highlighting a broader definition of terrorism as a milieu of hatred, tension and distrust, on the contrary, reflects that terrorism is ingrained in the very establishment and evolution of Indo-Bangladesh relationship.The writer said, In the book *On the Shores of Politics*, Jacques Ranciere argues that a project of building a radically different society rests on an inspired characterisation of the power of democracy - but a power whose only value for Rancière is its negativity, its potential to tear up pre-existing arrangements, rather than its power to lay the foundations of a positive new order (Ranciere, 1995: 32-33). Taking cue from Ranciere, it can be stated that Indo-Bangladesh relation have been guided by the power of terrorism – the love-hate up-down trend in the evolution of Indo-Bangladesh relationship is basically a fallout of the understanding of terrorism both in its conventional meaning (criminal act) and the meaning attached in this paper (scared milieu) and so it is on the shores of terrorism that this bilateral relation plays itself. The negative power of terrorism has created a positive impact in uplifting the developmental cooperation targeted to remove the terrorist menace from the soil of both the country. Nevertheless as in other regions, so too in South Asia, the role of United States of America is crucial. If United States-Pakistan nexus comes to an end then it will give enough leverage for anti-terrorist arrangements in the region particularly between India and Bangladesh.

This chapter analysed on Geopolitical Rivalry in Afghanistan and its Implications for India.It is said,Pakistan is a critical player in Afghan end game. Without Pak support and acquiescence no Afghan solution is possible. The international community, regional stakeholders and Pakistan itself are aware of the centrality of Pakistan in Afghan imbroglio.

Pakistan wants to exploit this favourable situation in Afghanistan to its strategic advantage even at the cost of regional and global peace, security and stability. Withdrawal of Soviet troops and end of cold war had diminished the strategic significance of Pakistan. But 9/11 and subsequent US 'war on terror' and 'operation enduring freedom' revived the fortunes of Pakistan and it emerged again the frontline state in US war against Taliban regime of Afghanistan, who had harboured Al-Qaeda Islamic extremists including its chief Osama-bin-Laden, responsible for 9/11 and other Jihadi attacks on American installations. Pakistan offered logistical support to US and its allies in their military operation against the Taliban regime of Afghanistan. The US because of its hostility to Iran was left with no option but to accept Pak offer, who had earlier during cold war period had offered the same facility to the US and its cold war allies against the Soviet intervention in Afghanistan. India had also offered all possible assistance to the US in its 'war on terror' and 'Operation Enduring Freedom' but because of Pak concerns and sensitivities, the US politely declined Indian offer particularly in its Afghan mission.

It is said India and Pakistan cannot insulate against turmoil in Afghanistan. Therefore, like Pakistan, India too have high stake in the peace, security and stability of Afghanistan. However, Pakistan wants to keep India out of Afghanistan and has made it its foremost strategic objective in Afghanistan. Pakistan on the one hand has joined the US in its 'war on terror' and 'operation enduring freedom' in Afghanistan and on the other hand is providing safe haven to fleeing terrorists and jihadists from Afghanistan, thereby undermining the US efforts in Afghanistan and the world at large in riding it from the scourge of terrorism and religious extremism. Killing of Osama bin Laden, the global face/symbol of terrorism and Islamic Jihadism, in Abotabad, Pakistan, near an army cantonment by the US, is the testimony of Pak complicity with Taliban, al Qaeda and other jihadists.

What is the way out of this Afghan crisis created mainly by Pakistan perspectives in Afghanistan, which is primarily anchored in its policy of 'strategic depth' and 'strategic asset' conceptualised against India? Since Afghan crisis has regional and global implications any solution of it must have all regional and global stakeholders on board. Any effort to exclude any important stakeholder from the resolution of Afghan crisis will not produce desired result and Afghan wound will continue to fester, exacting heavy toll from the international community. Pakistan and the US are trying to exclude India and Iran respectively from any regional or global efforts for the resolution of Afghanistan crisis.

In this chapter Saroj Bishoyi said,India and the U.S. have been confronting the challenge of terrorism which pose serious threat to their economic development, terrorise citizens and their way of life. The two countries have shared views and interests to counter the terrorism. They have institutionalised their counterterrorism cooperation by establishing various bilateral mechanisms. India-U.S. counterterrorism cooperation has substantially expanded since the 9/11 incident. Counterterrorism cooperation under the JWG, CSF, DPG, CCI and homeland security dialogue have proved to be a useful mechanism for exchange of information, intelligence sharing, anti-terrorism training programmes and for strengthening institutional links between crime prevention agencies in the two countries. While these efforts have been useful and important, this area further calls out for greatly expanded cooperation between the two countries at the expert level. However, the gains for New Delhi from the American war against terrorism post-9/11 stand out – the ouster of the Taliban which had become a thorn in the Indian flesh and the international pressure on Pakistan to change its national course and stop cross-border terrorism in Kashmir. Neither of these could have ever been accomplished by India alone. It was only possible because of the United States military and diplomatic power to nudge Pakistan into at least promising to embark on a different path. Despite urging New Delhi to engage Pakistan, the U.S. continues to put pressure on it to act against terrorism.

In the last chapter Sudhansubala Das and Narottam

Gaan have said, Regional counter-terrorism efforts will only be as good as the national capacities of individual states to tackle militant networks. The Pakistani and Indian government have both acknowledged the need for a strong law enforcement apparatus to counter the menace of terrorism, and both countries face threats from the same extremists groups, which are bent on spreading a rigid and violent ideology in the region, and intensifying the conflict between these nuclear-armed neighbours. Further the article said,Pakistan's powerful and largely autonomous ISI is widely believed to have provided significant support for militant Kashmiri separatists over the past decade in what is perceived as a proxy war against India.They have dealt how combating terrorism is working in South Asia and Role of US and India.

This is a volume of very substantial articles contributed by scholars of repute from India and Abroad.This is a book of theoretical as well as practical situation of Cross-border terrorism in South Asia.It took long time to prepare it.And tremendous efforts have been given to compile it.We have not edited the chapters the way it should be done just to keep the originality of article and writers.All credits for good works go to individual authors.

Amulya K Tripathy
D. Santishree Pandit
Roshni Kujur

Contributors

Dr. Amulya K Tripathy
Department of Political Science
Science College (Autonomus) Hinjilicut,
Dist: Janjam, Odisha

Prof. Santishree Dhulipudi Pandit
Professor, Department of Politics &
Public-Administration,
Savitribai Phule Pune University,
Ganeshkhind, Pune-411 007
Maharashtra, India

Dr. Roshni Kujur
Department of Political Science,
Berhampur University, Bhanja Bihar,
Berhampur, Odisha

Ms. Sivani Baral
Ph.D. student in Political Science,
Utkal University, Vani Vihar,
Bhubaneswar-India

Prof. J.K. Baral
former Professor of Political Science
former Vice-Chancellor of Berhampur University,
Odisha, India.

Prof. Amiya K Paricha
Professor of Political Science (Emeritus),
Berhampur University, Bhanja Bihar,
Berhampur, Odisha

Dr. Sudhir K Singh
Department of Political Science,
Dayal Singh College, University of Delhi

Atreyee Mitra
Ph.D Research Scholar at Presidency University
Kolkata, West Bengal.

Dr. V. P Nedunchezhiyan
Associate Professor,
Department of Defence and Strategic Studies,
Gurunanak College

Ms. Kalyani Anantharaman
Research Scholar
Department of Defence and Strategic Studie
Gurunanak College

Prof. Dr. Ms. Santishree. D. Pandit
Professor-Department of Politics and
Public-Administration,
University of Pune, Pune-411007, India.

Dr. Ms. Rimli Basu
Research Fellow, C/O Prof. Dr. Ms. Santishree. D. Pandit
Department of Politics and Public-Administration
University of Pune, Pune-411007, India.

Dr. Arunoday Bajpai
Associate Professor and Head
Department of Political Science,
Agra College, Agra, U.P.

Chandreyee Chakraborty
M.A., M.Phil, Graduate Student,
Department of Political Science,
Central European University, Budapest, Hungary

Md Boby Sabur
Graduate Student, School of Public Policy,
Central European University, Budapest, Hungary

Mr. Pratip Chatopadhyaya
Assistant Professor, Department of Political Science
University of Kalyani, Nadia-741235, West Bengal

Prof. Tej Pratap Singh
Dept. of Political Science
Banaras Hindu University
Varanasi-221005

Dr. Saroj Bishoyi
Researcher at the North American Centre
IDSA, New Delhi

Dr. Sudhansubala Das
Senior Lecturer in Political Science
P.P. Dev Mahavidyalaya, Tigiria
Cuttack, Odisha

Prof. Narottam Gaan
PG Department of Political Science
Utkal University, Bhubaneswar, Odisha

1

Cross-border Terrorism in South Asia

Sivani Baral
J.K. Baral

INTRODUCTION

In the national/international contexts, political violence springs from several sources such as ethnicism, sectarianism, religious fundamentalism, disputes over resources and border and from security threat. These sources of violence are not mutually exclusive. They may overlap; two or more than two of them may co-exist and reinforce one another. Terrorism is political violence, though it does not exhaust the whole of political violence. Depending on objectives, context and strategic dynamics, political violence manifests itself in different forms and terrorism is one of these forms. For the practicing group/sponsoring state, terrorism is an instrument of its strategy aimed at terrorising the target (state/group) and forcing it to do something or to abstain from doing something. Terrorism involves indiscriminate use of violence against the target population – mostly civilians – though it is not unusual for the members of military, paramilitary and police to be the victims of terrorist violence.

Terrorism is not new to South Asia, particularly to India which has been a victim of terrorism almost from the early years of its independence. What is, however, relatively new to South Asia is cross-border terrorism which has haunted India since early 1980s.[1] The Khalistan movement was a Pakistani attempt to destabilise and divide India. Since 1989, Pakistan has been intensely sponsoring and abetting terrorism first in the state of Jammu and Kashmir and then in other parts of India.

The sources of terrorism are broadly internal and external. Some of the important internal factors are poverty, abuse or denial of freedom or human rights, the demand for regional autonomy or independence or the strong desire for ethno-religious identity.[2] Internal terrorism and external terrorism are not necessarily exclusive of each other. In South Asia there is significant linkage between them. Two manifest instances are Pakistan-sponsored terrorism in the Indian state of Jammu and Kashmir and the strong support given to the LTTE by the people of Tamil Nadu. In both cases there were or are some domestic roots. The local factors of terrorism are exploited by external powers having their strategic interests to promote. In some cases the external involvement is manifest; in some other cases it is not.

The focus of the present study is Pak-sponsored terrorism – its motives and objectives – and regional dimensions and political, strategic and diplomatic dimensions. It has also presented some policy imperatives to tackle this threat to national, regional and international peace and security.

TERRORISM: AN ACT OF REVENGE

For quite some time there has been international consensus that Pakistan is the "epicentre of international terrorism" and that it has sponsored terrorism in India since early 1980s. Militants indulging in terrorist violence in other countries like the US, Britain, Afghanistan, Bangladesh and even in China, which is Pakistan's most reliable and tested ally, have been trained in Pakistan.

India's states of Jammu and Kashmir and Punjab were plagued by Pak-sponsored terrorist violence in 1980s. The Khalistani violence which severely hit out at Punjab in the 1980s had the support of Pakistan. Towards the end of that decade, Pakistan, in an organised way, exported terrorism to the state of Jammu and Kashmir and later to several other parts of India.

In 1989 the Soviet troops retreated from Afghanistan. They were defeated and humiliated by Islamic militants of Afghanistan, though with external help and support. Pakistan, as an ally of the US, was a key member of the alliance in the Afghan war against the Soviet Union. This success in the war emboldened Pakistan to take on India. It thought that India could also be defeated by a Jihadi war. It engaged many Jihadis who found themselves 'unemployed' after the end of the Afghan war in a terrorist war against India. It sought to take revenge against India for the loss of East Pakistan by bleeding India into a thousand cuts. It financed, trained and armed these Jihadis and helped them infiltrate India.

The terrorists who were initially sent to India were mostly Pak veterans of the Afghan war. But, later, other Pakistanis were recruited as terrorists. In course of time the terrorist-recruitment net spread to Jammu and Kashmir and several other states of India. Training in terrorism is imparted in a number of camps located in Pakistan's Punjab province, in Pakistan-occupied Kashmir and in the tribal-dominated areas adjoining the Durand Line. Though estimates vary, it is suspected that there are about 40 terrorist camps in PoK alone.

Pakistan achieved independence in 1947 under the leadership of Mohammad Ali Jinnah. Jinnah, a Shia, wanted to see Pakistan grow as a 'secular' state. But the state funeral for him was performed in 1949 according to the Sunni tradition. In Pakistan, Sunnis constitute a big majority though Shias are a significant minority with about 20 per cent of the state's population. There are also Hindus and Christians whose numbers, though, are very small. For last three and half decades, Pakistan has been afflicted with communalism, sectarianism and terrorism which are interlinked. Islamic militants/ terrorists are Sunnis and their enemies are as much beyond the border as within. Shias, in large number, have been killed by Sunni militants; Ahmadiyyas have been subjected to hatred and discrimination. Christians and Hindus have also suffered from Islamist violence. Saudi Wahabism and fund have stoked Islamic fundamentalism in Pakistan; Islamic terrorism has grown from the proliferation of madrasses.

Pakistan has used terrorism as an instrument of state policy. Terrorism is aimed at punishing India for its alleged 'Bangladesh crime'. It is a policy of revenge. Pakistanis think that secession of Jammu and Kashmir from India through Pakistan's support to Kashmiri separatists will be its riposte to the separation of East Pakistan from Pakistan. It is Pakistan which is primarily guilty of having stoked both separatism and terrorism in Jammu and Kashmir. However, critics point to New Delhi's mistakes. It has been accused of having rigged the Assembly election in that state in 1987. Many Kashmiri youths, being frustrated and disillusioned, lost hope in India's democratic politics and joined the anti-India campaign orchestrated by the Pakistani government through its 'deep state' – the army-ISI combine.

Pakistan's sponsorship of terrorism against India is also a function of its domestic politics. The ruling elites, both political and military, hope to gain legitimacy by terrorising and severely harming India, the 'enemy' nation. Many times terrorist violence in India follows some crisis in Pakistan. Pakistan's military and ISI have used cross-border terrorism to maintain their power and dominance. To quote Ahmed Rashid, "The [Pakistani] army ... seeks to ensure that a balance of terror and power is maintained with respect to India, and the Jihadis are seen as part of this strategy".[3]

COST-EFFECTIVE AND ASYMMETRICAL

Pakistan seems to think that terrorism, as an instrument of its strategic policy, is cost-effective. In other words, Pakistan by playing the card of terror inflicts huge pain and loss on India without bearing much of cost in terms of money and blood.

Pakistan's war of terror against India has been asymmetrical. It is an undeclared and clandestine war. It is sending terrorists across the border into India. It is an attack on India's security, sovereignty and territorial integrity. It is an open violation of international law. But India, being committed and loyal to international law, would not pay back to Pakistan in its own coin. India would not perpetrate or even encourage terrorist violence in another country. It denies Pakistan's allegation that it is training/ arming/financing Baloch insurgents. Pakistan alleges that India's consulates in Afghanistan have been the conduits of its assistance to Baloch insurgents who are fighting for their independence/autonomy.[4]

NON-STATE ACTORS

In the face of open accusation by India in the wake of the terrorist attack on the Mumbai city on 26 November 2008 that the terrorists were sponsored by the Pak government – specifically by the Pakistani army and Inter-Services Intelligence (ISI) –, the Pakistani government tried to hedge itself behind the plea that those who attacked the city of Mumbai were "non-state actors". New Delhi rebutted this by arguing that the so-called "non-state actors" did not fall from heaven and that they belonged to Pakistan. They were 'sub-state' actions patronised by the Pak government.[5] New Delhi's contention was echoed by several other countries including the US which stated that it was Pakistan's responsibility to control the terrorists operating from its soil. Under international pressure the then President Asif Ali Zardari conceded that his government had the responsibility to prevent militants from attacking another country from its soil, but the government of Pakistan has not as yet admitted the complicity of its army and ISI in the 26/11 attack on Mumbai.

EQUALLY VICTIMS

In an attempt to rebut the charge that it has been a sponsor of international terrorism, Pakistan emphasizes that it has not suffered less than any other country at the hands of terrorists. Pakistani commentators have argued that in recent years Pakistan has not been less victimised than India by terrorists. The terrorists have not only killed large number of civilians in Pakistan; they have also penetrated its defence establishments causing a lot of destruction and casualties. Malala Yousufzai, a school girl of Swat area, was lucky to survive a bullet hit on her head on 9 October 2012. But the school students of a military cantonment near Peshawar were not so lucky. More than 150 school students succumbed to the firing by terrorists on 16 December 2014. In order to counter the criticism that India has been the worst victim of Pak-sponsored terrorism, Islamabad argues that Pakistan has been as much a victim of terrorism as India. Islamabad's contention, however, does not cut much ice, though the Manmohan Singh government seemed to have agreed with this. Unlike India, Pakistan has sponsored terrorist violence in several countries and it has been an important centre of the training of terrorists belonging not only to Pakistan but also to several other countries. Pakistan has not been able to prove its accusation that India has been encouraging and assisting Baloch insurgents.

"GOOD TERRORISTS"

In Pakistan's strategy, there are 'good terrorists' and 'bad terrorists'. The Pakistan Taliban which enjoys safe havens in the tribal-dominated areas of North West Frontier Province (renamed as Khyber Pakhtunkhwa) has, in the last several years, earned the ire of the Pak government by attacking governmental structures and assets. Until the other day it was in good terms with the Pakistani government. But the relations between them deteriorated after the Pak government, apparently under the US pressure, sent its troops to North Waziristan and South Waziristan to free these areas from domination by terrorists. The Pak Taliban, fearing the loss of its dominant status in the area, has retaliated by targeting both civilians and military people. No surprise, the government has dubbed the members of Pak Taliban as 'bad terrorists' while it has acclaimed the terrorists based in the east – in Pakistan's Punjab province and Pak-occupied Kashmir (PoK) – as 'good terrorists'. In other words, the terrorist outfits like Lashkar-e-Toiba and Jaish-e-Mohammad, which are embedded in Punjab, are good terrorist groups. These are 'good terrorists' because they indulge in terrorist violence against India. This differentiation between 'bad terrorists' and 'good terrorists', however, is neither logical nor credible, and New Delhi rightly rejects this. To New Delhi, Islamabad regards LeT and JeM as 'good terrorists' because they are in collusion with Pakistan's army and ISI whose dirty works they do by killing innocent people and destroying property and other assets in India.

This division of terrorists into 'good' and 'bad' terrorists is similar to Washington's classification of Afghan Taliban into 'good Taliban' and 'bad Taliban'. In Washington's eyes, those Taliban militants who are loyal to Mullah Omar and Hussain Haqqani are 'bad Taliban' and those who are inclined to join talks for a settlement are 'good Taliban'. This attempt of the US to sow division among Afghan Taliban has, however, failed. Similarly, "good terrorists" would turn out to be "snakes in Pakistan's backyard".

NUCLEAR TERRORISM

Nuclear weapons, Pakistan thinks, have given it the capability to wage a war of terror against India with impunity. It has no fear that India can escalate the level of conflict and retaliate by going for a full-scale war. In Pakistan's perception, its nuclear weapons have proved to be an effective 'equaliser' as well as 'deterrent' against India. Whenever India threatens, directly or indirectly, that it would severely punish Pakistan if it launches another '26/11' attack (terrorist attack on the city of Mumbai on 26 November 2008), the latter warns that it would respond with a nuclear strikes. Pakistan's nuclear warning seems to be working. India so far has been deterred from retaliating even though Pakistan's terror mischief has shown no sign of stopping. The linkage between Pakistan's nuclear weapon capability and its war of terror against India is established by the fact that it achieved nuclear weapon capability in 1987 and launched a terror war against India two years later with increased vigour and intensity.

The world is faced with a nuclear danger in the form of 'nuclear terrorism'.[6] There is intense fear that nuclear weapons may fall into the hands of terrorists. There are several reports that Osma bin Laden was keen on procuring atomic bombs and that there were meetings between him and some nuclear weapon scientists of Pakistan. From time to time the government of Pakistan has claimed that its nuclear command and control system is foolproof. Though more than once Washington has expressed satisfaction over this, yet it has also expressed concern about the fear of nuclear bombs falling into the hands of Pakistan or Pak-based terrorists. And this fear is not baseless in view of the close linkage between

Pakistan's 'Deep State' and some terrorist groups, and the success of terrorists in penetrating the military. The terrorist attack on the Mehran naval base in May 2011 testifies to this. PNS Mehran is only 15 miles away from Masroor Air Base where Pakistan's nuclear bombs are believed to be stored. Between 2005 and 2011, Pakistani militants had attacked three other nuclear facilities.[7]

After September 11, America's fear about nuclear terrorism is real. It is no longer impregnable; it can be penetrated with devastating consequences. This is what the terrorist attacks on New York city and the Pentagon on 11 September 2001 have taught Americans. A terrorist with a n-bomb can pierce through the US' defence wall. But Americans are perhaps more afraid of the possibility of Islamic militants hitting out at Israel, their closest ally in the region with n-bombs. Israel is the common enemy of the Islamic world and vulnerable to nuclear attack by terrorists. And Pakistan, it is feared, is the most likely source of nuclear scare. The US is spending a lot of money on strengthening Pakistan's nuclear command and control system against terrorist penetration. It is also lending technical knowledge to Pakistan to keep its nuclear arsenal safe.

FAULT LINES AND VIOLENCE IN CHINA

For many years in the past China supported insurgency in India's North-East. It trained, financed and armed the insurgent groups demanding independence or autonomy. Though insurgency in the North-Eastern states is still active, China's involvement has apparently come to an end or considerably decreased. Naxalites are allegedly linked to Nepali Maoists who, in turn, have links to China.

China hardly speaks on the Pak-sponsored terrorism in India. Though many countries including the US have come to realise that Pakistan is the epicentre of international terrorism, China would feign ignorance.

However, of late, on a few occasions, it has, reluctantly though, pointed to the training given in Pakistan to Uighur militants. Growth of Uighur terrorism which is most active in the Xinjiang province of China has forced it to take note of the threat from terrorists to its security and territorial integrity. The Uighurs, an important ethnic group living in China's western part, have resorted violence in support of their demand for independence. China is trying to suppress the Uighur terror by taking strong action against the militants.[8] Though China has fast grown to be a potential superpower, it is fraught with several faultlines capable of causing big explosions and huge political violence. It would have to contend with not only Uighur terror but also simmering disaffection and anger of Tibetans and the activists of Tiananmen Square. While Beijing blames India for supporting and nurturing Tibetan insurgency and accuses the West of hatching a "democracy movement" in China, it would continue to take severe action against Uighur militants though diplomacy and strategic interests would deter it from taking on Pakistan for its failure to stop the Pak-based terrorists who are training the Uighur militants. China cannot escape the blame for protecting terrorists. More than once it has prevented UN action against Pakistani terrorists. In June 2015 it did not allow the UN sanction against Zaki ur-Rehman Lakhvi, one of the main accused in the Mumbai attack case.[9]

AFGHANISTAN, THE 'STRATEGIC ASSET'

Afghanistan is linked to terrorism in South Asia in more than one way. As said above, after the withdrawal of Soviet troops from Afghanistan in 1989, Pakistan diverted some of the Islamic veterans of the Afghan war to India's state of Jammu and Kashmir to cause terrorist violence. This led to a qualitative change in the Pak-sponsored terrorism in India.

After the launch of the US-led war on terror in

Afghanistan in October 2011, Mulla Omar and his Taliban colleagues and followers fled to Pakistan and took shelter in the tribal areas across the border. These Taliban militants include the important leaders of the Haqqani group, the most violent among Taliban insurgents. They have been perpetrating terrorist violence in Afghanistan, but going back to their sanctuaries in Pakistan after each operation. Pakistan supports them as they are its 'strategic asset' in Afghanistan. They have attacked the Afghan government, the military personnel of the US and its allies and India's assets in Afghanistan. Several times they have attacked India's embassy in Kabul and some of its consulates in Afghanistan. A terrorist attack on India's embassy in Kabul on 7 July 2008 resulted in the death of 58 persons including two top officials and a number of employees of the embassy. These attacks were linked to Pakistan's ISI.[10]

On 23 May 2014 – three days before day Modi was sworn in as India's Prime Minister on 26 May 2014 –, India's consulate in Herat was subjected to a terrorist attack allegedly by Pak-based Lashkae-e-Toiba. Present in that function at New Delhi were SAARC leaders including Nawaz Sharif, Pakistan's Prime Minister.

The new government in Afghanistan headed by President Ashraf Ghani has tried to cultivate friendship with Pakistan even at the cost of India. President Ghani hopes that Pakistan will help in establishing peace in his country. But there is no sign of Taliban militants giving up terrorism. On the contrary, the US' drawdown has emboldened them to stick to the path of terrorism. India is faced with the challenges of dealing with Taliban terrorism. The US seems to be reconciled to the return of Taliban to dominance in Afghanistan. But that may drag this country to a new round of civil war. Further, the attempt of the Islamic State (IS) to have its presence in Afghanistan would provide more of confusion, lawlessness and terror in that country.[11]

US' DOUBLE-STANDARD

About the US and terrorism in South Asia, there are broadly two contrary views. One, counter-terrorism cooperation between the US and India has increased and that the US has pressurized Pakistan to prevent the terrorists from using its soil to hit out at India. But the contrary view is that the US has done little to take Pakistan to task for its involvement in terrorist violence in India and that its stand on terrorism has been inconsistent and hypocritical. For a long time the US almost closed its eyes to the violent actions of militants in India's states of Punjab and Jammu and Kashmir. In 1980s, Khalistanis supported and aided by Pakistan, indulged in terror in the Punjab. In 1980s and 1990s the US did not take seriously New Delhi's allegations that Pakistan was guiding and helping terrorists in perpetrating violence in Jammu and Kashmir and in other parts of India. Far from blaming Pakistan, the US described Kashmiri militants as "freedom fighters" and criticised India's security personnel for 'violating human rights' of those militants who, though, challenged India's sovereignty and threatened its territorial integrity. It was simply 'double standard' practiced by the US: the soldiers, police and civilians of India who were killed by Pak-backed militants/terrorists did not have human rights, but their killers had human rights. The US was then soft on Pakistan-sponsored terrorism in India because Pakistan was an important component of America's Afghan strategy as well as its strategy for oil and gas of Central Asia.[12]

9/11, to a significant extent, proved to be a dividing line; it virtually forced the US to revisit its policy on terrorism and its attitude towards Pakistan.[13] Though Pakistan was taken as an ally in the war on terror launched in October 2001 and rewarded with substantial amount of aid by the US, yet its links with terrorists came under international scanner. The US kept a close eye on the activities of terrorists based in Pakistan. It specifically targeted the Afghan Taliban and the Haqqani group having safe havens in Pakistan's tribal areas bordering Afghanistan. But it turned a Nelson's eye to India-focused terrorist outfits based in Pakistan's Punjab province. The US seemed to echo Pakistan's thesis of 'good terrorists' and 'bad terrorists'. From the point of view of America's strategic interest, Afghanistan, since 9/11, has demanded more of its attention than India in respect of terrorism and, as a result, it has been more concerned about the activities of terrorists in Afghanistan than in India. As Pakistan is considered as indispensable to the success of America's Afghan strategy, the US government has been reluctant to take a serious view of Pakistan's collusion with terrorists even after the assassination of Osama bin Laden in Abbottabad on 2 May 2012.

To Americans, terrorism is more real and dangerous in West Asia including Israel and in Europe than in South Asia. India's suffering caused by terrorists has lower priority for them than the terror threat to Israel.[14] But they ignore the fact that terror today is, to a great degree, transnational and that India and Israel, in the ultimate analysis, are vulnerable to same terror or to interrelated terrors.

The US' response to Pakistan's links with terrorists has fluctuated. One moment it takes a hard look, the next moment it becomes soft. After the terrorist attack on India's Parliament on 13 December 2001 – which happened only about two months after September 11 – Ms. Condoleeza Rice, US Secretary of State under President George W. Bush (Jr.), visited New Delhi and Islamabad. At New Delhi she took a hard look at Pakistan's failure to control terrorist groups operating from its soil. But after landing in Pakistan, she praised Pakistan for its cooperation in the war on terror. The same was true of the Obama administration saying one thing in New Delhi and another in Islamabad. Ms. Hillary Clinton, the US Secretary of State, warned Pakistan that the snake in its backyard would bite not only the neighbour but also itself. But, before long, she praised Pakistan for taking action against terrorists. John Kerry, the present Secretary of State, has continued with the same pattern of avoiding nailing Pakistan for its involvement in terrorist violence perpetrated in India. Many in India considered Kerry as 'pro-Pakistan' when he was a Senator.

Though, of late, the US has agreed with the allegation about Pakistan's link with transnational terrorism, it continues to argue that Pakistan is "part of the solution, not part of the problem". There is clear contradiction between these two positions, but Washington has its compulsion. The key factor is Afghanistan. The US cannot indict and punish Pakistan for its terror link because it needs Pakistan for the success of its Afghanistan strategy.

INDIA'S RESPONSE

India has been a victim of cross-border terrorism. Pakistan has been the main culprit, though the role of several other countries like Bangladesh, Nepal and, above all, China has not been above board. Pakistani terrorists have entered India through western borders or through Nepal and Bangladesh whose borders with India are open and porous. China has been accused of training India's North-Eastern insurgents and helping them enter India.[15]

In India the governments have been changed. The ruling party, while in opposition, criticises the government for its failure to effectively tackle the menace of terrorism. But after it comes to power, it meets the safe fate. The pattern of India's failure to stop cross-border terrorism has been repeated again and again. It would not be correct to say that New Delhi's policy on terrorism has been only *reactive*, not *proactive*. In fact, the government of India, present as well as past, has taken some preventive measures, but without success. India has strengthened the border defence mechanism. But, due to several factors, it has not been able to completely seal the borders on all sides. These factors include physical terrain and diplomatic consideration.

India's attempt to prevent the infiltration of terrorists through borders – especially in western border and the Myanmar border – has often involved physical encounters resulting in deaths of terrorists/India's soldiers. The infiltrators from Pakistan are not all full-time terrorists; they may be Pakistani soldiers or intelligence agents. Even when they are the members of terrorist groups, they are often backed by Pakistani army. Quite often India's security forces confront Pakistani terrorists very much inside India – even in the heart of Kashmir city. These encounters have led to deaths. On either side, though terrorists are generally overpowered by India's security personnel.

Pakistani terrorists are entering India from west, north and east. They are killing civilians and destroying property. But India is not doing the same. India cannot do that because that is violation of international law. But that has been India's strategic weakness which forces it on the defensive. There are suggestions that India should secretly send its agents to Pakistan to perpetrate violence in that country. India is also urged to use Tibetans based in India for causing unrest and violence in Tibet and other parts of China. But law as well as morality deter India from doing this.

In order to deal with cross-border terrorism, India has also taken resort to diplomacy. At different levels the government of India has talked to its Pakistani counterpart to stop sending terrorists to India and to not allow them to use Pakistan's territory to perpetuate terrorist violence against India. In bilateral talks between the two countries, terrorism has almost always figured. At times New Delhi has stopped talking to Pakistan for the latter's failure to control terrorists and to bring to book those who were responsible for terrorist attack on

Mumbai city on 26 November 2008. It is emphatic that terrorism and talks cannot go together. New Delhi is committed to the policy of 'Zero tolerance' of terrorism. S.M. Krishna, the then External Affairs Minister of the Manmohan Singh government, stressed that India would revive the dialogue with Pakistan which was suspended in the wake of 26/11 only after the latter took 'some credible action against terror infrastructure'.[16] The Modi government has refused to revive talks with Pakistan as the latter continues to collude with terrorists who want to destabilise and destroy India.

On more than one occasion India has resorted to coercive diplomacy as a means of putting sufficient pressure on Pakistan to stop causing terrorist violence against it. For example, in reaction against the terrorist attack on its Parliament on 13 December 2001, India mobilised its troops in huge number along the Pakistan border. The operation, codenamed *Operation Parakram*, lasted for about 10 months leading to similar military exercise by Pakistan. This was virtually an eye-ball to eye-ball confrontation. It is debatable if the *Operation Parakram* yielded any concrete result.[17] After demobilisation of troops by both sides, Prime Minister Atal Behari Vajpayee and President Pervez Musharraf met at Agra which failed to make any progress in ending terrorism and establishing peace in the subcontinent.

POLICY OPTIONS

1. Terrorism is self-defeating; it is suicidal. Any country which directly or indirectly encourages/helps terrorism invites threat to its security. It is, therefore, imperative that neither Pakistan nor India sponsors or abets terrorist violence in the other country.
2. Terrorism is not merely violence phenomenon. It has also social, cultural, economic and political dimensions. Therefore, a multipronged attack on terrorism is warranted.

3. Tackling terrorism which often spills over across the border or afflicts even a distant country requires well-coordinated and calibrated transnational initiatives and measures.
4. The UN and several countries like the US and Britain have the power to help India effectively deal with Pak-sponsored terrorism. But many times it has been disappointed by their actions or lack of action. Important powers like the US have their own interests and agendas: their cooperation and help in counter-terrorism is contingent upon their calculation of strategic and other benefits. Sounding a note of realism, Brajesh Mishra, the National Security Advisor to the Vajpayee government, says that while fighting cross-border terrorism, India is virtually "friendless".[18] While seeking support and cooperation from others, India needs to be both physically and psychologically prepared to fight alone its war on terror.
5. Intelligence-sharing and strategy coordination would greatly help tackle transnational terrorism. The member-states of SAARC have concluded a Conviction on Terrorism. Under this Convention, they are required to share intelligence on terrorism and not to allow their territory to be used by terrorists. But some of these member-states, particularly Pakistan, have not honoured this Convention. India has also got intelligence-sharing arrangement with several other countries including the US and Britain. The counter-terrorism cooperation between India and the US has been praised by some policymakers and analysts.[19] But New Delhi complains that these states have not been sincere in sharing terrorism-related information with it. Both US and Britain were aware of Pakistani agents doing the recce of potential targets of Mumbai before 26/11. But they did not clearly share that

with the government of India. The US shared only 'generic information', not 'actionable intelligence inputs'.[20] It will be very difficult to pre-empt terrorist attacks and destroy terrorists unless the international community is united in the fight against terror. Mere agreements would not do; they need to be implemented in both letter and spirit.

6. India's fight against Pak-sponsored terrorism would be a long haul. Because of nuclear danger, India would not go for an all-out war against Pakistan. And Pakistan seems to be feeling confident that neither the US nor China would take punitive action against it. While it is China's most trusted ally, the US would not antagonise it due to strategic consideration. And the UN, unless backed by consensus among the five permanent members of the Security Council, would have little power and desire to take on terrorist Pakistan. Pakistan's weakness for terrorism might have greatly increased owing to the US' 'defeat' in Afghanistan. Pakistan's Army, having vested interest in the perpetuation of conflict with India, is unlikely to stop the export of terrorism to the latter. Pakistan's terror war is difficult to be contained from outside. But this may be contained from within. Pakistan may be forced to stop aiding and abetting terrorism if it fears that its very existence is threatened by continuation of this policy. The sooner the government and people of Pakistan realise the self-destructive nature of terrorism, the more secure they are and *vice-versa.* It will be prudent for India to patiently calibrate its response to Pak-sponsored terrorism and to avoid any kind of military adventurism.

REFERENCES

1 Sivani Baral and J.K. Baral, "Terrorism and Counter-terrorism: US, India and Pakistan", in Amulya K. Tripathy,

Post 9/11 United States-India Relations, Reference Press, New Delhi, 2013, pp. 343-356.

2 Mahmood Ahmad Muzafar, "Terrorism in South Asia: Anatomy and the Root Causes", *ISOR Journal of Humanities and Social Sciences*, Vol. 20, Issue 1, January 2015, pp. 31-32.

3 Ahmed Rashid, "Pakistan on the Brink", *New York Review of Books*, 56/10, 11 June 2009, pp. 14-15.

4 J.K. Baral, "The Afghan Game: Interests and Moves", *Strategic Analysis*, Routledge.

5 Brahma Chellaney, "Fighting Terrorism in Southern Asia: The Lessons of History", *International Security*, Vol. 26, No. 3, Winter 2001-2002, p. 94.

6 Paul Leventhal and Brahma Challaney, "Nuclear Terrorism: Threat, Perception and Response in South Asia", *Terrorism*, Vol. II, No. 6, 1988, pp. 447-470.

7 Chidanand Rajghatta, "Pak Nuke Security in Focus", *Times of India*, 24 May 2011.

8 John Cherian, "Sparks of Separation", *Frontline*, 31 July 21009, pp. 132-134.

9 *Deccan Chronicle*, 24 June 2015.

10 Mark Mazzetti and Eric Schmitt, "Pakistanis Aided Attack in Kabul, US Officials Say", *New York Times*, 1 August 2008.

11 *Deccan Chronicle*, 17 June 2015.

12 Peter Seymonds, "The Taliban, the US and the Resources of Central Asia", *World Socialist Website*, International Committee of the Fourth International, 24 October 2001, p. 6.

13 J.K. Baral and J.N. Mahanty, "The US War against Terrorism: Implications for South Asia", *Strategic Analysis*, Vol. 26, No. 4, October-December 2002, pp. 508-518.

14 Timothy D. Hoyt, "India and the Challenge of Global Terrorism: The 'Long War' and Competing Domestic Visions", in Harsh V. Pant, ed., *Indian Foreign Policy in a Unipolar World*, Routledge, 2013, p. 92.

15 Shankar Roychowdhury, "The 'Why' Factor", *Deccan Chronicle*, 22 June 2015.

16 Soutabh Shukla, "In the Hot Seat", *Frontline*, 8 June 2009, pp. 54-55.

17 S. Kalyanaraman, "Operation Parakram: An Indian Exercise in Coercive Diplomacy", *Strategic Analysis*, Vol. 26, No. 4, October-December 2002, pp. 478-492.

18 Brajesh Mishra, "Foreword", *Counter-Terrorism in South Asia*, N.W. Publishers Pvt. Ltd., 2011, p. xxii.

19 Shiv Shankar Menon, "Keynote Address" *Ibid*, pp,. xvi-xvii; Polly Nayak, "Prospects for US-India Counter-Terrorism Cooperation: An Historical Perspective", *Ibid.*, pp. 21-32.

20 Manan Kumar, "India Snubs on Headley Case", *New York Express*, 27 October 2010.

2

Global War Against Terror: Implications for South Asia

Amiya K. Paricha

One of the first steps in developing counter-terrorism strategy should be to identify the conditions and circumstances that are believed to motivate or ignite terrorist violence and keep it simmering. The element of combating terrorism is usually captured under the root causes, a label that is unsatisfactory for a host of reasons. If a front end casual analysis does not take place it is flawed, the resulting strategy may be successful in dealing with immediate symptoms and manifestation of terrorism. But we fail to ameliorate or address those factors that sustain support over the longer term. We have seen efforts on the part of individual nations to understand and address root causes, but no sense of urgency and no sustained attention. Internationally, we have yet to see shift from similar rhetoric to collective action. The obstacles and objections standing in the way of genuine progress on a root cause strategy are daunting probably too daunting to overcome.

Almost a decade after the end of Cold War, South Asia, a strategic backwater[1] for policymakers in the United States, emerged as an important arena of US foreign policy concerns. It was but natural that India, the most important power in South Asia, should surface as a crucial player and natural partner of American administration. In recognition of India's increasing global stature and economic growth, there was a rethinking among US policymakers on the need for greater engagement with India. Propelling such thinking was the increasing political and economic clout of

Indian Americans, particularly in the US Congress, where the India and Indian American caucus is currently the largest of all country-specific caucuses.[2]

End of Cold war, it was widely believed, would develop within the context of an integrated international economic system based on the principles of free market. As this new world order emerged, it was assumed that serious threats to international stability would decline commensurably.

However, the initial euphoria that was evoked by the end of Cold war has now been replaced by a growing sense of unease that threats at the lower end of conflict spectrum may soon assume greater prominence. Such concern has been stimulated largely by the remarkable fluidity that now characterizes international politics, in which it is no longer apparent exactly who can do what to whom and with what means.[3] Moreover, it appears that in this new world order, violence and the ready to risk and inflict death is increasingly being used by the weak not so much as a means of expressing identity, but as a way of creating it.[4]

Indeed for much of the Cold war the threats posed by a variety of internal insurgent groups posed arguably the most significant threat. Many organizations were prepared to employ limited and sporadic terrorist tactics as part of their overall operational mandate for the following reasons:

- Terrorism is an expensive method of warfare that

can achieve relatively effective results, giving it a low cost / high yield potential;

- By utilizing psychology of fear, terrorism can artificially inflate the perceived strength and power projection of a group among a wide number of people;
- By involving acts that are designed to attract maximum publicity, terrorism can project even the most for flung group to the forefront of national, regional or even global attention; and
- Terrorist acts involve comparatively title personal risk to the perpetrators and for less than more conventional forms of organized violence.[5]

In a globalised world, the concomitant problems of transborder linkages between international drug cartels, organized crime and terrorism, and their potential intersection with weapons of mass destruction compelled a rethink among US policymakers on the need of co-operate with powerful emerging countries such as India to respond to those threats at a regional level. At the same time, US policymakers were discovering a critical need to find a counter-weight to a rising China. In any event, for the United States, the rise of a powerful India represented a singularly positive opportunity to advance its global interests and the building of a close partnership with New Delhi.

India's strategic interest in Asia are twofold: ensuring security in its immediate neighbourhood and protecting India's interests, including its economic and energy needs, in the rest of Asia and Middle East. Indian policymakers seek capabilities that would equip India to make its presence felt in the area, from the Persian Gulf to Southeast Asia and to respond if necessary to other kinds of contingencies.

India's national security policy is based on the premise that its immediate neighbourhood is dangerous and that regional instability from neighbouring countries fuels India's internal insurgencies. India's relationship with Pakistan has been troubled from the start and has often been sticking point for the United States. India has traditionally discouraged direct US involvement in the regions geopolitics. Improved relations with the United States, however, have brought Indian and US Policies into close alignment on problems in Nepal, Bangladesh and Sri Lanka.

Beyond the immediate South Asian region, India's broader concerns in Asia include ensuring the security of India's lifelines for trade, investment and most importantly, energy Indian security analysts draw a distinction between the promising area to India's east and the troubled region to India's west. The fact that Indian officials see their economic relations in Asia as a security issue is in itself an indication of how their view of security has broadened in the past decade. Maritime security in the Indian Ocean has become an increasingly important strategic concern as India's energy need continue to grow.[6]

In the west by contrast, India believes that instability and Islamic extremism could spill over from Afghanistan and central Asia, to India's detriment. India's need for energy supplies makes the Persian Gulf a particular concern.

WASHINGTON'S STRATEGIC INTEREST

In the past, the two areas of major US strategic interest were the western pacific and Middle East and the Persian Gulf. The increasing US focus on political and economic relationship in Asia and the rise of China and India have increased India's strategic importance in US eyes. India's democratic heritage, impressive economic performance and civilian control of the military are all seen as attractive factors in pursuing closer strategic relationship. US expects India to play a major role in shaping Asia's strategic environment.

In spite of differences and failures of US non-proliferation hopes, US opted to engage rather than isolate India. This resulted in remarkable series of high level discussions. Not since 1960's had the two countries engaged each other in such a serious and sustained fashion. New Delhi in particular valued these meetings.[7] The civil nuclear energy cooperation between United States and India portends profound changes to the nuclear non-proliferation regime and a significant shift in strategic relations.[8]

India and United States are possibly two countries with maximum terrorist threat in different forms. Indo-US counter terrorism cooperation therefore is a sine qua non. While the perception of threat may differ, a common aim of pursuing capacity building can provide both countries major advantages from energy.

The India US counter terrorism cooperation initiative seeks to further advance the cooperation between two counties in counter terrorism as an important element of their bilateral strategic partnership. The initiative, inter alia, provides for strengthening capabilities to effectively combat terrorism, promotion of exchanges regarding modernization of techniques, sharing the best practices on issues of mutual interest, establishment of procedures to provide mutual investigative assistance, exchanging experience and expertise on part and border security, enhancing liaison and training between specialist counter terrorism unit including National security Guard with their US counterparts.[9]

The beginning of Indo-US counter terrorism cooperation in early 2000 was rooted in India's growing, global and economic importance. India's experience of being the target of externally promoted terrorism, provided context behind the need to setup a mechanism of cooperation for United States, which too had witnessed attacks by Al Qaeda.

Indo-US counter terrorism cooperation gathered momentum following 9/11 attacks. India offers substantial support to the United States in its counter terrorism efforts in Afghanistan. This era marked the development of the concept of strategic partnership and natural allies. This further led to cementing ties and remarkable progress in the sphere of security cooperation, with an increased focus on counter terrorism cooperation. Needless to mention that the need for greater ties with India has been periodically stated by US officials. Nicholas Burns lauded for stronger Indo-US relations and called for two more giant steps that must be taken to achieve a global partnership, greater bilateral counter terrorism cooperation and a stronger military partnership includes defence sales.[10]

The bilateral defence cooperation between the United States and India, which had grown significantly during this period, is viewed by many as the most transformed relations between the two countries. US policymakers essentially view the defence cooperation with India in the context of common principles and shared national interests such as defeating terrorism, preventing weapons proliferation and maintaining regional stability". The new framework for the India-US defence relationship of June 2005 emphasized defeating terrorism and violent religious extremism as one of four shared security interests. It called for bolstering of mutual defence capabilities required for such goal.

India and United States have this embarked on cooperative endeavours in the military and political spheres. Both have launched numerous counter terrorism initiatives and have undertaken wide spectrum of joint military exercises.

In the post 9/11 scenario the perceived sense that

the two countries are victims of terrorism has strengthened their resolve to fight the scourge. In pursuance of this aim, India and United States supported the UN Global counter terrorism strategy adopted by the UN General Assembly in September 2006 and have pursued the approval of the draft UN Comprehensive Convention on International Terrorism.

Recognition of the threat from the linkage between organsied frame and terrorism have been further reflected in the greater cognizance that US agencies have taken of the links between terrorists groups based in Pakistan. The increased linkages between criminal network and terrorist groups in weapons procurement, shared routes, training, funding and providing manpower have given India and United States valuable opportunities for cooperation in fighting organized crime through effective anti-terror financing measures. Throughout the 1990s, potential transnational security threats has been identified by number of government and non-government reports.

Furthermore, new focus of combating international terrorism will in some cases require extraordinary means, such as the use of pre-emptive action under certain circumstances. If a clear link between terrorist and rouges states with WMD capability is established, preventive war will even be seriously considered. While it is challenging to justify to other nations the necessity of pre-emptive action, the United States will seek to strike a balance between maintaining international coalitions and reserving the right and capacity to act alone to the best extent possible. Without a doubt, this will be one of the most intense challenges for US foreign policy in the years ahead. The mentality of being 'either with us, or against us' will likely remain a strong undercurrent in the US approach to coalition building in the anti-terrorism campaign.[11]

Sustaining broad international support in the overall intelligence, military and public diplomacy effort is critical to the long term success of US anti-terrorism campaign. Furthermore, the US will continue to send a message through diplomatic and other channels that it is in the interest of mature democracies to stand together, along with US, against the horrors of terrorism. The great challenge for the United States in this effort is to explain is the vital connection between terror threats in others parts of the world and US foreign policy priorities.[12]

There has been perceptual difference between the two countries on counter terrorism cooperation. The problem areas range from perceptual differences to differing threat perceptions to how best to prosecute the global war on terrorism. There are also differences in the two countries domestic strategies and legal framework in combating terrorism. The Patriot Act has evoked considerable debate as it has either clashed with constitutional provisions and laws or has abrogated them, violating the due process of law.[13]

India also has enacted many special security laws to deal with the challenges arising from terrorism. Like the Patriot Act, Terrorist and Disruptive Activities (Prevention) Act, 1987 was marked by accusations of abuse. While the Indian perception of the US legal framework for counter terrorism is viewed as a curtailment of individual freedom and intrusive US state Department officials view India's counter terrorism efforts as being hampered by its outdated and overburdened law enforcement and legal systems.[14]

One aspect that has generated greater amount of concern in India and US is the relationship between terrorism and the regional politics of nuclear weapons. The region is characterized by the active presence of terrorist who have the potential for indiscriminate mass violence, and by the growth of nuclear tensions, particularly after both the countries tested in 1998. The longstanding hostility between India and Pakistan has the potential to facilitate nuclear radiological terrorism in a number of ways.

Assembled but undeployed weapons could be stolen or taken by force. Even if they are directly not usable, the threat to use them would still be credible. After all, nuclear weapons possessed by state are said to be non-usable, but have powerful strategic effects. Materials obtained elsewhere can be used for attacks. Pakistan and former Soviet Union are potential sources of such material.

Fear of nuclear or biological attack inevitably dominates counter terrorist thinking. It accounts for concerns over potential development of advanced technology by 'rouge states'. Efforts to prevent the theft of fissile material have been slow to get off the ground and the use of a dirty nuclear device remains a real threat.

In this respect the challenge to both the countries is to see that terrorists do not get any support from outside - be in terms of money, arms, training or even moral support. Terrorist groups who operate at the local level cannot create as much damage to the society as those who receive external aid. However, one reality with regard to terrorist groups is their complex and wide network all over the world.[15]

It has not been widely assumed that principal characteristic of 21st century international relations are turning out to be non-polarity: a world dominated by not one or two or even several states but rather by dozen of actors possessing and exercising various kinds of power.

Twentieth century started distinctly multipolar. With the end of the Cold war and the demise of the Soviet Union, bipolarity gave way to unipolarity – an international system dominated by one power, in this case the United States, But today power is diffuse and is described as non-polarity.

In contrast to multipolarity which involves several distinct poles of concentration of power – a non-polar, international system is characterized by numerous centres with meaningful power.[16] The increasing non-polar world will have mostly negative consequences for the United States - and for much of the rest of the world as well. It will make it more difficult for Washington to lead on those occasions when it seeks to promote collective responses to regional and global challenges, with particular reference to counter terrorism strategies.

Non-polarity will also increase the number of threats and vulnerabilities. These threats can take the form of rogue states, terrorist groups, energy producers that choose to reduce their output. Thus, with so many more actors possessing meaningful power and trying to assert influence, it will be more difficult to build collective responses and make institutions work.

Iran and the effort other countries to become nuclear power is a result of non-polarity. And due to non-polarity, Washington cannot manage alone. US is dependent on others to support political and economic sanctions on other country's attempt to become nuclear. A greater deal can and should be done to shape a non-polar world. Order will not just emerge. To the contrary, left to its own devices, a non-polar world will become messier overtime.

Strengthening homeland security in both the countries is also crucial. India and US still retains capacity to improve the quality of international system. Terrorism like disease cannot be eradicated. There will always be people who cannot be integrated into societies and who pursue goals that cannot be realized through traditional politics. And sometimes, despite the best efforts of those entrusted with homeland security, terrorist succeed. What is needed, then, are steps to make society more resilient something that requires adequate funding and training of emergency responders and more flexible and durable infrastructure. The goal should be to reduce impact of even successful attacks.

Resisting the further spread of nuclear weapons and unguarded nuclear materials, given their destructive potential may be as important as any other set of undertakings. By establishing internationally managed enriched uranium or spent-fuel tanks that give countries access to sensitive nuclear materials, the international community could help countries use nuclear power to produce electricity, rather than bombs. Security assurances and defensive systems can be provided to states that might otherwise feel compelled to develop nuclear programmes of their own to counter those of their neighbours. Sanctions backed by armed forces - can be introduced to influence the behaviour of would be nuclear states.

Even so the question of using military force to destroy nuclear or biological weapons capabilities remains. Pre-emptive strikes – attacks that aim to stop imminent threat – are widely accepted as a form of self-defence. Preventive strikes – attacks on capabilities when there is no indication of imminent use – are something close altogether. They should not be ruled out as a matter of principle, but nor should they be dependent on.

Combating terrorism is also essential to the non-polar era is not to turn into dark age. There are many ways to weaken existing terrorist organizations by using intelligence and law enforcement resources and military capabilities. And more important, governments must find ways of integrating alienated young men and women into their societies, something that cannot occur in the absence of political and economic opportunity.

India and United States have to work jointly to enhance their capacity to prevent state failure and deal with its consequences. This will mean establishing a civilian counterpart to the military reserves that would provide a pool of human talent to assist with basic nation building tasks. Continuing military and economic assistance will be vital in helping weak states in meeting their responsibilities to their citizens and their neighbours.

Indo-US cooperation in counter terrorism is thus based on national consensus and will continue whichever party is in power in New Delhi, the USA's counter terrorism cooperation with Pakistan is not based on such a political consensus in Pakistan. Hence it is felt that India should, therefore focus on counter terrorism cooperation with the US in the meeting the likely threats from new terrorism i.e., nuclear terrorism. India has high skill asses relating to information technology (IT). This asset if further developed intelligently, could make India a valuable partner of the US in countering the terrorism of tomorrow and bring value addition to the present cooperation.[17]

US Indian counter terrorism cooperation has expanded considerably in recent years. Despite the wide-ranging anti-terrorism cooperation, a lingering trust deficit pervades the relationship and prevents deeper cooperation on specific regional threats. Indian analysts believe the US has been reluctant to assist the Indian government in the investigations related to terrorism in Jammu and Kashmir to spare embarrassment to Pakistan.

For India, terrorism has been largely a homeland security issue. India's neighbours have figured prominently in its terrorism concerns. By the late 1990's India had faced violence linked to ethnic, ideological and religious insurgencies. The second and third of these attracted cross-border support from Pakistan.

Indian observers have long monitored official US views on terrorism for evidence of progress toward adopting New Delhi's optic Islamabad. For years, they were frustrated by what they saw inconsistencies and backsliding in public statements and in the state department's report.

In contrast to India, US senior officials before 9/11 viewed terrorism mainly as a threat to US interests abroad. The investigations of attack on World Trade Centre by Islamic terrorists uncovered plots for multiple bombings and assassinations there, highlighting the threat to homeland security. US counter terrorism experts, turned their attention to the shifts underway from secular to religiously based terrorism, from state supported terrorist groups with traditional structures to networks, and from targeting Americans abroad to targeting them United States.[18]

Change in South Asian Regional dynamics like peace between India and Pakistan could help to open up new areas of cooperation between India and United States. While the South Asian Association for Regional Cooperation (SAARC) has adopted a counter terrorism protocol similar to that of United Nations, trust among South Asian nations has been particularly low on terrorism related issues. Indo-Pakistani tensions have stymied SAARC based efforts to expand cooperation in numerous areas.

On terrorism, there has been good cooperation between India and United States. Though this is likely to grow further, the quality of information sharing must improve. But the main issue of Pakistan's support for terrorism has not been resolved. Recent Wikileak revelations show that there is a dissonance between US public postures and private assessments. The United States is aware of the nature of the beast but is either unwilling or unable to do very much. The United States has not been able to persuade Pakistan to discontinue supporting terrorist groups working against India and also to take action against the perpetrators of the Mumbai attacks.

But to take full advantage of the opportunities to enhance Indo-US counter terrorism coordination, both sides will have to work on enhancing trust and confidence in their respective counter terrorism strategies. The US and India will have to increase their mutual understanding of the core national security interests that drive their counter terrorism objectives and demonstrate the pre 9/11 regional narratives on the issue are no longer relevant.

Geopolitical environment of a country or a region changes from time to time. Since the 1990's, with the end of cold war and disintegration of Soviet Union, the global bipolar geopolitical structure disappeared changing also the geopolitical structure of the Asia-Pacific region. The war on terror has again altered the geopolitical landscape considerably increasing US hold on Asia. Geopolitics in South Asia is today largely determined by the strategic goals, interests, pursuits of the USA and response of India and Pakistan to it.

India was one of the first, if not the first, to declare unequivocal support for the US war on terror. There was a deliberate departure from the decades - old policy of refusing to get down into military entanglements with any power. The US involvement in South Asia today is of a scale unprecedented. Barak Obama during his visit to India said, "Afghanistan and Pakistan are the central front in American's war against terrorism and the deteriorating situation in the region poses grave threat to global security. He added that this is the central front in our relationship against extremism and terrorism.[19]

South Asia has been one of the most volatile regions of the world. The nature of its volatility and that of the conflicts has been redefined by the US led war on terror in which the rulers of the region have joined. Tensions within the region have been heightened and conflicts have been made more intolerable as states sought to be defined in terms of interests and objectives in the region or in a framework imposed by it.

FRAMING SOUTH ASIAN CONFLICTS UNDER THE WAR ON TERROR

There are serious limitations in applying the dominant perspective of terrorism and the framework of the war on terror in South Asian conflicts. The American discourse has taken on a totalizing and purely military perspectives, one that leaves little room for negotiations with terrorists. While the US might be able to sustain such a war like policy given that its enemies are still largely externally based, the countries of South Asia are faced with military and extremism that have immediate internal repercussions. In other words, the war is being bought home, not just fought abroad. The government of Afghanistan and radical Pashtuns, the Indian government and militant Kahsmiris face a central reality: unless the US, these governments are dealing with their own populations.

THE NUCLEAR THREAT IN SOUTH ASIA

In May 1998 both India and Pakistan conducted nuclear tests thus launching nuclear weapon programmes in both the countries. This was a major geopolitical development as these were the only countries which became nuclear weapon states after end of the cold war. This development introduced a new factor in South Asian politics and security and drew international attention and intervention in the region.

Nuclear weapons have been explicitly or implicitly factored in India-Pak conflicts since then especially during the Kargil war of 1999 and border confrontation of 2002 and 2003. On both occasions the USA intervened to put pressure on both countries to end the conflict.

The hope in some circles, that strategic stability would prevail between the two countries with the possession of nuclear weapons proved illusory. The leaders of both the countries generally cautious, occasionally threatened to use nuclear weapons. Ironically, but not unexpectedly, acquisition of nuclear weapons has given a new momentum to conventional arms race again facilitating entry of other nations with their weapons. Israel has emerged as the largest supplier of arms to India. India-Israel collaboration has implications not only for South Asia but also West Asia. The nuclearisation of the subcontinent has further destabilised the region.

After years of marginalisation, South Asia is steadily increasing its influence in international affairs. All major powers, including United States, China and Russia are expanding their engagement with the subcontinent. On the economic front, India's high level performance in recent years has brought the region into sharp focus. On the political front, most major issues that confront US policy – international terrorism, proliferation of the weapons, state failure and promotion of democracy – are ingrained in South Asia will become increasingly relevant to a number of new challenges confronting US foreign policy.

Recent US efforts to transform relations with India are driven by larger considerations of global governance. The United States recognises the importance of rising India in the construction of international institutions. For United States, the operative principle seems to be very simple one: to think and travel together with India in the construction of a new system, rather than demanding that New Delhi prove itself to be a stakeholder. The United States seem to be clear eyed about the challenges that exist in the region. The US too seems to be keen on maintaining stability and prosperity in Afghanistan and grow trade in the region.

The Obama administration must avoid the policies of the past, which treated South Asia as an afterthought.

Asia's status as a significant future geopolitical centre of gravity will require strong US engagement in the region, particularly with Pakistan, despite current tension.

The current situation following draw down in Afghanistan provides US the ideal opportunity to refocus its regional attention to the confrontational India-Pakistan relationship. Indeed, South Asia is trapped between home grown crises and foreign impositions. The Obama administration is working hard to develop a long range economic strategy for South Asia – the "New Silk Road", a vision of economic integration and improved regional relations.

It is hoped that the Obama administration will continue to rebalance its policy priorities towards South Asia. India, Pakistan, China and Afghanistan are key state actors, but so are the other states of South Asia, which are often reduced to brief mention. Bangladesh, Bhutan and Nepal are close neighbours of China and have potential to contribute to broader regional stability and prosperity. These are good reasons to Washington to renew its focus and attention on South Asia for the second Obama administration.

CONCLUSION

The Asian region faces grave security challenges which cannot be simplistically reduced to terrorism. There are more diffused forms of violence and insecurity and in particular the problem of poverty and inequality. Asian nations have largely ignored these threats and therefore do not consider alternate paradigms of security. Instead it sticks to military strategies modified with technological advances and believes all threats to security can be met with force. The call for alternative programmes of sustainable development, alleviation of poverty and justice for the marginalized does not get a hearing in globalisation and the new geopolitics of Asia. There is a clear need for a new sustainable model of human development and people's security.

The debate on human security is relatively new to South Asia. The region has traditionally been associated with national security paradigm reshaped by war on terror doctrines. Multicultural and normative concepts have not found much resonance in Asia except a rhetorical level. Two factors, a desire to preserve the sanctity of new found sovereignty of the post colonial nation state and relative weakness of sustainable democracies rendered Asia rather inhospitable to anything but state-cantered agenda of national security. The war on terror has reinforced the military dimensions of national security.

It is said that human security is a concept that brings to the fore the freedom and dignity of the individual as opposed to the power and authority of the state or the regime. Yet, the human security agenda cannot be the only approach to contemporary security threats. Attempts to address human security issues must be combined with traditional diplomatic and strategic approaches. The key question is how to reconcile the two paradigms so that both agendas complement each other. Thus, geopolitical developments influence both national security and human security.

REFERENCES

1 K. Alan Kronstadt, India-US Relations, *Congressional Research Service Report*, RL 33529, updated June 26, 2007.

2 The Indian American Community comes into political own, *India Abroad*, September 1, 2006, A 12-13.

3 Peter Chalk, Political Terrorism in South East Asia in *Terrorism and Political Violence*, Volume 17, Number 3, Spring/Summer, 2005, pp. 118-134.

4 See, "Terrorism and the Warfare of the Weak", *The Guardian*, October 27, 1993.

5 Paul Wilkinson, *Terrorism and the Liberal State*, London, McMillan, 1977, pp. 110-11.

6 Vobhuti N. Hate and Terisita C. Shaffer, *South Asia Monitor*, No. 105, April 4, 2007, pp. 1-3.

7 C. Raja Mohan, *The Hindu,* March 25, 2001.

8 US India Nuclear Energy Cooperation: Requirements and Implications; http://dx.dor.org.

9 Security Trends in South Asia, securityrisks.com, May 18, 2011.

10 Nicholas Burns, "Heady Times for India and the US", *Washington Post,* April 29, 2007.

11 New Framework for the US-India Defense Relationship, Washington D.C., June 28, 2005 at http://www.indianembassy.org/preset_release/2005.

12 Kurt M Campbel and Yoki Tatsumi, "In the aftermath of the Storm: US Foreign Policy in the Wake of 9/11 and its Implications for the Asia Pacific Region, *Asia Pacific Review,* Vol. 9, No. 2, 2002, pp. 31-44.

13 John Whitehead, "How Liberty Dies: The Patriot Reauthorization Act", Rutherford Institute, June 6, 2005.

14 Shanthie Mariet D'Souze, Indo-US Counter-Terrorism Cooperation: Rhetoric versus Substance, Vol. 32, November 2008, pp. 1067-1084.

15 Pakistan to Continue Supporting Kashmiris, say Minister, *The New International,* April 13, 2000.

16 Richard N. Hass, "The Age of Non-Polarity: What Will Follow US Dominance", *Foreign Affairs,* May-June 2008, Vol. 87, No. 3, pp. 44-56.

17 B. Raman, Force Monthly Magazine, Paper No. 2196 dated 5.4.2007.

18 Robin Wright, "New Breed of Terrorist Worries US Officials", *Los Angeles Times,* June 27, 1993, p. A-16.

19 Ninan Koshy, "War on Terror and South Asia", *Lines,* April 2009.

3

American Role in Cross Boarder Terrorism in South Asia in the post 9/11 Period

Amulya K Tripathy

INTRODUCTION

Geopolitically, South Asia represents a unified security zone, with India at the centre. India has special ties; ethnic, cultural, historical, with each of its neighbours to a degree not shared by other states in the region. Currently, the whole of South Asia, from Afghanistan to Bangladesh, is going through a phase of internal unrest and upheaval arising from a range of destabilizing factors which include ethnic conflicts, religious fundamentalism, and even intense political polarisation. The lack of political consensus and a comprehensive collective strategy necessary for capacity-building in South Asia has left the region ill equipped to tackle the terrorist threats.[1]

American role in the South Asian affair can be classified in to two parts i.e. Cold War period and Post-Cold War period. Regarding US approach on terrorism in South Asia again differs in between pre-9/11 period and post-9/11 period. A great change in US approach towards South Asia witnessed after terrorist attack on American establishment on 9/11. Perhaps US could realize and agreed to the demand of India and other few nations about Pakistan as the epicentre of terrorism.

Pakistan had long been accused by neighbour India, and western nations like the United States, and the United Kingdom of its involvement in terrorist activities in India and Afghanistan.

South Asia remains one of the most volatile regions on the globe, with the persistent threat of widespread transnational Islamist terrorism. Clearly, the response mechanisms evolved thus far have not been sufficient or effective. Indeed, a valid concern has often been voiced on whether the countries of the South Asian region have any coherent, consistent or effective policies against Islamist terror. The same question could also be extended to the conduct of US foreign policy, given its increasing role in the region in the post 9/11 era. It is critical, at the present juncture of history, to bring counter-terrorism policies in South Asia, or the lack thereof, under acute critical scrutiny, and to underline the current and overwhelmingly *ad hoc* nature of counter-terrorism initiatives, which are primarily based on short-term national interests. It is also useful to examine the *realpolitik* underpinnings of the foreign policy agendas of external players in South Asia, particularly, in view of the increasing American role in the region. Finally, it is necessary to document the wide hiatus between posture and intent, between commitments and action, and, within this context, to throw light on Pakistan's continuing duplicity in the war against terror.

Terrorism has plagued the region for the last several decades. However, counter-terrorism came on to the global agenda after 9/11. Though the US has managed to thwart terror after that, South Asia has not been equally lucky. Most South Asian nations are still facing the problem of terrorism, and if anything, the problem has only intensified in several cases. Nevertheless, some positive developments have also been noticed on this front during the last one or two years which have placed South Asia at a crucial juncture where further cooperation can help the region overcome this problem. Terrorism has defied an agreed definition. But after 9/11 there seems to be a growing opinion that this should not be allowed to come in the way of fighting a phenomenon, which is harmful to everyone. The United Nations Resolution 1390 (2002) adopted by the Security Council at its 4452nd meeting, on January 16, 2002, reaffirmed that acts of international terror constitute a threat to international peace and security. The causes of terrorism vary from country to country. In the South Asian region, the terror groups can be placed in three categories:

1. Terrorism arising out of religious fundamentalism
2. Left-wing extremism
3. Terrorism resulting from the desire for secessionism.[2]

SEPTEMBER 11, 2001

The tragic events of September 11, 2001 constitute a fundamental landmark in American history. September 11 2001 opens up an era of crisis, upheaval and militarization of American society.

A far-reaching overhaul of US military doctrine was launched in the wake of 9/11. Endless wars of aggression under the humanitarian cloak of "counter-terrorism" were set in motion. 9/11 was also a stepping stone towards the relentless repeal of civil liberties, the militarization of law enforcement and the inauguration of "Police State USA".

September 11, 2001 marks the onslaught of the "Global War on Terrorism" (GWOT), used as a pretext and a justification by the US and its NATO allies to carry out a “war without borders”, a global war of conquest.

TERRORISM AND POST-9/11 SCENARIO

The terrorist attacks on September 11, 2001, marked a turning point in the history of terrorism. The coordinated attacks (never witnessed before) demonstrated the sophistication and the ability of networked terrorist organisations like the Al-Qaeda. The magnitude of the attack was unparalleled. The economic loss and death toll was colossal. Naturally, the media coverage was expansive. The suicide mission exhibited a resolute commitment towards the cause. The fact that all of the perpetrators involved in the mission were young Muslims added another dimension. The perpetrators had deftly managed to sneak in undetected and had successfully breached the security shield of the most powerful nation on earth. This assault sent a chilling message to the rest of the world—no nation was immune or proof against the scourge of terrorism. Following this brazen attack on its soil, the counter-terrorism strategy envisaged and later executed by the United States too ushered in a new era in global politics and gave rise to the concept of unilateralism. George Bush’s strategy of pre-emption and of attacking any country that harboured terrorists was a game changer.

9/11 made South Asia the initial theatre for the “War on Terrorism” declared by President George W. Bush and reordered US relations with the region’.[3] The state of Pakistan which hitherto fore had formerly recognized the Taliban regime in Afghanistan and was extending diplomatic and material support to this set up suddenly was forced to wage a war against its very close former allies. This volt face which was a fact accompli in the changed scenario world over, did not go very well with the right wing supporters of Taliban within Pakistan and resulted in a kind of armed uprising against the new policy of the government in quite a few pockets of the country and the war on terrorism which was mainly to be fought in Afghanistan drifted first towards the tribal belt of Pakistan and then to the main streets of Pakistan making the whole society and the government a hostage to the whimsical but regular strikes by the terrorist organization. "Pakistan began as a reluctant entrant into the global war on terrorism; it has since become an active participant in the struggle." [4] India on the other hand made full use of the opportunity created by the war on terror and very successfully got dubbed from the international forum the freedom fighters of Kashmir as terrorist out fits. That naturally resulted in reduced diplomatic and moral support to the freedom fighters of Kashmir from Pakistan and increased their frustration and desperation over the period.

INDO US RELATIONS

September 11, 2001 changed everything for the United States. India's long-voiced outcries over terrorism began to be understood by the United States, and India became an engaged actor in the global war on terror. By playing a proactive role in the region, India was able to ensure that the United States put pressure on the Pervez Musharraf regime in Pakistan to contain terror on that side of the border. Musharraf did ban certain organizations, but India's concern still centers around the possible revival of old Pakistan defense and intelligence ties with militants, which could have far-reaching implications on India's security. India has provided military help and bases to the United States to fight this war on terror. India's concern for its secular identity and a pluralistic society drives the leadership's cooperation to contain cross-border terrorism. The United States can play a major role in bolstering India's counterterrorism policy[5] (Curtis 2008). Having a donor status as well as deep engagement in Pakistan, the United States is in a position to impose unrelenting pressure on

Pakistan. India would like to see more pressure being exerted on Pakistan especially after the November 26, 2008 Mumbai attacks. U.S. strategic involvement would benefit India, if it can change the behavior of the state of Pakistan and serve to shift Pakistan's attention from the low-intensity conflict that has plagued India for the last few decades. Otherwise, the ISI and its agencies will continue to perpetuate terror in 18 Vandana Asthana India. The Times of India reported that "The Pentagon has also promised that U.S. Commanders would have control over how the money is spent, and that none of it would be spent in a way that would give Pakistan a greater capacity to attack another country, such as India." Nevertheless, India is not convinced of such assurances, as experience and even current intelligence reports demonstrate Pakistan's continuous intentions to promote low-grade conflict against India using terrorism. There are also concerns regarding whether Pakistan is seriously committed to the idea of weeding out terrorism, as many Pakistani officials have argued that they need to keep their options—including connections to the Taliban and other extremists—open to limit India's influence when the United States withdraws from Afghanistan. Indo-U.S. cooperation was evident between the FBI and Indian security services in the aftermath of the 2008 Mumbai attack. Also, since Indian forces are not trained to the highest level of professionalism to counter terror in India, the United States conducts regular anti-terrorism courses to train Indian police personnel under the Anti-Terrorism Assistance Program.[6] There has also been some intelligence sharing on Afghanistan and Pakistan, but the relationship needs to move beyond just intelligence sharing to a broader understanding for capacity building and training.

US PAK RELATIONS

Pakistan is considered as one of the most complex

and difficult challenges for US diplomacy.[7] Though US considers Pakistan as a very important ally in the on going war against terror, it is also a country considered by the Americans to be politically instable, entrenched with Islamic extremism. Its economic and social weakness and hostility towards India is alarming for the Americans. As the recent council of foreign relations report says that the United States has a "major stake in a stable Pakistan, at peace with itself and its neighbour.

In the wake of September 11 United States has following Pakistan-related interests: [8]

1. First, *terrorism* and terrorism related issues top the American agenda in Pakistan.
2. Second, Islamabad's *nuclear program* has been and continues to be a concern for the Americans. The alleged movement of nuclear and missile technology to and from Pakistan is taken very seriously in United States, though recently American officials have said that no such movement is taking place any more but yet there are people in United States who advocate that the Pakistani nuclear weapons should be *neutralized.* Another related concern is the nuclear arms race between India-Pakistan.
3. Third, the *democratization* of Pakistan is an American interest. Yet they see it, just like many in Pakistan, in its long and short-term dimensions. In the long-term, a democratic Pakistan is seen as desirable, but getting there might disrupt the state in the short-term.
4. Fourth, Pakistan's *hostile relationship with India* impinges on short and long-term American interests.
5. Fifth, Pakistan's significance and role as a *moderate* Muslim state.

General Musharaff offered to suspend cross-border terrorism only under sustained American pressure, after

"Richard Armiotage, the United States' muscle-bound deputy secretary of state made frank threats.[9] General Musharaff, however, have an impression that the meeting was most congenial and he got an assurance from Richard Armitage that the US administration would help in solving Kashmir dispute, He is now waiting to see how soon would the pressure bring India to the negotiating table. Musharqaff expects India to take many more conciliatory steps although he has made only vague promises to check cross-broader terrorism. He calls the steps taken by India to ease tension as, cosmetic-to ease their own problems[10].

The U.S. had to secure Pakistan's support before invading neighboring Afghanistan to fight the Taliban, which intelligence said was an Al Qaeda supporter. The resulting alliance with Pakistan and its president, Parvez Musharaf, was awkward. Musharraf's ties with the Taliban and Al Queda leader Osama Bin Laden were questionable, and his commitment to the War on Terror seemed half-hearted.

Indeed, in early 2011, intelligence revealed that bin Laden was hiding in a compound in Pakistan, and apparently had been for more than five years. American special ops troops killed bin laden in May, but his mere presence in Pakistan cast more doubt on that country's commitment to the war. Some members of Congress soon began calling for an end to Pakistani foreign aid.

The U.S. has also found an uneasy ally in Hamid Kazrai president of post-invasion Afghanistan. Karzai is known to be corrupt, but he tolerates American presence in Afghanistan.

Those situations are reminiscent of American alliances during the Cold War. The United States supported such unpopular leaders as the Shah of Iran and Ngo Dinh Diem in South Vietnam, simply because they were anti-Communist.

George Bush warned Americans in 2001 that the

War on Terror would be long, and its results might be hard to recognize. Regardless, Bush failed to remember the lessons of the Vietnam War and to understand that Americans are results-driven.

Americans were encouraged to see the Taliban virtually driven from power by 2002, and could understand a brief period of occupation and state-building in Afghanistan.

When the invasion of Iraq pulled resources away from Afghanistan, allowing the Taliban to become resurgent, and the Iraqi war itself became one of seemingly unending occupation, Americans became war-weary. When voters briefly gave control of Congress to Democrats in 2006, they were in fact rejecting Bush's foreign policy.

That public war weariness effects the Obama administration as the current president wrestles with withdrawing troops from Iraq and Afghanistan as well as allocating funds for other military ventures, such as America's limited involvement in the Libyan civil war.

CONCLUSION

International cooperation on intelligence and law enforcement is paramount and necessary, especially because of the stateless nature of some terrorists. Terrorism can only be contained through concerted, sustained international effort and understanding. Extradition treaties should be encouraged between countries. Extradition sends a message that the international community is united in its efforts to contain terrorism. Political and ideological overtones by another state to serve its strategic interests then become a challenge in dealing with terrorism. Unfortunately, India and Pakistan do not have an extradition treaty, which enables strategic and political interests to dominate the discourse on counterterrorism. The future success of counterterrorism cooperation for India also requires a shift in Pakistan's policy. Pakistan has to abandon its role in supporting various organizations. Pakistan did ban some of these organizations under international pressure, but these groups keep changing names and operate under changed cover. A Lashkar-e-Taiba commander quoted by the BBC (2006) reported, "Things have never been worse for us...The state no longer helps out. But at least it does not trouble us—we do our work and they do theirs" [11]. While Pakistan has scaled back its support for its jihadist proxies at least publicly, it still refuses to hinder them, possibly out of fear of reprisal and backlash from them, or simply to keep their options. Vandana Asthana open in the event that their services may be needed again. It also strengthens the argument that unless the Pakistan worldview on India changes things will not be easy in the cross-border war on terror. Pakistani elite, especially the military, need to be persuaded that supporting these groups has irreversible consequences for a state that appears dangerously on the verge of collapse due to instability, which can in no small part be attributed to the state' historical support of militancy. Pakistan's establishment needs to be persuaded towards a shared understanding of a common threat emerging from such policies. Pakistan still considers India as a threat and harbors a sense of betrayal over the issue of Kashmir. Kashmir needs to be given greater attention and unless Indo-Pak differences on Kashmir are resolved, the war on terror on the Indian side of the border will not be an easy one to win. On January 6, 2010, India experienced its first significant terrorist incident in the year 2010. The way the two terrorists in that incident took control of the Punjab Hotel in Srinagar (Kashmir) reminded the country of the November 2008 Mumbai terror attack, and the media termed Srinagar as a "second Mumbai." The Jamiat-e-Mujahideen, a local militant outfit, claimed responsibility for the attack that same evening, but the Srinagar police administration said that both terrorists belonged to Lashkar-e-Taiba (LET). The LET action has revealed to the people of Jammu and Kashmir that despite actions taken by Pakistan under pressure from the international community, acts of terrorism in Jammu and Kashmir will not be completely deterred. LET is still a force to be reckoned with and continues to dominate the jihad against India. This incident is testimony to the fact that the threat is real. The state remains vulnerable and India needs to work at multiple scales and dimensions on a long-term basis if it wants to succeed in its battle against terrorism.

In October 2010, former Pakistan President and former head of the Pakistan Army, Pervez Musharraf revealed that Pakistani armed forces trained militant groups to fight Indian forces in Kashmir.Many Kashmiri militant groups designated as terrorist organisations by the US still maintain their headquarters in Pakistan-administered Kashmir. This is cited by the Indian government as further proof that Pakistan supports terrorism. Many of the terrorist organisations are banned by the UN, but continue to operate under different names. Even the normally reticent United Nations Organization (UNO) has also publicly increased pressure on Pakistan on its inability to control its Afghanistan border and not restricting the activities of Taliban leaders who have been declared by the UN as terrorists.[12]

REFERENCES

1 Anand Kumar (Ed.)*The Terror Challenge in South Asia and Prospect of Regional Cooperation,* Pentagon Security International,New Delhi, 2013, p.14.

2 Anand Kumar (Ed.)*The Terror Challenge in South Asia and Prospect of Regional Cooperation,* Pentagon Security International, New Delhi, 2013, pp.1-2.

3 Nayak, Polly. (2005). U.S. Security Policy in South Asia, Since 9/11 – Challenges and Implications for the Future, Asia – Pacific Centre for Security Studies. (Occasional paper Series – Feb. 2005. P.2

4 Trivedi, Dr. R.N. (2009). Radicalization and Escalation of Modern Terrorism. New Delhi: MD Publication Pvt. Ltd., p. 238.

5 Curtis, L. 2008. After Mumbai: Time to Strengthen US India Counterterrorism Cooperation. Heritage Foundation. (December 9).

6 Annual Report 2008-2009. Ministry of Home Affairs. http://www.mha.nic.in/pdfs/AR(E)0809.pdf/.p.113.

7 "New Priorities in South Asia: US Policy Towards India, Pakistan and Afghanistan," Council for Foreign Relations and Asia Society Task Force Report 2003, also see Selection from World Media: US Policy towards India, Pakistan and Afghanistan, *The Nation*, December 7, 2003, also Dr Farrukh Saleem, America's South Asia Priorities," Friday Times, Lahore, December 26 – January 1, 2004.

8 Stephen Cohen, "The United States and South Asia: Core Interests and Policies and their Impact on Regional Countries," Papers Read at Institute of Regional Studies Seminar on Major Powers and South Asia, held at Islamabad on 11-13 August 2003.

9 Afsir Karim, *War on Terror,* Har Anand Publications, New Delhi, 2008, p. 82

10 Ibid.

11 Hasan, S.S. 2008. Pakistan's surprise raid on Lashkar. BBC NEWS (December 8). http://news.bbc.co.uk/2/hi/south_asia/7771360.stm/.p. 2

12 Loomis, George. "Pakistan should crack down on Taliban, UN official says". International Herald Tribune. Retrieved 20 August 2013.

4

Cross Boarder Terrorism in South Asia: India, Pakistan And US Perspective

Roshni Kujur

INTRODUCTION

Terrorism is not a new phenomenon. The world has experienced it, in different faces and different demonstration, since ancient times. Particularly, the twentieth century, which is certainly the most blood-ridden century in human history, saw a persistent increase and evolution in the terrorist activities. However, it had never enjoyed the status of being the foremost challenge for the international community. This transformation of the status of terrorism is obviously the outcome of the attacks of 9/11 on the twin-towers of World Trade Center and Pentagon- the chief symbols of American economic and military supremacy. Wounded at the time of its zenith as the sole super power of the world, America understandably decided to strike back and to launch a global campaign against terrorism.

It was a very unpleasant decision. What this American resolve to initiate a world wide war could have implied for the dynamics of international relations could be well-judged by what President Bush said in his address to the joint session of the US Congress on September 20, 2001. "Our response involves far more than instant retaliation and isolated strikes. Americans should not expect one battle, but a lengthy campaign. We will starve terrorists of funding, turn them one against another, and drive them from place to place, until there is no refuge or no rest. And we will pursue nations that provide aid or safe havens to terrorism. Every nation, in every region, now has a decision to make. Either you are with us, or you are with the terrorists."

It shall be more than clear from this policy statement of the American President that what America was going to start was not to be a limited military action; rather America would take the war to the doorstep of every nation in every region. Thus, every nation and every society had to bear its share of the impact of this global war. Stephen P. Cohen has said, no part of the world has more affected by the terrorist attacks of September 11, 2001 than South Asia.[1]

Today, if we look back at the five years history of the war on terrorism, it becomes clear that South Asia had to endure the strain of the consequences of the war. Perhaps it has been the centre of enormity in this unusual war. There were a number of factors which made South Asia a central point in the US war. First and prime, the alleged suspects of these attacks were traced back to the mountainous wilderness of Afghanistan. The propinquity with a Taliban-ruled Afghanistan brought the war on terror to the doorstep of South Asia. As we know Pakistan shares border with Afghanistan and was among the countries which had a formal diplomatic relations with Afghanistan. Secondly, and more importantly, perhaps, there was no other state in the world that knew the radical regime of Taliban better than Pakistan. The ample treasure of reliable intelligence, the ability to launch air strikes from adjoining Pakistani airbases, and the Cold War confidence in its pledge made Pakistan, and therefore South Asia, a sort of field headquarters for American military campaign. It may be said that General Pervez Musharraf calculated that if Pakistan did not cooperate with USA his nation at the very least would be marginalized and isolated by the US and the international community, at worst Pakistan itself could be targeted because of its support and relationship with Taliban Thirdly, a deep study of the American foreign policy thinking in the last decade will reveal that Americans began to develop a feeling of threat from the Islamic revivalism, after the end of Cold War. South Asia happens to be home to quite a number of active Islamic revivalist movements. Accordingly, the presence of militant organizations in South Asia was an open invitation for the American war on terror. Fourthly, the danger of nuclear terrorism also was a factor for the revival of American interest in South Asia. In the last decade, a major and drastic challenge to international security has been the rise of the non-state actors and the stem possibility that the nuclear weapons may fall to their hands. The presence of strong radical elements in a nuclear South Asia made this threat highly plausible.

It was for these, besides other reasons, that South Asia was so pervasively involved in the American war on terror. As the United States prepared to launch its global war, it put a tough choice before the states of the region "Either you are with us or against us". It was not only a decisive message but also an indication of the future course of Pak-USA relations. India, stimulated by the hope of strategic gains offered its all-out support, in every possible way. Pakistan, given its historic ties with the elements in Afghanistan was caught in a predicament, for some time, whether to join the war or not. Nevertheless, when Pakistan was presented the famous list of seven demands, it did not take much but a call from Colin Powell, for Pakistan to take the bold decision of joining the American war, unconditionally. Pakistan became an indispensable allay after 9/11 when President Pervez Musharraf broke with the Taliban and Al-Qaeda to join in the US- led war against terrorism.[2]

On January 12, 2002 President Pervez Mushraff said, "we have decided to join international; coalition against terrorism. We took this decision on principles and in our national interest. He further said Pakistan will not allow its territory to be used for any terrorist activity any where in the world.[3] It may be stated that whatever President Pervez Mushaffraf has done to help the US in its war against terrorism was to avert the grave consequences of saying 'no' to the US. Pakistan's support was vital for the US because it not only wanted to use the territory of a country which shares the border with Afghanistan but also to avert the support which was being given to the Taliban government by Pakistan. The proactive role of US in South Asia posed challenges for Pakistan .Pakistan wanted to safeguard its strategic assets, the Kashmir cause and economic recovery. However there is a sense of dissatisfaction and a belief that the US and its allies did not live up to the promises and pledges made to Pakistan for its support in the war against terrorism.[4]

It may be argued that as far as South Asia is concerned, the post 9/11 development worsened the security environment of the region. The South Asian countries decided to join the US led war against terrorism because of their own interests.[5] India was prompt in offering its support in the hope that such a configuration of the situation in South Asia. Pakistan decided to join because of predictable economic incentives, the need to save its strategic assets and salvaging its Kashmir policy from total destruction. President Pervez Mushraff acceptance facilitated America's military needs of the moment and led to yet a commitment of aid to Pakistan, has earned the country the title "key ally".[6] But it is imperative to note that America has seen the wisdom of building up India as counterbalance to China.

We may agree with Moisi Dominique that thirteen years ago, Samuel Huntington argued that a "clash of civilizations" was about to dominate world politics, with culture along with national interests and political ideology, becoming a geo-political fault line...today the world faces what might be called a "clash of emotion" as well. The western world displays a culture of fear, the Arab and Muslim worlds are trapped in a culture of humiliation and much of Asia displays a culture of hope.[7] Now almost 5 years have passed and the profound effect of the war is gradually unfolding. As we have mentioned in the beginning, the impact of the war on the South Asian region has been particularly at three levels—regional level, at the level of bilateral relations among regional states and at the domestic level. At the regional level, the important impact has been the resurgence of South Asia as the region of highest priority for America. While during the closing decade of Cold War, since 1979, South Asia remained the highest point in American foreign policy thinking, it lost its prominence with the Cold War. While the first Clinton Administration wanted to establish a rapport with India, but South Asia did not figure heavily in American interests. However, the start of the global war on terror has rediscovered South Asia for America. With the presence of two nuclear power friends, and an Al-Qaeda-strewn Afghanistan, South Asia assumed a strategic status in American eyes. The rebirth of South Asia prominence was not limited to America, rather for whole the world. There was a long chain of Heads of States, and highest officials visiting the region every alternative day were evidence of long term strategic interests of the US in the region. The main objective of the US during the stand off were (1) that the prevailing tension between India and Pakistan should not escalate into a nuclear exchange (2) that the deteriorating situation should not affect.

Pakistan's support to the US war against terrorism in Afghanistan. According to Vanni Cappelli, the Bush administration presented President Pervez Musharraf with an ultimatum abandon support of Taliban and commit to the American –led war on terror or face the consequences of being considered an enemy of the US.8 Moins Ahmer says that," there is no overwhelming strategic framework for South Asia and being against "terrorism" doesn't provide one" neglecting both the regions enduring historical relations and our most pressing current security challenges.[9] Resolution of the Kashmir issue was important for us to maintain good relations with Pakistan and India. It is imperative to note that the US later played a proactive role in the normalization of deteriorating Pakistan –India relations. It became the centre of global attention in the global media and the central battle- ground where the global war was either to be lost or won. Secondly, the war on terror has had a lasting impact on the regional stability. There are opposite views in this regard. One viewpoint is that the war on terror has improved the regional stability. The source of regional instability mainly has been the irregularly rising tension between the nuclear archrivals—India and Pakistan. The war on terror and the American military presence is a factor of stability for the region. This has been fully proved during the 2002 militancy standoff. Following the December attacks on its parliament, India had pushed the war hysteria up. There was an unprecedented mobilization of armed forces on a large scale. The armed forces stood eyeball to eyeball for several days, on both sides of the borders. Even nuclear threats were exchanged. An outbreak of war was believed to be certain. Then the American military presence entered as a stabilizing factor. America perceived that a war between India and Pakistan will certainly subvert, and disrupt its campaign against terror. Its war on terror could only be saved by avoiding the outbreak of a regional conflict. So America initiated a whole-hearted effort to defuse the situation. The tension came down. Those who believe that it was American diplomatic activism which prevented an outbreak of war and nuclear holocaust believe that the US war on terror is a factor for regional peace and stability.

On the opposite, a viewpoint upholds that the US war on terror has made the region highly unstable. There are many aspects of this instability. Firstly, the Taliban had been successful to restore a kind of stability in Afghanistan for the first time after a very long period of unrest. America, by dripping to pieces the Taliban regime, once again pushed Afghanistan into a new phase of insurgency and civil war. This unstable and troubled situation will not remain confined within the Afghan borders; rather will soon spread into the neighboring states. We can see for ourselves that the unrest and turbulence in Afghanistan has leaked out into Pakistan.

The second aspect of war created instability in the region is related to the Indian effort to manipulate the situation in its favor with full vogour. India equated the self-determination movement in Kashmir with terrorist and accused Pakistan of support and cross border terrorism. Lal Krishna Advance warned that Bush doctrine could be used against Pakistan.[10] The situation provided an opportunity for India to justify its previous allegation against Pakistan before the world community. India planned to capitalizes on the emerging world wide focus against terrorism , which gave New Delhi an opportunity to portray Pakistan a state sponsoring Jihad and terrorism.[11] It may be said that in this way after 9/11 Pakistan India relations took a new turn when New Delhi offered full support to the US war against terrorism and tried its best to establish a linkage between Pakistan support to the Muslim struggle in Jammu and Kashmir and struggling elements in Afghanistan but India failed to stop Pakistan from joining the US –led coalition against terrorism. India's purpose was to discredit the Kashmiris freedom movement and declare Pakistan as a terrorist state. Consequently Pakistan initiated measure to launch a crackdown on terrorist elements especially those having connection with Al-Qaeda and Taliban. It indicated a change in government's approach on supporting Kashmiris freedom struggle. It is imperative to note such measure did not result in de-escalation in tension between Pakistan and India. It may be stated that even though Pakistan is, currently the frontline state in the US war on terror, it is America who is essentially reaping benefits from the situation, conditions in Indo-Pak hostility, to materialize its own selfish design vis-à-vis the south Asia region. The Indo-US nuclear deal is a proof of the fact that US has given a military edge to India making Pakistan more apprehensive than ever as to what real motives of US friendship with Pakistan. Convinced of American support, India tried to manipulate the American doctrine of pre-emption to pressurize Pakistan. India had been accusing Pakistan of waging cross border terrorism in Kashmir. It gambled to justify a possible attack on Pakistan by borrowing the preemptive doctrine and bringing the Kashmir insurgency into the realm of US definition of terrorism. The Indian effort to built pressure on Pakistan on the unjustified pretext of doctrine of pre-emption threatened to destabilize the region.

The third aspect in which the war on terror generated regional instability is even more important and sensitive. The chief source of regional instability is the hostility between India and Pakistan. On the western border, Pakistan always likes to feel secure through the presence of a friendly regime in Afghanistan. The war on terror has brought the Northern Alliances to the power in Kabul. The Afghan government is extremely antagonistic to Pakistan. This has made the western border of Pakistan highly troubled, thus adding to the regional instability.

Apart from its impact on the regional environment, the war on terror has largely influenced the bilateral relations of the countries in the region. The bilateral relations between India Pakistan, in the last decade of the 20th century remained as tense as ever, except for the temporary relief of Lahore Declaration. The nuclear tests in May 1998, and then the kargil crisis in 1999 worsened the relations to the worst levels. However, after passing through the litmus test of the 2002 military standoff, the ice began to thaw. The peace process, starting after the friendship offer by Vajpayee on April 18, 2003 marks the dawn of a new era in the bilateral relations between India and Pakistan. The composite dialogue has completed its three rounds. Although, it has not been able as yet to produce some meaningful progress on any of the major issues with India, nevertheless, the general normalization of relations and decrease in tension is no mean achievement in itself. It may be said that the success of composite dialogue could make both countries abandon wars and cherish peace. The long range of CBMs is accomplishing their objective of reducing the trust deficit. Resumption of road, rail and air links, exchange visits by the parliamentarians, media men, and students, the opening up of trade ties, and the growing people to people diplomacy will ultimately make the task of final resolution of all disputes including Kashmir, much easier to achieve. One can hardly deny that this peace process and the CBMs is not inclusively a product of the realization on part of India or Pakistan, rather the role of third party is of key importance. America, keeping in view the demands of its war on terror, has been decisive in the initiation and continuation of the present peace process.

On the third level, the war on terrorism has had its effects on the domestic political dynamics of the South Asian states. The impact has been most evident and vital at the domestic level. It has been either a direct result of the American military activities, or indirect fallout of the policies adopted by the United States in the region. Perhaps no other country of the world, except America, has been as deeply affected by the war on terror as Pakistan.

Pakistan's geographical location, its nearness with Afghanistan, its close relations with the Taliban regime, its deep knowledge of the rugged terrain of Afghanistan, and its history of Cold War alliance made Pakistan obviously the most important strategic asset for the United States. As Pakistan was chosen to once again fight an American war, it had to make a number of difficult choices, which changed the course of its history. Pakistan had to take a U-turn on its Afghan policy by accepting the new regime, both parties relations could not become cordial just on pretence.[12] Pakistan was forced to leave its longstanding search for the strategic depth in Afghanistan. It made forceful efforts to convince the Taliban to act in accordance with the demands of international community, but as the Taliban were insolvent, Pakistan had to withdraw its hand from all kinds of support to the regime. With this major shift in its Afghan policy, Pakistan lost whatever influence it had in Afghanistan, Karzai's government was of the opinion in 2006 that it was a kind of hidden invasion propped up by outside interference .... Intended to tarnish the national identity and historical of Afghanistan.[13]

For decades it was policy of Pakistan to support and sponsor the militant organizations in quest of its bleed-India policy. However, the US war on terror forced Pakistan to rethink its priorities, because America believed that these militant organizations formed a pool of terrorists as well as a ready-made basis for its organizational facilities for the Al-Qaeda network. So, Pakistan at once attacked at the militant organizations. Some of the organizations like LAT, JEM, TNFJ, SSP, and

TNSM were banned. Their bank accounts were frozen, and their offices were closed. That Pakistan's participation in the war on terror has come at a heavy domestic price is clear from the later tussle between the government and the militants. The militant organizations were not ready to diaper so easily. They put up a firm resistance, and the government had to face a severe backlash. Law and order situation go worse. The banned organizations re-surfaced under new names. The frequency of terrorist activities multiplied. There was a sharp increase in the suicide attacks on the government officials and assets. The President himself narrowly get away two suicide attempts at his life.

This backlash has been most alarming in the North West of Pakistan. The North Western mountainous terrain, the ethnic ties between the Pashtoons on both sides of the border, and the tribal traditions combinely offered the region as an ideal safe haven for the Al-Qaeda and Taliban fighters running from Afghanistan. The prevailing religious extremism and the large chain of madarssas spread all over the area welcomed the fugitives Mujahideen with open arms. As the pressure mounted up on Pakistan to trace and capture the fleeing terrorists, the government was faced with the difficult choice of launching a military operation in the tribal region. The state forces initiated a full-fledge military campaign to drive out the Taliban scraps in mid-March 2004, when the armed forces came upon an Al-Qaeda shelter at Kaloosha near WANA, in South Waziristan. Since then, a high tension clash between the state forces and the foreign militants, along with their local supporters is going on. The government had to concentrate as many as 80,000 troops in its effort to bring the troubled region under control. It was almost impossible terrain despite countless raids siege and search operations as well as large scale arrests the high value targets were still away from the iron hands. Thus the military operation failed to deliver required results at the expense of bloodshed by country men of their brothers. No Al-Qaeda figure of any note was caught, except their Pakistani supports.[14] Few observer have pointed out that Kabul is not a free agent and that they would not have done all this without the approval of Americans.[15] The terrorist put up a daunting resistance, claiming the lives of above 700 army men.

The indiscriminate shelling on the non-combatants by security forces, have also caused a large-scale displacement of tribesmen from the violence-hit areas. Hundreds of families are forced to live with relatives in the neighboring towns. The Government has alternatively tried various forceful and appeasing strategies. The turbulence originating in the restless west has penetrated into the far and wide of the country. Major Urban centers have been targeted by the irritated militants.

Pakistan feels itself unjustly targeted as the pressure from America continues to go up without reason for doing more. While Pakistan has started its military operation into the Northern areas at a very heavy domestic price, the Karzai Government in Kabul, and the aggressive elements in American think tanks continue to show lack of trust on Pakistan.

Besides the military clashes in the tribal agencies, the war on terror is making its impact on the more peaceful cities as well. There is a clear cut polarization in the society on the question of Pakistan's desirable role in the war. This polarization has further deteriorated the perennial challenge of national integration and social cohesiveness in Pakistan. One school of thought believes that it is a battle that Pakistan is fighting for its own sake. The militant organizations have become Frankenstein, and turned against their creator. Therefore, such forces need to be controlled by the government. The opposite viewpoint upholds that the government is unjustified for lashing at these very organization which it established by itself. It is, for them, unethical on the part of government to unleash terror on the Jihadi organizations, by surrendering to the American pressure. This sharp divide has displayed itself emphatically in public protests and media opinion.

It needs to be emphasized that while Pakistan is genuinely committed to a war against all forms of terrorism, the United States is making the task difficult for the Government of Pakistan, with its unintended actions. The heartless adventures like the gruesome air strike on the village of Damodola on13th January, 2006 is but only one of the many examples of the American actions which make it more difficult for the Pakistan government to justify their stance before the masses. Similarly, the way Karzai government continues to cast aspersions on Pakistan's role in restraining the militants further complicates the situation. It may be said that five years after 9/11, Pakistan's Islamist parties are growing stronger; the continuous violence in Kashmir has as far as Mumbai.

All along this, we must not forget the heavy economic cost that Pakistan is paying for the war on terror. The adverse situation generated by the war has discouraged the foreign investors and impeded the domestic economic activity due to political uncertainty. No doubt Pakistan has been taking substantial financial inflows from outside, but this temporary aid and assistance cannot be a substitute for the genuine inflow of investment, and resulting industrialization of a backward economy.

RESPONSES FROM INDIA AND THE US

The widespread terrorist activities in the Middle East, Africa and South Asia force the US and India to recognise terrorism as an international threat to all democracies. In the last one year or so, South Asia has become increasingly vulnerable to Islamic fundamentalism, with Afghanistan-Pakistan becoming the epicentre of terrorist activities. The US Annual Report on Terrorism, Patterns of Global Terrorism: 1999, pointed out that in 1999 the locus of terrorism directed against the United States had shifted from the Middle East to South Asia.[16] In 1999, Pakistan was close to being named as a state sponsor of terrorism. It was not done primarily for the reason that Pakistan has been an old friend and ally of the United States. However, Pakistan's relationship with the Taliban and the militant groups active in Kashmir is a matter of concern for the US and India. In fact, Michael Sheehan, US State Department Co-ordinator for Terrorism, has stated that the United States keeps a serious watch on Pakistan and that it will continue to be under "serious and constant review".[17] Regarding the role of Pakistan in sponsoring terrorism cited in the annual report of the State Department, Pakistan Information Minister Javed Jabbar expectedly dismissed them as "erroneous and misleading conclusions."[18]

Sheehan said that Pakistan was not included in the terrorist list also for the reason that Pakistan carried a mixed response to the issue of terrorism. Remarking on the findings of the US Congress's Blue Ribbon Commission on terrorism, Sheehan said that Pakistan's record on co-operating on counter-terrorism remains a mixed one. He added that "despite significant and material co-operation in some areas—particularly arrest and extraditions—Pakistan has also tolerated terrorists living and moving freely within its territory."[19] The US could follow two types of policy with regard to this issue. Either keep Pakistan at a distance and impose sanctions on it for its non-democratic political set-up and continued support to terrorists, or follow a policy of engagement through which Pakistan is kept within the US' foreign policy reach, and at the same time tighten the grip on Pakistan, as and when the situation so warrants.

Analysing the rise of militancy by Pakistan, Sheehan makes a point that it is Pakistan's political and economic difficulties and the ensuing damage to its institutions that have provided a fertile ground for terrorism.[20] Collapse of the educational system has further forced the poor to seek education provided by the Pakistani religious schools (madarasas), which is the training ground for militancy. These schools, some of them at least, inculcate religious extremism and also anti-Americanism and anti-Indian feelings in their minds. The United States has continued its repeated requests to Islamabad to end its support for elements harbouring and training terrorists in Afghanistan and urged the Government of Pakistan to close certain madarasas that serve as conduits for terrorism. Reports have also indicated that there is official Pakistani support for Kashmiri militant groups, such as the Hizbul Mujahideen, and Harakat ul-Mujahidin (HUM) that have been engaged in terrorism. Several reports, including the one brought out by the US National Commission on Terrorism,[21] have said that Pakistan provides a safe haven, and transit and moral, political and diplomatic support to several groups engaged in terrorism. Pakistan has also very openly said that it will continue to support those who are fighting for Kashmir. Federal Minister for Kashmir and Northern Areas Affairs, Abbas Sarfaz Khan reiterated that Pakistan would continue moral, political and diplomatic support to the Kashmiris, struggling for the right to self-determination.[22] This explains the Pakistani support to militancy in Kashmir and elsewhere by Hizbul Mujahideen, Harkat-ul-Ansar or Osama bin Laden against India as well the United States.

The Taliban continue to provide safe haven for international terrorists, particularly Osama bin Laden and his network, in the portions of Afghanistan they control. Despite the serious and ongoing dialogue between the Taliban and the United States, Taliban leadership has refused to comply with a unanimously adopted UNSC resolution demanding that they turn Osama bin Laden over to a country where he can be brought to justice.

Pakistan can act significantly on this front. The US has had a long history of friendship with Pakistan since the Cold War years and thus it should be much easier for the US to bring Pakistan into a co-operative framework on counter-terrorism.

It is here that India and the United States need to co-operate on the issue of terrorism. First, both India and the United States have a long tradition of democracy as the basic political norm and terrorism does not fit into the democratic framework at all. Also, the two countries have had a secular bent of mind, which opposes any form of extremism. Therefore, both share similar political values and an abhorrence to all kinds of terrorism.

Yet another reason for Indo-US co-operation on this front is because of the fact that both the countries have been the declared enemies of Islamic fundamentalism, as declared by Osama bin Laden and other militant groups like Jihad Group in Egypt, Islamic Group, Jihad Movement in Bangladesh etc.[23] These groups feel that the Americans have been entering the land of Islam, the holiest places, the Arabian Peninsula, plundering its riches and turning its bases in the Peninsula into a spearhead through which to fight the neighbouring Muslim peoples.

Hence, any strategy evolving to combat terrorism has to attack the issue at its base level i.e., their complex links with other groups across the world to meet their needs of fund-raising, procurement of weapons, maintenance of training camps etc. As Sheehan pointed out, there has to be a strategy of "draining the swamp" and some of the key principles involved are:

- We pressure state sponsors, isolating them from the international community.
- We criminalise terrorism through the process of designating Foreign Terrorist Organisations (FTOs).
- We de-politicise the message of terrorism through

public statements separating actor from action.

- We build international consensus for zero tolerance by working with our G-8 and EU partners.
- We support the construction of an international legal framework to allow states and the UN, EU, OAS, and other organisations to legally be tough on terrorism.
- We work bilaterally to arrest, disrupt, and expel terrorists.
- Finally, we bolster the capacity of those countries that need it to fight terrorism, through our international training programme, which are run by state, law enforcement, and intelligence agencies.[24]

Through the strategy of "draining the swamp", the mobility of the terrorists are restricted and they could get easily exposed. This needs to be an important component in the Indo-US counter-terrorism strategy. This process would also bring pressure on the states and governments that provide material and moral support to terrorists. However, this necessitates a well co-ordinate international effort to pressure certain regimes like that of Taliban in Afghanistan that provide a safe haven for Osama bin Laden and other related groups that operate in and around Pakistan. As one scholar puts it, there has to be a determined policy to check all sources of terrorism within the domestic polity along with the building up of an international consensus on international terrorism by all nations (at least who have been victims of this menace).

Draining the swamp would also mean including a shift in the public rhetoric. Very often one hears terrorists being called freedom fighters. One has often heard the clarification and differentiation that General Musharraf has made between terrorists and freedom fighters and terms jihad as legitimate. In a recent interview with the

New York Times magazine, General Musharraf said that, unlike the State Department, he did not consider Harkat-ul-Mujahideen as a terrorist organisation; it is a freedom fighters' group[25]..

Modern terrorism includes a variety of tactics like intelligence gathering, intensified security measures, and the use of force. Thus, gaining international support for multilateral treaties in combatting terrorism is a very important goal for India and the United States. For most governments, the key question is how to fight against terrorism. There are, at present, eleven multilateral conventions related to states' responsibility in combating terrorism and India and the United States are party to most of these conventions. They are as listed below:

1. Convention on Offenses and Certain Other Acts Committed on Board Aircraft (Tokyo Convention, agreed 9/63—safety of aviation);
2. Convention for the Suppression of Unlawful Seizure of Aircraft (Hague Convention, agreed 12/70—aircraft hijackings);
3. Convention for the Suppression of Unlawful Acts against the Safety of Civil Aviation (Montreal Convention, agreed 9/71—applies to acts of aviation sabotage such as bombing aboard aircraft in flight);
4. Convention on the prevention and Punishment of Crimes against Internationally Protected Persons (agreed 12/73—protects senior government officials and diplomats);
5. Convention on the Physical Protection of Nuclear Material (Nuclear Materials Convention, agreed 10/79, combats unlawful taking and use of nuclear material);
6. International Convention Against the Taking of Hostages (Hostages Convention, agreed 12/79);
7. Protocol for the Suppression of Unlawful Acts of

Violence at Airports Serving International Civil Aviation (agreed 2/88—extends and supplements Montreal Convention);

8. Convention for the Suppression of Unlawful Acts Against the Safety of Maritime Navigation (agreed 3/88—applies to terrorist activities on ships);
9. Protocol for the Suppression of Unlawful Acts against the Safety of Fixed Platforms Located on the Continental Shelf (agreed 3/88—applies to terrorist activities on fixed offshore platforms);
10. Convention on the Marking of Plastic Explosives for the Purpose of Identification (agreed 3/91—provides for chemical marking to facilitate detection of plastic explosives, e.g., to combat aircraft sabotage);
11. International Convention for the Suppression of Terrorist Bombing (agreed 12/97—expands the legal framework for international cooperation in the investigation, prosecution, and extradition of persons who engage in terrorist bombings.[26]

However, over the past few decades, the government and security forces have become more sophisticated in their approach to terrorist attacks. The modern terrorists, as one of India's earlier Prime Ministers I.K. Gujral said, "have access to not only funds but also the most sophisticated technology"[27] and as a result, the government needs to update their technology to stay ahead of the terrorists. The trouble is when the terrorists have committed to the use of suicide bombers (Hamas, Hizbollah, LTTE) and nerve gas as in the Tokyo subway in the 1990s, much needs to be done by the international community on the counter-terrorism front. The US and India, on combatting terrorism, need to take a few factors into consideration:

a) To carefully examine important incidents and prepare detailed action oriented reports for those areas.

b) To build a sophisticated communication network as part of a wider modernization drive which gives access to the latest technology.

c) Better management of local contacts, their support bases and sources of funding.

d) To develop new techniques of security and the maintenance of secrecy.

e) A need to have specialists in affected areas.

f) To develop capability to anticipate security needs.[28]

In 2009, Pakistani President Asif Zardari admitted at a conference in Islamabad that Pakistan had, in the past created terrorist groups as a tool for its geostrategic agenda.[29] Pakistan had long been accused by neighbor India, and western nations like the United States, and the United Kingdom of its involvement in terrorist activities in India and Afghanistan.[30]

PAKISTAN ROLE ON WAR ON TERROR

Pakistan's relationship to the "War on Terror" has been highly ambivalent. On the one hand, Pakistan played a key role in facilitating the U.S.-led intervention in Afghanistan from shortly after 9/11 up to the present. It has permitted the transit of materiel across Pakistani territory to U.S. forces in Afghanistan. Pakistan has also tolerated American missile attacks launched from Afghanistan against Taliban and al-Qaeda targets in Pakistan's lawless border region with that country.

On the other hand, Pakistan has provided safe haven not just for radical Islamist movements targeting its rival India, but also for the Afghan Taliban. Al-Qaeda leaders Osama bin Laden and Ayman Al-Zawahiri, among others, are also believed to be hiding in Pakistan. Whether, to what extent and by whom within the Pakistani government they are being protected is unclear, but Pakistan certainly has not helped the United States to locate and capture them. There have also been press reports that Pakistan has blocked the efforts of some Taliban leaders to seek peace with the U.S.-backed Karzai government in Kabul. U.S.-Pakistani relations have become increasingly strained over how to prosecute the "War on Terror," yet cooperation between them also continues.

It is only in the 1990s with a wide spurt of terrorist attacks that the US has decided to come up with definite policies on terrorism. Listing of certain groups as terrorist organisations, as per the Anti-terrorism and Effective Death Penalty Act of 1996, has been a major step in this line. President Bill Clinton and Secretary of State, Ms. Madeline Albright have said that this step would ensure that the terrorist groups do not get any kind of support from the United States, and make the US totally a "no-support-for terrorism zone".

One important element in combating terrorism would be to ensure that the terrorists do not get any support from outside—be it in terms of arms, money, training or even moral support. Terrorist groups who operate at local level cannot create as much damage to the society as those who receive external aid. However, one reality with regard to terrorist groups is their complex and wide network all over the world. For example, LTTE has its strong presence, by way of offices and cells, in the UK, Canada, France, Germany, Holland, Switzerland, Italy, Sweden, South Africa, and recently in Thailand too. The latest report in Jane's Intelligence Review confirms the LTTE presence in Thailand. They engage themselves in activities related to fund-raising, propaganda, procurement and transfer of weapons etc. The network in South Africa is quite a strong and matured one with a full-fledged Tiger Brigade, LTTE Baby Brigade, Female Brigade forces etc, enabling training facilities and more importantly fund-raising activities through a large section of the Tamil Diaspora in South Africa. Until and unless these host states stop these slimy activities and take up a sincere and truthful role to put an end to such activities, these groups will carry on their activities very successfully as they have been doing for decades. It is really a hard task to break into those complexities and cut off their world-wide linkages.

In January 2000, the United States and India agreed to establish a Joint Working Group on Counter-terrorism. The agreement was announced following meetings between Deputy Secretary Strobe Talbott and Foreign Minister Jaswant Singh in London. The inaugural meeting of the US-India Counter-terrorism Working Group was held in Washington. Both delegations included an interagency group of counter-terrorism and law enforcement officials. The two sides expressed concern at the growing menace of international terrorism, extremism, and drug trafficking. The two sides unequivocally condemned all acts, methods, and practices of terrorism as criminal and unjustifiable, whatever the considerations of a political, philosophical, ideological, racial, ethnic, religious, or any other nature that may be invoked to justify them. The two sides also agreed to intensify their joint cooperation to ensure that the perpetrators of the hijacking of Indian Airlines Flight 814 are brought to justice, as part of their joint efforts to combat international terrorism.

Inter-agency teams from the two countries agreed on a range of measures to enhance cooperation between the two countries to combat international terrorism. The two sides would share experience, exchange information, and coordinate approaches and action. This working group is intended to enhance the effectiveness of our efforts to counter international terrorism world-wide. The next meeting of the US-India Counter-terrorism Working Group will be held in India on mutually agreed dates.

The Indian Government agreed to the US offer of Anti-terrorism Assistance programmes. Intelligence gathering and sharing of vital information between India and the United States should be important components in their efforts on counter-terrorism. Both India and the United States have a shared interest in strengthening a regime to counter international terrorism. This mutual interest in countering terrorism should be the ideal platform for a rich, enhanced cooperation between India and the United States.

REFERENCES

1. Stephen P. Cohen, India Emerging Power, The Brooking Institute Press, Washington D. C., 2002, P. 13.
2. Vanni Cappelli, Containing Pakistan: Engaging The Raja – Mandala in South Central Asia, Orbis A Journal of World Affairs, Vol. 51, No. 1, Winter 2007, P. 55.
3. President Musharraf's Address to the Nation, January 12, 2002. www.forisb.org/CE-019.htmls.
4. Fazal-ur-Rehman, Pakistan and the War on Terrorism, Strategic Studies, Islamabad, Vol. XXIII, No. 30, Autumn 2003, P. 58.
5. Stephen P. Cohen, The Idea of Pakistan, The Brooking Institute Press, Washington, 2004, P. 305.
6. Venni Cappelli, op. cit., P. 66.
7. Dominique Moisi, The Clash of Emotions, Foreign Affairs, Vol. 86. No. 1, January/February, 2007, P. 1.
8. Venni Cappelli, op. cit., P. 66.
9. Moonis Ahmar, 9/11 and the Changing Parading of Conflict Resolution, "IPRI" Journal, Vol. 111, Winter 2003, P. 4.
10. Dawn, April 19, 2003.
11. Brahma Chellancy, "Fighting Terrorism in South Asia", International Security, Vol. 26, No.3, Winter 2001-2002.
12. Talat Masood and Agah Murtaza Poya, "The US – Iran Standoff: Options for Pakistan's in Policy Perspectives, Institute of Policy Studies, Islamabad, No. 2, Vol. III, July – December, 2006, PP. 11 – 13.
13. New week, New York, October 2, 2006.
14. Maria Madalena L. Carvalho – Fischer and Malthias Fishen, Pakistan Under Siege: Pakistan After September 11, 2001, Maktaba Press, Lahore, 2004, P. 39.

15. Dr. Noman Sattar, "War Against Terrorism: Implications for Pakistan" in National Development and Security, Foundation of Research on International Environment National Development and Security, Rawalpindi, No. 4, Vol. XII, (Summer, 2004), PP. 31 – 34.
16. US State Department, Patterns of Global Terrorism: 1999 (Washington, D.C., 2000).
17. "Terrorism issue: Pakistan has mixed record, says US", Dawn, June 18, 2000.
18. "US allegations baseless, says Jabbar", Nation, June 7, 2000.
19. "Terrorism issue: Pakistan has mixed record, says US", Dawn, June 18, 2000.
20. "Pak—a fertile ground for jehad factories: US", The Hindu, July 14, 2000.
21. US National Commission was set up by the Congress in 1998 after the bombings of the two US embassies in East Africa. The commission has found that even if Pakistan cooperated in counter-terrorism efforts, it was never a consistent one. Pakistan and Greece are under the category of "not cooperating fully" and these states do face an US embargo on arms sales.
22. "Pakistan to continue supporting Kashmiris, says minister", The News International, April 13, 2000.
23. "Text of Fatwah Urging Jihad Against Americans", Published in Al-Quds al-'Arabi on February 23, 1998.
24. Speech of Ambassador Michael Sheehan, "Post-Millennium Terrorism Review" at the Brookings Institution, Washington, D.C., February 10, 2000.
25. "State of Pak-US ties", Dawn, June 27, 2000.
26. US Department of State, "International Terrorism Conventions", Released by the Office for Counterterrorism, August 17, 1998.
27. Sudhir Hindwan, "Combating Terrorism: Lessons From Around the World", Peace Initiatives, May-June 1997, p. 80.
28. Some of the suggestions have been taken from Sudhir Hindwan, "Combating Terrorism: Lessons From Around the World", Peace Initiatives, May-June 1997, p. 80.
27\. Anthony Davis, "Bangkok discovers LTTE logistics cell", Jane's Intelligence Review, vol. 12, no. 11, July 2000, p. 3.

28. US Department of State, Office of the Spokesman, Press Statement by James P. Rubin, "Joint US-India Statement on Counter-terrorism Working Group," February 8, 2000.

29. Jump up^ Nelson, Dean (8 July 2009). "Pakistani president Asif Zardari admits creating terrorist groups". *The Daily Telegraph* (London). Retrieved 21 March 2014.

30. Jump up^ Back to Camp-Dawn July 2005

5

Emerging Terror Threats: Challenges for Modi Government

Sudhir Singh

Since last few years we have witnessed decrease the act of terror on Indian soil. Kashmir is also comparatively peaceful and due to crumbling capability, Pakistan has not been able to promote terror activities within Indian soil as it was doing earlier. Of course gamut's of internal threats are still looming and it also remains a critical challenge for the Modi government. Out of 675 total districts of the country, over 200 are partially or entirely under the writ of the Maoists and that still remains a critical challenge for the government. It is also an open secret that there is a tacit understanding with these insurgents and their foreign masters as we have witnessed in Manipur case in June 2015. Nevertheless the mandate of this paper will be confined to the external terror threats. Basically it will deal Pakistan –Afghanistan based terror groups, their masters, role of Pakistani army and new in this series, Islamic State. Islamic state has officially declared that India is their target.

The NATO forces have already withdrawn from

Afghanistan in December 2014 and left only a small contingent of 10,000 soldiers back. Since June 2013, all 35 province of Afghanistan is under Afghan army and since last two years they have been able to sustain security of the country. But threats are looming and that originates from Pakistan. Since inception, Pakistan-Afghanistan has had a bitter relationship. Pakistan has a very narrow hinterland and it always perceive Afghanistan as an extension of its hinterland. It is well known as the Pakistani urge to establish 'Strategic Depth' in Afghanistan to counter India. Since December 1979, Afghanistan has been turbulent and over 3 million people have been killed in last three and half decade turbulence. Terror was exported by Pakistan in 1989 because they had already dominated Afghanistan although through proxy. Our government's mistakes are also responsible for the conversion of Kashmir as the battlegrounds for the terrorists against India. The electoral fraud of 1983 compelled opposition groups to take guns. We have mixed terror with minority appeasement as vindicated after Batla shootout during UPA-2 regime. Here it is important to mention that common minority is also patriotic citizen of the country and willing to keep the country secure as their majority brethren wishes. But the forces of pseudo secularist's compelled them to realize that they are willing to tolerate even the onslaught of terror for the sake of power. The historical mandate of 2014 is also a great reminder to these forces that people of India is fed up with these parochial politics. One of the important factors behind this historical mandate is urge of bold step against anti-national forces. This has further increased the hope from Modi government to contain terror in an efficient manner and ideal can be Israel. In June 2015 in the aftermath of Naga groups attack in Manipur in which 18 Indian army soldiers have been killed , Indian army pursued 'Hot Pursuit' in tacit understanding with the Myanmar and killed dozens of insurgents who had camped inside Myanmar's territory. This has sent a chilling imprint on the terror groups operating from Myanmar, Pakistan, Bangladesh, Bhutan and Nepal and it will be enhancing our image as a country with full will power like Israel. These countries are crucial for our counter terror operations due to our geographical proximities. We have to keep it in our mind that China-Pakistan nexus is all set to be sustainable and our emerging bonhomie with the United States will be push factor for this nexus. But in the aftermath of these incidents there was no need of media outbursts particularly from the government side. Certainly it will not in the larger interests of our future such modules of initiatives. Kautilays has taught us that secrecy is the key of success in such situation.

We are aware about the fact that Pakistan is a crumbling state and since the assassination of former Prime Minister, Benazir Bhutto till December 2014 terror attack on army school, Pakistan has lost thousands of innocent people. But despite this prevailing truth, Pakistan has provided tacit support to Hafiz Saeed, who is addressing rallies throughout Pakistan, threatening India and the western world despite the fact that he is most wanted criminal of 2008 Mumbai terror attack. After Mubai terror attack, Pakistani Presidnet, Asif Ali Zardari had stated that Pakistan has no role in this carnage because non-state actors have executed it. The billion dollors question remains unanswered that non-state actors was air dropped by divine forces but they came from Pakistan and it is duty of the state to contain these elements.

In May 2011, Osama Bin Laden had been killed at Abbotabad in a U.S commando attack. Abbotabad is British era military garrison town and even a mad person will not believe that he was hiding there without military knowledge. Now things have been reveled which vindicates that Osama was in the safe heaven of the

Pakistani army and despite billions of dollors poured by the United States, he was used as a bargaining chip against the NATO forces. Pakistani military is extremely powerful and since independence till date has ruled the country directly about half time. Even not in power directly, army is ruling the roost. Constitution is a mere piece of paper for the army and it keeps violates its according to its convenience.

Former Pakistani Prime Minister, Yousuf Raza Gillani once stated in 2012 that 'Pakistani army is not within Pakistani state but Pakistani state is within the army.' This statement is self explanatory. Since independence almost half of the time Pakistan was ruled by the military and even in the civilian rule, military had enjoyed autonomy to pursue its own policies on mainly three fronts; Kashmir, Nuclear issue and Afghanistan. When Benazir Bhutto took over as the civilian ruler in December 1988, COAS, General Mirza Aslam Beig took three assurances where she promised not to intervene and it was Kashmir, Nuclear Policy and Afghanistan.

After May 2013 election, Sharif again became the PM third time. It is a record given the fragile nature of Pakistani democracy and aura of Pakistani military. Sharif was talking high about the accountability of Kargil (1999) while in opposition but remained ambiguous on the issue now. He will not like that his relations with the army would sour. Till date Pakistani army is fighting home grown insurgency particularly against Tehrik-A-Taliban Pakistan (TTP). The NATO forces have already withdrawn. They are keeping a good number of soldiers back in Afghanistan. The Afghan National Army (ANA) has been nurtured properly by the NATO forces but still it is unanswered question that how far it will be able to contain the increasing onslaught of the Taliban. Pakistan has already sustained its nurturing process of the Haqqani network despite many warning from the United States.

Afghanistan has emerged as the nerve centre for competition between India and Pakistan since 'Operation Enduring Freedom' has been launched in October 2001 in the backdrop of 9/11 attack on New York and Washington. Afghanistan is also crucial for India. It is vindicated with the fact that since October 2001 till date, terror acts have occurred in its bare minimum in India. Merely because that all major terror groups in Afghanistan are busy right now to safeguard themselves. Peace and stability in Afghanistan therefore is must for peace in India. India has grown phenomenally since last two and half decades and all set to grown. According to international rating agencies, India is set to grow. India has already overtaken China in annual growth rate. India is also increasingly involved in strategic infrastructure projects in Afghanistan, such as building a transmission line to provide power to Kabul, a hydroelectric project in Herat, as well as the Zaranj-Delaram road that connects the Ring Road in Afghanistan to the Iranian port in Chahbahar.[1] It has reduced the Afghan dependence only on Pakistan for sea route. It has been detrimental for Pakistani interests. Beside this India has trained Afghan civilian and military personnel and has provided scholarships to Afghan students to study in India, the Indian Council for Cultural Relations (ICCR) has offered as many as 500 scholarships a year for Afghans.[2]

Army is dominating the formulation of Pakistan's foreign policy. It has accepted terror as an instrument of its foreign policy. They have launched a full blown war against the terror in FATA in 2014 but at the same time they have provided tacit support to the friendly terror groups. Saudi Arabia is with Pakistan in this project. One can recall that in 1996 when Taliban formed its own government in Kabul, only three countries gave recognition to Taliban government, Saudi Arabia, Pakistan and United Arab Emirates were only three countries to provide this recognition to Taliban government. Saudi

Arabia is promoting 'Wahabi' ideology, which perpetuates most violent version of Islam. Interestingly inside Pakistan they are killing Shia's, who are also Muslim by all interpretations of Islam but in India, China, Russia and western world they are fighting as the harbinger of Islam. Islamic State also falls within this category. Basically these groups are Sunni terrorist pursuing 'Wahabism' and killing Shia's everywhere but outside Muslim world trying to sell their image as an 'Islamic' terror groups.

Saudi Arabia perceives Taliban as its tacit outfit to expand 'Wahabism'. Saudi Arabia and Pakistan remains critical partner with NATO in war against global terror since 2001. But both Pakistan and Saudi Arabia have provided safe heavens and tacit support to the terror. Haqqani network has been extremely detrimental against the NATO forces but according to wikelikes, Saudi Arabia has also provided tacit support to Haqqani groups. The Saudi government has, meanwhile, not acknowledged these cables as authentic and asked its citizens to ignore them. One of the cables, signed by former Saudi Ambassador to Pakistan Abdul Aziz Ibrahim Saleh Al Ghadeer, which is marked 'confidential', narrates his meeting with Nasiruddin Haqqani, one of the sons of Haqqani network chief Jalaluddin Haqqani. The meeting between the ambassador and Nasiruddin, who was the emissary and chief financier of the Taliban-linked militant group at the time, took place on Feb 15, 2012. The venue of the meeting has not been mentioned, but the ambassador usually held meetings either at the embassy or his residence, both of which are located in the heavily guarded Diplomatic Enclave and remains under the watchful eyes of Pakistani intelligence agencies.[3] Given this report it is entirely impossible that this meeting held without the tacit approval of the Pakistani intelligence agencies. Beside providing safe hevens to Haqqani's, Pakistan has also provided safe heavens to Taliban amir, Mullah Omar, who is virtually running his exile government from Pakistani town of 'Quetta'.

It is interesting to know how these groups collect funds through couriers. Wealthy Arabs in the Gulf States, who take the religious obligation of zakat very seriously, deem madressahs in Pakistan, Afghanistan, India and Bangladesh as deserving entities for their charity. They usually assess and set aside their zakat before Ramazan and engage local religious scholars in these countries to distribute it among the deserving. Pakistani madressahs, religious parties and militant groups remain in contact with these religious scholars, who keep them on the list of the deserving. Religious scholars either visit the Gulf countries themselves or send their representatives as couriers to collect zakat. Most militant groups also send their couriers to collect such donations.[4]

In September 2014, new Afghan President, Asraf Ghani has taken over. He has been trying to engage Pakistan and visited Pakistan as his maiden destination. Pakistani PM, Nawaz Sharif and Chief of the Army Staff (COAS) General Rahil Sharif also visited Kabul and inked many security deals. According to reports, Pakistan is actively supporting peace moves in Afghanistan because it feels that a Taliban-occupied Kabul will threaten its security as well, write two former US officials. Mr Dobbins was US Special Representative for Afghanistan and Pakistan from May 2013 to July 2014 and Mr Malkasian was political adviser to General Joseph Dunford, commander of US forces in Afghanistan from May 2013 to August 2014.[5]

In the last week of June 2015, Afghan parliament complex was attacked by suicide terrorists. Afghan intelligence services spokesman Hassib Sediqqi stated that the officer in Inter-Services Intelligence helped the Haqqani network carry out the attack outside parliament in Kabul, which killed two people and wounded more than 30 as lawmakers were meeting inside.[6] Almost a month ago, ISI and the Aghan intelligence agency—

National Directorate of Security (NDS)— signed a landmark deal aimed at bolstering the fight against terrorism.[7] The nexus between Haqqani network and ISI is well known. This attack vindicates that despite many recent deals and reconciliation efforts by President Ghani, ISI is not going to allow peace in Afghanistan.

In the last week of June 2015 deadly events illustrate the capacity of the self-styled Islamic State to wreak havoc across regions beyond its direct control, as well as the need for a coordinated response from the international community in order to neutralise the extremist movement. At least two of the attacks — in Tunisia and Kuwait — have directly been claimed by IS. Clearly, the threat IS poses is not limited to the territory it occupies in Iraq and Syria. IS has already stated that it has to establish 'Nizam-A- Mustafa' in India and bring back the glory of Islam there. All terror groups working in India has tacit support from their Pakistan based command system. It has been proved in Mumbai terror attack (2008). Hafiz Saeed and many other top terror icons are rooming in Pakistan and mobilizing the people for Jihad. Their call of Jihad begins and ends with India. Here it is important to mention that Pakistani army and terror groups have commonality of interests and that is promotion of terror activities in India. That has been undeclared Pakistani policy since 1989 when first time Kashmir insurgency had begun.

CONCLUDING REMARKS

The world economy is facing 1929 style recession and many economic pundits have declared turbulent economic weather ahead. Despite this dismal global scenario and process of globalization which works under the principle that it integrates, Indian economy is performing well. In the fiscal year of 2014-2015 it has increased with 7.3 % and Niti Ayog, Vice-Chairman, Arvind Panigaria has opined in June 2015 that by fiscal year of 2015-2016 it will cross 8%. It is astonishing performance given the fact that Chinese growth rate is reducing despite all round efforts of its revival. World Bank and Goldman Saches have also predicated that India will surpass China soon on annual growth rate. India has already become fifth global economy and third after China and Japan in Asia.

Revival of Taliban rule or new wave of IS imprints in Afghanistan and Pakistan will all set to increase terror incidents in India. It is one of the utmost challenge Modi government has to face. We must strengthen our internal security system to cope with the emerging challenges. A small country like Israel has been successful to do that and India under Modi has successfully demonstrated its will while using 'Hot Pursuit' against Manipur rebels based in Myanmar. At international level India has achieved a respected level and it must use it to solicit all round support to contain terror at home and abroad.

It must revive 'Northern Alliance' spirit among Russia, Iran, Central Asian Republics and China to contain take over of the Taliban or IS in Afghanistan. Although China has thorny relations with India and all round friendship with Pakistan but knows that Pakistan has also used terror in its insurgent infest western region of Xingjinag. Needless to say that if Modi government will take these steps effectively it will not only minimize terror incidents but also consolidate country's all round development. Peace is must for development and Modi government must take these steps to ensure peace. We should not forget that the headquarter of international terrorism still lies in Pakistan and Afghanistan. The terror network in India also originates from here and inbuilt anti India megalomania in Mullah-Military alliance in Pakistan has further enhanced these threats. The threats of terror is looming large in the backdrop of the withdrawal of NATO troops from Afghanistan but through implementing above steps it can push away terror threats and ensure sustainable development.

REFERENCES

1 For a detailed account of Indian assistance, see Indian Embassy (Kabul), "India's Assistance Programme for Afghanistan's Reconstruction," http://meakabul.nic.in/; also see V.K. Shashkikumar, "The India Factor in Afghanistan," Indian Defence Review 23, no. 3 (July-September 2008), http://www.indiandefencereview.com/2009/05/the-india-factor-in-afghanistan.html.

2 For details see the various annual reports of India's Ministry of External Affairs, http:// meaindia.nic.in/mystart.php?id_2702.

3 BAQIR SAJJAD SYED, *Cables detail Saudi diplomat's meeting with Haqqani's son, Dawn*, Karachi ,28 June 2015.

4 MUHAMMAD AMIR RANA, Militants' fundraising streams, Dawn, Karachi, 28 June 2015.

5 Pakistan supporting peace moves in Afghanistan: report, Dawn, Karachi, 22 June 2015

6 Irfan Haider, ISI officer involved in Kabul parliament attack, claims Afghan intelligence, *Dawn*, Karachi, 25 June 2015.

7 Ibid

6

Fear of Nuclear Terrorism in South Asia

Atreyee Mitra

INTRODUCTION

Terrorism has been defined as "violence or threatened violence intended to produce fear or change."[1] Terrorists are driven both by strategic reasoning and by deep psychological motivations. As rational calculators, they may resort to violence because they lack adequate mass support, because they are subject to severe repression, or perhaps because of a need to seize upon a critical moment of government weak-ness or the infusion of new resources.[2] Terrorists have numerous reasons for eschewing a strategy of mass casualty attacks.[3] They usually want to create fear, not revulsion. As Brian Jenkins puts it, "terrorists want a lot of people watching, not a lot of people dead."[4] For them, violence becomes "a sacramental act, dictated and legitimized by theology."[5] The biggest threats come from "megalomaniacal hyper terrorists," individuals who dream of altering the trajectory of history through great acts of destructive transformation.[6] Hence, bin Laden's exhortation to Muslims in The Nuclear Bomb of Islam to do their "duty" and "prepare as much force as possible to terrorize the enemies of God" has to be taken very seriously.[7]

As early as December 1945, politicians worried about the possibility of smuggling nuclear weapons into the United States. The thought of terrorist's ever possessing nuclear weapons is of main concern today. It is not just the United States but also India—and Pakistan—that need to fear nuclear terrorism. While deterrence may work to prevent wars between states, the new emerging threat to the world today is terrorism. London or New York may be the preferred targets for Al Qaeda militants but Islamabad and Delhi may be much easier. In particular, there was a growing fear that al-Qaeda was engaged in a serious effort to acquire nuclear capability.[8]The growing power and extremism of Islamic militants only serves to further destabilize South Asia and poses a serious risk for the world, especially given the nuclear status of both India and Pakistan.[9] Exploiting the vulnerability of weapons and political instability in Pakistan would be one of the easiest ways for terrorists to get their hands on these weapons. If a retaliatory nuclear response from India on Pakistan's cities is triggered, this would be the fulfillment of a dream to ignite the ultimate conflict that would destroy both kafirs (unbelievers) and munafiqs (Muslim hypocrites). Along with India and the West, the radical Sunni interpretation of Islam that drives the Islamist militancy in Pakistan treats Shi'a Muslims as an enemy. As the head of the International Atomic Energy Agency, Mohammed ElBaradei, asserts, "The danger is so imminent... not only with regard to countries acquiring nuclear weapons but also terrorists getting their hands on some of these nuclear materials, uranium or plutonium".[10] Thus, interestingly Pakistan is viewed as the most likely source of proliferation, either knowingly or inadvertently.

TERRORIST PATHWAY TO THE "CROWN JEWELRY"

To launch a nuclear attack, terrorists must first obtain a nuclear bomb. They could do this in three ways: by stealing it, buying it, or building it. This could involve the use of stolen nuclear weapons or weapons manufactured from fissile materials[11] such as highly enriched uranium (HEU) and plutonium obtained from military or civilian sources. Nuclear terrorism may also involve the dispersal of radioactive materials in a "dirty" bomb to cause radiological contamination. All three pathways pose significant constraints to terrorists, but one cannot discount any of these possible routes to catastrophic nuclear terrorism. With about twenty-seven thousand nuclear weapons in the arsenals of eight nations (Britain, China, France, India, Israel, Pakistan, Russia, and the United States), terrorists appear to have a target-rich environment[12]. All but about one thousand of these weapons reside in two countries: Russia and the United States.[13] Often considered the "crown jewels" of a nuclear-armed nation's security, nuclear weapons are usually rigorously guarded. But being difficult to steal does not mean impossible. In particular, transporting and deploying nuclear weapons outside of highly secure, central storage sites can increase susceptibility to theft. In December 2004, the U.S. National Intelligence Council warned, "Russian authorities twice thwarted terrorist efforts to reconnoiter nuclear weapon storage sites in 2002" and that terrorists inside Russia also "showed a suspicious amount of interest in the transportation of nuclear munitions."[14]

Nuclear terrorist incidents include the acquisition of, use or threatened use of, or attack on nuclear materials or facilities, as well as the resort to false threats or hoaxes that, to the extent they are convincing, would have the same effect.[15]The source material for nuclear terrorism could come from illicit transactions of poorly protected materials originating outside the region, as well as material from within the region used for military or civilian purposes. India and Pakistan have established regulatory bodies and agencies to deal with the safety and security of their nuclear materials, but they may not protect against every potential threat. The possibility of a deliberate nuclear exchange between India and Pakistan has receded with the efforts by Prime Minister Atal Bihari Vajpayee and President Pervez Musharraf to engineer improved relations. Nevertheless, three other types of events could prompt unintended escalation in South Asia. These scenarios are a terrorist use of RDDs; a terrorist detonation of a nuclear weapon; and the accidental explosion of nuclear arms—for example at military bases in either India or Pakistan. These three events, none of which involve the deliberate use of nuclear assets by India or Pakistan, could have horrific consequences ranging from the significant loss of life and long-lasting contamination to a crossing of the nuclear threshold — especially if the event occurred during a crisis.

A radical Islamist takeover in nuclear Pakistan could push Iran to take the decision finally to build a nuclear weapon and create a deadly new nuclear confrontation. However carefully South Asian leaders work to avoid crossing the nuclear threshold, but accidents are accidents and that can happen anytime. Moreover, terrorist groups in India and Pakistan, as elsewhere, would certainly seek to produce casualties or massive disruption by means of radioactive materials.

As the South Asian threat matrix becomes more complex and with concomitant progress in the nuclear field, these developments provide the basis for the spectacular terror attacks in New Delhi, Mumbai, Karachi, and Islamabad-Rawalpindi. As states possessing nuclear weapons, both India and Pakistan must find a common objective and mechanisms to deal with the metastasizing menace of terrorism. It is imperative that both states acquire the highest standard of nuclear security best practices and learn to live as peaceful nuclear neighbors. Individually, as well as collaboratively, India and Pakistan should direct their efforts to creating a cooperative relationship in the region and developing a nuclear security regime that encapsulates the nuclear security visions set by the three global nuclear security summits.[16] The threat of nuclear terrorism undeniably exists, but the risk of nuclear terrorism is determined by factoring both probability and consequence. To enable state policy and regional discourse to address nuclear terrorism with the maximum effectiveness, an assessment of the risk – not just the threat – is necessary.

EVOLUTION OF THE NUCLEAR TERRORISM AS A THREAT

Since September 11, some attention has been given to the potential for nuclear terrorism, particularly because of the discovery of linkages between al-Qaeda and Pakistani nuclear scientists.[17] While fears of nuclear weapons date back to the genesis of the weapons themselves, nuclear terrorism has largely gained attention as a substantial threat to national and international security since the mass casualties and destruction of the September 11, 2001 terrorist attacks against the United States. Nuclear proliferation, security, and safety have historically been concerns, but only recently has terrorism added a new dimension and elevated nuclear terrorism to the top tier of U.S. national security concerns. For the purposes of this article, nuclear terrorism is designated as the use or threat of use of nuclear material in order to achieve a political goal.[18]

The threat from nuclear terrorism has for the most part mirrored historical trends. The development of nuclear weapons and then the destruction of Hiroshima and Nagasaki created an existential fear of nuclear weapon use by state actors throughout the Cold War. The post-Cold War era saw a rise in the regulation of nuclear materials, followed by post-2001 strengthening of nuclear sites in hopes of preventing the "loose nukes" syndrome many had predicted.[19] In its place, proliferation to weak states and the stability of nuclear states became the greatest concerns in nuclear policy.

In the 21st century terrorism has been linked to all U.S. national security-related policies, including nuclear security policy. The Obama Administration's 2011 National Strategy for Counterterrorism states, "the danger of nuclear terrorism is the greatest threat to global security." Preventing terrorists from acquiring WMDs and nuclear materials is ranked as one of the top overarching counterterrorism goals.[20] Furthermore, the United States tied nuclear security to terrorism by stewarding biannual Nuclear Security Summits where member states pledge and work towards safeguarding nuclear materials in order to prevent their transfer to terrorists.

Meanwhile another significant development is the proliferation of nuclear facilities due to the rise of nuclear energy and the expanding ring of legitimacy for nuclear trade. Nuclear energy was seen as a "solution" to the environmental concerns associated with non renewable resources, but fear of terrorism has soured this view. After the Fukushima Daiichi disaster, nuclear energy facilities are seen in a new light as vulnerable to security threats emanating from both natural disasters and manmade attacks.[21]

This fact brings South Asia into focus in a curious way. India is the beneficiary of a civilian nuclear agreement with the United States permitting it to retain and develop nuclear weapon capabilities and expand civilian nuclear facilities, with international cooperation in nuclear trade. This sets a precedent for the expansion of civilian nuclear facilities, as well as vertical proliferation of nuclear weapons in the region. Pakistan has responded to the perceived legitimacy conferred upon India's nuclear weapons program by this agreement by offsetting conventional military force weakness with nuclear deterrence, and plans to increase its civilian nuclear power plants to meet its energy shortages. As a result, nuclear facilities in South Asia are multiplying at the very moment the threat of nuclear terrorism is also growing.

NUCLEAR TERRORISM IN SOUTH ASIA

The waves of terrorism currently afflicting South Asia flow from a long, complex history. Since their independence, both India and Pakistan have used proxies to affect each other's internal dynamics. This has led to wars, crises, and even secessionism with the creation of Bangladesh in 1971. Before 2001, India and Pakistan were the focus of attention due to proliferation concerns and the implications of being self-declared nuclear powers after the 1998 tests. After 2001, South Asia became the epicenter for the war against al-Qaeda. The problem of terrorism has become so complex that a spectacular terrorist attack could happen in any part of the region. South Asia has already seen such dramatic terrorist attacks as the 2001 attack on India's Parliament, the 2008 Mumbai attacks, the 2008 Marriott bombing in Islamabad, as well as various attacks on Pakistani government and military facilities. The region has come under even greater scrutiny for nuclear terrorism since the revelation that Osama bin Laden met two retired Pakistani scientists and showed interest in acquiring nuclear technology.[22]

In addition, both Indian and Pakistani nuclear arsenals have grown at a steady pace. Thus, the fears of WMD terrorism have added to the previous concerns of proliferation and stability, and generated heightened allegations and scrutiny. The permissive regional environment for terrorism is not easily reversed – it requires concerted, time-consuming, and costly efforts. Given the nature of these attacks and the growing nuclear arsenals and civilian nuclear facilities, nuclear terrorism is at the crosshairs of multiple regional trends.

In South Asia overall threat perception has mirrored trends in nuclear politics. The popular perception of nuclear terrorism combines nuclear safety, nuclear security, and terrorism into one issue. As any one of these issues becomes inflamed, the general fear of nuclear terrorism rises. In reality these three issues are distinct concerns with unique causes, solutions, and policy implications. First, nuclear safety management relates to the technical steps needed to prevent nuclear accidents and ensure optimal and safe operations. Second, nuclear security pertains to prevention of unauthorized access, tampering, accounting, and protection, as well as numerous preventive and reactive steps that require both technical and military security instruments and practices. Third, terrorism pertains to the presence and activities of violent extremist organizations operating with impunity across state borders; this of course is a central concern and its reduction and elimination require different tools and measures. Regardless of its nuclear status, a state is responsible for eliminating terrorism within its borders. The failure to mitigate or eliminate terrorism does not absolve a state from its safety and security responsibilities; rather all nuclear capable states must be committed to the highest standard of nuclear safety and security regardless of the internal or external threats. Without addressing the factors that allow terrorism to exist, nuclear terrorism will always remain a concern.

Another challenge for nuclear terrorism is that it is plagued by an imprecise lexicon. Placing "nuclear" as a prefix to terrorism dilutes the complexity and makes it difficult to differentiate between a hyped threat and a realistic threat. This is compounded by the propensity to use nuclear terrorism and nuclear security interchangeably. The rhetorical tensions result in increased hype concerning the nuclear terrorism threat and are often used by countries as a propaganda tool to defame states with which they have adversarial relationships.

At the same time, nuclear security measures such as ratification of international treaties, legislation, and regimes allows nuclear-armed states to gain diplomatic mileage without identifying the realistic threat and constructing an adequate response. In order to fully understand the threat of nuclear terrorism in South Asia it is necessary to understand the complexity of the threat matrix: the external threat, the internal threat, and the extent of international scrutiny.

ASSESSMENT OF THREAT PERCEPTIONS

For the fast developing sophisticated trends in terrorist strike modes, the potential of nuclear terror emanating from the Jihadi elements to contain international pressure pose an additional dimension to the risk of volatility in the region and also beyond South Asia. Jihadi zealots and Islamic politics inside Pakistan wield double-edged sword of terror – jihadi terrorist strikes and nuclear attacks, not only for India but also for the whole world. While speculations are still rife of possible use of nuclear weapons by Pakistan, the international apprehension of terrorists developing or using "dirty" bombs has also to do a lot with the so-called Jihadi sympathizers in Pakistan. Indo-Pak nuclear war remains only one aspect of nuclear terror. The potential nuclear terror if unleashed by Jihadi elements in Pakistan would be equally devastating for both India and the world community. Jihadi fervor mixed with terrorism may result in unauthorized use, slippage or acquisition of nuclear weapon components. Even, terrorist attacks may be targeted to vital infrastructures of any country too. India remains only one in the list of many other enemies labeled by the so-called Jihads. Terrorist groups are more likely to resort to other forms of nuclear terrorism. First, they might sabotage a nuclear facility (including a military facility) to release lethal radiation. Second, they could utilize a dirty bomb to disperse radiation. In either case, the result would be widespread panic and violence, perhaps even war. Third, they could take control of and threaten to blow up a nuclear facility in order to blackmail a government into accepting their demands. Fourth, they might engage in the clandestine transfer of nuclear materials out of India and Pakistan for use in another part of the world.

Despite nuclear deterrence and the modernization of nuclear forces, South Asia is a far cry from achieving stability. Indeed, the security situation in South Asia has deteriorated and violent extremism has surged to unprecedentedly high levels. Some believed nuclearization would stabilize South Asia; others prophesized disaster.

PAKISTANI THREAT PERCEPTIONS

Pakistan is at the heart of nuclear fears for much of the international community. With 90 to110 nuclear weapons spread across Pakistan and fissile materials produced or processed at numerous locations, the threat from religious extremists—both from outside as well as inside the nuclear establishment—is also very real, albeit unquantifiable. The 11 September 2001 attacks on the United States raised fears of nuclear terrorism by Al Qaeda. The beginnings of the 21st century also brought new concerns about the spread of nuclear weapons materials and knowledge on the black market. In 2003, A.Q. Khan[23] was revealed to have trafficked key nuclear weapons technologies and weapon designs from Pakistan's program to Iran, Libya and North Korea, and possibly others. These developments have added new urgency to the long-standing goal of eliminating nuclear weapons. It is also known that the Al Qaeda leadership met with sympathetic former senior scientists in Pakistan's nuclear weapons program. In an interview broadcast on the CBS program "Sixty Minutes" in October 2000, General Anthony Zinni, former commander of the US Central Command, expressed apprehensions that

Pakistan's nuclear arsenal "could wind up in the hands of extremist religious leaders."[24]

From the outset, Pakistan confronted obstacles and opposition to its nuclear weapons ambitions that affected the nuclear security regime of the country. The control of Pakistan's nuclear weapons program shifted to the Pakistan military in July 1977, but no change occurred in Pakistan's nuclear policy. Over time three threat perceptions emerged that shaped Islamabad's nuclear security management. First, beginning in the late 1970s, several incidents forced Islamabad to focus on the external threat of a sudden disarming attack that could prevent the nascent buildup of its capabilities.[25] Second, like all nuclear weapon states, an "insider threat" was feared - a mole or spy from an external hostile intelligence agency determined to compromise nuclear secrets or sabotage the program from within. Pakistan had a special reason to focus on this threat because its official policy denied the existence of a military nuclear program due to repressive nuclear sanctions and attempts by Western intelligence agencies to spy on Pakistani centrifuge facilities.[26] The third perception developed after 2001, when violent radical threats within the state became rampant in Pakistani society in general while specific incidents occurred that targeted Pakistani security forces.[27]

The West has expressed serious concerns regarding the security of the Pakistan's nuclear arsenal.[28] Today, Pakistan perceives threats to its nuclear facilities from a host of both external and internal threats. Recent events that exacerbate these fears include the fatal attack on Osama bin Laden in Abbottabad; reports of CIA covert operations disguised as vaccination campaigns to collect DNA in the search for bin Laden; CIA contractor Raymond Davis's killing of civilians in Lahore; relentless drone strikes; and border incidents on the Salala post of the Afghan-Pakistan border. The regional security situation deteriorated further after the Mumbai terror attack and continuing terrorist operations in Afghanistan – especially those led by Afghan Taliban. The origin and nature of the Islamist militancy in Pakistan ensures that it will be an inter-generational process and will shape Pakistan and the region's future for at least the next fifty years. In the 1980s, the military regime of General Zia, Pakistan's Islamist parties, Saudi Arabia and the United States created a generation of radical young Afghans and Pakistanis committed to jihad. The madrassas that trained these militants continue to operate and are the only schools for many hundreds of thousands of boys and girls still in their teens. While external threat perceptions deepened, the Pakistani internal situation has also deteriorated exponentially. The 2007 operation in Lal Masjid and the establishment of Tehrik-i-Taliban Pakistan (TTP) and other violent extremist groups and sectarian religious groups have challenged the writ of the state. For over a decade, Pakistan has faced a separatist violent movement in Baluchistan. The combination of tribal border region tensions and al-Qaeda attacks has embroiled Pakistan's military in multiple counterinsurgency contingencies.[29] Given these multiple complex threats, the Pakistani nuclear security regime has evolved much differently in the past decade than was the case in the earlier decades of its nuclear program.

The Jihadi connections of Pakistan that have long been ignored by the US and western world as well may result in unpredictable backlash in the form "dirty" radiological bomb attacks. Readily available Jihadi scientific brains inside Pakistan who had been working since long for the Islamic bomb may further strengthen the motivation for nuclear attacks. The fear was that these Taliban sympathizers might compromise the security of nuclear materials and installations and enable the extremist Islamic elements to obtain some fissile material.[30] Dr. Rohan Gunaratne, senior research fellow at the Center for the study of terrorism and Political Violence at the University of St Andrews in Scotland, in an interview with a weekly newspaper, India Abroad, June 7, 2002, has revealed that Pakistani nuclear scientists were hired by Al-Qaeda to help develop 'dirty' bombs, other than their desire for acquiring chemical and biological weapons. Dr. Gunaratne is said to have access to intelligence records of western security agencies, including CIA.

The issue of India Abroad, June 21, 2002, New York, explicitly states that Pakistani scientists helped build the dirty bomb. This has come to light after the arrest of Abdulla al Muhajir alias Jose Padilla. Intelligence sources believe that Padilla along with another associate researched the manufacture and detonation of dirty bombs in Lahore. Arrest of Padilla according to intelligence sources is only the tip of the iceberg in terms of Al Qaeda recruits being provided diverted radioactive material and trained by rogue Pakistani nuclear scientists to build nuclear bombs. . US Officials have also been quoted as saying that Al Muhajir had at least two meetings with Al Qaeda operatives in Karachi. Abu Zubaydah, a top aide to Osama-bin Laden caught in Pakistan, as reported by CBS television network on April 22, 2002, had told interrogators that Al-Qaeda was attempting to build a "dirty" bomb.

Pakistan's intention to use nuclear weapons against India has a long history of quest for acquiring nuclear capability. The potential risks involve mainly two components - a possible Pakistani nuclear first strike against India and, potential threats evolving from close nexus of Jihadi elements and Pakistani fundamentalist official functionaries in the country with international network. It is said that on "three occasions" -in mid 1980s, in 1987 and April-May 1990, Pakistan had considered to take nuclear strikes against India. Any miscalculated pre-emptive Pakistani strike against India may be of unimaginable destruction to come to either side. Pakistan may think many times before any self-defeating step that may conclude as suicidal to a sovereign territory.

As far as doctrinal aspect is concerned, Pakistan has been posing the non-convention capabilities and non-adherence to no-first-use principle, as deterrence against the Indian military prowess. But in reality, Islamabad tries to project its strategic assets as an instrument of nuclear war blackmailing. The extent of this blackmailing now seems to reach different parts of the world as well. By causing worldwide fear of probable occurrence of any nuclear war between India and Pakistan, in the current conflict scenario, Islamabad's efforts indicate a position beyond commonly understood philosophy of nuclear deterrence is in place.

In case of any war between India and Pakistan many analysts have come to believe that a nuclear exchange is inevitable. However, the sincerity and the determination with what Pakistan threatens to use nuclear weapons make both India and international community wary of an unpredictable disaster. Musharraf has amply indicated through various national and international forums that in case of any "eventuality" Islamabad may opt for nuclear strike against India. Musharraf's interview to the German magazine Der Spiegel in which he threatened India with the atom bomb, has been widely debated in terms of nuclear security in South Asia. Referring to the aggressive Indian military posture after Kaluchak incident of May 14, a senior Pakistan Minister and former ISI chief Javed Ashraf Qazi has been quoted saying May 21 2002 as that "Pakistan will nuke India if it has to save itself". Also, on May 30, 2002 Pakistan UN envoy, Munir Akram, has threatened India of possible nuclear strike.

For the moment, in an interview to CNN June 1, 2002, Pakistani President Pervez Musharraf has tried to allay the growing international fear of any nuclear war in the subcontinent by saying that "I would even go to the extent of saying one shouldn't even be discussing these (nuclear war) things, because any sane individual cannot even think of going into this unconventional war, whatever the pressure". This statement does not appear to be sincere and repeated threats lower the nuclear threshold in the region and would need an intelligent examination.

The political brinkmanship, conflicting civil-military relationships, weak economy, fragile social cohesion ridden with fundamentalist ideologies, not so credible sustenance of nuclear command and control mechanisms – together they all raise vulnerability to the risks related with nuclear and strategic assets of Pakistan. The potential risks of nuclear terror include unauthorized or accidental use of nuclear and missile assets in Pakistan.[31] The deceptions and ambiguities of Pakistan as a nuclear weapon state actor imply various unpredictable threats as well, though not unperceivable. The existing realities of nuclear Pakistan require attention of the international community for the long term regional and international peace and stability. Domestic and international illegal connection that prompts Pakistan to perpetuate nuclear terror may hardly ensure long lasting security and, so, requires timely international attention.

INDIAN THREAT PERCEPTIONS

In contrast, India's nuclear security discourse has developed an entirely different narrative. Despite its history of sustained democratization, India has constantly been troubled by terrorist violence. While much attention has been focused on the current secessionist movement of Muslim groups in Kashmir, terrorist threats have always been diverse, encompassing numerous geographical areas, ethnic groups, ideologies, and cross-border spillovers. Over the decades, there has been a distinct trend toward ever-higher levels of violence.[32] While Pakistan braces for both internal and external threats, India is relatively spared from either. China remains

India's primary external threat and India's worst case threat perceptions are rooted in the persistent belief in Sino Pakistani collusion on everything from economic deals to intelligence matters. The government of India has followed a customary carrot-and-stick strategy in response, alternating between the use of force to suppress militants and negotiation to accommodate them.[33] However, this belief does not play a significant role in Indian nuclear security perceptions. India does fear an external attack emanating from China by aircraft or missile, though it has never been subject to a deep aerial attack directly from China. Thus, fear of a preventive strike linked to China or another external power does not compute in India's threat calculus. Although India's relationship with China is antagonistic and its threat perceptions are based on longterm perceptions, India's immediate security focus is on Pakistan. With a bitter history of wars and crises, the most significant perceived threat is a terror attack master-minded by a Pakistan-based extremist organization that India believes is state-sponsored. In any case, even as India's adversarial relationships with China and Pakistan are likely to continue with ups and downs, the prospect of an external power attacking India's nuclear facility is perceived as unlikely. Further India's internal security situation is qualitatively different than Pakistan's, and as such India's nuclear security culture has evolved differently.

The composition of India's internal threat is vastly different from the domestic threats within Pakistan. India is home to a host of secessionist, fifth column, saboteur, and radical extremist groups. These groups range from socio-revolutionary groups like the Naxalites in the "red corridor" in Eastern India, to secessionist movements and centrifugal forces from Kashmir in the north to Tamil Nadu in the south. These movements and the associated tensions have existed with sporadic intensities throughout almost the entire history of independent India. Further, terrorist groups such as Jaish-e-Mohammed (JeM) and Lashkar-e-Taiba (LeT) are supporting operations in the Kashmiri struggle and elsewhere in India. India is also experiencing a rise of Hindu extremist groups which always have the potential to ignite a communal conflict; sparks have ignited in Mumbai, Gujarat, and the "train terror" (Samjhota Express). These groups have been proven to operate within India and wage high-consequence terror attacks including major ones such as the 2001 Indian Parliament and the 2008 Mumbai attacks. The day after the September 11 attacks in the United States, Sheikh Jamil-ur-Rehman, leader of the Tehrik-ul-Mujahedeen, a terrorist group active in Kashmir, had vowed to attack nuclear facilities in India.[34]

While these groups within India are numerous, they are of a different level of magnitude than their counterparts in Pakistan, which is threatened internally by terrorist organizations both within Pakistan itself as well as across the porous border in Afghanistan. It is unknown whether a radical insider from any of these movements could possibly penetrate India's nuclear facilities, though such a possibility cannot be ruled out. From India's viewpoint its internal threats are primarily those sponsored by external agencies. The 2008 Mumbai terror attack re-confirmed the belief that the internal terror threat is due to terrorists infiltrating from neighboring states or externally sponsored sleeper cells. However, India does not fear the same challenge from rampant instability that is evident in Pakistan. India's nuclear security culture has a greater emphasis on an outside sponsored terror attack on its facilities rather than an insider instigating a nuclear security breach. Quite apart from differing threat perceptions, another factor that has affected Pakistan's and India's respective approaches to nuclear security is the nature of the international approach towards terror in the region during the past decade.

Interestingly published writings on the nature and extent of the threat, particularly with reference to India, have been cursory.[35] India has shown a serious interest in obtaining sensors for monitoring the India-Pakistan border and curbing the flow of terrorists into India.[36] Preliminary talks also began on possible US assistance to India for the security of nuclear plants.[37]

CONCLUSION

For the international community, the Dr. Abdul Qadeer Khan scandal was a worst fear realized. Discussions of non-state nuclear terrorism among experts go back at least to the 1970s. In 1975 The Economist warned that "You can make a bomb with a few pounds of plutonium. By the mid-1980s the power stations may easily be turning out 200,000 lb of the stuff each year. And each year, unless present methods are drastically changed, many thousands of pounds of it will be transferred from one plant to another as it proceeds through the fuel cycle. The dangers of robbery in transit are evident.... Vigorous co-operation between governments and the International Atomic Energy Agency could, even at this late stage, make the looming perils loom a good deal smaller."[38] The New York Times commented in 1981 that The Nuclear Emergency Search Team's "origins go back to the aftershocks of the Munich Olympic massacre in mid-1972. Until that time, no one in the United States Government had thought seriously about the menace of organized, international terrorism, much less nuclear terrorism. There was a perception in Washington that the value of what is called 'special nuclear material' - plutonium or highly enriched uranium (HEU) - was so enormous that the strict financial accountability of the private contractors who dealt with it would be enough to protect it from falling into the wrong hands. But it has since been revealed that the physical safeguarding of bomb-grade material against theft was almost scandalously neglected."[39]

Nuclear terrorism could produce far-reaching political consequences for a society and especially its government. If the post-nuclear terrorism situation is not dealt with by the administration in a swift and effective manner, it could cause such a social and political upheaval that parts of the country may slide into anarchy, threatening the socio-political order. Nuclear terrorism has implications for inter-state relations. If the ruling elite of the state that is a victim of nuclear terrorism somehow links nuclear terrorism with another state and holds it responsible for the incident, bilateral relations will be marred. This is more likely to be the case if the two states happen to be neighbors and have a history of acrimonious relations(e.g. India and Pakistan). They may trade charges and countercharges, followed by a downgrading of their diplomatic ties and a resort to coercive diplomacy, if not armed conflict. A target state may accuse a particular or an unnamed foreign power of sponsoring nuclear terrorism in order to deflect domestic criticism.

In a world characterized by rapidly increasing communication and the ever-expanding physical movement of people and goods, terrorist threats transcend national boundaries. While a specific nuclear terrorist threat may be aimed at a specific country, the group that makes that threat may choose to target another country later. Or, the ransom extracted may affect the interests of more than one country. The sources of terrorism and the activities of terrorist groups often span national frontiers and measures to avert the threat must be international in scope to be effective. The possibility of a workable nuclear weapon being assembled by a terrorist group cannot be discounted.[40]

Most nuclear-related organizations are also vulnerable to cyber-security threats: information on any aspect of a nuclear facility from bomb design to security measures could be misappropriated by an insider.[41] Success in preventing nuclear terrorism requires numerous actions across a wide array of fronts.[42] A multilayered defense strategy provides a comprehensive and balanced approach to stopping nuclear terrorism. Such a strategy involves disrupting and destroying terrorist cells, blocking terrorists from the sources of nuclear weapons and weapons-usable materials, developing and deploying radiation detection equipment, and improving intelligence assessments of when and where terrorists will launch a nuclear attack. Despite these security enhancements, the biggest impediment to reducing the threat of nuclear terrorism involving Pakistan is President Musharraf's expressed belief that terrorists cannot make nuclear weapons and that "the West is overly concerned" about this threat.[43] Once terrorists acquire nuclear arms, however, stopping detonation of these weapons is exceedingly difficult. The radiation emitted by a nuclear weapon is hard to detect and easy to shield. In addition, pinpointing the time and location of a terrorist attack stretches the limits of intelligence assessments. Identifying and eradicating terrorist cells is also extremely challenging. Preventing nuclear terrorism is also closely connected to stopping the spread of nuclear weapons to other countries. By reducing the number of countries with nuclear weapons or weapons-usable nuclear materials, terrorists will have fewer places to buy or steal these critical components of nuclear terrorism. The International Atomic Energy Agency (IAEA) is at the forefront of multilateral efforts to inspect nuclear facilities to try to detect diversion of weapons-usable nuclear materials. In September 2009 a unanimous United Nations Security Council resolution declared: 'We are all committed to seeking a safer world for all and to creating the conditions for a world without nuclear weapons.'[4444] U.N. Security Council Resolution 1887, http://www.un.org/News/Press/docs/2009/sc9746.doc.htm

Desirable national measures to counter and combat the threat of nuclear terrorism include the following:

1. Continue to track the numerous groups and individuals engaged in overt or covert violence or terrorism in their respective countries.
2. Enhance measures to control the movement of goods and people across international borders and use of immigration and border controls to prevent the free movement of terrorists
3. To upgrade the physical security of nuclear weapons components, nuclear materials, and installations, including radioactive waste storage and disposal facilities and acquire modern technology and equipment (such as sensors), for the detection of nuclear weapons and radioactive materials to interdict unauthorized movement of weapons- or non-weapons-grade fissile materials within a country and across international borders the use of modern technology,
4. Give greater attention to personnel reliability issues in order to minimize insider threats and use of personnel reliability programs to ensure the trustworthiness of persons in sensitive positions
5. Acquire the latest technologies for the packaging, sealing, and monitoring of fissile and radioactive materials during transportation.
6. Establish an autonomous and highly trained security force devoted exclusively to protecting nuclear facilities and materials, instead of using agencies that have other assignments as well.
7. Within each country, appoint a coordinating body to integrate the various domestic organizations related to the nuclear infrastructure.
8. Finally, make provisions for disaster management, including emergency response teams for tackling a security alarm or actual nuclear terrorist incident.

REFERENCES

1 Jonathan R. White, Terrorism: An Introduction (1991, incomplete citation), cited in Political Terrorism Database. http://polisci.home.mindspring.com/ptd/ptd_definition.html

2 Martha Crenshaw, "The Logic of Terrorism: Terrorist Behavior as A Product of Strategic Choice," in Walter Reich, ed., Origins of Terrorism: Psychologies, Ideologies, Theologies, States of Minds (Cambridge: Cambridge University Press, 1990).

3 Falkenrath, Newman, and Thayer, America's Achilles' Heel, pp. 45-59.

4 Brian M. Jenkins, "Is Nuclear Terrorism Plausible?" in Paul Leventhal and Yonah Alexander, eds., Nuclear Terrorism: Defining the Threat (McLean, VA: Pergamon-Brassey's International Defense Publishers, 1986), p. 28.

5 Falkenrath, Newman, and Thayer, America's Achilles' Heel, p. 184.

6 Ehud Sprinzak, "The Lone Gunmen," Foreign Policy, (November–December 2001). http://www.foreignpolicy.com/issue_novdec_2001/sprinzakhyper.html

7 Cited in Jim Puzzanghera, "Possibility for Nuclear Terror Too Real to Be Ignored," Mercury News Washington Bureau, October 14, 2001.

8 Philip Webster and Roland Watson, "Bin Laden's Nuclear Threat," Times, October 26, 2001; Anthony Loyd, "Bin Laden's Nuclear Secrets Found," Times, November 15, 2001.

9 Laqueur, Walter. "The Changing Face of Terror". The Use of Force, 6th ed. Eds. Robert J. Art and Kenneth N. Waltz, 2004. pp. 454.

10 BBC News World Edition, "Nuclear Terror 'Matter of Time'". June 21, 2004. http://news.bbc.co.uk/2/hi/americas/3827589.stm

11 Fissile materials are those nuclear materials that are able to explode because of an uncontrolled nuclear chain reaction, under suitable conditions. They are the essential materials for making a nuclear weapon.

12 North Korea also may have a small nuclear arsenal containing, at most, eight weapons. Although theNorth Korean government said, in February 2005, that it has

nuclear arms, it has not unambiguously demonstrated this capability.

13 For the most up-to-date estimates of the world's nuclear arsenals, see the latest issues of the Natural Resources Defense Council's "Nuclear Notebook" in the Bulletin of the Atomic Scientists, available at www.thebulletin.org.

14 National Intelligence Council, Annual Report to Congress on the Safety and Security of Russian Nuclear Facilities and Military Forces, December 2004, available at http://www.cia.gov/nic/special_ russiannuke04.html.

15 For a chronology of WMD terrorism incidents, including hoaxes, see Jason Pate, Gary Ackerman, and Kimberly McCloud, 2000 WMD Chronology: Incidents Involving Sub-national Actors and Chemical, Biological, Radiological, or Nuclear Materials, Center for Nonproliferation Studies, Monterey Institute for International Studies. http//:cns.miis.edu/pubs/reports/cbrn2k.htm

16 The first Nuclear Security Summit was held in Washington, DC in 2010 with the aim of preventing nuclear terrorism around the globe. Succeeding summits were held biannually in Seoul, South Korea in 2012 and in The Hague, Netherlands in 2014.

17 "Terrorists Courted Pak N-Scientists," Hindustan Times, November 12, 2001.

18 A full definition of nuclear terrorism is found in the 2005 International Convention on the Suppression of Acts of Nuclear Terrorism: "The convention defines the act of nuclear terrorism as the use or threat to use nuclear material, nuclear fuel, radioactive products or waste, or any other radioactive substances with toxic, explosive, or other dangerous properties. The definition includes the use or threat to use any nuclear installations, nuclear explosive, or radiation devices in order to kill or injure persons, damage property, or the environment, or to compel persons, States, or international organizations to do or to refrain from doing any act.

The unauthorized receipt through fraud, theft, or forcible seizure of any nuclear material, radioactive substances, nuclear installations, or nuclear explosive devices belonging to a State Party, or demands by the threat or use of force or by other forms of intimidation for the transfer of such material would also be regarded as acts of nuclear terrorism." http://www.un.org/en/sc/ctc/docs/conventions/Conv13.pdf.

19 Justin Bresolin, "Fact Sheet: The Nunn-Lugar Cooperative Threat Reduction Program," The Center for Arms Control and Non-Proliferation, (July 2013), http://armscontrolcenter.org/publications/factsheets/fact_sheet_the_cooperative_threat_reduction_program/.

20 2011 National Strategy for Counterterrorism.

21 "Nuclear security after Fukushima," International Institute for Strategic Studies (August, 2011).

22 David Albright, Kathryn Buehler, and Holly Higgins, "Bin Laden and the bomb," Bulletin of the Atomic Scientists, 58 no. 1 (January 2002); see information on Dr. Sultan Bashiruddin Mahmood in Feroz Khan, Eating Grass: The Making of the Pakistani Bomb (Stanford, CA: Stanford University Press, 2012): 360-63

23 David Albright, president of the Institute for Science and International Security accused Dr. Abdul Qadeer Khan, Pakistan's ace nuclear scientist, of making an unsuccessful bid to sell "bomb designs" to Iraq in return for "handsome" monetary rewards.

24 Masood Haider, "Pakistan's N-Arms Worry Zinni," Dawn, October 17, 2000.

25 Such threat perception was reinforced when Israel successfully destroyed Osirak reactor in Iraq in 1981. India then contemplated mimicking Israel to destroy Pakistani centrifuge facility program. See Khan, Eating Grass, 212-13.

26 For an example, see Adrian Levy and Catherine Scott-Clark, Deception: Pakistan, the United States, and the Secret Trade in Nuclear Weapons (New York: Walker Publishing Company, 2007), 92-93.

27 A detailed analysis is given in Feroz Hassan Khan "Nuclear Security in Pakistan: Separating Myths from Reality," Arms Control Today (July/August 2009); Also see Naeem Salik and Kenneth N. Luongo, "Challenges for Pakistan's Nuclear Security," Arms Control Today (March 2013).

28 Other analysts have argued that Pakistan's nuclear materials and installations were not adequately secure against terrorist attacks or attempts to steal radioactive materials; Amir

Mateen, "Pakistani Nukes: The Latest US Scare," News, November 11, 2001; Mansoor Ijaz and James Woolsey, "How Secure is Pakistan's Plutonium?" New York Times, November 28, 2001; Barton Gellman, "Fears Prompt US to Beef Up Nuclear Terror Detection," Washington Post, March 3, 2002.

29 Pakistan has often alleged Indian intelligence agencies to be involved in the support for Baluch insurgency just as India alleges Pakistani intelligence agency involvement in internal instability within India.

30 For the fears caused by the Pakistan Army's linkages with extremist-Islamic elements and the Taliban, see Matthew Bunn, John P. Holdren, and Anthony Wier, Securing Nuclear Weapons and Materials: Seven Steps for Immediate Action (Cambridge, MA: Belfer Center for Science and International Affairs, John F. Kennedy School of Government, Harvard University, May 2002), pp. 6, 52-53; Andrew Schneider, "Elite US Team Works to Keep Nuclear Bombs From Terrorists," St. Louis Post-Dispatch, October 21, 2001.

31 For details see Nuclear Pakistan : Implications for National and International Security

32 Rakesh Gupta, "India: Towards A Political Economy of Intra-State Conflicts," Faultlines, Vol. 5 (n.d.). http://www.satp.org/satporgtp/publication/faultlines/volume5/Fault5-9rgupta.htm

33 Kanti Bajpai, "Diversity, Democracy, and Devolution in India," in Michael E. Brown and Sumit Ganguly, eds., Government Policies and Ethnic Relations in Asia and the Pacific (Cambridge, MA and London: MIT Press, 1997).

34 "Terrorists Vow to Hit Indian N-Sites," Times of India, September 12, 2001.

35 S. Gopal, "Nuclear Terrorism: Relevance and Prospects in South Asia," Paper No. 359, South Asia Analysis Group, November 10, 2001, http://www.saag.org/papers4/paper359.html; Achin Vanaik, "Nuclear Terrorism: A New Threshold?" Economic & Political Weekly, January 26, 2002, http://www.epw.org.in/ showArticles.php?root= 2002&leaf=01&filename=4013&filetype=html; J. V. Deshpande, "Nuclear Terrorism and All That," Economic & Political Weekly, April 6, 2002, http://www.epw.org.in/showArticles.php?root=2002&leaf=04&filename=4320&filetype=html. The latter two are more in the nature of a polemical exchange

36 "India to Install Advanced American Ground Sensors on LoC," Hindustan Times, June 19, 2002.

37 Atul Aneja, "India, US Discuss N-safety Issues," Hindu, March 30, 2002.

38 "Nuclear Terrorism," The Economist (January 25, 1975) p. 38.

39 Larry Collins, "Combating Nuclear Terrorism," New York Times (December 14, 1980) Sec. 6 pg. 37

40 Carson Mark, Theodore Taylor, Eugene Eyster, William Maraman, and Jacob Wechsler, "Can Terrorists Build Nuclear Weapons?" Nuclear Control Institute, n.d., http://www.nci.org/k-m/makeab.htm; Milton Hoenig, "Terrorists Going Nuclear," in Alexander and Hoenig, eds., Super Terrorism; Falkenrath, Newman, and Thayer, America's Achilles' Heel, pp. 126-136.

41 Project on Government Oversight, US Nuclear Weapons Complex: Security at Risk, pp. 21-23.

42 For several recommendations on the various aspects of countering nuclear terrorism, see, for example, chapter two in Committee on Science and Technology for Countering Terrorism, National Research Council, Making the Nation Safer: The Role of Science and Technology in Countering Terrorism (Washington, DC: National Academies Press, 2002); Matthew Bunn, Anthony Wier, and John P. Holdren, Controlling Nuclear Warheads and Materials: A Report Card and Action Plan (Washington, DC: Nuclear Threat Initiative and the Project on Managing the Atom, Harvard University, March 2003); The 9/11 Commission Report: Final Report of the National Commission on Terrorist Attacks Upon the United States (New York: W.W. Norton & Company, Authorized Edition, 2004); Graham Allison, Nuclear Terrorism: The Ultimate Preventable Catastrophe (New York: Times Books, 2004); George Perkovich, Jessica T. Mathews, Joseph Cirincione, Rose Gottemoeller, and Jon B. Wolfsthal, Universal Compliance: A Strategy for Nuclear Security (Washington, DC: Carnegie Endowment for International Peace, 2005); Matthew Bunn and Anthony Wier, Securing the Bomb 2005: The New Global Imperatives (Washington, DC:Nuclear Threat Initiative and the Project on Managing the Atom, Harvard University, May 2005); and Charles D. Ferguson and William C. Potter with Amy Sands, Leonard

S. Spector, and Fred L. Wehling, The Four Faces of Nuclear Terrorism (New York: Routledge, 2005).

43 David Brunnstrom, "Dirty Bomb a Fear, Not Nuclear Terrorism, Musharraf," Reuters, April 14, 2005.

7

Nuclear Terrorism Threat Profile for India

V. P Nedunchezhiyan
Kalyani Anantharaman

NUCLEAR TERRORISM

Terrorism has various manifestations, in which the most terrorizing and disastrous act is using Nuclear and Radioactive elements. Article 2 of International Convention for the Suppression of Acts of Nuclear Terrorism United Nations 2005 says that

1. Any person commits an offence within the meaning of this Convention if that person unlawfully and intentionally:

   (a) Possesses radioactive material or makes or possesses a device:

      (i) With the intent to cause death or serious bodily injury; or

      (ii) With the intent to cause substantial damage to property or to the environment;

   (b) Uses in any way radioactive material or a device, or uses or damages a nuclear facility in a manner which releases or risks the release of radioactive material:

(i) With the intent to cause death or serious bodily injury; or

(ii) With the intent to cause substantial damage to property or to the environment; or

(iii) With the intent to compel a natural or legal person, an international organization or a State to do or refrain from doing an act.

2. Any person also commits an offence if that person:

(a) Threatens, under circumstances which indicate the credibility of the threat, to commit an offence as set forth in paragraph 1 (b) of the present article; or

(b) Demands unlawfully and intentionally radioactive material, a device or a nuclear facility by threat, under circumstances which indicate the credibility of the threat, or by use of force.

3. Any person also commits an offence if that person attempts to commit an offence as set forth in paragraph 1 of the present article.

4. Any person also commits an offence if that person:

(a) Participates as an accomplice in an offence as set forth in paragraph 1, 2 or 3 of the present article; or

(b) Organizes or directs others to commit an offence as set forth in paragraph 1, 2 or 3 of the present article; or

(c) In any other way contributes to the commission of one or more offences as set forth in paragraph 1, 2 or 3 of the present article by a group of persons acting with a common purpose; such contribution shall be intentional and either be made with the aim of furthering the general criminal activity or purpose of the group or be made in the knowledge of the intention of the group to commit the offence or offences concerned.

From the above we can say that Nuclear Terrorism means

(a) threatening with or

(b) making or

(c) possessing or

(d) using

(e) demanding radioactive / nuclear material or a device:

(i) With the intent to cause death or serious bodily injury; or

(ii) With the intent to cause substantial damage to property or to environment; or

(iii) With the intent to compel a natural or legal person, an international organization or a State to do or refrain from doing an act or

Here rather than the use of radioactive material the intention with which it is used is more important. Any attempt to commit or participating or organizing or contributing in any way for the above four intentions is also called as nuclear terrorism. This point is very crucial as it brings the entire cycle of activities into the coverage of nuclear terrorism.

"Radioactive material" means nuclear material and other radioactive substances which contain nuclides which undergo spontaneous disintegration(a process accompanied by emission of one or more types of ionizing radiation, such as alpha-, beta-, neutron particles and gamma rays) and which may, owing to their radiological or fissile properties, cause death, serious bodily injury or substantial damage to property or to the environment.

"Nuclear material" means plutonium, except that with isotopic concentration exceeding 80 per cent in

plutonium-238; uranium-233; uranium enriched in the isotope 235 or 233; uranium containing the mixture of isotopes as occurring in nature other than in the form of ore or ore residue; or any material containing one or more of the foregoing; Whereby "uranium enriched in the isotope 235 or 233" means uranium containing the isotope 235 or 233 or both in an amount such that the abundance ratio of the sum of these isotopes to the isotope 238 is greater than the ratio of the isotope 235 to the isotope 238 occurring in nature.

"Device" means:(a) Any nuclear explosive device; or(b) Any radioactive material dispersal or radiation-emitting device which may, owing to its radiological properties, cause death, serious bodily injury or substantial damage to property or to the environment.

Meaning of nuclear terrorism is given in the following diagram.

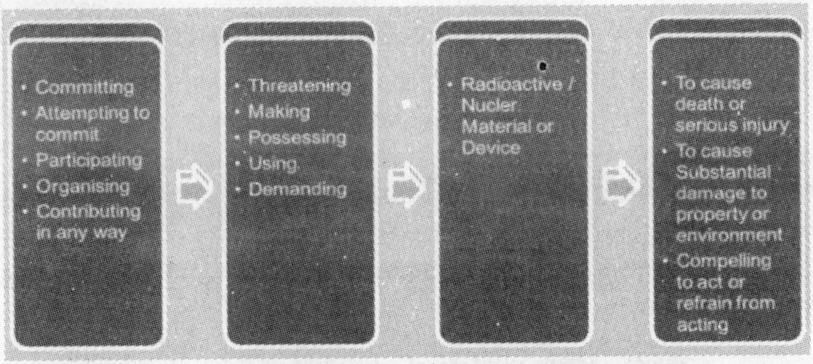

Fig. 1. Understanding Nuclear Terrorism.

Attack on nuclear facilities is also considered as nuclear terrorism.

CHANCES FOR NUCLEAR TERRORISM TO HAPPEN OR TAKE PLACE

Having understood the meaning of Nuclear Terrorism next section examines the possibility of happening of the same. There is undeniably a great degree of anxiety in the mind of the public concerning nuclear power. Nuclear power began as a bomb and not as a power plant. The word "nuclear" still recalls Hiroshima and not any power plant. Nuclear power is the most potent and for many people it is the most sinister power known to mankind. The mere proximity of the words "nuclear" and "terrorists" brings in great fear.

The primary attraction to terrorists in going nuclear is not necessarily fact that nuclear weapons would enable them to cause large scale destruction. But rather the fact that almost any terrorist action associated with the word "nuclear" would automatically generates fear or increase the fear that is already there in the mind of the people.

Terrorism is violence created to build in fear, to create an atmosphere of alarm which in turn makes people to exaggerate the strength of terrorists. Since most terrorist groups or small and does not carry out their terror actions frequently, the violence they plot must be delibe ately shocking. In simple words terrorism is violence choreographed for its effect on an audience and Terrorism is theater.

Nuclear terrorism has two dimensions a. possibility of nuclear weapon with terrorists and b. chances for terrorists using the same. The intention to use the nuclear weapon is more dangerous as it is the fundamental concept based on which the idea to go after the nuclear weapon comes.

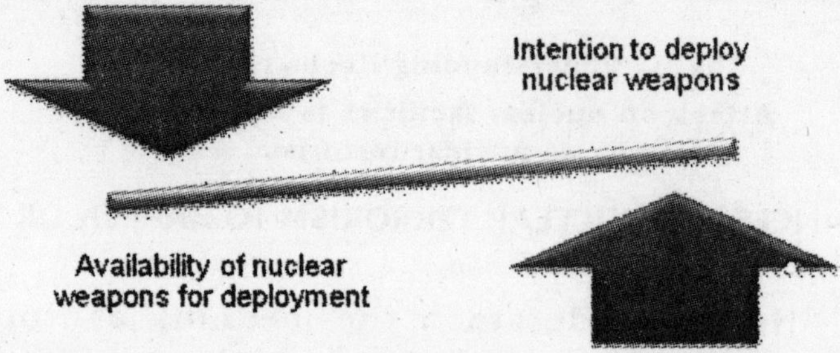

There is a possibility for nuclear terrorism to take place, provided the Terrorist have the weapon under disposal or any access to the such devices and they find a valid reason or a motive to use them.

NUCLEAR TERRORISM THREAT PROFILE FOR INDIA

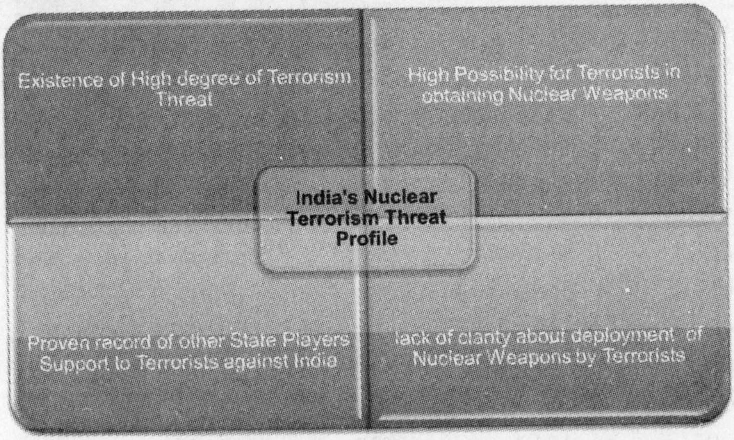

The above diagram explains the nuclear terrorism threat profile for India. Each of the four elements is explained as follows;

High Degree of Terrorism threat to India

According to the Home Ministry of Government of India, terrorism poses a significant threat India. India is facing terrorism and violence in the form of naxalism, separation movements (either formation of new state or formation of new country out of present India) and religious terrorism. Sometimes two of these causes join and become a bigger threat, example is Kashmir issue, it was started as a separation movement and latter on developed as religious terrorism. India is one of the few countries in the world that is fighting against terrorism for longer period of time. India spends huge sum of monitory and other resources to tackle terrorism. Indian society has paid heavy price in its combat against terrorism. The following table gives the fatalities caused by terrorism from the year 1994 till Feb 2015.

India Fatalities: 1994-2015[1]

Years	*Civilians*	*Security Force Personnel*	*Terrorists*	*Total*
1994	1696	417	1919	4032
1995	1779	493	1603	3875
1996	2084	615	1482	4181
1997	1740	641	1734	4115
1998	1819	526	1419	3764
1999	1377	763	1614	3754
2000	1803	788	2384	4975
2001	1693	721	3425	5839
2002	1174	623	2176	3973
2003	1187	420	2095	3702
2004	886	434	1322	2642
2005	1212	437	1610	3259
2006	1118	388	1264	2770
2007	1013	407	1195	2615
2008	1030	372	1217	2619
2009	721	431	1080	2232
2010	759	371	772	1902
2011	429	194	450	1073
2012	252	139	412	803
2013	304	193	388	885
2014	407	161	408	976
2015	28	16	43	87
Total	**24,511**	**9,550**	**30,012**	**64,073**

India has seen the evolution of terrorist related violence right from the use of small guns to bombs placed in trains, kidnapping of tourists, assassination of key personalities, plane high jacks to the last attack on prominent places in Mumbai. Of the three major sources of terrorism, religious terrorism supported by Pakistan is the prominent threat to India.

According to Global Terrorism Index of 2014by the Institute for Economics and Peace (IEP)India is ranked at 6th place globally (score 7.8/10) among the countries facing the worst impact of terrorism.

High Possibility for Terrorists in obtaining Nuclear Weapons

Nuclear adversities encompass a. common criminals, b individual lunatic c. anti nuclear extremists and d. terrorists. The likelihood of first three categories using nuclear weapons has not emerged yet. A terrorist group can acquire nuclear assets (either nuclear weapon or weapon grade material required for making a nuclear device) and classified knowledge by following ways.

a. Stealing of nuclear assets from a State set up
b. Purchase of nuclear assets from black market
c. Insider help within the State's nuclear program proliferating nuclear assets and knowledge to terrorist groups
d. Taking control of the Government and nuclear arsenal, through a coup or democratic elections.
e. Possibility of any State by providing nuclear assets to terrorist groups, either directly or indirectly.

The individuals in the State's nuclear program can pass either nuclear assets or knowledge due to a. economic greed b. coercion and threat by terrorist groups or c. ideological affiliation with terrorists groups.

Though nuclear base material is available by nature, only the States and Governments have legal ownership on these materials and only the States process raw materials into nuclear assets. The companies provide either technical knowhow or infrastructure support in the form of plant and machinery to States. On this ground the only source available for terrorists to obtain nuclear assets are the nuclear weapon states and other countries having civilian nuclear power plants.

Even though India ensures that its nuclear material are safe and cannot be used by terrorists, the material required for making the nuclear weapon are spread around the world.

Of the nine states that currently possess a nuclear arsenal, three states, are the most likely to serve as the source for terrorists to get nuclear assets are Russia, Pakistan, and North Korea. The following table shows how terrorists can get hold of nuclear assets from any of these three States.

Means to get Nuclear Assets	*Source*
Stealing	Russia
Insider Help	Pakistan
Purchase in black market	Russia
Taking control of the Government	Pakistan
Direct or indirect help to terrorist	North Korea

According to Nuclear Terrorism Fact Sheet released by Belfer Center for Science and International Affairs, HARVARD Kennedy School there are many reported incidents of theft, stealing or trading in nuclear assets occurred.

With 25 kg of highly enriched uranium or HEU, or 8 kg of Plutonium terrorists could make an improvised nuclear device[2] (IND).Once nuclear material is acquired, the terrorists can make a nuclear weapon. In 1977 the U.S. Office of Technology Assessment selected a small group of people, none of whom have ever hadaccess to the classified literature and asked them to design and build a nuclear explosive device and the team was successful in doing it. They required only modestmachine-shop facilities that could be contracted for without arousing suspicion would be required. Once the basic material is available terrorists can make the IND in lesser than one year's time.

The smallest nuclear bomb ever produced weighs

about 23 kg and the minimum weight of a nuclear backpack weapon like Russia's RA-15528 is 30 kg. The nuclear assets need not only be transported through illegal smuggling, they can very well be transported using normal logistical channels.

Unlike the States, terrorists groups will not focus on delivery systems, once the device is ready they can detonate it through human suicide bombers also. Thus for them device is more important than the delivery mechanism. Similarly they will not also be bothered about type of the weapon i.e. gun type and the expected yield out of the bomb.

Institute for Science and International Security has conducted extensive analysis of open source information and interviews with knowledgeable officials. The Institute has found that no credible evidence is available either bin Laden or Al Qaeda possesses nuclear weapons or sufficient fissile material to make them.

However, the Institute also says that if Al Qaeda obtained enough plutonium or highly enriched uranium, then it is capable of building a crude nuclear explosive, despite several difficult steps. The Institute concludes that it cannot be absolutely said whether Al-Qaida possesses fissile material, but to their knowledge no evidence of possession has surfaced.

Killing of Osama Bin Laden had not reduced the nuclear terrorist threat as Al Qaeda "sleeper cells "may also be working to master nuclear crafts. Any Al Qaeda nuclear specialists or bright scientists or technicians willing to learn about nuclear weapons remain a perpetual threat. Even though Al Queda has been diminished, its affiliates in the Arabian Peninsula and Northern Africa, ISIL, and other terrorist organizations reminds the terrorist threat is dynamic, constantly evolving, and, most of all, enduring.

The following diagram highlights key points on possibility for terrorists to acquire nuclear assets.

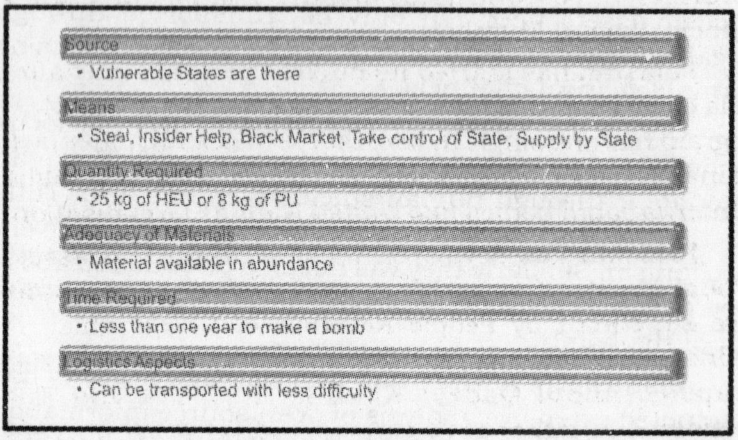

Proven track of State Players Support to Terrorists against India

Right from 1976, Nuclear-armed Pakistan increased 'the probability of terrorist use of nuclear weapons considerably[3].

Factors such as

- Fragile democracy
- Political instability
- Military coups and military ruling of the country
- Armed forces having control over the nuclear assets
- Nuclear proliferation to other countries like North Korea
- Grey market of nuclear assets by the Al Qaida Khan network

Increased the threat of Pakistan's nuclear assets falling into the handsof terrorists

For India the threat is even worse as Pakistan treats India as its opponent country had had wedged war against India in the past. Along with this, it has also supported militants and terrorists groups against India. The support was so strong that Pakistan nationalists who were trained terrorists have conducted deadly attack on India's financial capital Mumbai.

Pakistan has started its nuclear program only after India conducted its first nuclear tests. Pakistan's nuclear program has one single motive that is to defend and attack against India. Pakistan have also advocated against India in International bodies like United Nations Organisation.

Pakistan has developed most of its nuclear assets through proliferation activities only, its nuclear programs were supported by People Republic of China which is against the Treaty on the Nonproliferation of Nuclear Weapons. Abdul Qadeer Khan (A Q Khan) who was considered as father of Pakistan's nuclear program used proliferation to start the nuclear program of the country. Apart from this he has also carried out illicit nuclearblack-market and proliferation activitiesfor over 20 years without the government'sknowledge.Internationally, Pakistan is considered as one of the source point for terrorists to get nuclear assets (either weapon or base material or knowledge).

There is high possibility of Pakistan's nuclear assets being acquired by terrorist by any one of the five means. (Stealing, insider help, taking control of the Govt, black market, direct or indirect help by Govt)

Lack of clarity about deployment of Nuclear Weapons by Terrorists

Nuclear terrorism thereat emerged as early as 1970s[4]. Till Osama Bin Laden's call for Islamic nuclear bomb, international community was talking about nuclear terrorism threat from an unknown group.

At this point of time, it may appear to be very few terrorist organizations that are highlymotivated to detonate nuclear weapons of any kind to advance their objectives; thepotential number of such groups cannot be established with precision and can changeover time, for example, new groups can emerge. Even the ideology of the existing groups may change in the future and they can also pick up nuclear weapon.

If a group claims possession of a nuclear device and there are no means available now to verify the authenticity of the claim.

Some experts are of the view that terrorist groups will lose support and patronage from general public if they claim possession or use nuclear weapons.

Nationalist/separatist groups or single issue terrorist groups may not pot for nuclear weapons. Further limiting the number of terrorist organizations that might seek to developan IND are the financial and technical assets that the group would need to pursue thiscourse.

The process of obtaining nuclear material will take much longer time and the terrorist group needs to have a dedicated division only to work on this. In addition the group needs to operate at international levels.

A terrorist group can straight away go and detonate nuclear weapon and cause unimaginable loss or else use it as a tool for negotiation. But what can be negotiated against the nuclear device?

Demands for ransom, economic assets and release of its group members from prison are the usual causes for which the terrorist groups held hostages and blackmailed Governments. They use violent activities like bombing, killing of people mainly to create fear in the minds of the people. Though the world has witnessed terrorism for 6 plus decades none of the terrorist groups were successful in achieving its base objective.

70 years have passed since the nuclear bombs were dropped on the Japanese city of Hiroshima and Nagasaki. Still no other incident has taken place. During the peak of cold war period also neither USA nor USSR have exercised the nuclear option.

During Kargil war or after attack on its Parliament or after Mumbai attacks, the Government of India never considered nuclear option against Pakistan.

Similarly the world has not yet witnessed a nuclear blackmail by any terrorist groups. In this background it is not fully clear about the actual usage of a nuclear weapon by any terrorist groups and the motive of using it.

a. India's Nuclear Terrorism Threat Profile

The following diagram provides risk factor of each of the four elements.

Element	*Minimal Risk*	*Low Risk*	*Moderate Risk*	*High Risk*
Existing Terrorist Threat				High Risk
Possibility for Terrorists in obtaining Nuclear Weapons				High Risk
State Players Support to Terrorists against India				High Risk
Clarity about deployment of Nuclear Weapons by Terrorists				Limited Clarity

All of these four elements contribute significantly towards the nuclear terrorism threat, increases the risk factor and prose a great hazard to India.India's nuclear terrorism profile is of "high risk and opaque probability" in nature.

b. What actions are to be taken to reduce the risk of Nuclear Terrorism?

India has to take continuous and concrete steps to prevent the threat of nuclear terrorism. Unlike the other terrorist activities, nuclear terrorism has devastating effects on the entire mankind. The action plan needs to function at three verticals namely

- Strategic actions focusing at international level to stop state sponsored terrorism and restrict availability of nuclear material to terrorists
- Advocate for better control, accounting, and protection of nuclear material with all statesto ensureterrorist group cannot secretly obtain these materials.
- Ensure nuclear attribution (scientific process by which the source of nuclear material can be ascertained) for its own nuclear assets and also give strong voice for carrying out nuclear attribution by other countries.
- Development of action plans to equip, deduct and prevent nuclear terrorism threats at operationallevel
- Strengthen the legal framework of the country to combat all activities related to nuclear terrorism
- Design of full-fledged national level nuclear and radioactive disaster management system

CONCLUSION

9/11 attacks on World Trade Centre has changed the way how the world was treating terrorism. The impact is so intense even after 13 years that all the works on terrorism still mention and refer to this incident. The first and only nuclear weapons were used in Hiroshima and Nagasaki about 70 years back. The side effects of two bombs are still affecting the lives of many a thousand people in these places.

No matter where a nuclear bomb is detonated, theconsequences would reflect across the world for many years.

With three out of four factors on high risk scale and only one factor on unknown side, the threat profile of the country is on serious side. Still the situation offers scope for taking both corrective as well as preventive steps. If these steps are implemented on time then there is high possibility to reduce the threat level.

REFERENCES

1 Source: South Asia Intelligence Review, http://www.satp.org/satporgtp/countries/india/database/indiafatalities.htm

2 Improvised nuclear device is crude nuclear bomb

3 Source: Nuclear Terrorism the new terror of 21st century by ReshmiKazi

4 Terrorism and Nuclear Safe Guard Issues paper was published in 1976 by The Rand Corporation

8

Indo-Sri Lanka Relations in the Post-LTTE Period

D. Santishree Pandit
Rimli Basu

New hopes for the relationship were symbolized by the impression of this Vajpayee's declaration regarding India and America, a formulation embraced by Clinton in 2000 when he became the first American head of state to visit India since Jimmy Carter. In fact, the 1998 Indian nuclear tests awakened Washington to the potential of Indian power, a converging threat assessment of the growing strength of China, and the possibilities for Indo-American cooperation to shape a balance of power that might restrain it. India and the US have ideological as well as security congruence. Strategically, India becomes the 'swing state' for the US in Asia to contain China from the Southern flank. Henry Kissinger wrote way back in 1986 in the journal 'Foreign Affairs' that US needs regional policemen and geopolitical pivots in the new Asia.

Certainly, the United States has unarguably retains its post--Cold War preeminent position, even if , events since the September 11 attacks have shown the limitations of the hard and soft power of Washington. Meanwhile, the power of Europe and Japan are waning as they face internal distractions that limit their influence, while China is rising globally and in Asia, arguably as the most important region for the United States strategically. The increasingly high military spending of China has built strong and capable armed forces, and its economic power is developing swiftly, with annual growth averaging nearly 10 percent over the past 20 years.[8] To be specific, the 9/11 attacks—after initially diverting Washington from establishing a "strategic partnership"[9] with India—ultimately helped to advance and reshape the relationship. New Delhi was indignant when 9/11 prompted a US about-face in relations with Pakistan and sceptical when Washington declared separate partnerships with both India and Pakistan. The NDA government of India focused on security and on "Islamist terrorism," which, dovetailed neatly later, in the post 9/11 US concerns. Since late 2001, the US-India relationship has grown steadily though lopsidedly, missing hardly a beat when the Bharatiya Janata Party (BJP) and its allies were replaced by the Congress Party-led coalition in May 2004. With the expansion of US-Indian economic relations largely dependent on the respective private sectors, the big growth area in the official relationship has been military-to-military ties—including high-level contacts, joint training, joint patrols, and a variety of exercises. Among the security concerns shared by the two sides is the protection of sea lanes carrying vital oil shipments and other sea-borne trade.[10]

The tenth anniversary of September 11, 2001, or what in the American lexicon has become '9/11' is unspooling against the backdrop of the Delhi terror attack (September 6), which became the appropriate occasion to reflect over the enormity of the slow-motion collapse of the Twin Towers in Manhattan and the beginning of the US-led war against terror. The strategic orientation and texture of the world has changed enormously over this decade due to the post 9/11 fallout and the implications for India are quite complex and considerable.

Terrorism is thus, one of the major divisive issues where the US and India were firmly on opposite sides of the table. From 1993 onwards, when SST acquired a distinctive virulence with the first attack on Mumbai, the US and India started viewing the threat differently. The US national security apex during Clinton administration (1993-1996) saw the issue as an extension of the Hindu-Muslim communal divide in the sub-continent and the US establishment went out of its way to ignore or reject any terror linkage with the Pakistan military establishment. However after 9/11, the US prioritised terror and the non-state entity by way of the al-Qaeda, as has been exemplified by the late Osama bin Laden. Thus, the beginning of a correspondence between US and Indian security interests apropos one form of terror beckoned – unfortunately, was short-lived.

The second major post 9/11 development has been the emergence of China over the last decade. From 2001 to 2011, the relative contrast in the GDP figures is striking. From a GDP of $1.16 trillion - or a little under 10%[11] of the US GDP at the time, ($10.28 trillion) the Chinese GDP in 2010 is estimated to be $6.04 trillion[12], or a little over 40% of the sole post-Cold War 'hegemon'. The steady rise of China and its related comprehensive national power indices have significant implications for bilateral relationship between Beijing and Delhi at a time when the US is in relative decline and poor fiscal health. The big picture of the post-9/11 world is the likely emergence of a tri-polar, single state, economic-trade domain inhabited by China, the US and India. The spectrum about what the world will look like over the next decade plus straddles the G-2 school (China and the US) to a concert of democracies and now the G-1 moment, wherein China dominates the rest of the grid.

The deepening strategic relationship of China with Pakistan is yet another 9/11 fall-out and while it has now become routine to refer to the military ability of Pakistan to hunt with the US hound and run with the jihadi hare, in strategic terms, Pakistan has done the ultimate Houdini. Islamabad has the rare distinction of being concurrently designated a major non-NATO US ally, even while the relationship with China is described as 'one-nation, two countries'. This alliance has now overlapped into one entity and Delhi needs to ponder over the implications of this nexus.

The other merit after deep introspection is the post 9/11 character of the Indian collective effort. The grapple of India with state-sponsored terror goes back to May 1990, when the Pak military embarked upon nuclear weapon enabled terror. Yet over the last 21 years, and more so after the December 2001 Parliament attack and the Mumbai tragedy of 2008, the Indian state has not found the political resolve or the professional competence to quarantine the scourge of terror. Thus, here the US has the advantage of being insulated by two vast oceans - but that cannot be the only reason for ensuring that there has been no major attack on the US mainland since 9/11.

When President George W. Bush assumed office, his view of India was a future world power, a frontline Asian balancer and a pluralistic democracy with which America should naturally cooperate in world affairs. But the exclusion of New Delhi from the international nuclear order that had been constructed by Washington and its allies to contain India stood in the way of normal relations. Hence, the revolutionary campaign of the Bush administration from 2005 to 2008 to upend four decades of Western policy and integrate India into the international nuclear club, with its ensuing rights and responsibilities. The normalization of India as a nuclear power gave it access to the international trade in the civilian nuclear components. It promised to substantially boost the energy production of India in ways that would fuel long-term economic development. It also made possible dramatically expanded high-tech trade and cooperation with the US.

Although viewed by the West as 'often difficult to work with', India proved itself worthy of this sea change in its relations with America and the world. To overcome parliamentary opposition to the nuclear deal, Prime Minister Manmohan Singh submitted his government to a high-stakes confidence vote — the first time an Indian government had put its survival on the line over a question of foreign policy, no less one involving a strategic partnership with the old nemesis of India, that is., the US. The Indian PM Dr. Singh and his allies argued that the future prosperity, security and prestige of India hinged on this strategic opening to the West.[13] By enacting the nuclear deal, it was argued that India would finally assume its seat at the top table of world politics — and with American sponsorship. They prevailed, and in doing so sharpened the Indian trajectory into the first tier of great powers. As Prime Minister Manmohan Singh has stated, "Our goal should be to ensure a prosperous, secure and dignified future for our people and to participate actively in contributing to the evolution of a just world order."[14]

After a difficult first year and a half in office, US President Barack Obama ultimately followed into the footsteps of his predecessor Presidents Clinton and Bush in embracing India as an indispensable American partner in an emerging multi-polar world. During his November 2010 trip to New Delhi, Obama put to bed a notion that had held sway earlier in his administration that a US-China "G-2" could jointly manage Asia and the world. He rejected a re-hyphenation of Indo-Pakistani relations that many misguidedly had urged on him, and he took ownership of a relationship with New Delhi that had been on the rocks since he took office.

The Obama presidency started off on the wrong foot with an expectant India by initiating a courtship with

China that was later abandoned. At the same time, it sought to indirectly intervene in the Kashmir dispute by the appointment of ambassador Richard Holbrooke as a special interlocutor for Afghanistan, Pakistan and India. The US diplomatic cables was made public by online whistle-blower website Wiki-Leaks confirming this by disclosing the Indian lobbying efforts to restrict the role of Ambassador Holbrooke to being a special envoy only for Afghanistan and Pakistan. However, the US signalled and the rethinking was clear , especially after the Obama visit to India in November 2010 [he was the third US president to visit India in 10 years compared with the previous three such visits by US presidents that were spread out over five decades]. The visit saw fresh deals on increased cooperation in education, science, technology and cyber security, besides other traditional areas. "Today, India and the US have political dialogues on a host of subjects—China and the Asia-Pacific, East Asia, Africa, Central Asia. There are 23 such high dialogues. The depth of ties ranging from defence to science and technology to cyber security makes it strategic in every sense of the word. The US now looks at India as a key partner in its re-balancing policy towards Asia," as the then US Ambassador Shri Lalit Mansingh said.

The vision of President Obama of a transformative partnership with India — to manage global diplomatic and security challenges, enhance prosperity in both countries and promote good governance in Asia and beyond — was bracing. It helped mitigate concerns in Washington that Obama does not care about the balance of power in Asia. On the contrary, his administration clearly does — thanks largely to the new assertiveness of China in relation to the US and its friends in Asia. The passage to India by President Obama also underlined a historic, bipartisan American belief that democracies make the best allies in world affairs. In New Delhi, Obama made a strong case for the exceptionalism of Indo-US ties — and for a far-reaching partnership that would help chart the course of the 21st century. Currently, India is not the only emerging power in the world. But the relationship between our countries is unique ... We are two great republics dedicated to the liberty and justice and equality of all people. And we are two free-market economies where people have the freedom to pursue ideas and innovation that can change the world. And that's why I believe that India and America are indispensable partners in meeting the challenges of our time.[15] This statement made Obama the third successive US president to express the core interest of USA, in the rise of India and success as a future democratic superpower.

In the present circumstance, this involves drawing hi-tech military and non-military support from the US, military platforms from Russia and conducting joint action with Beijing in global forums such as on trade and climate change – all sensible strategies for a large, but still emerging country such as India. Basically, New Delhi's aim is to act as it always has: to play both ends against the middle. Despite India's "tilt" to the Soviet Union in the Cold War and its current "tilt" to the US, this has been at the core of Indian strategy for many years. The strategy enables India both to retain its swing state status and also to garner support from both sides in the strategic equation.

India has embraced development while retaining its leadership of the developing world. As it moves into the group of more developed nations, its interests will change to reflect this. India is already rejecting foreign aid, recognizing the value of being a provider, as demonstrated most notably during the 2004 Asian tsunami and the 2005 Pakistani earthquake. India was one of the five countries that came together as the core response group within 24 hours of the Asian tsunami in December 2004, eventually contributing more resources than any other country besides the United States, and is now leading an effort to develop a regional disaster alert system. New Delhi is also beginning to take more interest in Asian regional architecture in conjunction with its "Look East Policy"[LEP]. Many Southeast Asian nations urged the involvement of India in the East Asia Summit [EAS], launched in December 2005, despite the clear desire of China and Malaysia to exclude them to ensure Chinese leadership in the organization. India is already a member of the SAARC as well as the Bay of Bengal Initiative for Multi-Sectoral Technical and Economic Cooperation [BIMSTEC] and is pushing for membership in the Asia-Pacific Economic Cooperation [APEC] forum and the Association of Southeast Asian Nations [ASEAN]. Despite not being a member of the treaties and agreements that constitute the nonproliferation regime. India regularly expresses its concordance with such agreements as the Missile Technology Control Regime [MTCR] and, as the Congressional Research Service reports it has been very good at controlling the spread of sensitive nuclear technologies.[16] Like the United States, India is synonymous with democracy, development, equality, freedom, liberty, and other such fundamental beliefs. As the former defense minister Pranab Mukherjee stated, "[The U.S.-Indian] partnership will ... help shape global norms and institutions that are universally accepted and democratic."[17]

At present, thus , the choice of India is not between security and economic growth; it is really *security through economic growth.* Strengthening and Sustaining domestic consensus on economic growth and foreign energy policy. Rarely has the US shared so many interests and values with a growing power as it does with India, as on today. By reaching out to India, the US have indeed taken the best step because the future of the world lies in pluralism, democracy and market economics rather than in intolerance, despotism and state-planning.

THE US BACKED UNHCR RESOLUTION AGAINST SRI LANKA AND THE INDIAN RESPONSE

While development is the key factor in today's world, then certainly some of the countries/region exhibits more importance than others. In the case of Sri Lanka, this small island state is having an enormous strategic importance from the point of view of Indian Ocean, and the sea-lanes. Thus, controlling this country is of utmost importance for all the probable world [read US] or regional [read India] hegemony. The end of the civil war in Sri Lanka thus brings into the focus of this security-geopolitical strategy of both US and India.

The United States has circulated a proposed resolution against Sri Lanka at the United Nations Human Rights Council (UNHRC) in March 2013. A documentary by Britain's Channel 4 *(No War Zone – the Killing Fields of Sri Lanka)* is to be screened at the UNHRC. This documentary is a follow-up to two earlier documentaries by the same channel. The first, titled *Sri Lanka's Killing Fields* (June 2011), containing particularly shocking footage of war crimes, was screened at gatherings of representatives of different countries. The second, *Killing Fields: War Crimes Unpunished* (March 2012) systematically presented the evidence of the Sri Lankan government's war crimes. An advance screening of the latest film was held at Delhi on February 2. In the words of the director of the film, "The new evidence in the film is certain to increase pressure on the Indian government not only to support a resolution on Sri Lanka and accountability, but also to ensure that it is robustly worded, and that it outlines an effective plan for international action to end impunity in Sri Lanka." [18] India voted in support of the US-backed resolution against Sri Lanka before the UNHRC in March 2013, as it did in 2012.

The media have fostered the impression that the Indian government has been under pressure to vote in favour of the US-proposed resolution mainly because of the sentiments of its own Tamil population. It is of course true that the major parliamentary parties in Tamil Nadu have now been competing with one another to show their support for the resolution. Comparing the killing of Balachandran with the killing of Jews in Nazi Germany, the chief minister of Tamil Nadu, J Jayalalithaa, demanded that the Indian government hold discussions with the US and like-minded countries and draft a U.N. resolution against Sri Lanka, and bring about economic sanctions against that country. For her part, she called off the 20th Asian Athletics Championships scheduled to be held in Chennai in July 2013, saying that Lankan players had no place in the state. Her opponent, DMK president M. Karunanidhi, was one with her on this question. It pained him that while Western countries were ready to support the US-sponsored resolution against Sri Lanka at the UNHRC, India was yet to announce its stand on the issue. Support for this stand came from other, unlikely, quarters as well. The Communist Party of India leader D. Raja and former Chief Justice of Delhi High Court and noted defender of human rights, Rajinder Sachar, demanded that India vote against Sri Lanka at the coming UNHRC session. The Tamil Nadu unit of CPI(M), too, demanded that India support the US-sponsored resolution. India has voiced her support for the US-sponsored resolution at the UNHRC that calls upon the Sri Lankan government to investigate allegations that approximately 40,000 civilians were killed by the government forces in the final months of Sri Lanka's civil war[19]. India intended to amend the resolution, but officials have stated that they want to send a " resolute message" that Sri Lanka needs to allow an independent investigation into the allegations of war crimes. The Sri Lankan government claims that the resolution wants to " discredit" and "single out" the country[20].

Predictably, Sri Lankan External Affairs Minister Prof. G.L. Peiris addressing the Foreign Ministers of the member countries of UNHRC on March 19, 2013, declared, "Just as the Government of Sri Lanka did not recognize the last UNHRC resolution, it rejects the new resolution." Likewise, rejecting the resolution, the President's Special Envoy on Human Rights, Minister Mahinda Samarasinghe, on March 22, 2013 observed that the resolution was clearly unacceptable due to its inherent flaws and pointed out that the preamble to the text was "intrusive, bears misinterpretations and focuses disproportionately on the negative and eliminates or is dismissive of the positive." Earlier, on March 18, 2013, Prof. Peiris had noted that India had made an 'immense contribution' to the development of the war-affected Northern Province and it was in India's interest, as much as Sri Lanka's, to support efforts to achieve stability and not to polarize Sri Lanka.

Meanwhile, criticizing the undue pressure exerted after the resolution, President Mahinda Rajapaksa, on March 22, 2013, observed, "The Government was aware that it had to face the consequences, when the humanitarian operation began... It is because of this external irritant that the country is facing pressure from various foreign forces. This foreign intimidation is what the imperialists and the Diasporas want." Similarly, reflecting the hardening attitude of Colombo, Minister for Youth Affairs Dallas Alahapperuma while addressing a media briefing held at the Sri Lanka Foundation Institute in Colombo on March 22, 2013, stated, "The UNHRC has become an institution that implements a new 'colonial policy' of ruling by creating divisions in the international community. It has used Sri Lanka as the first test subject to experiment with the new policy of division. The UN resolution, calling for Sri Lanka to investigate war crimes allegedly committed by the Security Forces (SFs) during the war against the LTTE, attempts to divide the country." However, the Rajapakse regime, for its part, continues to pursue its objectives. The Sri Lankan President, Mahinda Rajapakse, in his recent address to the nation on the occasion of the Sri Lankan Independence Day (February 4), laid out his vision of the future for the Tamils of his country. "It is not practical for this country to have different administrations based on ethnicity."[21]

The resolution is a controversy, more so is the Indian support, since there are many such issues for India too, which may be brought forth through resolution in UNHRC.

POST-LTTE SRI LANKA AS A FACTOR

One of the most agile yet complicated relationships of India is that of with, Sri Lanka. Both are products of the colonial presence in the region, sharing thus, history, culture, mythology, migration, and geography. Both countries never experienced any spell of total military rule or civil-military regime, unlike any other neighbour. Direct identification of behaviour of state, through neo-realism that 'international system determines the opportunities and restraints that all states must negotiate while pursuing their strategic interest'[22], may not hold apt for the India-Sri Lanka relationship, since there are presence of several other factors. In terms of strategic interests, the Indian policy makers have worked hard to remain in favourable terms with the Sri Lankan government, probably to counter the growing influence of China in Sri Lanka and in the Indian Ocean in general. However, ever since the outbreak of the ethnic conflict, India and Sri Lanka relations have been strained over the treatment of the Tamil minorities in Sri Lanka. Domestic factors, namely popular support for the Tamil struggle in the Indian state of Tamil Nadu, have obliged New Delhi to argue for Tamil rights.[23]

Historically speaking, for the past fifty years, there

have been ethnic conflict between the majority Sinhalese Buddhist Sri Lankans, and the Sri Lankan Tamils. The Singhalese make up approximately 74% of the Sri Lankan population, while the Sri Lankan Tamils make up only 11%[24]. The Singhalese practice Theravada Buddhism, speak the language called Sinhala, and reside mostly in the Central and Southern part of the island. The Sri Lankan Tamils mostly follow Hinduism, and reside in the Northern part of the island and migrated to Sri Lanka from the Southern part of India prior to the 10th century[25]. There is also a small minority of 'Up-Country' Tamils [or Indian Tamils], who are the descendants of tea, coffee, and rubber estate workers who were moved to the island by the British in the 19th century[26]. However, Indian Tamils and Sri Lankan Tamils do not share a sense of co-ethnicity, due to the Indian Tamils recent migration to Sri Lanka and their lower caste status[27]. Tension between the two groups emerged in full glare almost roughly eight years after independence, when the Sri Lankan party came to power in 1956. The Sinhalese majority elected this party, as Sinhalese Buddhism became a unifying identity for the middle and lower classes that resented being controlled by the English-speaking elite [many of whom were Tamils][28]. The Buddhist monks provoked these sentiments, and Tamils became scapegoats for their economic woes. After being ejected from power at the Centre, the Tamils began to seek autonomy, and as the conflict progressed, their political aspirations evolved from autonomy within federalism to secessionism[29].

Viewed from the traditional approaches of the security /foreign policy of India and her approach towards South Asia, relationship between India and Sri Lanka can be termed as a 'functional one' , on the one hand and 'balancing', on the other. The 'balancing' approach of India is determined by the 'popular support for the Tamil struggle in the Indian state of Tamilnadu'[30]. The British colonial legacy of a controversial border demarcation has created most of the complications in the relations between India and neighbouring states. As an ancient civilizational state, most South Asian countries have ethnic groups with ties to ethnicities to India. Thus, India is sometimes the battleground for ethnic conflicts that arise in different states, the support for the Sri Lankan cause in Tamilnadu is one example of this[31]. The citizens and the politicians of Tamilnadu's initial support of the LTTE[Liberation of Tamil Tigers Eelam] and other rebel groups was a major reason in why these groups were able to organize and seek *Eelam* [an independent Tamil state in Sri Lanka's northeast][32]. The two dominant political parties in Tamilnadue- the Dravida Munnetra Kazhagam [DMK] and the All India Anna Dravida Munnetra Kazhagam [AIADMK] have supported the Indian coalition government at the Centre in New Delhi since the mid 1990's[33]. These parties have capitalized on popular feelings of sympathy in their state toward the struggle of the Sri Lankan Tamils, especially, at present, when the Indian national general election is in the corner, and the employment pressure on the Indian government is quite high. These internal political equations of India thus, played a major role in the Indian stand on Sri Lanka.

With the departure of Britain from the South Asian region, post-independence India saw itself as the regional hegemon, responsible for the stability of the region. Post-independence Sri Lanka [at that time the island was known as Ceylon] was fearful that it would succumb to the regional hegemony of India, and signed onto a defence agreement with Britain in order to counter India's sphere of influence[34]. The friendly relations between India and Sri Lanka at this time are attributed to the close personal relations between the ruling Nehru and Bandaranaike families[35]. The discriminatory treatment of the Tamils in Sri Lanka created conflict between the two states and ushered in an era of Indian intervention. In 1966, there were 970,000 Indian Tamils living in Sri Lanka who were refused citizenship from the Sri Lankan government. India refused to take them back as Indian citizens, as they had been living in Sri Lanka for generations and they did not want to set a precedent with a repatriation policy that could be applied to ethnicities in other states[36].

The issue was eventually resolved with Sri Lanka and India each agreeing to accept some of the Indian Tamils. However, the discrimination against the Tamils was not addressed. During this period, the Sri Lankan government under the President of J. Jayewardene was disregarding the Indian security interests in the region. These policies clashed with the foreign policy values espoused by the *Indira Doctrine,* which prescribed involvement of India in all neighbouring states security concerns, as India's security and the security of the region as a whole is inseparable[37]. The, the then Indian Prime Minister Mrs. Indira Gandhi viewed excluding India from assistance in the South Asian area as clearly anti-Indian. Thus, the policies of J.R. Jayewardene and the United National Party [UNP] were seen as "threatening" to India[38]. During the anti-Tamil riots of 1977 and 1981, Tamil rebels fled to South India for refuge. In July, 1980, an ani-Tamil massacre led to 150,000 Sri Lankan Tamils fleeing to South India. The Indian government through its Research and Analysis Wing [RAW] assisted the Sri lankan rebels through training , supplying arms and funding support. Through this act, the then prime Minister of India, Mrs. Indira Gandhi anted to send a message that India was not "just another country"[39]. India wanted to destabilize Sri lanka for sure, but did not want rebel groups to succeed in gaining partition of Sri Lanka.

When the RAW stopped funding these rebel organizations, the LTTE emerged as the only rebel group left standing[40]. Throughout 1980s India continued to intervene in the Sri Lankan conflict. After the assassination of the Indian prime Minister Mrs. Indira

Gandhi , Rajiv Gandhi became the next Prime Minister of India, and initiated and organized the failed Thimpu Talks. India led the 'Operation Eagle' in 1987 to drop food and aid to the Tamils, when Sri Lanka led an offensive into the LTTE-controlled northern part of Sri Lanka[41]. In 1987, India acted as a 'mediator' and the Indo-Sri Lanka Accord was signed. It was agreed that the Sri Lankan government will pursue 'devolution of power', and the LTTE would hand over their weapons to the Indian Peace Keeping Force [IPKF]. Since the IPKF was not trained in the guerrilla tactics of warfare, it faced serious hardships and failure, and was eventually pulled out of Sri Lanka by 1990. The military failure of the IPKF greatly impacted on the issue as to how India may handle any conflict in the future[42]. Domestically, the Indian failed entanglement in Sri Lanka through IPKF has been called as "India's Vietnam"[43]. The, the then former Prime Minister Rajiv Gandhi was assassinated by the LTTE in May of 1991, while campaigning for re-election in Sriperumbudur in Tamilnadu. The assassination was based on the fear that Rajiv Gandhi would again deploy Indian troops in Sri Lanka[44]. Following the assassination , India adopted the **Gujral Doctrine,** which allowed cooperative regional policy that was comfortable with the involvement of actors outside the region.

Following the unsuccessful intervention of India in the Tamil-Sinhalese conflict, in the post-Cold War era India adopted a "hands-off" approach[45]. Since the Free Trade Agreement in 2000, India and Sri Lanka have become more economically integrated, and India had greatly, encouraged Colombo to address the grievances of the Sri Lankan Tamils[46]. In the post-2007 phase, India had seemingly abandoned the so-called 'Tamil cause' and quietly supported the military offensive of Colombo against the LTTE[Liberation of Tamil Tigers Eelam]. However, it is again in 2013, that the Tamil cause has risen again, with India's choice to support a US-sponsored resolution at the United Nations Human Rights Commission [UNHRC] regarding war crimes committed by the Sri Lankan government antagonizing the Sri Lankan government[47]. During the Fourth Eelam War[48] , India adopted a policy of non-interference. Indian politicians an policy makers gently voiced their preference for a "negotiated political settlement" that would include power devolution, but not partition[49]. India took indirect action in 2007, by cracking down on the LTTE networks in her southern state of Tamilnadu. The Indian government has also provided 'defensive equipment and military training to the Sri Lankan army. All these efforts of assistance of India to Sri Lanka was howsoever significant, but was discreet. Despite public calls for negotiations , India provided substantial resources towards a military solution to the ethnic conflict. This approach is apparent from the statement of the , the then Minister for External Affairs, Shri. Pranab Mukherjee in Januray, 2009, "Military victories offer a political opportunity to restore life to normalcy in the northern province and throughout Sri Lanka, after [...] years of conflict"[50].

In the post – LTTE phase the direction of the India-Sri Lanka relations has been towards 'building constructive economic relationship'. However, according to some analysts, the 'ethnic question' [the treatment of Sri Lankan Tamils] still has the potential to cause tension between the two states[51]. India has been constantly advocating diplomatically, "a peacefully negotiated political settlement within the framework of a United Sri Lanka"[52], "a meaningful devolution package , building upon the 13th Amendment"[53], and "the need for a structured dialogue with the Tamil parties and other stakeholders to find a lasting political settlement"[54]. India has attempted to persuade both sides to work towards a negotiated political solution, and initiated talks between the Government of Sri Lanka and the Tamil national

Alliance in January, 2011. Foreign Ministers from both Sri Lanka and India released a Joint Statement, requesting a "devolution package, building upon the 13th Amendment"[55], and "early withdrawal of emergency regulations, investigations into allegations of human rights violation, restoration of normalcy in affected"[56] . In the words of Shyam Saran, Former Indian Foreign Secretary, "the overall Indian policy is focused on maintaining trust and gaining the confidence of the Rajapaksa Government, which in return allows India to engage in the ethnic issue"[57].

There is the argument that the LTTE had brought the Sri Lankan government to adhere to some of its promises. [58]The weakening of Tamil leverage with the exit of the LTTE has made the Tamils a divided lot as well powerless. This can be seen in the delimitation of constituencies in the North and East. Today the government has not implemented any of the agreements because it did not satisfy the maximalist expectations of the LTTE on one hand and the totalitarian aspirations of the Sinhalese chauvinist constituency on the other. In 2001, LTTE allowed the political front TNA to come up and it was almost a mouth piece of LTTE. From then on, the TNA began to dominate the North and also had a considerable presence in the East. There were 18 rounds of dialogue between TNA and the Government in 2011, but they could not reach a political settlement. The demands of the TNA included;

1. Resettlement and rehabilitation of the Internally Displaced Persons (IDPs),
2. Removal of High Security Zones (HSZs) and disarming of paramilitary forces operating in the North and East,
3. The issue of political prisoners and detainees being detained at various places under the Prevention of Terrorism Act (PTA) and Emergency regulations, before May 2009.

The perception of India is that she is yet to come to realize the ground realities that has changed after its own refusal to participate in the ethnic issue after the assassination of Prime Minister Rajiv Gandhi on 21 May 1991. The recent interest is more from the government side and the Tamil groups do not hold the Indian government in confidence. India does not have the leverage with the Tamil groups. Like the Indian insistence on the 13th amendment and both the Sinhalese and the Tamils has moved on for their own reasons.[59] The Sinhalese considers it as an 'imposition from outside', while the Tamils regard it as an indecent compromise of their interests. In Jaffna, the Tamils feel that India had used them for its own interest. They urge that India must ensure that they get their due from the Sri Lankan government. However, some of them also feel India will sooner than later stop due to Rajapaksa's China blackmail. There is an open recognition of the dangers of militant politics and denunciation of LTTE's policies vis-à-vis India.

India will have to compete with US and China for influence in China. Prime Minister Narendra Modi 's visit did help and so did the defeat of the Sri Lankan strongman Rajapakshe and his oppressive policies instilling a fear that the LTTE network is intact and will return any time. This at a time when the issue of Reconstruction[60] and Internally displaced persons has been raging with allegations of discrimination by the Sihalese majoritarian state and neglect by the LTTE. With parliamentary elections in August 2015, the Tamils will have to vote in large numbers to show that they can swing the vote for the winning candidate. The moderates among the Sinhalese and the Tamils will have to be encouraged. The Tamils are invited as Muslim politics has taken a separate turn. The Sinhalese Sangha is an important player in all this especially on the issue of devolution of power. The Indian approach should broad and inclusive when it comes to Sri Lanka for the Sinhalese view the Tamils as a subcontinental majority and hence assurances have to be given to both sides.[61]

Security and economic integration between Sri Lanka and India makes sense for India strategically. In the past ten years , Sri Lanka has strengthened ties with China during the 2000s, with China providing Sri Lanka weapons, and increased economic cooperation between the states. According to the provisional figures released by the Department of Commerce, Government of India, the bilateral trade between India and Sri Lanka during the year 2011-12 amounted to USD 5.096 billion[62]. The Indian export to Sri Lanka during this period amounted to USD 4376.14 million [a growth of 24.67%][63], while Sri Lanka's export to India amounted to USD 720.84 million [a growth of 43.67%][64]. The following table explains the growth of export from both India and Sri Lanka.

Bilateral Trade [2010 TO 2012]

Months	*Imports From India To Sri Lanka [In Us $ Million]*			*Exports To India From Sri Lanka [In Us $ Million]*		
	2010	*2011*	*2012*	*2010*	*2011*	*2012*
1. Jan	186.14	345.80	347.39	37.38	35.26	39.10
2. Feb	183.51	288.63	300.34	36.28	52.26	47.18
3. March	209.91	448.79	360.25	36.23	46.82	40.92
4. April	183.03	332.02	286.91	30.48	41.67	33.73
5. May	215.19	360.35	262.19	32.67	40.55	36.20
6. June	199.34	365.36	311.04	38.16	39.77	41.62
7. July	201.92	356.34	260.74	28.24	63.57	51.97
8. August	166.02	393.44	250.12	53.8	46.85	40.90
9. September	168.16	418.48	279.55	37.8	36.2	45.70
10. October	270.7	360.84	330.56	42.49	40.97	41.21
11. November	185.45	303.84	255.24	48.56	37.93	30.12
12. December	304.36	354.04	229.65	39.32	46.97	68.96
TOTAL	2,473.73	4327.93	3483.74	461.81	528.82	518.71

Source: High Commission of India, Colombo, Update on Economic & Commercial Relations.

The main items of export from Sri Lanka to India are as follows : coffee; tea; mate; spices; rubber and articles thereof; residues and waste from the food industries; electrical machinery & equipment & parts; copper & articles thereof; machinery & mechanical appliances; Pulp of wood or of other Fibrous Cellulosic material; Ships; Boats and Floating Structure; cocoa & cocoa preparations; Wood & Articles of Wood[65]. According to the Board if Investment of Sri Lanka [BOI], during the January-September, 2012 period, India is the top investor in Sri Lanka with a total investment in the vicinity of USD 212 million[66]. In 2011, total FDI [Foreign Direct Investment] from India to Sri Lanka was about USD 147 million[67], and India was on the second place behind Mauritius, from where the FDI flow to Sri Lanka was USD 253 million[68]. In the first nine months of 2012, India was number one with USD 211.86 million, followed by Hong Kong [USD 176.281 million][69]. Thus, within the total FDI received by Sri Lanka within this period, the Indian contribution therefore, was more than 34%[70]. The following table explains the FDI flow to Sri Lanka.

Flow Of FDI [Foreign Direct Investment]
From India Till 2012

Year	*Fdi From India [In USD Million]*
2005	18
2006	27
2007	43
2008	126
2009	78
2010	110
2011	147
2012 [January - September]	212

Source: High Commission of India , Colombo, Update on Economic & Commercial Relations.

It is interesting to note that India was the topmost investor in terms of FDI in Sri Lanka during 2012. The following table explains the same.

Rank	*Country*	*FDI [in USD Million]*
1.	India	212
2.	Hong Kong	176
3.	Mauritius	46
4.	Singapore	38
5.	UAE	32
6.	Luxemburg	30
7.	Netherland	26
8.	British Virgin Island	25
9.	UK	23
10.	Others	23
	Total	615

Source: Board of Investment , Sri Lanka

It is to be observed that the decline in exports from India to Sri Lanka in 2012 is largely due to steep increase in the excise duty imposed on the import of vehicles on two occasions during the year 2012, and that has seriously affected the competitive advantage enjoyed by the Indian automobile companies, and thus the overall volume of vehicles imported from India declined by [50-60]%. This has a major adverse effect on the bilateral trade between India and Sri Lanka. Thus, too much of emphasis that China is overtaking India in engaging Sri Lanka economically is quite exaggerated. However, trade with Sri Lanka cannot certainly be used as a catalyst by India to exert any so-called untoward intrusion into the fragile political situation of the country, because Sri Lanka is not only depending on India in her economic relations. However, as an immediate neighbour India must venture into more 'collaborative approach' towards trade with Sri Lanka, as in the post-LTTE phase, Sri Lanka is strongly heading towards a projected growth of 8% driven by

Industry and Services and aiming to become the 'education/knowledge hub' of Asia.

Indeed one of the most worrisome point for India is the supply of weapons by China to Sri Lanka, since India is striving to remain as the regional hegemon of South Asia[71]. Thus Sri Lanka is projected to deliver a strong economic growth over the medium term. However, 'capacity constraints' in terms of skilled human resources is likely to become the only breaks to its achievement. As iterated earlier, that his could be addressed by India through a 'collaborative' rather than a 'competitive' approach to trade via 'Joint Ventures' in both countries to target the global markets. The ISFTA [Indo-Sri Lanka free Trade Agreement] has already proved beneficial. And if, India can capture one of the 5 main aims of the Sri Lankan Plans of 5 HUBS, that is., Maritime, [the other 4 being Aviation, Energy, Commercial, and Knowledge], then growth prospect is quite high for both India and Sri Lanka.

In the year 2007, finally an agreement between Sri Lanka and China saw that China fund 85% of the construction of the Hambantota Port[72] [which is observed by the security analysts as one of the pearl of port in the 'Strings of Pearl' security strategy of encircling India by China]. The two countries had been negotiating on Hambantota since 2005[73], but the agreement was finalized in March 2007.

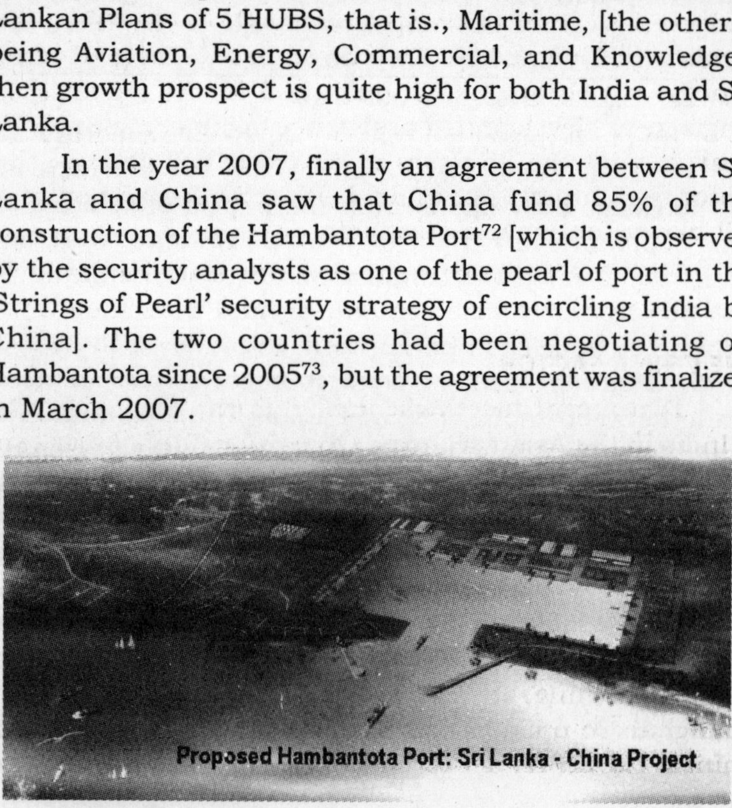

Proposed Hambantota Port: Sri Lanka - China Project

Ethnic majoritarianism, which can be termed as the core theory behind the Tamil-Sinhala conflict in Sri Lanka, according to the esteemed Professor of Political Science, Dr. Jayadeva Uyangoda, from the Department of Political Science, University of Colombo, Sri Lanka, is a political condition that the political leaders of the majority community impose by means of coercion on the ethnic minorities.[74] It accords an unequal, at best second class, status to the minorities. Minorities do not accept majoritarianism and they resist it. That is why ethnic conflicts flare up. Ethnic majoritarianism is not necessarily coercive.[75] It has a strong element of consent of the minorities, or at least their political leaders. Majoritarianism is completed when the political representatives of the minorities accept, with happiness and even in intense competition with each other, the condition of inequality. They do so in exchange of other benefits which are usually couched in the respectable language of "development assistance to our community"[76]. That is what the 25 years of civil war has done to the minority rights project in Sri Lanka. Sri Lanka now is a full-blown "national security state".[77]

With the parliamentary elections slated in August, Sri Lanka will see a contest between the strongman

THE CHINA FACTOR

Two recent meetings highlights the emerging role of India in the Asian security. On 6 June, 2012 American Secretary for Defense, Leon Panetta, told a think tank in New Delhi that India is a 'linchpin' in the re-engagement of America with Asia. He also promised India access to significant military technologies. Following that meeting, Mr Panetta bypassed Islamabad and warned from Kabul that the US is 'losing patience' with Pakistan.

Meanwhile, in the wings of the meeting of the Shanghai Co-operation Organisation (SCO) in Beijing, Chinese Vice Premier Li Keqiang told the then Indian

Foreign Minister S.M. Krishna that Sino-Indian ties would be the most important bilateral relationship in the twenty-first century. According to The Wall Street Journal, in return, Mr Krishna made a strong pitch for full membership of the resource-rich SCO. This competitive wooing of India is occurring against a backdrop of growing rivalry (albeit still contained) between China and the US, which is itself taking place in the context of re-focusing of Washington on the Asia-Pacific as it withdraws down its presence from the Middle East.

As one of the most promising Asian rising powers, China seemed to be advancing rapidly. China used effective diplomacy and rapidly increasing trade and investment relationships backed by China's double digit economic growth in order to broaden its influence throughout the region. China also carried out steady and significant increases in military preparations.[78] The common prediction was that Asia was adjusting to an emerging China-centred order and US influence was in decline.[79] However, a closer look at the reality shows developments of the region to be more complex. Some of the variables are : a] Japan clearly was not in the orbit of China; b] The Indian interest in accommodation with China was very mixed and overshadowed by a remarkable upswing in strategic cooperation with the United States; c] The Russian and Chinese interest in close alignment waxed and waned and appeared to remain secondary to their respective relationships with the West; and d] South Korea, arguably the area of greatest advance in Chinese influence at a time of major tensions in the US-Republic of Korea relationship. Earlier in the decade changed markedly beginning in 2004 and evolved to a situation of often wary and suspicious South Korean relations with China as it is seen today. Former US officials pushed back against prevailing assessments of US decline with a variety of tracts underlining the carefully considered judgment of the US administration, that the rise of China rise was not actually having a substantial negative effect on US leadership in Asia, which remained healthy and strong.[80] They joined a growing contingent of scholars and specialists who looked beyond accounts that inventoried China's strengths and US weaknesses and carefully considered other factors including Chinese limitations and US strengths before making their overall judgments.[81] The basic determinants of US strength and influence in Asia seen in the recent more balanced assessments of China's rise and US influence in Asia involve the following factors:[82]

1. Security : Asia is not particularly stable and most governments privately are wary of and tend not to trust each other. As a result, they look to the United States to provide the security they need to pursue goals of development and nation-building in an appropriate environment. They recognize that the US security role is very expensive and involves great risk, including large scale casualties if necessary, for the sake of preserving Asian security. They also recognize that neither rising China nor any other Asian power or coalition of powers is able or willing to undertake even a fraction of these risks, costs and responsibilities.

2. Economics : The nation-building priority of most Asian governments depends importantly on export-oriented growth. Chinese officials recognize this, and officials in other Asian countries recognize the rising importance of China in their trade; but they all also recognize that half of China's trade is conducted by foreign invested enterprises in China, and half of the trade is processing trade — both features that make Chinese and Asian trade heavily dependent on exports to developed countries, notably the United States. In recent years, the United States has run a massive and growing trade deficit with China, and a total trade deficit with Asia valued at over US$350 billion at a time of an overall US trade deficit of over US$700 billion. Asian government officials recognize that China, which runs a large overall trade surplus, and other trading partners of Asia are unwilling and unable to bear even a fraction of the cost of such large trade deficits, that nonetheless are very important for Asian governments. Some Asian officials are talking about relying more on domestic consumption but tangible progress seems slow as they appear to be focusing on an eventual revival of world trade that would restore previous levels of export oriented growth involving continued heavy reliance on the US market.[83]

3. Government Engagement And Asian Contingency Planning : The US Pacific Command and other US military commands and organizations have been at the forefront of wide ranging and growing US efforts to build and strengthen webs of military relationships throughout the region. In an overall Asian environment where the United States remains on good terms with major powers and most other governments, building military ties through education programmes, on-site training, exercises and other means enhances US influence in generally quiet but effective ways. Part of the reason for the success of these efforts has to do with active contingency planning by many Asian governments. As power relations change in the region, notably on account of China's rise, Asian governments generally seek to work positively and pragmatically with rising China on the one hand; but on the other hand they seek the reassurance of close security, intelligence and other ties with the United States in case a rising China shifts from its current generally benign approach to one of greater assertiveness or dominance.[84]

4. Non-government Engagement And Immigration : For much of its history, the United States exerted influence in Asia much more through business, religious, educational and other interchange than through channels dependent on government leadership and support. Active American non-government interaction with Asia continues today, putting the United States in a unique position where the American non-government sector has such a strong and usually positive impact on the influence the United States exerts in the region. Over forty years of generally colour-blind US immigration policy since the ending of discriminatory US restrictions on Asian immigration in 1965 has resulted in the influx of millions of Asian migrants who call America home and who interact with their countries of origin in ways that undergird and reflect well on the US position in Asia. No other country, with the possible exception of Canada, has such an active and powerfully positive channel of influence in Asia.

An assessment of the American interest in the ascendancy of India can be briefed as follows. a] a steadily growing middle class already the size of the entire US population, India will likely become the single most important overseas market for American goods, services and foreign investment over the long term, as its population and trend rate of economic growth surpass those of China; b] This effect will be reinforced by the "demographic dividend," of India, which means that its young population will continue to expand its workforce for several more decades as the demographics of every other major power — including both the developed democracies and emerging powers like China and South Korea. Both of the later societies are heading in the opposite direction with rapid aging.

In the realm of national security, India and the United States may have a closer convergence of interests than any other two major powers. Both countries are on the forefront of the struggle to defeat terrorism and take on the systemic causes of violent Islamic extremism. Both countries have a profound stake in the evolution of Afghanistan and Pakistan into states capable of controlling their territory, meeting their people's basic needs and developing accountable institutions of governance that channel dissent into non-violent political contests. Both the United States, as the international system's preeminent power, and India, which shares a long, disputed land border with China and will not countenance the emergence of a unipolar Asia under the suzerainty of Beijing, have a profound interest in keeping China's rise peaceful and bound by a liberal international order.

But perhaps the most compelling US interest in the rise of India lies in its impact on the wider international system. A global order underpinned by the dovetailing interests and common values of the largest democracies of the world would be preferable to one governed by the appeal of state capitalism and Sinocentric autocracy. A future global system anchored by robust ties between a still pre-eminent US and a rising India destined for greatness would be the one, that remains safe for open societies. Such an order would most likely be governed by a pluralism of power that united these states with other partners — Japan, Europe, South Korea, Indonesia, Brazil — in a global balance of capabilities and ideas tilted toward freedom. Then, the so-called peaceful development of China would be more likely in such a world where it will be unable to dominate and impose its will upon.

The US thus, has an inherent interest in the success of India as a democratic superpower — the one , which may shape a non-Western modernity that is inherently peaceful, pluralistic, prosperous and attractive to its neighbors and the wider world. As the scholar Sunil Khilnani argues, political legitimacy will be the primary currency of international politics in the 21st century — which means the US should be placing its bets on democratic India as a partner and model for others to follow. [85] Forget the hardening of a new global "Beijing consensus" of authoritarian development that puts the community of democracies on the defensive in a world hostile to its values and interests. If the US can help India shape the kind of future its leaders and people envision, the emerging international order will be one in which America and its friends can thrive and prosper.

CONCLUSION

Asia is a region in which elements of power politics and security cooperation are intertwined. It contains some of the most serious potential sources of conflict in the world. Equally important is the persistence of 'human security' threats, concerning economic development and human rights. The aim of this unit is to explore contemporary political/security issues in Asia – Northeast and Southeast Asia – which involve various global and regional players, including China, Korea, Japan, the US, India, and the Association of Southeast Asian Nations (ASEAN). Various theories and concepts of International Relations are employed for analysis, such as realism, liberalism, institutionalism, constructivism, balance of power, strategic culture, regional identities, path dependence and norm entrepreneurs. The issues explored include: regional order mechanisms, multilateral cooperative security, the characteristics of the security policies of Asian countries, security dilemmas in Northeast Asia, the ASEAN Way, non-traditional security threats and human rights. India will have to perceive herself as an Asian power and South Asia as a sub region.

Asia in the post-Cold War era has been however, relatively stable. Although this region contains some of the most serious potential sources of conflict in the world, there has been no direct military confrontation between states for more than a decade. One of the most remarkable phenomena in post-Cold War Asia is the development of multilateral cooperative security, aimed at fostering cooperative security norms. Yet, at the same time, many Asian countries seem to have strengthened their defence capabilities and their military relations with external powers, such as the US.

In this backdrop, US and India can have an *operational partnership* that manifestly serves each others' interests and, ensure stability and prosperity, which is the broad outlook framework of the wider world. A bilateral investment treaty laying the groundwork for a comprehensive free trade agreement would strengthen the economic foundation of the relationship. The US could lift restrictions on high-tech workers from India who bring their talent to Silicon Valley and elsewhere in the vanguard of the innovation economy of America. Public-private partnerships linking Indian and American innovators could explore energy and climate solutions that leverage the respective capabilities of both countries. India could expand US Fulbright and other educational exchanges to expand its talent pool and lift onerous restrictions on foreign investment to attract far more American capital. India will not join any alliance that is anti-US, being the swing state it could swing the balance in Asia. This partnership becomes all the more important in off - setting the growing interest of China in the Indian Ocean region and in the South Asian region.

At present, the US military exercises more with India than with the armed forces of any other country, and India has procured US naval vessels, transport aircraft, and other platforms with growing enthusiasm. This process should reach a new zenith if New Delhi decides to buy American fifth-generation multi-role combat aircraft, with the effect of integrating air force training, doctrine and procurement along the lines that have already occurred between the US and the Indian Navy.

Beyond expanded bilateral training and military equipment, the next stage in rapidly growing defense ties is to broaden Indo-US security cooperation with other strategic partners of the two countries, including Japan, South Korea, Indonesia, Australia, Thailand, Singapore and NATO. Perhaps most important in the long term is deepening US-Japan-India trilateral cooperation, given the countries' vast combined capabilities, technological complementarities and shared concern for freedom of the Indo-Pacific maritime commons. In 2011, Washington, Tokyo and New Delhi will launch a high-level trilateral security dialogue that could evolve into a critical bulwark of strategic stability in Asia.

A fourth area for collaboration is the promotion of good governance abroad. Indian leaders are beginning to understand that democracy within states is a source of security among states. This strategic calculus has led New Delhi to invest heavily in building the institutions of good governance in Afghanistan, as well as to help forge democratic outcomes to intractable civil conflicts in Sri Lanka, Bangladesh and Nepal. The US and India have cooperated to assist transitional democracies through the United Nations Democracy Fund, the Partnership for Democratic Governance, the Asia-Pacific Democracy Partnership and other multilateral activities. Washington and New Delhi may also find common cause in working together — or independently toward similar ends — to lay the foundations for democratic consolidation in Egypt and elsewhere in the Middle East and North Africa following the historic Arab awakening of 2011. At the same time this partnership must be able to evolve a counter force in the region that supports, democracy, good governance and inclusive development.

India and the US may find that co-operation to improve human rights and the rule of law in third countries becomes an increasingly important pillar of bilateral relations, building on their agreement in the 2010 Obama-Singh summit to jointly promote open government in countries that ask for the assistance of the world's most important developed and developing democracies.[86] This instinct would reinforce a liberal international order that was shaped in important ways by the US in a previous era and that, looking ahead, should have a strong champion in a rising India. Forget the Chinese century:

if both countries play their cards right, an Indo-American century awaits.

India is emerging as a power at a time of fundamental shift in the factors shaping Indo-Pacific security. China is rising rapidly to power and the US and Europe are apparently stalling. The AfPak "end game" is highly uncertain and the China-sponsored SCO is asserting a role in the recovery and reconstruction of the war-torn nation – read benefit from commercial relations. Meanwhile, Islamabad has been jockeying for influence in the processes of the end game by asserting its crucial role as the most viable entrepôt for Afghanistan. This has taken the form of the decision last November to close the land routes into Afghanistan. The Lashkar-e-Taiba front, the Jamaat-ud-Dawa, has been demonstrating against the reopening of the border with Pakistan and gloating in a video on its website that the closed border could 'trap' the 100,000 foreign personnel in Afghanistan, just as the British were trapped in 1841, when only one man of the 16,000 strong task force and camp followers survived. Washington has given a powerful indication it intends to ride out the Pakistani lockout by developing the "Northern Route" through the Central Asian Republics and Russia. With the drawdown now being the major issue rather than continuing supply, NATO may just be able to manage using the Northern Route, or there is an element of untruth in the US version, which perhaps is the US hope that Islamabad may still open the Pakistan border. Probably both interpretations have an element of truth.

In this region of Asia, US has indeed penetrated with the silent support of India, a vital swing state, one of the blatant example is the Indian nod for the US backed UNHRC resolution against Sri Lanka. From the Indian perspective, India wanted to move beyond Asia, and assert herself as a 'global player', for which US backing is essential, and therefore sacrificed her Sri Lanka card. From the perspective of 'energy security', both the global[read US] and the regional[read India] hegemon wanted to have a Joint control over the sea lanes of the Indian Ocean, thus this move may be viewed as *taming of the shrewd.* It can also be viewed as a warning to Sri Lanka, to separate 'business' and 'politics' conducted with China. From the regional perspective, India is indeed looked upon as a 'hegemon' by all her neighbours. The perennial fear of both Pakistan and Sri Lanka is a fall out of this idea, which is, indeed having ample reason. One of the main predicaments of Indian foreign policy is that there is no 'institutional setup', although there are many 'think tanks' working on this area. Due to this, there is a dilemma, or a clear fissure in the understanding and the implementation of the Indian foreign policy. The vision of the academician, the bureaucrats, and the politicians are clashing, and finally is reflecting in the foreign policy implementation. Analysts rightly argue that as a union of states, India cannot afford to adhere to address only some percentage of the population, and forgo her national and regional interest. On the regional count, Sri Lanka is a corridor to be reckoned with. With a good index on human development and economics, Sri Lanka can pay off well, if nurtured properly by India, and in the process US can also have a hold on the region. Be that what it may, the US-India framework of cooperation needs to take into account the regional pawns.

In the final analysis, it may not be wholly up to New Delhi to decide whether to stick to its present policy of "strategic independence" or whether to increase the current strategic "tilt" to the US. As much as New Delhi would prefer to see its own policies driving the agenda, that decision is likely to depend much more on external factors than on any Indian predilection. Those external factors will be: how rapidly China rises to power, including vis-à-vis India and the US; and how it chooses to rise to power and to assert its interests, especially in regard to India's own core interests, which are: the border, South

Asia and the Indian Ocean. Those questions can only currently be, in Churchill's famous words, 'a riddle, wrapped in a mystery, inside an enigma.'

REFERENCES

1 Cited in Ashley Tellis, India as a New Global Power: An Action Agenda for the United States (Washington: Carnegie Endowment for International Peace, Jul. 2005), www.carnegieendowment.org/files/CEIP_India_strategy_2006.FINAL.pdf.

2 Thomas Metcalf, Imperial Connections: India in the Indian Ocean Area, 1860-1920, Berkeley: University of California Press, 2007.

3 Angus Maddison, The World Economy: A Millennial Perspective, Paris: Organization for Economic Co-operation and Development, 2001.

4 Lawrence James, The Rise and Fall of the British Empire, London: St. Martin's Press, 1997.

5 A letter from Indian Prime Minister Atal Bihari Vajpayee to President Clinton justifying India's nuclear tests with reference to the threat from China was leaked to The New York Times. The text of Vajpayee's letter is reprinted in The New York Times, May 13, 1998. For US identification of China as a peer competitor, see US Department of Defense, Quadrennial Defense Review Report 1997, Washington: Department of Defense, May 1997.

6 K. Subrahmanyam, "Calling Off Deal will Isolate India Globally," Times of India, 20 Aug. 2007.

7 Office of the Press Secretary, The White House, "President Signs U.S.-India Peaceful Atomic Energy Cooperation Act," Washington, D.C., December 18, 2006, http://www.whitehouse.gov/news/releases/2006/12/20061218-1.html; Stanley A. Weiss, "America and India Are Getting Together, and It's About Time," *International Herald Tribune*, February 9, 2001, http://www.iht.com/articles/2001/02/09/edstan.t.php.

8 International Monetary Fund, "World Economic Outlook Database," September 2006; Public Affairs Division, Public Affairs and Communications Directorate, Organization for Economic Cooperation and Development, "Economic Survey of China 2005," *OECD Policy Brief*, September 2005, *http://*

www.oecd.org/dataoecd/10/25/35294862.pdf.

9 Baldauf, "India Rises as Strategic US Ally," *Christian Science Monitor*, January 26, 2004, p. 6.

10 Rahul Bedi, "Politics: Post-Sept. 11, India Increasing Defense Ties with U.S.," IPS-Inter Press Service (online), April 26, 2002

11 World Bank Report.

12 Ibid.,

13 "Nuke Energy Must to Meet Growing Demand, Says PM," Times of India, 21 Aug. 2007; Pranab Mukherjee, "India and the Global Balance of Power," Address by the Minister of External Affairs to the Global India Foundation, New Delhi, Jan. 16, 2007.

14 Manmohan Singh, "India: The Next Global Superpower?" (speech, New Delhi, November 17, 2006), *http://pmindia.nic.in/speeches.htm.*

15 Barack Obama, "Remarks by the President to the Joint Session of the Indian Parliament in New Delhi, India" (speech, New Delhi, Nov. 8, 2010), www.whitehouse.gov/the-press-office/2010/11/08/remarks-president-joint-session-indian-parliament-new-delhi-india.

16 Sharon Squassoni, "U.S. Nuclear Cooperation With India: Issues for Congress," *CRS Report for Congress*, RL33016, July 29, 2005, p. 7, *http://www.fas.org/sgp/crs/row/RL33016.pdf.*

17 Mukherjee, "India's Strategic Perspective."

18 *http://www.hindustantimes.com/world-news/SriLanka/Prabhakaran-son-s-death-Sri-Lanka-dismisses-photos/Article1-1013842.aspx*

19 "Sri Lanka protests ahead of ahead of UN vote on war crimes", *Times of India*, 21 May, 2013. Section Economic Times,

20 "Council Vote on Sri Lanka resolution today". *Times of India*, 21 May, 2013.

21 Sri Lankan Independence Day Speech by President Mahinda Rajapakshe, February, 4, 2013.

22 Devotta Neil, "When Individuals, States and Systems Collide : India's Foreign Policy towards Sri Lanka", *India's Foreign Policy : Retrospect and Prospect*, Oxford University Press, New Delhi, 2010, p.33.

23 Destradi, Sandra., " India and Sri Lanka's Civil War: The Failure of Regional Conflict Management", *Asian Survey* 52.3, 2012: pp. 595-616

24 Wayland, Sarah. " Ethnonationalist Networks and Transnational Opportunities: The Sri Lankan Tamil Diaspora". *Review of International Studies,* 30.3 , 2004: p. 411.

25 Ibid.,

26 Ibid.,

27 Ibid., p. 411.

28 Ibid, p. 411

29 Ibid., p. 412

30 Ibid.,

31 Devotta Neil, "When Individuals, States and Systems Collide : India's Foreign Policy towards Sri Lanka", *India's Foreign Policy : Retrospect and Prospect,* Oxford University Press, New Delhi, 2010, •. 35

32 Wayland, Sarah. " Ethnonationalist Networks and Transnational Opportunities: The Sri Lankan Tamil Diaspora". *Review of International Studies,* 30.3 , 2004: pp. 405-426.

33 Devotta Neil, "When Individuals, States and Systems Collide : India's Foreign Policy towards Sri Lanka", *India's Foreign Policy : Retrospect and Prospect,* Oxford University Press, New Delhi, 2010, p. 41.

34 Devotta Neil, "When Individuals, States and Systems Collide : India's Foreign Policy towards Sri Lanka", *India's Foreign Policy : Retrospect and Prospect,* Oxford University Press, New Delhi, 2010, p. 35.

35 Devotta Neil, "When Individuals, States and Systems Collide : India's Foreign Policy towards Sri Lanka", *India's Foreign Policy : Retrospect and Prospect,* Oxford University Press, New Delhi, 2010, p. 38.

36 Devotta Neil, "When Individuals, States and Systems Collide : India's Foreign Policy towards Sri Lanka", *India's Foreign Policy : Retrospect and Prospect,* Oxford University Press, New Delhi, 2010, p. 39.

37 Ibid.,

38 Devotta Neil, "When Individuals, States and Systems Collide

: India's Foreign Policy towards Sri Lanka", *India's Foreign Policy : Retrospect and Prospect,* Oxford University Press, New Delhi, 2010, pp. 34-35.

39 Devotta Neil, "When Individuals, States and Systems Collide : India's Foreign Policy towards Sri Lanka", *India's Foreign Policy : Retrospect and Prospect,* Oxford University Press, New Delhi, 2010, p. 44.

40 Ibid.,

41 Ibid.,

42 Destradi, Sandra., "India and Sri Lanka's Civil War: The Failure of Regional Conflict Management", *Asian Survey* 52.3, 2012: p. 601.

43 Devotta Neil, "When Individuals, States and Systems Collide : India's Foreign Policy towards Sri Lanka", *India's Foreign Policy : Retrospect and Prospect,* Oxford University Press, New Delhi, 2010, p. 45.

44 Devotta Neil, "When Individuals, States and Systems Collide : India's Foreign Policy towards Sri Lanka", *India's Foreign Policy : Retrospect and Prospect,* Oxford University Press, New Delhi, 2010, p. 46.

45 Berlin Don. "The Rise of India and the Indian Ocean", *Journal of the Indian Ocean Region,* 7, 2011, : pp 1-31

46 Ibid.,

47 "Sri Lanka protests ahead of UN vote on war crimes". *Times of India,* 21 May, 2013 under section *Economic Times.*

48 Eelam War I: June 1983 July 1987; Eelam War II: June 1990 January 1995; Eelam War III: April 1995 February 2002; Eelam War IV: July 2006 May 2009

49 Destradi, Sandra., "India and Sri Lanka's Civil War: The Failure of Regional Conflict Management", *Asian Survey* 52.3, 2012: p. 604.

50 MEA, India, *Statement by the External Affairs Minister Shri Pranab Mukherjee in Sri Lanka,* January 28, 2009..

51 Wedagedara, Amali, " the Ethinic questions" in India-Sri Lanka Realtions in the Post-LTTE Phase", *Strategic Analysis,* 37.1, 2013: pp. 63-83.

52 "Lanka told to protect Tamil's Rights: Pranab", *The Times of India,* 22 October, 2008.

53 "India-Sri Lanka Joint Decleration on present Rajapaksa Visit

to New Delhi", *Transcurrents,* 9 June, 2010, at *http://transcurrents.com/tc/2010/06/india_sri_lanka_joint_declaration.html.*

54 The answer of the Minister of State in the Ministry of External Affairs, Pranenet kaur, to a question raised in LokSabha by R. Thanaraiselvan on the devolution package in Sri Lanka , 23 February, 2011, at *http://www.idsa.in/resources/parliament/DevolutionpackageinSriLanka23.02.11.*

55 Joint Press Statement, 17 May, 2011, at *http://www.mea.gov.lk/index.php?option=com_content& task=view&id=2764&Itemid=75*

56 'SuoMotu Statement in LokSabha by EAM on " the Situation in Sri Lanka", 4 August 2011, at http://pib.nic.in/newsite/PrintRelease.aspx?relid=73900

57 Wedagedara, Amali, " the Ethnic questions" in India-Sri Lanka Relations in the Post-LTTE Phase", *Strategic Analysis,* 37.1, 2013: p. 65.

58 Uyangoda, Jayadeva, " *Sri- Lanka Post the LTTE", Semnar,2010, no.605.*

59 M.Mayilvaganan," Engaging Post-LTTE Sri Lanka: India's Policy Options", *India Quarterly: A Journal of International Affairs, March 2012; vol. 68, 1: pp. 17-28.*

60 de Silva,K.M., "*Post-LTTE Sri Lanka: The Challenge of Reconstruction and Reconciliation", India Quarterly: A Journal of International Affairs, September 2010; vol. 66, 3: pp. 237-250.*

61 Bandarage, Ashok, "*Towards Peace with Justice in Sri Lanka: An Alternative Perspective", India Quarterly: A Journal of International Affairs, June 2012; vol. 68, 2: pp. 103-118.*

62 Handnote from the High Commission of India, Colombo, related to " Update on Economic & Commercial Relations", circulated at the "International Seminar on India's South Asian Foreign Policy: with special focus India-Sri Lanka Relations", organized Jointly by the 'Kunzru Centre for Defence Studies and Research, Pune and Indian Council of World Affairs, [ICWA], New Delhi. 25-26 March, 2013.

63 Ibid.,

64 Ibid.,

65 Ibid.,

66 Ibid.,

67 Ibid.,

68 Ibid.,

69 Ibid.,

70 Ibid.,

71 Destradi, Sandra., " India and Sri Lanka's Civil War: The Failure of Regional Conflict Management", *Asian Survey* 52.3, 2012: p. 614

72 See Official Government News Portal of Sri Lanka, "Agreement signed on Hambanthota Port", March 12, 2007, at: <http:/ /222.165.136.66/index.php?option=com_content& task= view&id=1945&Itemid=44> (August 17, 2010). The two countries had been negotiating on Hambantota since 2005, but the agreement was finalized in March 2007. See "Southern Sail," *Lanka Business Online,* May 19, 2005, at: <www.lankabusinessonline.com/fullstory. php?nid= 1455596075>

73 Joint Communique between China and Sri Lanka , 04/09/ 2005 , Clause-10.

74 Jayadeva Uyangoda, 'Letters from South Asia', Economic and Political Weekly, October 25. 2008. P. 9.

75 Ibid.,

76 Ibid.,

77 Ibid.,

78 David Shambaugh, "China Engages Asia: Reshaping the Regional Order", *International Security* 29, no 3 (Winter 2004/ 05): 64–99; Joshua Kurlantzick, *Charm Offensive: How China's Soft Power is Transforming the World* (New Haven, Conn.: Yale University Press, 2007); David Kang, *China Rising: Peace, Power and Order in East Asia* , New York: Columbia University Press, 2007.

79 The findings and trends noted below are reviewed in Robert Sutter, "Assessing China's Rise and U.S. Leadership in Asia: Growing Maturity and Balance", Pacific Forum CSIS, *PacNet 6*, Honolulu, 29 January 2009.

80 Victor Cha, "Winning Asia: America's Untold Success Story", *Foreign Affairs* (November/December 2007):pp. 98–113.

81 Evelyn Goh, "Southeast Asia: Strategic Diversification in the 'Asian Century'", in *Strategic Asia 2008–2009,* edited by Ashley Tellis, Mercy Kuo, and Andrew Marble, Seattle: National Bureau of Asian Research, 2008.

82 For Details see, Robert Sutter, *The United States in Asia*, Lanham, Md.: Rowman and Littlefield, 2009. For alternative perspectives, see among others, *International Relations of Asia*, edited by David Shambaugh and Michael Yahuda , Lanham, Md.: Rowman and Littlefield, 2008.

83 "We Should Join Hands: Chinese Premier Interviewed", *Newsweek*, 6 October 2008.

84 Evan Medeiros, *Pacific Currents: The Responses of US Allies and Security Partners in East Asia to China's Rise* (Santa Monica, Calif.: RAND Corporation, 2008).

85 Sunil Khilnani, Remarks at the German Marshall Fund/ Legatum Institute India Forum (Stockholm, Oct. 1, 2010).

86 The White House, "Joint Statement by President Obama and Prime Minister Singh of India," New Delhi, Nov. 8, 2010, www.whitehouse.gov/the-press-office/2010/11/08/joint-statement-president-obama-and-prime-minister-singh-india

9

Indo-Nepal Border: New Heaven for Terrorists and Smugglers

Arunoday Bajpai

India and Nepal share an open border of 1751 Kms, crossing through four Indian states-Sikkim, Uttarakhand, Uttar Pradesh, Bihar and West Bengal. Nepal is the only country in the world with which India shares an open border. It passes through inaccessible hilly terrain and dense forests along Sikkim, Uttarakhand and West Bengal, whereas the Plain areas along with Uttar Pradesh and Bihar are densely populated on the both sides of the border. Though open border has facilitated close social, economic and cultural exchanges between the people of two countries for many centuries, it has also been used by anti social elements for illegal activities, which has raised eyebrows in both India and Nepal. The capture of two dreaded terrorists Abdul Karim Tunda and Yashin Bhatkal by Indian security forces at Indo-Nepal border in August 2013 has precipitated urgency of security and effective management of open Indo-Nepal border. Besides, there have been regular reports of other illegal activities like smuggling of gold, drugs, fake Indian currency notes

(FICN), women and children, arms, and explosives along the open India-Nepal border.

The open border between India and Nepal is the consequence of historical, geographical and political factors. There has been continuous cross border exchange of trade and goods, culture and people between the two counties for ancient times. However, the present boundary between India and Nepal can be traced to 1814-16 war between Nepal and British, in which Nepal was defeated. Consequent to this war, the boundary between India and Nepal was drawn in 1816 under the treaty of Sugauli signed by the two sides. Also, a large part of territory claimed by Nepal was annexed by British. Similarly some of the territory was also given to kingdom of Sikkim. Following the help extended by the Nepalese armed forces to British government in India in 1857 to suppress Indian mutiny, the British government returned the territory, annexed earlier in 1816, to Nepal in 1860 as a gesture of goodwill. In spite of the delineated boundary, the British deliberately kept India-Nepal border open because of two reasons (Das: 2008). First, the British government wanted to ensure uninterrupted supply of British goods to Nepal for its trading interests; and second, they wanted to recruit Nepalese Gurkhas in British Indian Army on regular basis, as Gurkhas were known for their fighting skills. The open Indo-Nepal border facilitated the realization of above two objectives.

After the independence of India, the question of open border resurfaced again. India government was apprehensive of Chinese design across Nepalese border to China. Nepal is a buffer state between India and China. In order to keep the northern border safe from Chinese threats, India was interested in having close and strategic relations to India. On the other hand open border also suited to Nepal as, being a land-locked country, it needed transit routes through India for her trade to have access to sea harbour. At present, India provides 22 transit points on the Indo-Nepal border through which Nepalese trade is given access to India's Kolkata port. Besides, close historical, cultural, economic, social and family ties between the people of two countries, Nepalese working in India were a rich source of foreign remittances for the government of Nepal. In view of these geographical, historical, social and economic factors, India and Nepal both decided to keep the boundary open in future also. This was given legal status under the Indo-Nepal treaty of Friendship, signed in 1950. Both countries agreed to respect and maintain the independence and territorial integrity of each other. Under Articles 6 and 7 of the Treaty, the two governments agreed to grant, on a reciprocal basis, to the nationals of one country in the territories of the other, the same privileges in the matter of residence, ownership of property, participation in trade and commerce, movement and other privileges of a similar nature. (Kansakar: 2001) This provision enables the citizens of the both countries to move freely across the border without requirement of visa. The 1950 Treaty forms the backbone of Indo-Nepal relations.

Problem of Cross border Terrorism : In last twenty-five years or so, the terrorism has emerged as one of the most serious challenges to global peace and security. India is one of the most vulnerable countries to terrorism. India has been a victim of state sponsored terrorism emanating from Pakistan. Since early 1990s, Pakistan has been actively promoting and supporting many terrorist groups like Jash-e Mohammad, Hizbul Mujahidin, Harkat -ul Ansar and others, which have been engaged in organizing terrorist activities in Indian State of Jammu and Kashmir and other parts of the country. These groups have developed local connections in India. Indian Mujahidin is one such outfit, which organizes terrorist activities in India with the active collaboration of their Pakistan based mentors.

The government of India has taken preventive

measures to check the cross border terrorism with fencing of Indo-Pak border and intensified patrolling of border areas. This has pressed terrorist groups to find alternative route to infiltrate in India. The Indo-Nepal cross border terrorism is the result of this emerging situation. Even in eighties, the Sikh militants used open Indo-Nepal border to infiltrate in India. The porous, hilly and not-properly managed Indo-Nepal border has facilitated the infiltration of mostly Pakistan based terrorists and other ultra elements in India. The ongoing civil turmoil and political transition in Nepal has further aggravated the situation. Further, the policy of Indian government to allow former Kashmiri militants to return to Jammu and Kashmir via Nepal under the surrender and rehabilitation policy has also prompted active terrorists to get transferred in the guise of surrendered terrorists. This policy was adopted due to the difficulties involved in accessing the routes along the India-Pakistan border. The activities of terrorists operating across Indo-Nepal border have increased in recent years. A suspected Hizbul militant Liyaqat Shah was arrested by the Delhi Police on 20 March, 2013 while crossing Indo-Nepal border near Gorakhpur. He was allegedly conspiring to carry out terror attacks in the national capital ahead of festival of Holi (Indian Express: 17 May 2013). Three Chinese nationals were arrested by Sashastra Seema Bal (SSB) while crossing Indo-Nepal border near Rupedhiya in Uttar Pradesh on January 17, 2011. They were taking pictures of some important installations near border. An Indian PAN card, two mobiles and a camera were recovered from them. They were booked for illegally entering country without valid Visa.

Two hardcore terrorists were napped along the porous border in August 2013 within a span of 15 days. Pakistan-based terror organization Lashkar-e-Taiba's (LeT) 'expert' bomb-maker Abdul Karim Tunda was arrested on 16 August, while the co-founder of home-grown terror outfit Indian Mujahedeen (IM) Mohammad

Ahmed Sidibapa alias Yasin 'Bhatkal' was arrested on 29 August 2013. The arrests were made by the two Indian security agencies- National Investigation Agency (NIA) and the Research and Analysis Wing (RAW). These terrorists are accused of carrying out various deadly terror attacks across the nation (One India: 2013). It is alleged (The Indian Eye: 2013) that Bhatkal and others were provided safe hideout and cover by the ISI through its 'Karachi Project'. Under this project, a team of jihadis from India is trained in Karachi and then sent to India to organize terror activities against India. Karachi Project is controlled and operated by the ISI and Lashkar-a Taiba and involves terror modules recruited from Indian states of Maharashtra, Gujarat and Uttar Pradesh. The interrogation of Bhatkal revealed that he along with another terrorist Haddi was going to Bangladesh to meet other Indian Mujahidin modules and plan next strike against India. A Study by the Home Ministry of Nepal revealed that the nexus exists between the underground armed outfits of Nepal, India and International criminal groups. These gangs are more active in border areas, following this study, the government of Nepal enforced a Cross Border Crime Control Action Plan in 2013(The Indian Eye: 2013). It is also suspected that the Indian Naxalite groups based in Bihar and Jharkhand also have developed close nexus with similar Maoist elements of Nepal. Nepal border has been found to be a favorite route for arms supply to Indian Naxalite groups.

More recently in March 2014, Indian security forces arrested another dreaded terrorist Tahseen Akhtar from Indo-Nepal border. Akhtar is not only an expert bomb maker but also the operational head of Indian Mujahidin (The Guardian: 2014). Akhtar hailing from a poor family of Bihar was allegedly planning to organize terror strikes during General Elections in May 2014. These incidents prove that the porous Indo-Nepal border has become a easy access points for foreign terrorists to enter India and to realize their nefarious designs.

However, the crossing of Pakistan based terrorists is just the tip of the iceberg as terrorist outfits have developed networks and recruitment base not only in the border areas but also inside the Nepalese territory. There are intelligence reports that the Pakistan based terrorist organizations, with active support and collaboration of Pakistan's Inter Services Intelligence (ISI) have cultivated bases and networks in Nepal, which can be used for organizing terrorist activities against India.

Pushpita Das (2013) notes that the problem is aggravated by intelligence inputs that Pakistani Inter Services Intelligence (ISI) has been using Nepalese territory to carry out anti-India activities since the 1980s. Wiki Leaks documents have revealed that the ISI has created a number of terrorist fronts in Nepal and has also pushed in men and explosives through the border to carry out terror attacks in India. With active collaboration of Pakistan based terrorist outfits and the ISI, terror points emerged in Nepal in mid 1980s in Kathmandu hotels and surrounding Muslim Areas. In 1997, six terrorists were arrested in Nepal, who revealed the involvement of Mohammad Arshad Cheema, who was ISI chief in Kathmandu. Again, Nepali Parliamentarian, Mirza Dilsad Beg is alleged to have played significant role in spread of ISI terror network in Nepal (Defence Lover: 2013).

It is also reported that in last two decades numerous Madrasas have been set up in the Terai region on both sides of the Indo-Nepal border. Some of these Madarsas, in the guise of teaching Islamic education, may propagate jihad and become the recruiting future terrorists. This is what happened in 1980swhen Taliban emerged in Pakistan and Afghanistan. Thus, it has become a source of major concern for the Indian security establishment as it is suspected that some of them might be providing shelter to fugitives and becoming a platform for recruiting cadres for terrorist organizations. During last SAARC Summit in Kathmandu in September, 2014, the Indian Home Minister Rajnath Singh has raised concerns about the mushrooming of these Madarsas in border areas of Nepal. He remarked that certain pockets in these areas are learnt to have become fishing pools for Pakistan's ISI and is suspected of being used against India (Times of India: 2014).

Smuggling and other Unlawful Activities : The open border between India and Nepal has thrown up many security challenges for both countries. Terrorism is just most serious of them. The open border has been misused by smugglers, organized criminal gangs and other anti-social elements to carry out smuggling of drugs, arms and explosives, illegal goods, fake Indian currency notes as well as women and children for prostitution in India and other countries. These illegal activities may become source of funding for terrorist activities. Also, terrorists and criminal elements may develop close nexus and pose grave challenge for Indian security.

Smuggling of drugs by individual criminals as well as organized gang across India-Nepal border has assumed serious problem. While two drug substances -Hashsis and Marijuana have been traditionally smuggled across India-Nepal border for long time, recently some new drugs like low grade heroin and codeine based pharmaceutical preparations have joined the list of smuggled drugs due to their rising demand in Nepal and Bhutan. The pharmaceutical preparations are smuggled from India to Nepal and Marijuana and Hashish are smuggled from Nepal to India for use in India. Nepali Hashish is smuggled for consumption in Europe, Canada and the US. Low grade heroin is manufactured in India from poppy which is illicitly cultivated in different parts of the country mostly in remote and hilly terrains in the states of Jammu and Kashmir, Himachal Pradesh, Uttarakhand, Bihar, Jharkhand, West Bengal, Manipur and Arunachal Pradesh.

A study by Pushpita Das (2012) reveals that while the proportion of marijuana has decreased in smuggled drugs from Nepal, the proportion of Hashish has increased from 7.5 percent to 40 percent in last three decades. The drugs are largely smuggled through border points located in Indian states of Bihar and Uttar Pradesh because these points are well linked with road and rail network between the two countries. Consequently, Raxaul in Bihar and Lucknow and Kanpur in Uttar Pradesh have emerged as the hashish and marijuana trafficking hubs. More specifically, there are four most preferred routes for drug smuggling in these two states of India: 1. Birganj - Raxaul - Motihari - Patna; 2. Nepalganj - Rupaidiha – Bahraich - Barabanki - Lucknow; 3. Bhairahwa -Nautanwa - Gorakhpur, and; 4. Lumbini - Shohratgarh - Siddharthanagar. There are frequent incidents of seizure of smuggled drugs involving criminals and foreign smugglers in various parts of Indo-Nepal border.[1] According to the statistics of Ministry of Home Affairs, Government of India, in the year 2012 alone, 1310 kg Marijuana, 349 Kg heroin, 209 kg opium, and 19 kg hashish was seized along Indo-Nepal border (One India: 2013a). During 2001-2010, India security forces napped 6000 smugglers across Indo-Nepal border. Every year 400-500 smugglers are arrested along the border (Defence Lover: 2013). According to the statistics of Ministry of Home Affairs, Government of India (MHA: 2014) goods worth Rs 1358 lakhs were seized along Nepal border in Bihar. The Indo-Nepal drug smuggling route falls very close to international drug producing/smuggling hubs like Golden Crescent (Afghanistan, Pakistan, and Iran) and Golden Triangle (Myanmar, Thailand, and Laos) and may take the form of a viable source of funding for terrorist activities against India. It is officially admitted by the Government of India that a nexus among Pakistan's Inter Services Intelligence (ISI), Maoists and insurgent groups of North-East is using money earned from drug trafficking to fund terror activities in India. Major drug seizures on the India- Nepal border have put a spotlight on this revenue generation strategy adopted by terror groups. Intelligence sources say that the ISI, Maoists and north-eastern groups are hand in glove (Bhalla: 2012). Therefore the nexus between the terrorist groups and drug smugglers is to be investigated and snapped.

Besides, smuggling of drugs, Indo-Nepal border is also prone to smuggling of fake Indian currency notes (FICN), arms and explosives, illegal migration of girls and women from Nepal for prostitution in India and other countries. The Indo-Nepal border has become a major conduit for smuggling FICN. In the last four years, FICN amounting to more than Rs. 8 lakhs was seized along the border. The Indo-Nepal border has also become a route for smuggling of gold from Tibet into India (Das: 2013) Likewise, human trafficking of Nepalese girls and young women is also rampant. It is estimated that every year 5000-10000 Nepalese girls are brought to India for prostitution (One India: 2013a). Many criminal gangs commit crimes in India and cross to Nepal to avoid arrest and prosecution. The absence of a new and comprehensive extradition treaty between India and Nepal hinders the arrest and prosecution of such criminals. India proposed a new extradition treaty to Nepal in 2005, but due to political uncertainty in Nepal, this treaty has not been signed so far.

Need for Effective Management of Border : The poor management border appears to be the prime cause for the increasing terrorists and smuggling activities across the Indo-Nepal border. The porous border of India, with poor management, has raised security concerns. Intelligence and security agencies of both countries are hard pressed to control the misuse of open border by terrorists and smugglers. While speaking at the Internal Security Conference of the Chief Ministers in New Delhi, the UP Chief Minister remarked that the open Indo-Nepal border is emerging as a possible ingress point for anti-national elements because of strict vigil on the country's borders with Pakistan and Bangladesh. He attracted the attention of the Centre for establishing adequate number of integrated check-posts and special police arrangements to control any possible anti-national activities. He also demanded an eight fold hike for funds allocated to the state for the modernization of police from the current Rs 100 crore to Rs 800 crore. (Indian Express: 2012). It was reported by the Tribune (29 December 2013) that in view of the increasing incidents of drug smuggling across the Indo-Nepal border and threats by extremist organizations to disturb the Republic Day (2015) celebrations in the country, intelligence agencies have agreed to increase security at the border. A joint control room will be set up at the Indo-Nepal border to coordinate activities of various security agencies.

The factors contributing to the poor management of Indo-Nepal border are not far to seek. Basically, these factors fall in three categories:

A. Lack of Adequate and Well Equipped Security and Intelligence Network from Both Sides : At present, Indo-Nepal border is managed by Sashastra Seema Bal (SSB) along with the State police forces of respective States. The SSB was specially raised in 1963 to protect Indo-Nepal and Indo-Bhutan borders in the wake of Indo-China war. The SSB is under the administrative control of Ministry of Home Affairs, Government of India and its mandate is to build people's morale and inculcate spirit of resistance in the border population against threats of subversion, infiltration, and sabotage from across the border. With the total sanctioned strength of 85755 persons (effective strength of 73325 persons), the SSB was declared in 2004 as a 'lead intelligence agency' for Indo-Nepal border (SSB: 2014) While the strength of SSB is not adequate to man the entire length of porous border with inhospitable terrain, the state police force is not well equipped to face the challenge of modern terrorism and smuggling activities. Again, the SSB needs better coordination with other law enforcement and intelligence agencies of the Union as well as state police force, which is not the case now. The security and intelligence scene along border becomes worst in view of the fact that Nepal does not have any corresponding border security force on its side. Das (2009) notes that the absence of a border guarding force on the Nepalese side also makes it difficult to establish an institutional mechanism for interaction between local commanders. Although Nepal is committed to deploying a border guarding force, till date it has not made serious attempts in this direction. Also, the deployment of SSB and construction of watch towers, check posts and border outposts along the border, which is a regular border management activity, is many a times misconstrued by Nepalese as aggressive posturing by India.

B. Lack of Infrastructure in Border Areas : The border areas along both sides of Indo-Nepal border lack adequate infrastructure facilities like road and rail network; watch towers, check posts and other facilities. This hampers the effective management of border. In many places, the border is located in dense forests and hilly terrain. The porous nature of border is another problem where dense [population is residing and there is free movement of criminal elements from neighbouring country. The problem gets compounded in the riverine and jungle areas, where patrolling is difficult (Shodhganga: 2008). The existing roads are in dilapidated conditions in many places of border.[2] The Union government of India has recently sanctioned the 'Indo-Nepal Border Road Project', which is in the implementation phase. India has also sanctioned grants to Nepal to develop rail and road network in border areas of Nepal. The government of India, in 2006, has approved 13 Integrated Check Posts along India's International land border, out of which four Integrated Check Posts (Jogbani-Biratnagar, Sunauli-Bhairahawa, Raxaul-Birganj, and Rupaidiha-Nepalganj) are to be constructed along Indo-Nepal border. These Check Posts are being constructed in collaboration with Nepal. Though India has expedited the construction of these posts, there is slow progress in Nepal side (Hindustan Times: 2011). These measures are likely to facilitate the better management of border.

C. Lack of Coordination and Well Defined Institutional Mechanism of Border Management: Though both India and Nepal agree on the need of the effective management of border to check its misuse by terrorists and other ultra elements, Nepal, due to its internal problems and other factors has failed to make serious efforts in this regard. Both countries have failed to practical and effective approach for border management. There are legal, perceptual and procedural factors coming in the way of effective management of border. Kansakar (2001) remarks, 'None of the treaties between Nepal and India ever mentions the procedures for the regulation of the Nepal-India border. The trade agreement has specified the agreed routes for mutual trade. But there is no agreement regarding movement of the people and the agreed routes for movement of people of both countries along the border. The concept of open border between Nepal and India has still remained an enigma'. It is alleged that with the connivance of and corrupt practices by personnel posted on the check posts on both sides of the border illegal movements of people and goods is not uncommon. There is no check and monitoring over the third country national visiting Nepal and acquiring Indian Visa and coming to India through India-Nepal border. There should be screening at Nepal - India entry points to segregate citizens of Nepal and others. Though Indian vehicles need to clear paper works and have very limited period temporary permit issued by Nepal authority to enter into Nepal, there is nothing similar in the opposite side for vehicles coming from Nepal to India (Economic Times: 2014). There is no Extradition treaty between India and Nepal which allows bringing back criminals to India after they committed crimes in India and found shelter in Nepal.

Though Indo-Nepal border is largely defined, yet there are disputed areas due to changing course of Himalayan rivers, flowing through Terai region in the border. Kalapani and Susta are the two main disputed areas. In many places along border the border pillars are either damaged or have disappeared leading to confusion and misunderstanding between the two countries. Though efforts have been made to resolve existing boundary disputes, no success has been achieved so far. Both countries decided to set up Joint Technical Level Boundary Committee (JTC) in 1981 to resolve the border dispute and complete the demarcation of remaining portion of the boundary. In 1994, the JTC constituted the Joint Working Group to examine the relevant facts and suggest measures to solve the boundary dispute. After long time, the Joint work group was able to prepare strip maps of the boundary, which were signed by the representative of the two countries in 2007. In view of the prevailing political uncertainty in Nepal, these maps are yet to be by the Government of Nepal. This generates misunderstanding between the two countries and India baiters in Nepal get the opportunity to accuse India of encroaching upon Nepalese territory. Otherwise also, a section of Nepalese society accuses India of meddling in Nepal's internal affairs in the name of security concerns (Gautam: 2014).This also hampers the smooth border management. Thus, the resolution of boundary dispute is required for better understanding and coordination between the two countries for the effective management of open border.

India has 15106.7 kms of land border running through 92 districts of 17 Indian States and touching the boundaries of seven countries- Bangladesh, China, Pakistan, Nepal, Myanmar, Bhutan and Afghanistan. It is admitted that the border security scenario is marked by increased cross-border terrorism; infiltration and ex-filtration of militants; nexus between narcotics traffickers and arms smugglers; illegal migration; left wing extremism; emergence of non-state actors; and establishment of madarsas at the border areas, which together pose potential security hazards (IDR: 2010). In order to adopt a comprehensive approach to border management, the Government of India set up the Department of Border Management in 2004 under the Ministry of Home Affairs. The Department is mandated to pay focused attention to the issue of to the issues related to the management of country's international border, strengthening the border policing and guarding, creating of infrastructure like road, border fencing, flood lighting of borders, and implementation of Border Area Development Programme (BADP). The BADP undertakes various development programmes in border areas (MHA: 2014). Besides sanctioning a road along Indo-Nepal border, the department has also undertaken the project of constructing four Integrated Check posts along Indo-Nepal border. However, without the active collaboration of and coordination of Nepalese authorities, the effective management of Indo-Nepal open border to prevent its misuse by miscreants. Though, there is a mechanism of regular consultation between the Home Secretaries of the two countries to sort out issues related to border security, effective coordination and comprehensive approach by the two countries are absent. Besides strengthening infrastructure along border areas, there is urgent need to modernize security and intelligence forces, effective coordination between different security agencies of India, and better cooperation and coordination between India and Nepal to ensure the proper management of open border. The two countries should finalize a

Comprehensive Border Management Plan to check its misuse by smugglers and terrorists. Since India is a bigger stakeholder in border management, India should take the lead and commit adequate resources for this purpose. The view that the open border between India and Nepal is to be converted to a closed border is not tenable as the provision of the open border has immense benefits to both countries and heir people. What is required is the open border with mechanism for its effective management and regulation.

REFERENCES

1. Marijuana worth Rs 89 lakhs smuggled from Nepal was seized from oil tanker (*The Times of India*, September 16, 2009, Patna); Three persons were nabbed with 1.5kg heroin (*The Times of India*, New Delhi, December 21, 2009); Six foreigners were held with heroin worth Rs 11 crore along Indo-Nepal border (*The Tribune*, New Delhi, August 5, 2011); Smugglers were nabbed with heroin worth Rs 4.25 crores (*The Times of India*, New Delhi, June 11, 2011). Narcotics Control Bureau of Ministry of Finance, Government of India provides details of the illicit drugs seized across country. More recently, a Polish man carrying 9.32 kg charas was arrested on 20 August 2014 from Indo-Nepal border in a joint operation of Sashastra Seema Bal (SSB) and Maharajganj police. The charas was purchased by him in 4000 Euros from Kathmandu and he was carrying it to Amsterdam via Delhi and Zurich (Indian Express, 21 August 2014).
2. The Author recently (Last week of December 2014) visited two busiest exit points on Indo-Nepal border- Raxaul (Bihar) and Sunauli (U.P.). The visit was a part of the study under the Major Research Project (UGC) on Indo-Nepal Development Partnership. It was found that the road linking Nepal and India at

the Raxaul border was in very bad shape, the exit point was overcrowded with every kind of vehicles including pedestrians crossing the border; except for vehicles there was no screening/checking of people crossing the border. It was admitted by the local people that personnel manning the check posts adopt corrupt practices. The nearest major town near the Raxaul crossing is Bettiah (Bihar), which is 55 Kms away from Raxaul. But due to poor condition of the road, it takes three hour to cover the distance of 55 Kms by car. The Union Government of India has planned to construct a bigger Integrated Check post at the Raxaul to ensure the smooth transit at Raxaul, which is the largest transit point along Indo-Nepal border. Also, there is no proper road on Indian side to link Raxaul and Sunauli. One has to come back to Gorakhpur to reach Sunauli border. However, the condition of Road is better in the UP areas comparison to area around Raxaul in Bihar.

REFERENCES

Bhalla, Abhishek (2012) 'Drug Money Funds Terror Acts in India'. India Today, 12 September, 2012.

Das, Pushpita (2008) 'Towards a Regulated Indo-Nepal Border', Strategic Analysis, Vol.32, N0. 5, pp 879-900.

Das, Pushpita (2009) 'Demarcate The Indo-Nepal Border'. IDSA Comment. Available At: hthttp://www.idsa.in/strategiccomments/Demarcate the India Nepal Border_ Pushpita Das_310809.

Das, Pushpita (2012) 'Drug Trafficking in India: A case for Border Security', IDSA Occasional Papers, PP 17-22. Available At: http://www.idsa.in/occasionalpapers/Drug Trafficking in India.html

Das, Pushpita (2013)' Need to effectively Manage Indo-Nepal Border', IDSA Comment. Available At: http://www.idsa.in/idsacomments/Manage the India Nepal Border_ pdas_ 190913.html

Defence Lover (2013) 'Nepal's Biggest anti-terror Covert Op by RAW and IB against anti-Indian Activities of ISI'. Available At: http/defencelover.in/201311/15/nepal-and-india-raw/-

Economics Times (2014) 'Indo-Nepal Border: Increasing wrinkles on the Forehead of the Security Force', Economics Times, 20 Oct 2014. Available At: http://articles.economictimes.indiatimes.com/2014-1020/news/55236547_1_border-management-indo-bhutan-border-nepal-border

Gautam, Upendra (2014) 'India-Nepal Relations: A view from Nepal'. FRPC Journal, 2014, NO 3, pp162-167.

Hindustan Times (2011) 'Slow Progress of Check Posts along Nepal Border Worries India', Hindustan Times, 08 June, 2011. Available At: http://www.hindustantimes.com/world-news/slow-progress-of-check-posts-along-nepal-border-worries-india/article1-718829.aspx

IDR(2010) 'Indian Security and Border management', Indian Defence Review. Available At: http://www.indian defence review.com/-Indian Defence Review/html.

Indian Express (2011) India Detains Three Spies', Indian Express, 20 Jan 2011.

Indian Express (2013) 'Court Grants Bail to Suspected Hizbul Militant Liyaqat Shah'. Indian Express, 17 May 2013.

Indian Express (2013) 'Open India-Nepal Border for Cause of Concern-Akhilesh' Indian Express, 12 April, 2012.

Kansakar, Vidya Bir Singh (2001) 'Nepal-India Border: Prospects Problems and Challenges', Available At: http://www.nepaldemocracy.org/documents/treaties_agreements/nep_india_open_border.htm

MHA (2014) The official website of Department of Border Management, Ministry of Home Affairs, Government if India.

MHA (2014a) ' Lok Sabha Unstarred Question NO 1704'. Available At: http://mha1.nic.in/par2013/par2014-pdfs/ls-220714/1704.pdf

One India (2013) 'Indo-Nepal Border- A 'Safe Haven' for terrorists? Available At: *http://www.oneindia.com/feature/2013/indo-nepal-border-a-safe-haven-for-terrorists-1295138.html*

One India (2013a) 'Indo-Nepal Border'. Available At: www.oneindia.com/feature/2013/indo-nepal border.

SSB (2014) 'Force Profile'. Available At: http://www.ssb.nic.in/index.asp?linkid=59&sublinkid=35

Shodhganga (2008) 'Problems in Combating Cross- Border Terrorism'. Available At: shodhganga.inflibnet.ac.in:8080/jspui/bitstream/10603/10659/10/10—chapter%203pdf.

The Guardian (2014) 'Alleged Indian Mujahedeen chief arrested on border with Nepal', 25 March 2014. Available At: http://www.theguardian.com/world/2014/mar/25/indian-mujahideen-tehseen-akhtar-arrested-border-nepal

The Indian Eye (2013) 'Nepal is the new haven for Indian Terrorists'. Available at: http://theindian eye.in/nepal-is-the-new-haven-for-indian-terrorist/

The Times of India (2014) 'Rajnath to Koirala: Border areas now ISI, jihadi hubs'. Times of India, 16 September 2014.

10

Rise of Radical Islamist Ideology in Bangladesh and India's Foreign Policy

Chandreyee Chakraborty
Md Boby Sabur

INTRODUCTION

On 12 May 2015, Bangladesh witnessed the murder of the third blogger in less than a month. The bloggers killed so far are part of a list of 84 liberals that Bangladeshi fundamentalists have identified for elimination.[1] The hacking of the three bloggers in a crowded day, confirms the extreme rise of Islamic ideology in a so called "secular and moderate Bangladesh". The most surprising fact is that, these acts have gone unpunished. There is a rising concern over the secular underpinnings of a moderate Bangladesh being undermined by a culture of political violence and the rise of Islamist extremism. This has contributed to further deterioration of Bangladesh's democracy and political stability. This is a serious issue that needs attention not only to bring more stability in Bangladesh, but because of its impact in the overall region. A predominantly Muslim country of 156.6 [2] million people, Bangladesh is a developing nation struggling to establish, preserve, and consolidate its young and fragile democracy under numerous domestic and regional pressures that threaten to undermine these efforts. Until recently, the international community considered Bangladesh as a model for developing Muslim nations because of its presumed commitment to secular democracy and its ostensibly inclusive practice of Islam. In recent years, however, Bangladesh's secular system has come under fierce assault by Islamist militancy. Although Bangladesh has had a long history of political violence since its independence, Islamist violence started to take shape only in the last decade. This we can credit to a series of life threatening attacks on prominent scholars and youth, especially individuals practicing atheism. Keen observance of the recent incidents would reveal that these violent practitioners are well organized and strategically sophisticated. Hence, spread of such violent forces cannot be good news for any concerned parties, especially for neighboring India.

This paper argues that the rise of Islamic elements in Bangladesh is also a great threat not only for Bangladesh, but also for India. It has been seen, that India's foreign policy towards its less powerful neighbours has been given less importance in foreign policy drafting of India. Bangladesh, has never been given the due importance in the foreign policy agenda of India. But now with the ongoing situation of rising Islamic elements , it is necessary to give serious consideration, so that Bangladesh should not become another Pakistan for India. This paper will look into the reasons and why should India be bothered with the rising Islamic forces in Bangladesh.

The United States Institute of Peace report of 2007 looks at increasing Islamist violence in Bangladesh. The report shows that recent years have seen a deepening crisis in governance with continued politicization of civil society, deterioration of judicial independence, and diminishing rule of law and respect for human rights. Since the late 1990s, Islamist militancy has spread throughout the country, raising questions about Bangladesh's internal security and the consequences for South Asian regional security. The political environment of Bangladesh has been mired in conflict, as the two major parties the Bangladesh Nationalist Party (BNP) and Awami League (AL) are continuously fighting out for control of power and the country's resources.3 Another new development on the negative side is the continuous attack on the bloggers have further proved Islamic fundamentalism has taken a firm shape in the country."These assassinations have opened a new front between the values of a syncretic, secular, humanistic Bangladeshi culture against a rigid worldview incapable of allowing difference to coexist," said Alyssa Ayres senior fellow for India, Pakistan, and South Asia at the Council on Foreign Relations, a major US think tank.[4]

After the 1947 partition of India, East Bengal, the province that is now Bangladesh, became East Pakistan, united in government but not in territory with West Pakistan. While post-partition India proceeded toward consolidating its democratic trajectory, the Pakistani experience was much more checkered. The initial vote of East Bengal Muslims for inclusion into Pakistan reflected the tremendous complexity of identity in South Asia, with local, national, as well as religious dimensions. But Pakistan's claim to represent Muslims in the Indian subcontinent and a new Islamic nationalism backfired. West Pakistani, and specifically, Punjabi chauvinism highlighted the underlying diversity of South Asian Muslims, eventually serving to bolster local Bengali identity. This caused increasing friction within the troubled relationships between West Pakistan and the geographically smaller, but much more populous, East Pakistan. Hence, with the first substantive experimentation with democratic elections, the East

Pakistan based Awami League won an outright majority in the national parliament, setting the stage for a political crisis that was resolved only by the war that led to the declaration of East Pakistan's independence as Bangladesh in 1971.

Bangladesh was born as a secular country but now the moderate Islamic form of the country is changing and is increasingly under threat by radical elements while its political and economic development continues to be hampered by the forces of corruption, radicalism, and partisan fighting. This was evident in the lead up to the election scheduled for January 2006. Rivalry between the leaders of the nation's two largest political parties has led to an ongoing series of demonstrations, strikes, and increasing political violence. The frustration caused by the combination of poverty, corruption, and the lack of good governance due to a stalemated political process is thought by some to contribute to increasing radicalization of society.

The identity crisis is also a major reason for increase of Islamic radicalism. There is a constant struggle between defining the Bangladeshi citizen first and foremost as an ethnic Bengali or, alternatively, first and foremost as a Muslim. At the same time Bangladeshis are struggling to decide which version of Islam the country and its polity should embrace as part of a newly reconstructed, Islamist national project. At its heart is the fate of Bangladesh's traditional observance of heterodox Sufi Islamic practice, which has recently given way to more orthodox, Wahhabi and Deobandi interpretations of Islam. These twin debates over Bangladesh's identity (Bengali vs. Muslim) and Islam (heterodox vs. orthodox) is becoming more and more prominent in the coming days. This in-fight between identities has given rise to different movements, which are precursor to the Islamic radical movements. Though the fact remains that Bangladesh is a Muslim but there is always a conflict going on between moderate and radical pathways that the country wants to adopt. This ambiguity is reflected in the constitution, which professes secularism on one hand and acknowledges Islam as the state religion on the other. [5] The subsequent killings of the liberal bloggers only reveal that fundamentalists were waiting to resurface and capitalize on the people's anger against such bloggers.

THE TERROR THREAT FOR INDIA

Radical Islamic terrorists in South Asia, which is home to about 28% of the total Muslim population of the world, have worked tirelessly towards undermining security and peace in the region. They are substantially responsible for the destabilisation of Afghanistan. Pakistan and the most recent addition to it is Bangladesh. They have created an enduring low-intensity conflict scenario in Jammu and Kashmir state of India and have a growing profile in Bangladesh. Radical Islam also appears to have found adherents in Sri Lanka, already riven by conflict along linguistic lines.

The recent killings of the Bangladeshi bloggers Abhijit Roy and most recently Ananta Das was and have brought the issue of Islamic militancy on the forefront of civil and intellectual debate. Bangladesh hosts the fourth largest Muslim populations in the world contributing to 8.4% of the world Muslim population. It, however, was born as a secular country following its War of Independence in 1971. It then rejected secularism in 1975 in favour of a Muslim state through the infamous 5th Amendment of the constitution which was further strengthened in 1988 by introducing Islam as the religion. Following the restoration of democracy in 1990, it carried out three largely free and fair general elections in 1991, 1996, and 2001.Since 1999, attacks by Islamist militants have been increasing. They have targeted opposition politicians, scholars, journalists, members of the judiciary, religious minorities, and members of the Islamic

Ahmadiyya sect.

Islamism has been a strong factor in Pakistani and Bangladeshi politics from the very beginning. In this case Pakistan has always been a staunch believer of radical Islam whereas Bangladesh have historically practiced a moderate and tolerant form of Islam due to their country's indigenous Sufi movements and the assimilation of Hindu and Buddhist attributes.

In recent times, Bangladesh has seen a rise of Islamist militant activities. But this rising trend can be traced back from the late 1990s.For example, Osama Bin Ladin issued a fatwa on February 23, 1999, that called for a jihad against "the Jews and Crusaders." The fatwa was endorsed by Fazlul Rahman, a Bangladeshi religious leader commonly identified as "the Amir of Jihadi movement in Bangladesh," in his capacity as leader of the Harkat-ul-Jihad al-Islami (HUJI).[6] Yet this terrorist action was surprisingly overlooked. It took until April 2004 for the U.S. Department of State to designate HUJI as a terrorist organisation. Bangladesh took even longer to follow suit, because the Khaleda Zia government maintained that HUJI was 'not present' in the country which can be attributed to JEI's presence and influence in the government.[7] However, in the wake of the 2005 bomb blasts, the BNP government was forced to ban the HUJI and the JMB in August 2005. Outlawed Islamic group Jamatul Mujahideen Bangladesh (JMB) acknowledged responsibility of the attacks demanding implementation of Sharia Law in Bangladesh. Then, a string of attacks and killing of intellectuals, and online blogger activists propagating for a truly secular Bangladesh and free thinking are prime examples of this rise of Islamist radical ideology. Prime example of this include hacking of renowned writer and Professor of Dhaka University Dr. Humayun Azad by the same JMB members in early 2004. [8]These attacks continued in the subsequent years mainly in the form of attacks on online bloggers criticising dogmatic religious practices and promoting rational, skeptic, and scientific thoughts, especially on Islam. IN recent years hackingdown blogers has beome the new trend. Asif Mohiuddin, a 29 year atheist blogger, was stabbed and severely injured in January 2013; Rajib Haider was hacked and killed in February 2013, whose killers were found linked to AL-Qaeda working in Bangladesh under the name of Ansarullah Bengali Team; Dr Avijit Roy was attacked and killed in February 2015.

ISLAMIC REVIVALISM IN BANGLADESH

Two main movements typify Islamic revivalism in Bangladesh. The first, the Ahl-i-Hadith Bangladesh, was founded in British India in the 1830s and established itself in Bengal significantly. Its original founders were SiddiqHasan and Syed NazirHossain.[9] Later in 1946, the "All Bengal and Assam Jamat-i-Ahl-i-Hadith" was formed with its headquarter in Calcutta. After the it reestablished itself in Pabna in 1953 by Maulana Abdulla HilBaki.[10]The organization was later renamed as the Bangladesh Jamiat-e-Ahle Hadith. This group follows the Wahhabi ideology, following the exclusionary teachings of Saudi Arabia's Islamic ulema (clergy). The Ahl-i-Hadith relies on Koran and Hadith as the only source of authentic information regarding religious law and do not believe in any other schools or Mazhab. For this reason, they are called la-Mazhabi, meaning that they do not believe in any of the four Mazhabs or school of law.[11]The second is the TablighiJama'at, founded in the 1920s by Mohammad Ilyas Shah. The famous Kakrail mosque in Dhaka serves as the group's headquarters in Bangladesh. The missionary movement is organized by the voluntary input of dedicated religious individuals of all classes, but the middle class is dominant.[12]

Though the country was established as a secular country, Ziaur Rahman and the BNP brought the focus back on Islam. Zia was the first military dictator of Bangladesh ascended to power in 1975. In order to legitimize his rule in the Muslim world, he removed secularism from the Constitution and inserted in its place "absolute faith and trust in Allah." He also included a phrase in the Constitution that Bangladesh was part of the Islamic Ummah (the brotherhood of Islamic nations) with an aim to develop fraternal ties with Muslim nations.[13] The second military ruler made Islam the state religion in 1988. This created different strand altogether, which didn't match the ideology of Sufi Islam which was once the main element of religion in the newly formed Bangladesh. The radicals now wanted a complete break from the Bengali culture. The most important identity that was "Bengali" now changed and Islam was made mandatory even on an institutional level. The military dictators also supported the growth of the private madrassah system known as the Quomi (People's) Madrassah, which follows a curriculum from the Deobandh School and is funded using a private source.

The next most important element of Islamist tendency is the rise of the Islamist political party. In the immediate aftermath of liberation war in 1971 most of the Islamic party leaders were either exiled or they went underground. But their fortunes have dramatically changed since 1975 and the Islamic ideologues and their activists are no longer on the defensive. The Jamaat now has a significant political presence in Bangladesh and is presently in alliance with the BNP. It even claims that the Awami League too has sought its support on various occasions. The reliance of the BNP on the Jamaat for support enabled the latter to wield political and administrative influence disproportionate to its political clout. This has allowed Jamaat to make big inroads into the administration. It is now using this influence for political purposes. At least five secretaries during the four-party regime were card carrying members of Jamaat.[14]

Jamaat recruited a large number of agricultural officers while it was in government who are spreading Islamic law in the rural areas.

Jamaat-e-Islami (JeI) Bangladesh is a branch of the Jamaat organization that was founded in British India in 1941 by Maulana Abul Ala Mauddudi. Jamaat was inspired from the Deobandi school of Islam, known for promoting religious extremism in several countries in the region, and modeled itself after the Muslim Brotherhood.[15] Separate branches were subsequently established in both Pakistan and Bangladesh (then East Pakistan), also known as Jamaat-e-Islami, following India's partition. JeI Bangladesh and its student wing, Islami Chhatra Shibir (ICS), continue to primarily draw their members from Deobandi seminaries in the country.[16]

Jamaat-e-Islami is currently the most powerful Islamist group in the country and has been the ideological center and recruiting base for several terrorist groups, including Harkat-ul-Jihad-al-Islami Bangladesh (HuJI-B), a State Department designated Foreign Terrorist Organization (FTO), and Jama'atul Mujahideen Bangladesh (JMB). JeI enjoy extensive links with the wider Islamist militant network in South Asia and reportedly receive funding and support from Pakistan's ISI spy agency and from Saudi Arabia. Moreover, JeI have been implicated in several of the recent incidents of violence against minorities. In August 2013, a High Court imposed a partial ban on JeI (upon the petition of a Sufi Muslim group) declaring that the Islamist party's charter violated the constitution. The ruling party has only succeeded in prohibiting the organization from participating in national elections and has failed to limit its other activities.

Jamat and Shibir members have frequently carried out indiscriminate bombings and attacks on civilians at public places in order to create fear and panic amongst the general population and to disrupt normal life. For example, in February 2010, ICS activists were arrested in connection with a bomb explosion at a dormitory at the Brahmanbaria Residential School and College.[17] Similarly, in 2005, a businessman was killed when ICS members threw a number of bombs at a shopping centre in Kotwali area of Chittagong, while bombings by Jamaat and ICS supporters killed eight people at a cultural event in the city of Jessore in 2001.[18] Moreover, in two separate bomb attacks in Dhaka in 2001, six civilians were killed and over 50 injured.[19]

THE EDUCATIONAL SYSTEM IN BANGLADESH

The educational system in Bangladesh is remarkably diverse in terms of both institutional structures and pedagogic focus. Broadly, the educational system in the country can be categorized into two streams: 'moderately secular' and 'religious.'. The moderately secular education system, has its root from the colonial past and provides a healthy mix of all subjects. On the other hand the "religious education " system is important to explore the influence of madrassah on the society. The religious education in Bangladesh can be divided into two types: 'Alia madrassas, which are both wholly or largely funded and controlled by the government; and Quomi madrassas, which are privately managed and funded by community donations. They together, constitute the core of Islamic education in Bangladesh. Studies shows madrasa education is more appealing to the poorer household as most of them cannot afford the private education system. A large majority of madrasa students belongs to poor families of rural areas and small towns concentrated in Sylhet, Chittagong, Jamalpur, Tangail and some of the northern districts of Bangladesh.[20]

It is often argued that the madrassas are the breeding place of terrorist groups. Which is to some extent cannot be denied. Studies shows one third of the population of Bangladesh are educated in Madrasa. It is about nearly 50 million. 25 million young adults and kids are the students of the Qoumi Madrasa. There syllabus is not under the control of the government. What more, anyone can set up a Qoumi Madrasa without the permission of the government.[21] These religious institutions mostly fed students with radical Islamic thoughts which consequently led them to join terrorist organizations. They mostly train the Imams of mosques and teachers of Arabic and Islamiat in schools and colleges.[22] In a recent incident in a blogger named Oyasiqur Rahman Babu was hacked to death by three students of different Madrasas in Dhaka the capital of Bangladesh. One of the convicted is a student of Hathazari Madrasa of Chittagong, the port city of Bangladesh. This Hathazari Madrasa is one of the main breeding ground of the terrorists in Bangladesh. The head of this Madrasa Shafi, who is called Mulana Shafi, is the supreme leader of the Hefazat –E- Islam of Bangladesh.[23]

According to studies, the madrassas have been a major source of recruits to Islamist and extremist groups. They provided nearly 5000 people for waging jihad against the Soviet occupation army in Afghanistan. After the withdrawal of Soviets from Afghanistan they returned to their country and are working towards creating an Islamic order in the country. The thousands of mosques in Bangladesh are active institutions of socio religious activity. They are extensively funded by rich West Asian and North African countries. The activities of these mosques are coordinated by organisations like the Bangladesh Masjid Mission, Masjid Samaj, and Baitush Sharaf. [24]The thousands of mosques in Bangladesh are active centres of socio religious activity. Even Islamic parties like that of Jamaat is using madrassas to increase its influence in Bangladeshi society. It is also trying to change the notion that madrassas are for the poor as they provide free boarding and lodging. To attract the elite it has set up English medium madrassas. They also have started focusing exclusively on women education, not for the purpose of development of women, but trying to spread Islamist ideology among mass population. They will ultimately prove to be an important tool for the Jamaat to spread its ideology. Though madrassas are a major factor in the rise of extremism this phenomenon is not restricted only to them. Now several think tanks in Bangladesh believe that Islamic militant organisations are recruiting a large number of people from the mainstream education system. Most of the students of Islamic Chattra Shibir cadres have university education. 25 The growing influence of Islamist influence in the sphere of education has created the debate, that the madrasa education system, is one of the reasons of the growing Islamist militancy.

BANGLADESH AND INDIA'S FOREIGN POLICY "ELITISM"

The revelations of the extent of penetration of the Bangladesh based terror group Jamaat Ul Islam Bangladesh (JUMB) in not just creating terror modules but a flourishing IED manufacturing set-up across Bengal rattled the investigators. The intelligence cell pointed out the threat from radical terror groups that India today faces not just in western borders but in its eastern borders as well. Meanwhile India's intelligence agencies have also given a specific warning to Kolkata Police and CISF about an impending terror attack on the Kolkata port.26

Definitely India doesn't want another Pakistan in offing. India's links with Bangladesh are civilisational, cultural, social and economic. A lot of things unites the two countries – a shared history and common heritage, linguistic and culturalties, passion for music, literature and the arts. They don't only share a common history but also family ties. India and Bangladesh has been involved in number of issues like illegal migration, insurgency, border, water disputes, and dispute over issue of Moore Island etc. The most pressing issue now is the increasing element of radicalism in Islam, which can be the major impediment between the relationship of these two countries. According to LSE's Professor David Lewis, "India's giant size and Bangladesh's smallness mean that it is difficult to negotiate equally to reach fair outcomes between the two countries."[27]

India has often accused Bangladesh of harbouring insurgents and exporting terrorism to India. However, the October 02, 2014 Burdwan blast has challenged this notion. The case has demonstrated that terrorist groups are operating from within Indian territory but with assistance from Bangladeshi terrorist oraganizations.

Since 2005, the Bangladeshi Government under Prime Minister Hasina has initiated a serious cracked down on terror and other radical Islamist groups in Bangladesh. The Bangladesh war crime trials were a result of this crackdown. Although this policy saw a subsequent decline in support of terror outfits in Bangladesh, it also simultaneously pressured terror groups such as the JMB to expand their networks into India. The Indian state of West Bengal has since become a sanctuary for such terror groups.

After Sheikh Hasina assumed the position of Prime Minister in 2009, there was a change in the India-Bangladesh bilateral relationship. It is worth noting that her father was Sheikh Mujibar Rahman, who was the father of the nation and due to India's involvement in the Bangladesh's freedom war, the Awami league historically has a pro-Indian bias. After being elected with a stronger mandate, she is showing extra caution in reviving the relationship with India which is termed an "India-Positive" policy.

The war against terrorism should be a cooperative effort by all the countries together. International terrorism cannot be fought with individualistic intentions. With terror groups continuously acquiring transnational networks, now have the power to cross national lines and establish sanctuaries in nations that they perceive to be the weakest link. Once there, they exploit the differences between nations and cultures and dig deep into the fractures and set up their own offices, thus acquiring a strong foothold there.

In the February, 2015 home secretary level talks it was agreed that, India and Bangladesh will help extra mile to help each other in resolving anti-national and terror activities in their areas. Bangladesh has assured India that it would construct border outposts along the uncharted territory of Tripura and Mizoram to check proliferation of camps of Indian insurgent groups in Chittagong area and to put a stop to unbridled human trafficking through the porous border. According to news sources Bangladesh has assured that it will help India to weed out terror training camps of insurgent groups. It has offered to construct 40 more border outposts in addition to the 13 that have already been constructed. The BOPs will be guarded by the Border Guards Bangladesh (BGB) to ensure that IIGs camps are demolished and one of the biggest corridors for human trafficking is plugged.[28] The official talk seemed to be fruitful. A number of issues were discussed in detail. The most important of them was the security and border management related issues between the two countries. Significantly, both India and Bangladesh expressed satisfaction over the District Magistrates level talks that took place recently in February 2015. Addressing the 6th India- Bangladesh friendship dialogue the Minister of State for home Kiren Rijiju said that "Bangladesh has been very helpful. They have been providing full cooperation in tracking down fundamentalists and criminal elements".[29]

POLICY SUGGESTIONS

Even as Indians primarily confined their concerns

on terrorism emanating from Pakistan, the West Bengal–Bangladesh region was evolving into another hub of jihadi terror. Given the fact that Bangladesh geographically impacts on five Indian states; West Bengal, Assam, Meghalaya, Tripura and Mizoram; the destabilizing potential of jihadi terror orchestrated from Bangladesh is even more vicious than the Af-Pak region. For reasons of political and social facilitation, West Bengal and Assam have been so far the preferred areas for Bangladeshi jihadi groups. The new political outfit in Assam, All India United Democratic Front (AIDUF), led by Maulana Badruddin Ajmal (MP) has come under the scanner of agencies and the media for their alleged role in recruitment and training of jihadis in Bangladesh. Bases flourished in these states particularly in the aftermath of the unprecedented crackdown on the fundamentalists and the jihadi groups by Sheikh Hasina regime in Bangladesh.

It is high time that India become an active ally of Bangladesh and com out of their elitist foreign policy mandate of shunning their weak neighbours. To promote growth and prosperity in South Asia, India should develop its policy towards the neighbouring country in a way that it can reap benefits for both India and the neighbour. This can also be a way to keep Pakistan at bay.

The following actions can be taken to improve the existing India Bangladesh relations:

- Offer assistance in infrastructural development projects as hydro-electricity projects, production and consumption of electricity has a proven direct correlation with education and development of a nation
- Not to play on the psyche of Bangladeshis by referring to India's role during its War of Independence in 1971, restrict any derogatory remarks from its government representatives towards Bangladesh which only undermines this critical advantage

- India should seek to build strategic partnerships with BNP, in this way India can influence and watch for any policy which might have potential long term negative effect for India
- Reconsider its position on decade long unresolved issues between the two nations over such contested issues as - distribution of water, Farakka dam etc.

The moderate Bangladesh is slowly shrinking and its place it taken up by violence and radicalist ideas. One of the main reasons behind this is lack of action from the governmental side. But democracy can only be sustained through the propagation of liberal values. It is for the country to decide, how they want to go ahead. India can be a supportive hand in this case, by trying to make itself more friendly with positive efforts and suggestions. More prioprity should be given to this eastern neighbour, so that India doesn't need to worry in the near future about another Pakistan.

REFERENCES

1 Pattanaik, Smruti. "Bangladesh: Hacking Free Thinking to Death," May 21, 2015. http://www.idsa.in/idsacomments/BangladeshHackingFreeThinkingtoDeath_spattanaik_210515.html.

2 http://data.worldbank.org/country/bangladesh

3 http://www.usip.org/sites/default/files/sr181.pdf

4 http://gulfnews.com/news/asia/bangladesh/experts-concerned-over-rise-of-radicals-in-bangladesh- 1.1503432

5 Pattanaik, Smruti. "Bangladesh: Hacking Free Thinking to Death," May 21, 2015. http://www.idsa.in/idsacomments/BangladeshHackingFreeThinkingtoDeath_spattanaik_210515.html.

6 Vincent Burns, Kate Dempsey Peterson, Terrorism: A Documentary and Reference Guide (Greenwood: Westport, 2005), p. 91.

7 Sreeradha Datta, 'Islamic Militancy in Bangladesh: The Threat from Within', South Asia: Journal of South Asian Studies, Volume 30, Issue 1, 2007, pp.145-170,

8 Pattanaik, Smruti. "Bangladesh: Hacking Free Thinking to Death," May 21, 2015. http://www.idsa.in/idsacomments/

Bangladesh Hacking Free Thinking to Death_ spattanaik_ 210515.html.

9 Sufia M. Uddin, Constructing Bangladesh: Religion, Ethnicity and language in an Islamic Nation, (Chapel Hill: The University of North Carolina Press, 2006), 56

10 K.M Mohsin, "The Ahl-i-Hadis Movement in Bangladesh," in Rafiuddin Ahmed, ed. Religion, Nationalism and Politics in Bangladesh (New Delhi: South Asian Publishers, 1990), 181.

11 Muin-udDiinAhmad Khan, "Muslim Renaissance in Bangladesh : Pan Islamic and Khilafat Movement," in Ak. M Ayub Ali, M.A. Aziz &Shahed Ali eds., Islam in Bangladesh Through Ages (Dhaka: Islamic Foundation Bangladesh, 1995), 189.

12 M. Rashiduzzaman, "Islam, Muslim Identity and Nationalism in Bangladesh," Journal of South Asian and Middle Eastern Studies 18, no. 1 (1994), 54.

13 http://web.uvic.ca/~anp/Public/posish_pap/Karim.pdf

14 Kumar, Anand. Return from the Precipice BANGLADESH'S FIGHT AGAINST TERRORISM. INSTITUTE FOR DEFENCE STUDIES & ANALYSES NEW DELHI Book Series. New Delhi: PENTAGON SECURITY INTERNATIONAL, 2012. file:///C:/Users/partha/Downloads/book_BangFightTerrorism.pdf.

15 Bertil Lintner,"Bangladesh Extremist Islamist Consolidation," South Asia Terrorism Portal, http://www.satp.org/satporgtp/publication/faultlines/volume14/Article1.htm.

16 ibid

17 Bangladesh Terrorist Outfits: Islami Chhatra Shibir, SATP, http://www.satp.org/satporgtp/ countries/bangladesh/terroristoutfits/ics.htm.

18 ibid

19 ibid

20 Admin, Web. "The Impact of Islamic Schools in Bangladeshi Society: The Case of Madrassa." Alochonaa (Dialogue). Accessed May 23, 2015. http://alochonaa.com/2014/03/27/the-impact-of-islamic-schools-in-bangladeshi-society-the-case-of-madrassa/.

21 "Bangladesh: Hacked to Death Blogger and Ferocious Islamic Terrorism." Accessed May 23, 2015. http://www.slguardian.org/?p=27360.

22 file:///C:/Users/partha/Downloads/book_BangFight Terrorism.pdf

23 "Bangladesh: Hacked to Death Blogger and Ferocious Islamic Terrorism." Accessed May 23, 2015. http://www.slguardian.org/?p=27360.

24 Bibhuti Bhusan Nandy, "Whither Heading Bangladesh? The tale of an emerging Islamic monolith," Dialogue, October-December, 2008, Vol. 10, No. 2.

25 Kumar, Anand. Return from the Precipice BANGLADESH'S FIGHT AGAINST TERRORISM. INSTITUTE FOR DEFENCE STUDIES & ANALYSES NEW DELHI Book Series. New Delhi: PENTAGON SECURITY INTERNATIONAL, 2012. file:///C:/Users/partha/Downloads/book_BangFightTerrorism.pdf.

26 "The Terror Threat for India- Clear and Present Danger." Www.oneindia.com, November 8, 2014. http://www.oneindia.com/feature/terrorism-india-bangladesh-pakistan-dangers-1555431.html.

27 7th, January, 2015|Featured, India's Foreign Relations under Modi, Security, and Foreign Policy|0 Comments. "India's Foreign Policy Challenges in 2015: South Asia." India at LSE. Accessed May 23, 2015. http://blogs.lse.ac.uk/indiaatlse/2015/01/07/indias-top-10-foreign-policy-challenges-in-2015-part-1/.

28 "India-Bangladesh Join Hands to Defeat Terror | Latest News & Updates at Daily News & Analysis." Dna. Accessed May 23, 2015. http://www.dnaindia.com/india/report-india-bangladesh-join-hands-to-defeat-terror-2062280.

29 "Bangladesh Providing Full Cooperation in Tracking down Fundamentalists: Kiren Rijiju | Latest News & Updates at Daily News & Analysis." Dna. Accessed May 23, 2015. http://www.dnaindia.com/india/report-bangladesh-providing-full-cooperation-in-tracking-down-fundamentalists-kiren-rijiju-2088492.

BIBLIOGRAPHY

"Bangladesh | The World Almanac of Islamism." Bangladesh | The World Almanac of Islamism. Accessed April 07, 2015. http://almanac.afpc.org/Bangladesh.

"Blogger Rajib's 'killers' Linked to Al-Qaeda: DB." The Daily Star. Accessed April 07, 2015. http://archive.thedailystar.net/beta2/news/blogger-rajibs-killers-linked-to-al-qaeda-db/.

"The Daily Star Web Edition Vol. 5 Num 718." The Daily Star Web Edition Vol. 5 Num 718. Accessed April 07, 2015. http://archive.thedailystar.net/2006/06/05/d6060501128.htm.

"Top 10 Countries with Largest Muslim Population - Countries of the World." Countries of the World. October 18, 2013. Accessed April 07, 2015. http://www.thecountriesof.com/top-10-countries-with-largest-muslim-population/.

7th, January, 2015 | Featured, India's Foreign Relations under Modi, Security, and Foreign Policy | 0 Comments. "India's Foreign Policy Challenges in 2015: South Asia." India at LSE. Accessed May 23, 2015. http://blogs.lse.ac.uk/indiaatlse/2015/01/07/indias-top-10-foreign-policy-challenges-in-2015-part-1/.

Admin, Web. "The Impact of Islamic Schools in Bangladeshi Society: The Case of Madrassa." Alochonaa (Dialogue). Accessed May 23, 2015. http://alochonaa.com/2014/03/27/the-impact-of-islamic-schools-in-bangladeshi-society-the-case-of-madrassa/.

"Bangladesh Country Profile - Overview." BBC News. Accessed April 21, 2015. http://www.bbc.com/news/world-south-asia-12650940.

"Bangladesh: Hacked to Death Blogger and Ferocious Islamic Terrorism." Accessed May 23, 2015. http://www.slguardian.org/?p=27360.

"Bangladesh Providing Full Cooperation in Tracking down Fundamentalists: Kiren Rijiju | Latest News & Updates at Daily News & Analysis." Dna. Accessed May 23, 2015. http://www.dnaindia.com/india/report-bangladesh-providing-full-cooperation-in-tracking-down-fundamentalists-kiren-rijiju-2088492.

"India-Bangladesh Join Hands to Defeat Terror | Latest News & Updates at Daily News & Analysis." Dna. Accessed May 23, 2015. http://www.dnaindia.com/india/report-india-bangladesh-join-hands-to-defeat-terror-2062280.

Pattanaik, Smruti. "Bangladesh: Hacking Free Thinking to Death," May 21, 2015. http://www.idsa.in/idsacomments/BangladeshHackingFreeThinkingtoDeath_spattanaik_210515.html.

"Politics of Corruption in Bangladesh," December 4, 2012. http://www.vifindia.org/article/2012/december/04/politics-of-corruption-in-bangladesh.

J.Millar Burr and Robert O Collins, Alms for Jihad, Cambridge, 2006

Anand Kumar, "Bangladesh Mellows Sensing Possible Economic Benefits from the US," South Asia Analysis Group, Paper no. 1467, July 22, 2005 at http://www.southasiaanalysis.org/%5Cpapers15%5Cpaper1467.html

Saiful Alam, "BNP's dilemma," The Daily Star, April 3, 2005 at http:// www.thedailystar.net/2005/04/03/d50403020434.htm 5.

"Donors warned not to interfere: Says PM in JS, denies Islamist militancy," The Daily Star, March 16, 2005 at http://thedailystar.net/2005/03/16/d5031601011.htm

11

On the Shores of Terrorism: Revisiting Indo-Bangladesh Bilateral Relationship

Pratip Chatopadhyaya

INTRODUCTION

Bilateral relationship, particularly between countries sharing borders, is highly influenced by domestic politics of the countries involved and the extent to which free movement of people takes place. In South Asia, the history of partition have affected the drawing and re-drawing of the political historiography and geographical landscape that people are forced by political territorialization than by nature to be accommodated in particular countries. This jettisoning of people into territories has been reflected mostly between India, Pakistan and Bangladesh after being affected by partition in 1947 and 1971, leaving people relocating their culture, habitat and positioning to the extent that scholars like Ranabir Samaddar wonders about *Whose Asia is it anyway?* (1996). The effect on this has been twofold – states escalating boundary security to protect its sovereignty on one hand and people escalating eagerness to cross borders to counter such reflexive nationalism of the states resulting in violent outbursts of hatred in the form of terrorist activities. Terrorism is often defied in such a fashion that the onus lies on the initiators of the terror acts. Heinous and condemnable to any extent are these acts and conspirators of human peace, nevertheless there always remains a flip side. Terrorism is always not about the activity but the amount of tremor, the fear the uneasiness it generates, terrorism can alternatively be seen as a milieu of uneasiness of being scared and frightened by anticipation of something that will lead to devastation or will force to accept certain terms and conditions. Seen in this light, terrorism or the fear of the 'coming unknown' has an enigmatic presence so far as bilateral relationship is concerned as states are always anticipating something from other states and if expectation matches it leads to cooperation and if it does not it leads to distrust, tension, animosity and hatred. In this context the bilateral relationship between India and Bangladesh is analysed in this paper. As Jacques Ranciere in his book '*On the Shores of Politics*' (1995) argues that de-politicisation is the oldest task of politics, so too in the Indo-Bangladesh relationship the background understanding for any agreement has been that the soil of each country should not be used for encouraging terrorist activity against the other. In the context of the recent terrorist activity in Khagragadh area of Burdwan district of West Bengal in 2014, allegedly masterminded by Bangladeshi militants, the paper revisits the issue of terrorism and argues about three phases in the bilateral tie, each dealt in particular sections – section I views the initial phase (1971-1990) where alleged India's 'state terrorism'(its unwelcome presence in the deciding the direction of sovereign Bangladesh's policies) is countered by Bangladesh through anti-Indian sentiment in its domestic politics(the genesis of anti-Indian militant outfits) and in regional politics (the Bangladeshi excitement behind the establishment of SAARC); section

II understand the post cold war interactions (1991-2001) where India shouldered additional responsibility to correct its image through unilateral benevolent policies (Gujral Doctrine) and in response Bangladesh accepted the Indian list of camps in its soil where terrorists were trained for anti-Indian activities; section III talk about this relationship during a global anti-terrorist milieu(2001-2011) where Bangladesh were forced to destroy the terrorist camps and also handed over Arbinda Rajakhawa, the ULFA leader to India. The paper concludes that even after formal destruction of anti-Indian terrorists outfits in Bangladesh, the bilateral ties continues to be on the shores of terrorism and only a new global and regional balance of power, particularly the role of United States of America in cautioning Bangladesh regarding its comparatively more alleged support to terrorist militants in its soil, can take this relationship further for a smooth sailing in South Asian politics.

SECTION I

Supported by the then socialist bloc led by the Soviet Union, Indian Prime Minister Indira Gandhi, despite being a lonely voice against the United States (US), travelled across the world to mobilize support for the beleaguered people of Bangladesh. Under her leadership, India provided food, medicine and shelter to about ten million people who fled their homes to the neighboring Indian states of Assam, Meghalaya, Tripura and West Bengal to escape the marauding Pakistani army and its hoodlums. Despite an adverse international atmosphere with the US supporting Pakistan, India extended full support to the Bangladeshi freedom fighters in their liberation war by providing arms and training facilities. Finally, it sent troops to fight against the Pakistani forces under a joint command with the main Bangladeshi guerrilla force the Mukti Bahini, whereby at the end the nation of Bangladesh was put on the world map. Soon after

Bangladesh emerged as an independent state in 1971; it established diplomatic relations with India. Since then, there have been several issues of agreement as well as dispute between the two. Although India played a major role in the establishment of an independent Bangladesh, overall relations have been neither close nor free from dispute. From 1975 onwards, Bangladesh began to move away from the historic secular nationalism that had marked its liberation struggle and linked it to West Bengal. Instead, it stressed on Islam as the binding force in Bangladeshi nationalism. The new emphasis combined with concerns over India's military build-up and bilateral disputes over the illegal immigration of Bangladeshis into West Bengal, riparian borders and shared waters resources, made for fluctuations in relations. Bangladesh viewed India as a bully throwing its weight around, threatening the sovereignty of smaller neighbours.(Rao, 2012: 154-156) Several other issues between the two countries caused concern in Dhaka including fencing of the border, Indian support for the Chakma community, sharing the water of the Bahmaputra, Ganga and other rivers, the controversial Indian 'river-linking' project that could threaten the flow of water to Bangladesh, trade and a variety of border related concerns including smuggling. In the early years of this century, nearly two billion dollars worth of Indian goods were smuggled into Bangladesh annually; in addition to the 4 1.5 billion worth of goods that emerged legally. Like Pakistan, Bangladesh also regards India as a potential threat because of its geostrategic location, while India is equally anxious that internal unrest in Bangladesh could affect the Muslim population of West Bengal and destabilize the sensitive Assam border region. The smaller is thus both subject to and able to influence its large South Asian neighbor. Independent Bangladesh started life as an international begging bowl. Despite nepotistic governments, corruption, periods of dictatorship, and natural calamities, its economy has begun to grow. Dhaka may be Asia's fastest growing city – much of the growth coming on the back of a cotton goods industry that has emerged spontaneously. New sources of rural production have emerged – shrimp farming plays a large part in its export trade. Natural gas fields have been discovered – which India covets, but so far there is no sign that Bangladesh will permits its export by pipeline. (Chapman, 2009: p.332) Bangladesh, like Bhutan, began its existence as a client state of India. In an effort to assert its independence, the government of Bangladesh began to improve its relations with other states, notably the United States, China, and even Pakistan.

The polity in Bangladesh is broadly divided in their attitude to India as a regional power and close neighbour. The Awami League that rallied the people during the freedom struggle is perceived as a pro-Indian party. The Bangladesh Nationalist Party (BNP) founded by General Zia is the other major contender for power. It has on its side the support of anti-Indian elements including Islamic parties like Jamaat e Islami. The BNP in collusion with right wing Islamic parties has used the anti-Indian sentiment to rally support. With political power changing hands between coalitions, India-Bangladesh relations failed to make any headway. In the initial years India's approach under Indira Gandhi and Rajiv Gandhi was viewed by Bangladesh as a representative of *imperialist geopolitics* where India is behaving in a big brotherly way. Bangladesh's initiative to form SAARC with other smaller countries of the region was seen by India as a move to counter the imperialist imagination they had of India. It can be argued that in the cold war years, the 'over-presence' of India in the vicinity was seen as something of a 'state-terror' within Bangladesh that sowed the seeds for anti-Indian sentiment that was later popularized by anti-Indian militant groups.

SECTION II

Foreign policy is a statement on the changing international political milieu with a strategy that best promotes the national interest of a country. The intensification of regionalism is often viewed as a trend inimical to globalization. But a plausible analysis must regard the trend as one aspect of globalization rather than as evidence against it. The fact that a number of regions feel the need to develop regional institutions, itself is a manifestation of globalization. India's policy towards Bangladesh is an interesting case as Bangladesh initiated the idea of institutionalized regional cooperation in South Asia from apperceived Indian threat towards her sovereignty. India's policy towards South Asian region went through paradigmatic shifts in the 1990's.

In 1991, when the United States and Bangladesh began a series of joint military exercises, it was India's turn to feel threatened. By 2001, when sixteen Indian soldiers died in a border clash, Bangladeshis were burning effigies of the Indian prime minister. Though relations have improved since, and the Bangladesh government has expressed a willingness to negotiate outstanding issues, relations between India and its poorer neighbor continue to be precarious. Bangladeshis accuse Indians of having a big brother attitude. They refuse to give India transit rights to deal with tribal areas on the east side of Bangladesh. In 1985, the governments of Bangladesh and Pakistan had successfully advocated the creation of a regional organization, SAARC. At that time, India had been a reluctant participant, seeing the scheme as one whereby the smaller powers could combine to offset its natural dominance. But once it began to liberalize its economy, India turned to SAARC. India and Bangladesh both use the water of the Ganga River for irrigation and transportation. A 1996 treaty between the two countries establishes a formula for sharing the river's water. While most observers agree that this treaty is fair to Bangladesh as well as to India, it was negotiated under pressure. If the treaty is fair, it is due to the political good sense of the Indian government, which chose not to exploit the physical advantage it had gained by building the Farakka dam.(Mahant, 2007: 39-40)

Insurgent camps in Bangladesh are a cause of worry for India. Insurgents supported by the ISI and the fundamentalist parties are a deadly combination for activities against India. Western counties and international agencies are to be prevailed upon to link the foreign aid and donations to Bangladesh with the dismantling of terrorist camps in fixed time-frame. There is every possibility of some of the aid being utilized for promoting terrorism by fundamentalist parties who are part of the government, not only against India but other nations as well. Since the change of regime in 2001, Bangladesh has emerged as the new hub of terrorist activities. Various terrorist training centers have emerged after the BNP government came to power with the support of Islamic fundamentalist parties like Jamait-e-Islami(JEI) and Islamic Oikya Jote which have an anti-India agenda. According to one report/estimate there are about 127 training camps sponsored by ISI functioning in Bangladesh under patronage of JEI, Harkat-Ul-Jamat-e-Islami(HUJI) and Islamic Morcha. Encounters along the Indo-Bangladesh border between BSF and armed insurgents and interrogation reports of apprehended insurgents confirm the presence of a large number of these groups in the camps in Bangladesh mostly about Bangladesh's eastern border. These insurgents target trunk routes, railway tracks, bridges, telephone exchanges, power stations, etc. Safe havens have been offered to insurgents in lieu of an assurance that no harm is to be caused to Bangladeshis in India. Bangladesh has been used by the insurgent groups in the North-East like United Liberation Front of Assam(ULFA) and Nationalist Socialist Council of Nagaland(NSCN-I), who crossed the border and started getting training in Bangladesh from 1992 onwards. According to Indian intelligence agencies, terrorist training camps in Bangladesh training North-East insurgents gets patronage and protection from both the Bangladesh Army and BDR. Most of the important camps are in Dhaka, Chittagong, Sylhet, Habiganj, Mymensingh, Rangamati, Kahgrachari, Bandarban, Sherpur, Moulvi Bazar, Netrakona and Sunamganj districts. Cox Bazar in Chittagong district is used for the trans-shipment of weapons and explosives. Intelligence sources put the figure of terrorist training camps in Bangladesh as 130(43 of them are for the National Liberation Front of Tripura – NLFT). There are several 'joint camps' that involve the NSCn (IM), NSCN (Khaplang), ULFA, National Democratic Front of Bodoland (NDFB), NLFT, All-Tripura Tiger Force(ATTF), People's Liberation Army(PLA) and United National Liberation Front (UNLF). For example, ATTF and ULFA cadres operate from camps in Khagrachari and Satchari in Habiganj districts. An NNDFB-NSCN (I-M_ training centre exists at Alikadam in Bandarban district. While ULFA has 24 camps, mostly in Dhaka, Sylhet, Khagrachari, Maulvi Bazar, Habiganja and Comilla. (Jamval, 2004: 16-18) India has charged that Bangladesh has become a safe haven for rebel groups in many of northeastern states of India including Tripura, Nagaland and Assam. Bangladesh denies the charge. The borders between these Indian states, especially Tripura and Bangladesh are mountainous and forested so that patrolling the boundaries is difficult. It seems that Bangladesh does not knowingly permit anti-Indian activities, but...the border is so porous that full control of passage is all but impossible to achieve (Baxter, 2005: 78-79). Some Bangladeshi power elites used anti-Indian feelings to sustain their support base at home. They projected themselves as anti-India when in opposition and had to continue doing so when they come back to power (Jha, 2000 : 170).

In the political arena, conflict as well cooperation is part of the interaction among actors. Terms like 'amity' and 'enmity' – even more, terms like 'friendship' and 'hostility' – must be used with caution in discussing interstate relationships. These terms are taken from the universe of interpersonal relations and they convey a sense of emotional involvement. In contrast, diplomatic postures of amity and enmity do not depend on emotional conditions and may in fact contradict them. (Wolfers, 1962 : 25) Politics arises when there is conflict. At the same time one of the essential functions of politics is the resolution of conflict. Promotion of cooperation, development and associated values are also political functions. The most familiar idea of politics in South Asia is that of engaging in a zero sum game at all levels of interaction. The new trend after the cold war that witnessed conflict resolution and conflict management efforts that led some people in the Indian Foreign Policy establishment to believe that peace cannot be far behind in South Asia. In the changed world perhaps the most significant achievement of the Gujral doctrine was a conscious decision to make the nation's foreign office less Pakistan centric. In the words of I.K.Gujral, "The 'Gujral Doctrine', if I may call it so, states that, first, with its neighbours like Bangladesh, Bhutan, Maldives, Nepal and Sri Lanka, India does not ask for reciprocity, but gives and accommodates what it can in good faith and trust. Second, we believe that no South Asian country should allow its territory to be used against the interests of another country of the region. Third, that none should interfere in the internal affairs of another. Fourth, all South Asian countries must respect each other's territorial integrity and sovereignty. And finally, they should settle all their disputes through peaceful bilateral negotiations." (Gujral: 1997) Gujral applied these principles in Bangladesh, Sri Lanka and Nepal, without obstruction from the Indian polity. Perhaps, most dramatically, India and Bangladesh on December 12, 1996, signed an agreement on Ganges River water sharing. These culminated years of on-again, off-again discussions, and more recently, unofficial 'Track II' diplomacy. Ties were further improved when in June 1999 the Dhaka-Kolkata bus service was started during the visit of Indian Prime Minister Atal Bihari Vajpayee to Dhaka. Two years later the Dhaka-Agartala bus service was introduced. In this period, to reduce the trade imbalance, New Delhi agreed to allow the duty-free entry of select Bangladeshi goods without insisting on reciprocal arrangements. (Rao, 2012 :161) In the post cold war with India's benign hegemon image through the Gujral Doctrine came to be viewed as representative of *new geopolitics* where economics play more important role than geographical disputes. Bangladesh during this phase also preferred economics to politics to build its own economy through investments from India and thereby a large number of dispute-settlement bilateral treaties took place. One can argue that in this phase the unilateral measures of the Indian government instilled some confidence in the government of Bangladesh that resulted in promoting efforts on the part of them to provide lists of anti-militant camps. However this was also the phase when terrorists on both sides of the territory became proactive in order to create a tense atmosphere that needs to tackled and Bangladesh also gained enough bargaining power to extract benefits from India in terms of several aids and investment.

Section III

In the late twentieth –early twenty-first century, Indian analysts feared that Bangladesh had become a sanctuary for jihadi terrorists, where they received funding and training. Bangladesh based extremists set up a 'host of Islamic fundamentalist organizations in the Assam state of India's northeast' (Kapila : 2004). This created a difficult situation for New Delhi and the management of Indo-Bangladesh relations remained a challenge for India's foreign policymakers. India has also become aware of the 'free run' fundamentalists had in Bangladesh, including the growing activities of Pakistan's Inter-Services Intelligence as well as the millions of dollars of arms and safe haven insurgents operating against India in Assam and other parts of the north-east received from Bangladesh. (Rao, 2012: 158) Pakistan-based militant groups like Lashkar-e-Taiba (LeT), Harkat-ul Mujahideen, and HUJI are among 15 foreign terror organisations operating in Bangladesh, using the country as a safe shelter or transit to infiltrate India. Taking a grim view of functioning of these camps in Bangladesh, European Parliament also passed a resolution expressing 'serious concern' at the 'fundamentalist resurgence' in Bangladesh, wanton abuses of human rights and political persecution during the army crackdown and minority repressions. It is reported that ISI operates in collusion with Dhaka's Directorate General of Forces Intelligence (DGFI). The report further states that ISI-DGFI collaboration runs seventeen safe havens in Dhaka. Shri Ajay Sharma, Director General, BSF, also handed over a list of 99 terrorist training camps operating in Bangladesh to his BDR counterpart in 2002. This was further confirmed by Shri A.K. Mitra, Additional Director-General of BSF who said that guerilla outfits from the North-East are using Bangladesh as a safe haven. He said that Jamait-Ulema as part of Khaleda Zia government only adds to New Delhi's concern. It is reported that Al Qaeda, Rohingyas and fundamentalist elements in Bangladesh have formed a close nexus. The nexus grew stronger after US action in Afghanistan when about 150 Al Qaida's fleeing terrorists took shelter in Bangladesh.

Immediately after taking over the reins of the government in Bangladesh in 2008, Sheikh Hasina had announced that there would be zero tolerance for terrorists operating either within Bangladesh or using its territory to launch terror operations against other countries. Unfortunately, soon thereafter, a mutiny occurred in the Bangladesh Rifles (BDR) and Hasina's government was staring at major political instability, but which was avoided due to the tactful handling of the situation. Though a political crisis was averted, it delayed action against terror. But Hasina has kept her promise and acted against terrorism. The crackdown against Indian insurgent groups in Bangladesh began in the first week of November, when self-styled foreign secretary of ULFA Sashadhar Choudhury and finance secretary Chitraban Hazarika were handed over to Indian security forces. But the most important action was the decision to hand over Arabinda Rajkhowa, Chairman of ULFA who is now in the custody of the Assam Police along with his bodyguard Palash Phukan alias Raja Bora and Deputy Commander-in-Chief Hitesh Kalita alias Raju Barua. There is some controversy regarding the arrest of Arabinda Rajkhowa. The Indian security establishment initially announced that he had surrendered. Other versions suggest that he was either arrested by Bangladeshi intelligence agencies or arrested in Bangladesh with the help of Indian agencies. Whatever the truth, it is quite clear that this major success would not have been possible without the help of Bangladesh.

Post independence, the Bodos, who are aboriginals of the area and the biggest tribal groups of Assam have clashed with the Adivasi tea tribes, the Muslim settlers and even the Bengali Hindus. Amongst the non-Bodos the Bengali speaking Muslim settlers, who are often branded as Bangladeshis, owing to the fact that lower Assam has experienced years of illegal migration form neighbouring Bangladesh. With BJP's prime ministerial candidate Narendra Modi's 'dead against illegal migrant' stand, Assam might become his new lab for testing his Hindutva card. And in a state where no community is a majority in real terms, any political air to ethnic cleansing can be suicidal, after Congress even BJP might walk the same way in Assam for political compulsions. The bottom line from Kokrajhar even as more bodies of kids and women are being recovered is that political conspiracy rules the roost and it might even cost the Bodos with their dream of a separate Bodoland. West Bengal's porous 2,200-km border with Bangladesh makes it a convenient passage point into India for militants associated with several organisations. In this light, it comes as no surprise that the state's name has surfaced repeatedly in terror investigations over the years. More than 400 listed terrorists are reported to have taken shelter in the safe havens in different parts of West Bengal. One of the accused in the explosion which killed 17 people, IM operative of Bangladeshi origin Zahid Hussein, was arrested in Kolkata this July. One of the homegrown terror group's big players, Amir Reza Khan, an accused in the 2002 American Center attack, is a former Kolkata resident. Before signing extradition treaty between Bangladesh and India two listed criminals, Babul and Jewel were handed over to the Bangladesh police in December 2007. The Kolkata CID police handed over two top criminals, Sanjidul Islam Imon and Tushar, to the Bangladeshi team in March, 2008. With Imon and Tushar, a total of seven listed criminals were deported to Bangladesh. One of the militants killed, Shakeel Ahmed, hailed from Bangladesh. Intelligence sources said many militants often come to Burdwan — a location of great strategic importance given its proximity to both Bangladesh as well as the North-east — to lay low and prepare for assignments. More worryingly, the arrests brought back top JMB operative Maulana Saidur's confession from last year that the group had established a network in three districts of West Bengal. In fact, Bhatkal was arrested in 2009 by the Kolkata Police Special Task Force for carrying FICN, while intelligence sources said Zahid Hussein was involved in an FICN racket that helped fund "subversive" activities. The two militants killed in the October 2, 2014, Burdwan explosion and their acquaintances are said to be associated with the Bangladesh-based terror group Jamaat-ul-Mujahideen Bangladesh (JMB).

The Framework Agreement on Cooperation of Development was the result of the political will that the two countries had expressed during Hasina's 2011 New Delhi visit. The agreement provides the template for future cooperation between the two nations and encapsulates their mutually shared vision of the future. The two Prime Ministers also indicated that they would not allow their territories to be used for any activity inimical to the other. Both countries made it very clear that they "will not compromise against terrorism on any form." (Deccan Chronicle, 8 September 2011). They also expressed satisfaction that the Agreement on Mutual Legal Assistance on Criminal Matters, the Agreement on Transfer of Sentenced Persons and the Agreement on Combating International Terrorism, Organised Crime and Illicit Drug Trafficking signed in January 2010, were now in force following their ratification. (Rao, 2012: p.170)

The NDA and UPA regimes were certainly a reflection of *critical geopolitics* where bilateral was superimposed with the desire of building a new centre of power as against the mainstream power balance and hence improvement of relation with Bangladesh was seen as a stepping stone for the larger pan-Asianism and Look East policy. The *Maitree Express*, regular train service between Kolkata and Dhaka was initiated during this phase. Bangladesh shifting between pro-Indian Hasina regime, anti-Indian Jia regime also tried to deepen regional (India) and non-regional (China) tie ups during this period. She has looked beyond her country's borders to tackle the terror menace by floating the idea of a regional mechanism involving all states in South Asia. The latest period of

Narendra Modi and Sheikh Hasina governments in both the countries indicate the making of *strategic geopolitics* whereby they will come together to resist the European dominance in global power equation and independently try to benefit from the given global power equation (Bangladesh will try to bargain for aids and investment with China and United States by allowing them space to operate in the Indian Ocean region while India will try to project its 'spiritual image' and 'booming market' to expand its networking with forums like BRICS, IBSA and SCO). The two countries in this phase is expected to view more of themselves as neioghbours than as geographical hurdles where soft border issues like enclaves and demarcation of sea and land areas will be settled and hard border issues like migration and water-sharing will be resolved to a large extent. What needs to be underscored that in the post 9/11 incident it was because of the larger American pressure to take stern action against the terrorists that both the Governments were forced to show urgency in this regard, particularly.

CONCLUSION

Indo-Bangladesh relationship have been analysed from a variety of perspective and the standard perception reflected is that terrorism is one among several contentious issues in this bilateral tie. This paper, by highlighting a broader definition of terrorism as a milieu of hatred, tension and distrust, on the contrary, reflects that terrorism is ingrained in the very establishment and evolution of Indo-Bangladesh relationship. In his book *On the Shores of Politics,* Jacques Ranciere argues that a project of building a radically different society rests on an inspired characterisation of the power of democracy - but a power whose only value for Rancière is its negativity, its potential to tear up pre-existing arrangements, rather than its power to lay the foundations of a positive new order (Ranciere, 1995: 32-33). Taking cue from Ranciere, it can be stated that Indo-Bangladesh relation have been guided by the power of terrorism – the love-hate up-down trend in the evolution of Indo-Bangladesh relationship is basically a fallout of the understanding of terrorism both in its conventional meaning (criminal act) and the meaning attached in this paper (scared milieu) and so it is on the shores of terrorism that this bilateral relation plays itself. The negative power of terrorism has created a positive impact in uplifting the developmental cooperation targeted to remove the terrorist menace from the soil of both the country. Nevertheless as in other regions, so too in South Asia, the role of United States of America is crucial. If United States-Pakistan nexus comes to an end then it will give enough leverage for anti-terrorist arrangements in the region particularly between India and Bangladesh.

REFERENCES

Baxter, Craig (2005): Bangladesh's Foreign Relations, in Devin T. Hagerty, ed. *South Asia in World Politics*, OUP, pp. 71-88.

Chapman, Graham. P. (2009): *The Geopolitics of South Asia: From Early Empires to the Nuclear Age*, Ashgate, England.

Gujral, I.K. (1997): Excerpts from 'Aspects of Indian Foreign Policy'- A Speech by I.K.Gujral at the Bandarnaike Centre For International Studies in Colombo; January 20th. www.stimson.org/southasia/?sn=sa20020116302-33K, retrieved on 12.12.14

Jha, Nalini Kant (2000): "India and Bangladesh: The Track Back to Normalcy", in Jha (ed.) *India's Foreign Policy in a Changing World*, New Delhi, South Asian Publishers, p.170.

Jamval, N. S. (2004): Border Management: Dilemma of Guarding the Indo-Bangladesh Border, Strategic Analysis, Jan-March.

Kapila, Subhas(2004): 'Bangladesh's Domestic Political Violence by Islamic Jihadis' and 'Bangladesh Emerges as an Alternative Base for Pakistan's Proxy War Against India', Papers in *South Asia Analysis Group*, 11th May.

Mahant, Edelgard (2007): The Political Economy of South Asia, in Anjum Siddiqui(ed.) *India and South Asia: Economic Developments in the Age of Globalization*, Armonk, New York, pp.32-58

Ranciere, Jacques (1995): *On the Shores of Politics*, Verso, London.

Rao, S. Subba (2012): Indo-Bangladesh Relations: From Détente to Entente, World Affairs, Vol. 16o. 3, July-September, pp. 152-171.

Wolfers, Arnold(1962): *Discord and Collaboration : Essays on International Politics*, John Hopkins Press , Baltimore.

12

Geopolitical Rivalry in Afghanistan and its Implications for India

Tej Pratap Singh

Afghanistan is the graveyard of empires. Since time immemorial, all the empires who at the peak of their power, tried to vanquish Afghanistan met with stiff resistance from Afghan people and had to retreat without accomplishing their mission and in the process weakening and undermining the empires itself. It happened with Alexander the great, who could not conquer and move beyond the area presently called Afghanistan and had to beat hasty retreat. History repeated itself in nineteenth century, when Britain at the height of its imperial power invaded Afghanistan and was humbled, marking the beginning of the end of British Empire. Soviet Union, one of the two superpowers of the cold war era, intervened in Afghanistan and met the same fate. It was a disastrous intervention, a blatant case of imperial overreach. Afghan misadventure eventually led to the collapse of Soviet empire. The sole superpower, the US committed the mistakes earlier committed by other empires to invade Afghanistan and its initial decisive victory and regime change created the impression for awhile that historical trend has been reversed but soon it became evident that the US like other empires cannot change the course of history.[1] After more than a decade of fighting, the longest and costliest war in the US history[2], the US like other imperial powers came to the conclusion that Afghan war is unwinnable and so drew a plan of drawdown of troops that is going to be completed by the end of 2014.[3]

During his election campaign, President Barak Obama criticised Iraq war as a 'war of choice' and so 'unnecessary war' but termed Afghanistan as 'war of necessity', and so the US has to win Afghan War at any cost. He reiterated it later also, while addressing war veterans on August 16, 2009, "We must not forget. This (Afghanistan War) is not a war of choice. This is a war of necessity. Those who attacked America on 9/11 are plotting to do so again. If left unchecked, the Taliban insurgency will mean even a larger safe haven from which al Qaeda would plot to kill more Americans."[4]

Both Afghan and Iraq wars turned into war of attrition sapping the US energy, will power and raised the prospect of new Vietnam in making. This fear first compelled the US to wrap up its military mission in Iraq and then Obama shifted his focus to Afghanistan. Despite spending trillion dollars, the US could not achieve desired result either in Iraq or Afghanistan. The US succeeded in regime change but could not put in its place a functioning government either in Iraq or Afghanistan. Elections were held to elect a democratic government but these elections were marred by various controversies and deeply dividing the societies on ethnic and sectarian grounds. The result was anarchy in both Iraq and Afghanistan as well. The US failed miserably in its nation-state building missions in Iraq and Afghanistan. Both turned out to be costly American misadventures, reviving the memory of Vietnam fiasco and exposing 'the limits of American power and exceptionalism'.[5]

Pakistan is a critical player in Afghan end game. Without Pak support and acquiescence no Afghan solution is possible. The international community, regional stakeholders and Pakistan itself are aware of the centrality of Pakistan in Afghan imbroglio. Pakistan wants to exploit this favourable situation in Afghanistan to its strategic advantage even at the cost of regional and global peace, security and stability. Withdrawal of Soviet troops and end of cold war had diminished the strategic significance of Pakistan. But 9/11 and subsequent US 'war on terror' and 'operation enduring freedom' revived the fortunes of Pakistan and it emerged again the frontline state in US war against Taliban regime of Afghanistan, who had harboured Al-Qaeda Islamic extremists including its chief Osama-bin-Laden, responsible for 9/11 and other Jihadi attacks on American installations. Pakistan offered logistical support to US and its allies in their military operation against the Taliban regime of Afghanistan. The US because of its hostility to Iran was left with no option but to accept Pak offer, who had earlier during cold war period had offered the same facility to the US and its cold war allies against the Soviet intervention in Afghanistan. India had also offered all possible assistance to the US in its 'war on terror' and 'Operation Enduring Freedom' but because of Pak concerns and sensitivities, the US politely declined Indian offer particularly in its Afghan mission.

STRATEGIC OBJECTIVES OF PAKISTAN IN AFGHANISTAN

Afghanistan is a landlocked country and has access to sea either through Pakistan or Iran. This geographical factor makes Pakistan and Iran very critical in the geopolitics of Afghanistan. Pakistan shares not only border with Afghanistan but also have shared ethnicity, religion and culture. Afghanistan, Pakistan and India in fact have shared history, geography, culture that goes back to the millennia. Afghanistan was part of many Indian empires and Buddhism flourished before the advent of Islam in Afghanistan. Bamiyan Buddha and Gandhara art are the testimony of this shared past and culture. Pakistan till recent past was part of India. Thus all three have shared past and destined to have shared present and future. They have common destiny. If one nation is destabilised the whole region will be affected. India and Pakistan cannot insulate against turmoil in Afghanistan. Therefore, like Pakistan, India too have high stake in the peace, security and stability of Afghanistan. However, Pakistan wants to keep India out of Afghanistan and has made it its foremost strategic objective in Afghanistan.

Pakistan is conducting its foreign policy in Afghanistan in the zero-sum-game, where any gain for India in Afghanistan is treated as loss for Pakistan. This zero-sum-game strategy of Pakistan has vitiated the whole security scenario in Afghanistan. Pakistan does not recognise that India too has vital interest in Afghanistan. Pakistan is opposed to friendly relation between India and Afghanistan. Pakistan not only wants a friendly government in Afghanistan but also wants that Afghan government must be hostile to India.[6] Taliban government in Afghanistan from 1996 to 2001 were such type of government, which was not only friendly to Pakistan but also hostile to India. But because of 9/11 and the US 'War on Terror', Taliban were ousted from power and Hamid Karjai government, friendly to India, assumed power in Afghanistan. This is not to the liking of Pakistan and from day one; Pakistan wants to see Karjai thrown out of power, because of his perceived proximity to India.

Pakistan and Afghanistan are divided by Durand line.[7] This is disputed border which was never accepted by Afghanistan, which treats it as imperial border imposed on it by British India disregarding ethnicity, language and culture. It divides proud Pakahtun tribe into Pakistan and Afghanistan. Even friendly Taliban regime dependent on Pak moral and materiel support refused to recognise

Durand line as legitimate border between Afghanistan and Pakistan. Pakistan is afraid that any strong government in Kabul will try to unite all Pashtun people into one state and this will lead to further shrinkage of Pakistan territory after the heavy territorial loss suffered by the independence of Bangladesh from Pakistan. Defending Durand line and securing Afghan recognition of this line are one of the most significant objectives of Pakistan in Afghanistan. Pakistan is apprehensive of rising soft power of India in Afghanistan and believes that India wants to dismember it further and eventually to wipe out Pakistan from the global map. Pakistan is of firm opinion that India still has not reconciled to the partition and creation of Pakistan. It is because of this Pak paranoia, Pak policy towards Afghanistan is India-centric. Pak feels India is promoting irredentism in Afghanistan and instigating Kabul government to claim North West Frontier Province (NWFP) of Pakistan, inhabited by Pakhtun tribe, who constitute almost half of the Afghan population. NWFP has been renamed recently as Khyber-Pakhtunkhwa.[8]

Afghanistan has granted permission to India to run four consulates in different parts of the country at Kandahar, Herat, Jalalabad, and Majar-e-Sharif apart from embassy at Kabul because of close India-Afghanistan relations. Pakistan is opposed to these Indian consulates and wants Afghanistan to close it down. Pakistan is accusing India that India is using these consulates to support secessionist movement in Baluchistan; to spy against Pakistan; to destabilise and if possible dismember Pakistan. India denies all these baseless Pakistan allegations and affirms consulates are only providing consular services to the people, promoting bilateral cultural, political and economic relations. Problem of Baluchistan is the creation of Pakistan. Instead of addressing the problem, Pakistan is unnecessarily dragging India and holding India responsible for its internal problems.

PAK QUEST FOR STRATEGIC DEPTH IN AFGHANISTAN

Pakistan's strategic policy is Indo-centric. India is the arch enemy, rival and existential threat. To meet existential threat posed by India, Pak is seeking strategic parity with India since its creation in 1947. Pakistan has not abandoned its goal of strategic parity, despite bifurcation of Pakistan and transformation of East Pakistan as a new nation-state Bangladesh and halving of Pak population and territory. Pak strategic policy is conceived, designed, articulated and pursued by keeping India in mind. India provides the context for the Pak strategic policy. Unending Pak quest for parity with India is the most significant determinant of Pak's strategic policy. However, this quest for parity so far has proved to be an elusive goal. This excessive Pak obsession of parity with India has precluded any possibility of Pakistan's pursuit of the enlightened national interest vis-à-vis its neighbours.[9]

Pakistan is obsessed with its security, territorial unity and integrity. It feels that east-west depth of Pakistan is very narrow in comparison to north-south and so it wants to compensate this strategic weakness by having a friendly and if possible pliant government in Afghanistan. So that in case of need, it can shift its valuable military asset to Afghanistan for its safety and later use and also to retreat if need arises to lure the enemy inside and fight back later when it is advantageous to Pakistan. Pliant/friendly government in Afghanistan will provide a kind of cushion to safeguard strategic interests of Pakistan. For Pakistan, India is the only enemy and it feels threat to its national security from its eastern neighbour India. Therefore, eastern border with India has to be secured by Pakistan for its unity, integrity and survival. East-west depth being narrow, Pakistan wants to bring Afghanistan in its security ambit by creating a wider strategic depth encompassing Pakistan and Afghanistan to deal effectively with any security threat emanating from its eastern neighbour India.

The concept of strategic depth[10] is very controversial and Pak quest for it so far has been illusory. Only during the brief period of ISI created Taliban regime in Afghanistan, Pakistan enjoyed much sought after strategic depth. However, Pak quest for strategic depth has deeply divided Afghan polity and society on ethnic-sectarian ground. Pak quest for strategic depth has not only destabilised Afghanistan but the whole region of South Asia, Central Asia and West Asia as well. Even Pak strategic analysts have also questioned the concept of strategic depth. Sartaz Aziz, advisor to PM Nawaz Sharif on national security and foreign affairs called strategic depth an 'outdated policy'[11]. Seeking strategic depth in Afghanistan has turned out to be like digging one's own grave.[12] Noted Pakistani Journalist Kamran Shafi writing in Pak popular newspaper *Dawn* argued that in case of war between India and Pakistan, Pak army has to fight Indian army at its eastern border itself and resist its onward movement in Pakistan towards west. It is absurd to argue that Pak army with its weapons will retreat to west and if need arises to Afghanistan to avoid fighting Indian army. Will Pak Generals instead of fighting Indian army, pack up and take refuge in Afghanistan?[13] If Indian attack has to be repulsed, it has to be repulsed at eastern border itself and not allow it to overrun the whole of Pakistan and fight it on western border from Afghanistan.

Pakistan's search for strategic depth revolves around army's threat perceptions. Earlier, in the 1980s the Soviet Union was considered as a security threat along with India. But now in Pak perception, security threat emerges only from India. When former army Chief General Kayani argued in favour of western borders being secure he meant that strategic depth provides Pakistan the ability to concentrate on Indian borders. A friendly and subservient Afghanistan can help it to shift its military assets to Afghanistan in the event of conflict with India.[14]

However, whatever is the merit/demerit of the concept of strategic depth, it has fascinated the Pak security establishment and ISI has pursued it with all sincerity. This single-minded pursuit of strategic depth in Afghanistan by Pakistan has vitiated the security environment in Afghanistan, Pakistan and India.

PAK STRATEGIC AMBITIONS IN AFGHANISTAN AND ITS FALLOUT

Pak strategic ambitions in Afghanistan have led to excessive interference by Pakistan in the internal affairs of Afghanistan. Pakistan wants to control Afghan politics through its proxies. Taliban was created by Pak ISI for this very purpose. In the past, many imperial powers tried to control and rule Afghanistan but they failed miserably. The recent example is of Soviet Union, who through different proxies tried to control and rule Afghanistan but eventually was humbled. To prop up its proxy, Babrak Karmal and then Najibullah regime in Afghanistan, Soviet Union intervened militarily but had to pull back its troops because of stiff resistance of Afghan people, in the process losing money, materiel and men. ISAF (International Security Assistance Force in Afghanistan) led by the NATO and the US is facing the same fate, which Soviet Union faced in 1980s.

Like earlier imperial powers, Pakistan also cannot succeed in its mission of installing its proxies such as Gulubudin Hekmetyar of Hizb-e-Islami, Haqani Network or Quetta Shura. If past history is any guide, then safely it can be predicted that like earlier imperial missions in Afghanistan, Pak imperial mission/design in Afghanistan too is bound to fail and its efforts might boomerang, jeopardising its own national security. Like, British, Soviet and Americans, Afghanistan will be graveyard for Pak imperial ambition too.

PAKISTAN: PART OF SOLUTION OR PROBLEM

Pakistan has played a dubious role in Afghanistan. Instead of stabilising Afghanistan, Pakistan has been main factor for Afghan instability. Pakistan is a major spoiler in Afghanistan. Pakistan instead of being part of solution itself has become a problem in Afghanistan. Pak and Afghan problem are so intertwined that separation of the two is not possible. Even Afghan President Hamid Karjai went to the extent of saying that two are tied to one umbilical cord. During his visit to Pakistan in March, 2011, Karjai observed, "India is a close friend of Afghanistan but Pakistan is a twin brother of Afghanistan. We are more than twins, we are conjoined twins. There is no separation, there cannot be a separation."[15] To address Afghan problem, Pak problem has also to be addressed. That is why, US has clubbed Pakistan and Afghanistan together and created a new acronym AfPak and appointed a special representative to address jointly the problems of Afghanistan and Pakistan.

PAK DOUBLE GAME IN AFGHANISTAN

Pakistan on the one hand has joined the US in its 'war on terror' and 'operation enduring freedom' in Afghanistan and on the other hand is providing safe haven to fleeing terrorists and jihadists from Afghanistan, thereby undermining the US efforts in Afghanistan and the world at large in riding it from the scourge of terrorism and religious extremism. Killing of Osama bin Laden, the global face/symbol of terrorism and Islamic Jihadism, in Abotabad, Pakistan, near an army cantonment by the US, is the testimony of Pak complicity with Taliban, al Qaeda and other jihadists. Investigations in global terror strikes have always led its trail to Pakistan. Over the years, Pakistan has emerged as epicentre of global terrorism. All global terrorists head to Pakistan for training, motivation and indoctrination. Pakistan has turned blind eye towards terrorists training camps being run in different parts of its territory. In the process, Pakistan has lost control over FATA (Federally Administered Tribal Area) to the terrorists, who have even begun tormenting its master Pakistan itself. Pak intelligence agency ISI is actively involved in running some training camps for terrorists to be used against India and these are treated by Pakistan as 'strategic asset'[16].

Pak double game of running with the hare and hunting with the hound has been exposed to the international community in the wake of killing of Osama bin Laden. On the one hand, Pakistan claims to be the victim of terrorism and helping the West in its war on terrorism and on the other hand has given shelter to terrorists. All top al Qaeda and Taliban leaders including Mullah Omar are hiding in Pakistan. How long Pakistan will succeed in its double game of helping and undermining US war efforts in Afghanistan is difficult to say. Because of Pak centrality in Afghan imbroglio and the US hostility to Iran, the US is left with no option but to depend on Pak to continue its logistical support to its troops based in Afghanistan. Only other available northern route passing through Russia and Central Asian Republics is also not very reliable as Russia has only permitted non-lethal supply to Afghanistan. Deteriorating US-Russia relations over Ukraine crisis, resumption of cold-war and intensifying US-Russia rivalry has further reduced the significance of the Northern route. This northern logistical route compared to Pak route is very lengthy too. Therefore, even after knowing the Pak double game, the US has exercised restraint and silence because of its dependence on Pak for its military supply to Afghanistan. Pakistan seems to be lesser evil in comparison to hostile Iran and unreliable Russia.

TERRORISTS: STRATEGIC ASSET OR LIABILITY

Pak double game is backfiring as terrorists nurtured as strategic asset by its intelligence agency ISI to be used against India are turning their gun against Pakistan itself. Tahrik-e-Taliban Pakistan (TTP) popularly known as Pak Taliban has began targeting Pak security forces, civilian leaders and military-civil assets. Some of their attacks such as military headquarter in Rawalpindi, Karachi airport, naval station, Marriot Hotel; numerous mosque attacks have been audacious and daring. This also shows that these terrorist groups are no longer in the control of Pak ISI and the later has created a Frankenstein. Jihadi atmosphere created by these religious extremists has radicalised Muslim community in Pakistan. Radicalisation of Muslim community has not only created animosity against other minority religious groups but has also widened the sectarian fault-lines within the Muslim community. Increasing Saudi Wahabi influence has pitted majority Sunni Muslims against the minority Shia Muslims and Muslim sects like Ahmadia, Vohra, etc. These Islamic groups are being repeatedly targeted by Sunni Jihadists and these terrorist attacks have vitiated the whole atmosphere in Pakistan.

International community is now scared of the future of Pakistan. When it was created in 1947 on the basis of religion, the international community was of opinion that Pakistan is more homogeneous and the religion will bind the new state together. Whereas international community was sceptical of Indian territorial unity and integrity, because of its vast heterogeneity based on religion, race, region, language, caste, etc. Doomsayers in case of India and soothsayers in case of Pakistan have been proved wrong. India has maintained its territorial unity, social peace and political democracy whereas in case of Pakistan, it has been balkanised, facing deep social and religious division, democracy still shaky and is on the verge of being a failed state. Prospect of Pak failure as a state is horrifying the whole world as Pakistan is not an ordinary state like Somalia or Yugoslavia but a nuclear weapon state. Pak failure will result into falling of its nuclear assets in the hands of non-state actors probably Islamic Jihadists. If this happens, nobody knows, how will Pak Jihadists behave? The US has made some contingency plan to secure Pak nuclear weapons in case of Jihadists takeover of Pakistan. But sometimes, even the best plan fails. Nuclear weapon equipped Islamic Jihadists will be a frightening proposition for the international community.

Pak intelligence agency ISI created and nurtured various terrorist outfits as 'strategic asset' to further its foreign policy objectives; mainly to target India in Afghanistan to oust it from there and to target India within Kashmir and other parts of the country to disturb social peace, communal harmony and weaken and undermine its sovereignty, territorial unity and integrity. However, this strategic asset has been transformed into strategic liability as these terrorist outfits apart from targeting India, US and western interests, sometimes target their master Pakistan itself. Pak retaliation and effort to control and manage these Jihadi groups have further alienated these Jihadists from Pakistan and these Jihadists are now increasingly targeting Pakistan strategic interests. The whole Pak effort to use Jihadists against India has boomeranged against Pakistan itself.

REGIONAL IMPLICATION OF PAK INTERFERENCE IN AFGHANISTAN

Pak quest for 'strategic depth' in Afghanistan against India and sponsoring-nurturing terrorists as 'strategic asset' to be used against India and blackmail the international community to bail out Pak from the social, political, economic and financial mess created by it, has serious regional and global implications. India is the worst affected by Pak short-sighted policy of strategic depth in Afghanistan and Jihadists as strategic asset. Apart from India; Iran, Central Asian Republics (CARs), China, Russia are other regional powers, who are affected in various measures by Pak interference in Afghanistan. Globally the US is the major country affected by Pak dubious role in Afghanistan. AfPak has emerged as the epicentre of global terrorism and so there is hardly any region or country which is not affected by global terrorism having its root in Afghanistan and Pakistan.

Among the regional powers, after India, Iran comes next in the list of regional countries affected by Pak effort to manage Afghanistan through its proxies. Taliban created and nurtured by Pakistan are Pakhtun Sunni Jihadists, who are opposed to Shia and non-Pashtun ethnic groups in multi-ethnic Afghan society. Iran treats itself as saviour of Shia Muslims and interests and this self-assumed role of Iran has pitted it against Pashtun Sunni Taliban sponsored and sustained by Pakistan. In Afghan civil war, Iran is siding with 'Northern Alliance', a conglomerate of non-Pashtun ethnic groups consisting of Tajiks, Uzbeks, Hazara Shias, etc. based in the northern part of Afghanistan. Iran being the western neighbour of Afghanistan is immediately faced with the heavy influx of Afghan refugees in case of any turmoil in Afghanistan, which is a recurrent phenomenon.

Central Asian Republics on the northern border of Afghanistan are affected by any turmoil in Afghanistan as Central Asia has shared ethnicity with Afghanistan. Because of ethnic reasons, CARs are extending support to Northern Alliance against Pak supported Taliban. Any Afghan turmoil has spill over affects in CARs. It not only destabilises Afghanistan but its fallout is felt in CARs too. Jihadists have radicalised CARs too and all CARs governments are threatened by rising Islamic extremism. These Islamists have taken refuge in AfPak region and from there are targeting their governments in Central Asia. Drug trafficking emanating from Afghanistan under the patronage of Taliban is another threat to CARs.

Russia though not immediate neighbour of Afghanistan has also been affected by the Talibanisation of AfPak as it has significant minority Islamic groups within its border, particularly in Chechnya. Under the influence of radicalisation of AfPak, Chechen Muslims have also been radicalised and are fighting with the Russian government for the establishment of Islamic Republic of Chechnya. Drugs originating from Afghanistan are another trouble for Russia.

Like Russia, China is also facing the fallout of Islamic radicalism in AfPak. Islamic extremists from Xinjiang, who are called Uyghur, have taken refuge in Pakistan and Afghanistan and from there have launched movement for independence of Xinjiang, which they call East Turkistan. Despite Pakistan being 'all weather friend' of China, the former has not been able to rein in Uyghur militants operating from tribal area of Pakistan and Afghanistan. Uyghur Islamic extremists have joined hand with Taliban extremists and helping each others in targeting their enemies.

Thus, there is hardly any country in the immediate or extended neighbourhood of AfPak, which is not feeling the heat of raging Islamic terrorism and extremism. Islamic extremism in AfPak has global implications too. Globally these radicalised Islamic youth are targeting Western interests in general and American interests in particular. All Islamic terror attacks in different parts of the world have their roots in AfPak region including 9/11. Without stabilising Afghanistan-Pakistan, the global menace of terrorism cannot be dealt with.

CONCLUSIONS: THE WAY-OUT

What is the way out of this Afghan crisis created mainly by Pakistan perspectives in Afghanistan, which is primarily anchored in its policy of 'strategic depth' and 'strategic asset' conceptualised against India? Since Afghan crisis has regional and global implications any solution of it must have all regional and global stakeholders on board. Any effort to exclude any important stakeholder from the resolution of Afghan crisis will not produce desired result and Afghan wound will continue to fester, exacting heavy toll from the international community. Pakistan and the US are trying to exclude India and Iran respectively from any regional or global efforts for the resolution of Afghanistan crisis. Both India and Iran are significant stakeholders in Afghanistan with vital interests in Afghanistan and any effort to exclude them will undermine and weaken global efforts for the resolution of Afghanistan.

It is ironical that American interests are closer to the countries, which are not very friendly with the US. For America, Iran is still a rogue State, part of the evil empire, which has to be contained and isolated. Russia is still not trustworthy and India though friendly cannot be befriended at the cost of Pakistan. America knows that it is mainly because of Pakistan its 'War on Terror' and 'Operation Enduring Freedom' has not succeeded in its mission of stabilising Afghanistan, despite American troops being there for than a decade. Iran might be an adversary of the US in Middle East and its nuclear weapon programme has created grave threat to the security of the US and its allies but in Afghanistan, there is complete convergence of the US-Iranian interests.[17] Any solution of Afghan crisis has to be as broad based as is possible for its successful resolution.

Following policy options can be suggested;

1. Pakistan has to surrender its policy of 'strategic depth' in Afghanistan against India. It is a flawed strategy and can never be achieved.
2. Pakistan must stop nurturing terrorist outfits like Lashkar-e-Toiba (LeT), Hizb-e-Islami, Haqqani Network, Quetta Shura, etc. and treating terrorists and extremists as 'strategic asset' to be used against India and to blackmail international community to bail it out from its economic and financial mess.

3. Pakistan and United States must be persuaded to allow India and Iran to be involved in any negotiation for the resolution of Afghan tangle. If no resolution to Afghan problem is possible without the full consent of Pakistan and United States then without active involvement of India and Iran no Afghan solution can succeed. Pakistan and the US must give up their reservations for India and Iran respectively in the larger interests of regional and global peace, security and stability.
4. Afghan security forces and Police must be strengthened to take care of their internal and external security. Eventually it is going to be Afghan armed forces and police, who will provide security to Afghan people and not international assistance forces.
5. The withdrawal of NATO led forces has to be gradual. Any sudden pull out of western forces will enable Taliban to stage comeback and whole exercise of ousting Taliban from power in the wake of 9/11 will be negated in one stroke.
6. Afghan government must agree to allow a limited number of western/US troops to remain in Afghanistan in the post-2014 period to avoid any Iraq type of situation created by ISIS (Islamic State of Iraq and Syria) in Afghanistan. Even a small number of troops will keep the US committed to future security of Afghanistan from any ISIS type of threat to its security.
7. Some kind of rapprochement between different ethnic groups of Afghanistan has to be brokered by the international community for lasting peace in Afghanistan. Multi-ethnic character of Afghan society must be respected and must be given due recognition while reaching to any solution. Any Afghan regime must give representation to all ethnic

groups of Afghanistan. Exclusion of any ethnic group will be recipe for disaster.

8. Since Afghanistan problem has become a regional and global problem and so its solution has also to be regional and global. A broader regional and global approach must be adopted while addressing Afghan crisis.
9. Afghanistan should be developed as a bridge between South Asia and West Asia and South Asia and Central Asia. Afghanistan has the potential to emerge as energy hub and corridor between energy deficient South Asia and energy surplus west and central Asia.
10. Afghanistan's vast natural resources can fuel industrial growth in the region. China, India and other nations interested in Afghan natural resources must form a consortium to harness the Afghan resources for the benefit of all.
11. Afghanistan has the potential to emerge as trading hub. This will create trade linkages between the countries of the region and it will help great deal in stabilising Afghanistan.
12. Pakistan has to abandon its zero sum game approach in Afghanistan vis-à-vis India. Without allowing India due role in Afghanistan, the later cannot be stabilised. India enjoys enormous soft power in Afghanistan much more than any country of the world and this fact cannot be brushed away.

These policy options must be adopted for the stabilisation of Afghanistan in the post-2014, after the withdrawal of US troops from Afghanistan. Without peace, security and stability in Afghanistan, the global peace, security and stability cannot be achieved. Afghan peace is linked to global peace. In view of this fact, Pakistan has to rise above its narrow selfish national interests and bring desired change in its perspectives in Afghanistan.

This will also be in the larger interests of Pakistan as any instability in Afghanistan will destabilise Pakistan also. So the need of hour is that Pakistan must join hands with the US and India and other regional and global stakeholders in stabilising Afghanistan.

REFERENCES

1 Seth G. Jones, In the Graveyard of Empires: America's War in Afghanistan, W.W. Norton & Company, 2010; Stephen Tanner, Afghanistan: A Military History from Alexander the Great to the War against the Taliban, Da Capo Press, 2009.

2 Afghanistan is by far the longest and costliest American war. It has overtaken Vietnam War both in terms of duration and money spent. The cost of maintaining an American soldier in Afghanistan for a year is $ 1 million. http://www.globalresearch.ca/the-most-expensive-war-in-world-history-costs-of-iraq-afghanistan-wars-could-rise-to-6-trillion/5329432 Afghanistan aid has also overtaken largest American aid programme called Marshal Plan for European reconstruction, $ 103.4 billion. http://blog.foreignpolicy.com/posts/2014/07/30/the_united_states_has_outspent_the_ marshall_plan_to_rebuild_afghanistan. The US wars in Afghanistan and Iraq will cost $ 4 to 6 trillion. Stephen Friedman a senior US official has to resign in 2002, when he estimated the cost of Afghan-Iraq Wars can go up to $ 200 billion. http://www.washingtonpost.com/world/national-security/study-iraq-afghan-war-costs-to-top-4-trillion/2013/03/28/b82a5dce-97ed-11e2-814b-063623d80a60_story.html

3 The US intends to keep 9800 troops in Afghanistan even after 2014 for training and bolstering nascent Afghan National Army and Police. The US is suspending only combat operation in post-2014. The US needs its troops and bases to launch drone attacks in Pakistan against terrorists hiding there. However, the future of the US troops depends on the signing of US-Afghan Strategic Partnership by the new Afghan Govt. assuming power after 2014 election. http://www.theguardian.com/world/2014/may/27/obama-us-afghanistan-force-2014

4 The New York Times, August 17, 2009, http://www.nytimes.com/2009/08/18/cus/politics/18vets.html?_r=0

5 Andrew J. Bacevich, The Limits of Power: The end of American exceptionalism, Metropolitan Books, New York, 2008.

6 Aparna Pande, "Pakistan's Nightmare", The Friday Times, (Lahore), July 04, 2014, http://www.thefridaytimes.com/tft/pakistans-nightmare/

7 Durand Line was demarcated by British India and signed into a treaty in 1893 by Afghan ruler Amir Abdur Rahman Khan. The treaty was for 100 years and has expired in 1993. Since then all Afghan rulers has refused to renew Durand treaty including Taliban regime, despite Pak efforts and pressure. http://www.afghanistans.com/information/history/durandline.htm

8 In 2010 North West Frontier Province (NWFP) was officially renamed as Khyber Pakhtunkhwa. It is one of the four province of Pakistan and only one which was not named after the dominant ethnic group of the region such as Punjabi, Sindhi and Baluch. With the renaming of NWFP this anomaly has been addressed. http://www.khyberpakhtunkhwa.gov.pk/aboutus/

9 Tej Pratap Singh, "Unending Quest for Parity", Defence and Security Alert, vol.2, issue 7, April 2011, pp.71-73.

10 The concept of strategic depth was conceptualized by former Pak Army Chief Mirza Aslam Beg in 1980s.

11 The News, December 19, 2013. http://www.thenews.com.pk/Todays-News-13-27399-Strategic-depth-an-outdated-policy,-Sartaj-tells-Senate

12 Imtiaj Gul, The Friday Times, July 11, 2014, http://www.thefridaytimes.com/tft/is-this-the-end-of-the-strategic-depth-doctrine/

13 Kamran Shafi, "Defining 'Strategic Depth'," Dawn, 19 January, 2010. http://www.dawn.com/wps/wcm/connect/dawn-content-library/dawn/the-newspaper/columnists/14-defining-strategic-depth-910

14 P.M. Kamath, "Pakistan's Strategy after Osama", Defence and Security Alert, vol. 2, issue 11, August, 2011, p.32.

15 The Times of India, March 11, 2010. http://timesofindia.indiatimes.com/world/south-asia/India-close-friend-but-Pak-conjoined-twin-says-Afghanistan/articleshow/5672129.cms

16 "Terrorists as Strategic Assets", Pakistan Today, May 12,

2014. http://www.pakistantoday.com.pk/2014/05/12/comment/terrorists-as-strategic-assets/

17 Tej Pratap Singh, "Stabilisation of Afghanistan", Defence and Security Alert, vol.2, issue 11, August 2011, p.75.

13

India-U.S. Counterterrorism Cooperation

Saroj Bishoyi

INTRODUCTION

Following the meetings between the then U.S. Deputy Secretary of State Strobe Talbott and India's External Affairs Minister Jaswant Singh in London, India and the U.S. established their first Joint Work Group (JWG) on counterterrorism in January 2000. The JWG institutionalised an area of cooperation that had already existed between the two countries in the past. As in the early 1980s, India and the U.S. cooperated on counterterrorism when Sikh organisations such as the BabbarKhalsa and the Dal Khalsastarted engaging in terror acts in India, including the hijacking of aircrafts. The U.S. had shown greater sensitivity by extending security cooperation to fight against these groups.[1] In 1990s, when Pakistani based terrorist groups such as the Harkat-ul-Mujahideen (HuM), the Harkat-ul-Jihad-al-Islami (HUJI), the Lashkar-e-Toiba (LeT), and the Jaish-e-Mohammad (JEM) frequently perpetrated violence across India, the U.S. also played critical role in deescalating India-Pakistan war over cross border terrorism incidents. It is pertinent to mention here that the HuM, HUJI and LeT emerged during the Afghan war of the 1980s with the support of the U.S. and Pakistan in order to combat Soviet Union occupation of Afghanistan. However, the U.S. stopped its support to these militant groups after the Soviet Union's withdrawal from Afghanistan in 1987. Pakistan continued its tacit support to these terrorist groups by shifting its focus from Afghanistan to Jammu and Kashmir. Consequently, these forces have coordinated and executed numerous terrorist attacks in India.[2]

In 1998, the near simultaneous terrorist attacks on the U.S. embassies in Nairobi, Kenya and Dar-es-Salaam, Tanzania raised serious security concerns for the United States. In Nairobi, where the U.S. embassy was located in a congested downtown area, the attack killed 291 persons and wounded about 5,000. The bombing in Dar-es-Salaam killed 10 persons and wounded 77.[3] These attacks led to a greater convergence of the U.S. and Indian interests on counterterrorism cooperation. The U.S. in particular began to pay greater attention towards international terrorism including Pakistan based terrorist groups and their support to these groups. For instance, the U.S. Department of State's 1999 annual report on terrorist nations pointed out that "Credible reports continued to indicate official Pakistani support for Kashmiri militant groups that engage in terrorism such as the HuM. The hijackers of the Air India Flight 814 reportedly belong to one of these militant groups. One of the HuM leaders, MaulanaMassodAzhar, was freed from an Indian prison in exchange for the hostages on the aircraft in the Air India hijacking in December and has since returned to Pakistan".[4] The free reign given by the Pakistan government to these militant groups augmented the perception of official Pakistani complicity in terrorism.[5] It is however the increasing threat of terrorism to U.S. interests in South Asia and beyond brought the two countries closer in building consensus on counterterrorism cooperation.

In this regard, the U.S. President Bill Clinton's historic five day visit to India in March 2000 was very significant in expanding India-U.S. counterterrorism cooperation. During the visit, President Clinton and Prime Minister Atal Bihari Vajpayee agreed to strengthen their joint efforts to counter the growing terrorist threats to their nations. Prime Minister Vajpayee's follow up visit to the U.S. in September 2000 further helped improve India-U.S. counterterrorism cooperation. While addressing a joint session of the U.S. Congress, Prime Minister Vajpayee had urged the U.S. to recognise that the South Asian region had become one of the greatest sources of terrorism in the world. He categorically said, "No country has faced as ferocious an attack of terrorist violence as India has over the past two decades: 21,000 were killed by foreign sponsored terrorists in Punjab alone, 16,000 have been killed in Jammu and Kashmir". He added, "Distance offers no insulation. It should not cause complacence... that is why the United States and India have begun to deepen their cooperation for combating terrorism."[6]

Since Vajpayee's September 2000 visit to the U.S., the world had witnessed a momentous change. The September 11, 2001 terrorist attacks, hereafter referred to as 9/11, on the United States World Trade Centre (WTC) and the Pentagon were a watershed for post-Cold War international relations. The common challenge of fighting against terrorism catalysed the geo-political shifts in relations between major powers. India instinctively supported the U.S. led international coalition against terrorism and extended all necessary logistic supports to the U.S. during the Operation Enduring Freedom (OEF) in Afghanistan. The December 13th, 2001 terrorist attacks on the Indian Parliament further proved the growing challenge of this threat which required urgent efforts from both the nations. The U.S. had no better partner than India in combating terrorism and the security challenges it poses to them. As India's former Foreign Secretary KanwalSibal, in an address at the Carnegie Endowment for International Peace, in Washington, D.C. in February 2003 had stated, "We are both targets. The epicentre of terrorism is in our region and we have a common stake in eliminating it... Our common experience and sufferings make us natural partners. As democracies, the challenges we face are particularly acute".[7]

Therefore, though the India-U.S. counterterrorism cooperation began well before the 9/11 incident, the event transformed security cooperation between the two countries. Since then India-U.S. counterterrorism cooperation has emerged as an important dimension of their burgeoning strategic partnership. The two sides have in fact come a long way in forging bilateral cooperation against terrorism. With this background, the present chapter aims to analyse and examine the evolving India-U.S. counterterrorism cooperation especially focusing on the post-9/11 period. It also aims to analyse the nature of the challenges that both India and the U.S. have been confronting, their institutional mechanisms and the various constraints that they face in further enhancing their counterterrorism cooperation. It argues that while the growth of terrorism and increasing terrorist threats to India's and United States interests brought the two nations closer against terrorism, India's rise with economic and military power however provided major rationale for the U.S. to develop closer strategic and security partnership with India.

INSTITUTIONALISATION OF INDIA-U.S. COUNTER-TERRORISM COOPERATION

One facet of the emerging India-U.S. strategic partnership is greatly increased counterterrorism cooperation since 2000. In a joint statement issued at the end of India's External Affairs Minister, Jaswant Singh and the U.S. Deputy Secretary of State, Strobe Talbott meeting in London on January 18-19, 2000, the two sides "agreed to work together to ensure that the perpetrators of the hijacking of Indian Airlines Flight 814 are brought to justice, as part of their joint efforts to combat international terrorism".[8] This led to the institutionalisation of India-U.S. cooperation to combat international terrorism through a Joint Working Group (JWG) on counter terrorism. The JWG provided a comprehensive framework for developing bilateral cooperation against terrorism. It promotes functional level cooperation between the two countries.

Following the London meeting, the first round of the JWG on counterterrorism was held on February 7-8, 2000 in Washington, where the two sides unequivocally condemned all acts, methods, and practices of terrorism as criminal and unjustifiable, whatever the considerations of a political, philosophical, ideological, racial, ethnic, religious, or any other nature that may be invoked to justify them. Inter-agency teams from the two countries agreed on a range of measures to enhance cooperation between the two countries to combat international terrorism. The two sides also agreed to share experience, exchange information, and coordinate approaches and action.[9] The JWG is also a part of the wide ranging architecture of institutional dialogue established by the two sides during the visit of President Bill Clinton to India in March 2000. Prime Minister Vajpayee and President Clinton signed a joint statement entitled "A Vision for the 21st Century" in New Delhi on March 21, 2000 which stated, "The two leaders consider combating international terrorism as one of the most important global challenges."[10] Emphasising the necessity of developing and strengthening counterterrorism cooperation, the two leaders agreed to regularly hold the JWG as an effective mechanism for sharing information and intensifying

India-US counterterrorism cooperation.

In the JWG, India and the U.S. have made serious efforts "to explore ways of intensifying exchange of information, especially regarding review of threat perceptions, early warning, cooperation of administrative and judicial matters to prevent and suppress the commission of terrorist acts, and to facilitate action against perpetrators of such acts".[11] Consequently, over the years, the two sides have made considerable progress on counterterrorism cooperation especially with regard to intelligence sharing, information exchange, operational cooperation and access to advanced counter-terrorism technology and equipment. A new India-U.S. Counterterrorism Cooperation Initiative (CCI) was also launched in 2010 to expand collaboration on counter-terrorism, information sharing and capacity building. In addition, during President Barack Obama's visit to India in November 2010, the two sides announced the Homeland Security Dialogue (HSD) to further deepen operational cooperation, counterterrorism technology transfers and capacity building between the two countries.[12] These institutionalisations of India-U.S. counterterrorism cooperation have substantially strengthened their endeavours to fight against terrorism.

According to India's Minister of State for External Affairs V K Singh, India has now entered into JWGs on counterterrorism with 22 countries, including the United States and two international organisations – the European Union (EU) and BIMSTEC, a regional organization comprising seven member states from South and Southeast Asia. While the establishment of JWG between India and the U.S. was mainly viewed as confidence building measure against the international terrorism, the real strategic logic behind the emergence of India-U.S. counterterrorism cooperation lies with India's growing economic and military power and its geo-strategic significance to the U.S. in Asia. India is often seen as a counterbalance to the Chinese assertive rise in Asia.[13] In addition, with the rapid global power shift from the West to Asia over the last decade and the relative decline of United States economic, political and diplomatic influence in the world led to emergence of "post-American world"[14] where India's power and influence is ever increasing. The Obama Administration thus regards India as a "defining" and "indispensable" strategic partner of the U.S. in the 21st century.[15] Nevertheless, India and the U.S. have so far held over a dozen of JWG meetings on counterterrorism. The JWG meetings have proved useful for exchange of views and threat perceptions, sharing of experiences and best practices, and capacity building.[16]

COUNTERTERRORISM COOPERATION IN THE POST-9/11 PERIOD

Following the 9/11 terrorist attacks on the United States World Trade Centre (WTC) and the Pentagon, the Bush Administration came out strongly to fight against international terrorism and the incident made the U.S. realise its vulnerabilities and sensitising it to the issue of terrorism; an issue that India has been suffering over two decades.[17] Shortly after attacks India offered substantial support to the U.S. in its war against terrorism. India went public with its offer of full operational military support to the United States. Prime Minister Vajpayee in his letter to the U.S. President George Bush written in October 2001 said, "India joined wholeheartedly with the United States in its goal for the destruction and defeat of the global terror network which you eloquently announced in your address to the Congress. With you we condemned any nation that continues to harbour or support terrorism".[18] In response to India's quick support, Colin L. Powell, the then U.S. Secretary of State said, "With the strong support we have received from the Indian government since 11 September, we are seizing the opportunity to accelerate the pace of change.[19]

On December 13, 2001, Pakistan based terrorist groups LeT and JeM attacked Indian Parliament. In the attack fourteen people were killed - six Delhi Police personnel, two Parliament Security Service personnel, a gardener, five terrorists and many injured. It led to a brief military standoff between India and Pakistan in the 2001-2002.[20] Condemning the terrorists attack, Prime Minster Vajpayee said, "The terrorist attack on our Parliament on 13 December has shown beyond a shadow of doubt that the anti-India forces in Pakistan are prepared to wreak any havoc on our soil. It was an attack on our sovereignty, on our national self-respect, and it was a challenge to our democratic system. Although India has been a victim of cross-border terrorism for the past nearly two decades and has lost tens of thousands of innocent men and women and security forces, the outrage of 13 December has breached the limit of the nation's endurance."[21]

After the December 13th attack, India wanted the U.S. led global war on terrorism in Afghanistan to be extended to eliminate terrorism in Jammu and Kashmir, however, this did not happen. India's diplomatic effort combined with its strong lobby in Washington made the U.S. publicly acknowledge "the kind of terrorism that affects India". The U.S. soon recognized India as "a key partner in the global coalition against terrorism" which had to be "ended everywhere".[22] Moreover, the focus on terrorism was spelled out especially clearly in the Bush Administration's National Security Strategy (NSS) issued in 2002. The NSS report proclaimed, "We share an interest in fighting terrorism and in creating a strategically stable Asia".[23] The U.S. Department of State's 2004 *Patterns of Global Terrorism* report also recognised that India has suffered more "significant terrorist incidents" than many other countries in 2003.[24] Another important aspect need to be mentioned here that despite having the second largest Muslim population in the world, India has not been a base for any Al Qaeda recruitment, a situation that has drawn U.S.[25] The Bush Administration's 2006 NSS report presented strengthening alliances, defusing regional conflicts, and the expansion of international prosperity as means to the larger end of defeating terrorism.[26]

While much of the groundwork for strengthening institutional cooperation on counterterrorism had already been done during the Clinton Administration, the pace of engagement and cooperation sharply accelerated after the 9/11. Counterterrorism cooperation between the two countries even broadened with the establishment of India-U.S. Cyber Security Forum (CSF), especially to counter the unconventional nature of "cyber terrorism". In this regard, the first meeting of the CSF was held in New Delhi in April 2002, and the second in Washington, D.C. in November 2004. The Forum is very important because of the terrorist is increasingly getting equipped to utilize cyber space to carryout terrorist attacks on key government infrastructures. Through the CSF, they have agreed to Computer Response Team (CERT) cooperation, India has also participated in a cyber-war game hosted by the DHS and there is ongoing dialogue through a JWG on Information and Communications Technology.[27] Importantly, while the JWG on counterterrorism consists exclusively of governmental experts in various aspects of counterterrorism with no involvement of non-governmental experts, the CSF brings together both government and industry representatives from each country to identify areas for collaboration such as combating cyber-crime, cyber security research and development, information incident management and response.

Underlying the significance of CSF on counterterrorism, at the end of the second meeting of the Forum in November 2004, Under Secretary of State for Political Affairs Marc Grossman, emphasized that

India-U.S. Cyber Security Forum "holds great promise for future cooperation." The Indian Head of Delegation, National Security Council Secretariat Joint Secretary Arvind Gupta, delivering a statement to the Forum on behalf of J.N. Dixit, the then India's National Security Advisor, said, "Securing cyberspace will remain one of the biggest challenges facing the international community for years to come and this Cyber Security Forum has emerged as an important bilateral mechanism to address such issues".[28]

Another important post-9/11 initiative was to expand the scope of the India-U.S. Defence Policy Group (DPG), set up during the Clinton Administration to cover military-to-military cooperation on counterterrorism. A joint statement issued in December 2001, at the end of the third meeting of the DPG held in New Delhi said, "A strengthened bilateral relationship will assist both countries to counter threats such as the spread of weapons of mass destruction, international terrorism, narcotic trafficking and piracy."[29] At this level, India-U.S. has been emphasising the importance of personnel exchange, joint military exercises, contingency operations, technology transfer and capacity building through enhanced defence cooperation between the two countries.

An important outcome of this initiative is cooperation between the navies of the two countries against piracy and maritime terrorism, and the provision of Indian naval escorts for U.S. ships transiting the Malacca Strait. Following the 9/11, the leaders of the two countries also issued a number of policy statements, jointly and individually, on the scope of counterterrorism cooperation. A joint statement issued on November 9, 2001, following a visit by Prime Minister Vajpayee to Washington for talks with President Bush said, "Since 11 September the people of the United States and India have been united as never before in the fight against terrorism. The two leaders noted that both countries are targets of terrorism, as seen in the barbaric attacks on 11 September in the United States and on 1 October in Kashmir. They agreed that terrorism threatens not only the security of the United States and India, but also our efforts to build freedom, democracy and international security and stability around the world."[30]

President Bush and Prime Minister Vajpayee agreed that success in this endeavour would depend heavily on building international cooperation and securing the unambiguous commitment of all nations to share information and intelligence on terrorists and deny them support, sustenance and safe havens.[31] Robert Blackwill, the then U.S. ambassador to India, in November 2001 said that Washington and New Delhi were on the brink of a major relationship, and pledged the war against terrorism would not be over until terrorism ended against both countries.[32] Moreover, in the Joint Statement of DPG meeting in May 2002, both sides agreed, "Terrorism and state support for terrorism remains a major threat to the security of their two countries."[33] This is very important development from India's point of view. They also agreed that in the coming weeks their representatives would address counterterrorism equipment requirements for India's special operations forces.

During the fifth meeting of the India-U.S. JWG on Counterterrorism, the two sides noted the following accomplishments since the 9/11 incident: They broadened their exchange of information and assessments on the international and regional terrorist situation; Strengthened intelligence and investigative cooperation; Qualitatively upgraded and expanded anti-terrorism training programmes for Indian law enforcement officials; Signed a Mutual Legal Assistance Treaty; Launched a bilateral Cyber Security Forum, with a wide-ranging programme of action to address challenges of cyberterrorism and information security; Introduced military-to-military cooperation on counterterrorism to supplement the initiatives of Defence Policy Group in this area; Worked together closely on multilateral initiatives on terrorism, including on the implementation of UNSC Resolution 1373; Initiated dialogue and cooperation in homeland/internal security, terrorist financing, forensic science, transportation security and border management; and Taken concrete steps to detect and counter the activities of individual terrorists and terrorist organizations of concern to the two countries.[34]

In the July 18, 2005 Joint Statement, President Bush and Prime Minister Singh resolved to "combat terrorism relentlessly" through "vigorous counter-terrorism cooperation".[35]The June 28, 2005 India-U.S. new framework for defence agreement called for strengthening the capabilities of the India and U.S. militaries to "promote security and defeat terrorism".[36] Subsequently, President Bush and Prime Minister Manmohan Singh in their Joint Statement of March 2006 "recognized the importance of capacity building in cyber security and greater cooperation to secure their growing electronic interdependencies, including to protect electronic transactions and critical infrastructure from cyber-crime, terrorism and other malicious threats".[37] In the 2006 meeting of JWG on counterterrorism, the two sides also discussed real-time information sharing, quick response to requests for counterterrorism assistance, collaboration on upgrading terrorism preparedness and response capabilities, and improvements to current mechanisms for extradition and legal cooperation.[38] As a result of these initiatives, there have been many qualitative changes in the counterterrorism cooperation mechanism. In fact, the war on terrorism has greatly strengthened political dialogue and enhanced cooperation on sensitive issues such as Afghanistan and Pakistan.[39]

COOPERATION AFTER 26/11 MUMBAI TERROR ATTACK

On November 26, 2008, ten members of the

Pakistani based terrorist organisation, Lashkar-e-Taiba (LeT), carried out a series of coordinated attacks in Mumbai, India which killed 166 people, including six U.S. citizens.[40]AjmalKasab, who was captured alive, later confessed upon interrogation that the attacks were conducted with the support of Pakistan's Inter-Services Intelligence agency (ISI). The attacks drew widespread international condemnation, including that of the U.S. The scale of the attack led India and the U.S. shun lengthy bureaucratic protocols. The Federal Bureau of Investigation (FBI) reported having unprecedented access to evidence and intelligence, as well as having the opportunity to interview 70 individuals, including AjmalKasab. Subsequently, the U.S. technical assistance helped India develop critical leads in its investigation and to understand the command and control of the operation.[41]

On April 10, 2015, however, Pakistan released mastermind of the 26/11 Mumbai attack Zaki-ur-RehmanLakhvi, who is among seven people charged with planning and helping to carry out the attack. The decision of Lahore's high court to release was described as an "insult to the victims" of the attack. The United States has denounced the decision in Pakistan to free Lakhvi. The U.S. State Department spokesman Jeff Rathke said that the U.S. is "gravely concerned" by a court's granting of bail to Zaki-ur-RehmanLakhvi.[42]Rathke said, "We have communicated that concern to senior Pakistani officials over the course of many months, and as recently as yesterday. Terrorist attacks are an assault on the collective safety and security of all countries. Pakistan has pledged its cooperation in bringing the perpetrators, financiers, and sponsors of the Mumbai terrorist attacks to justice, and we urge Pakistan to follow through on that commitment to ensure justice for the 166 innocent people, including six Americans, who lost their lives."[43] U.S. ambassador to India Richard Verma also condemned his release from jail, and said that it was "a mistake" and his country has already shared its concern on issue with Pakistan.[44]

On May 3, 2015, India welcomed UN Security Council's assurance that it would take up the issue of Lakhvi's release from prison at its next meeting. India's Minister of State for Home KirenRijiju said that India had conveyed to Pakistan its unhappiness at the handling of the 26/11 trial.[45] India also pointed out that as a listed terrorist, Lakhvi can neither receive nor give money since all his assets and financial resources have to be frozen. The UNSC committee had listed Lakhvi as a terrorist associated with LeT and Al-Qaeda in December 2008 for "participating in the financing, planning, facilitating, preparing or perpetrating of acts of activities by, in conjunction with, under the name of, on behalf or in support of" both entities. As a listed terrorist, therefore, Lakhvi is subject to assets freeze, travel ban and an arms embargo.[46]

However, the U.S. is not putting enough pressure on Pakistan to bring those terrorist to justice. Terrorist continues to operate at the behest of Pakistan government and ISI. Taking into account Pakistan's long record of supporting terrorist groups, Bruce Riedel who severed three decades in the U.S. Central Intelligence Agency and currently Senior Fellow at the Brookings Institution, a Washington based think tank, in a recent article argued that the "United States should place Pakistan on the State Department list of terrorist sponsor states. Pakistan certainly meets the criteria and has for decades". He stated that "in 1992 the first Bush administration seriously considered to declare it a terrorist state". He also suggested the "U.S. government to target specific sanctions against individual Pakistani officials involved in supporting terrorism like members of ISI's "S" branch that handles liaison with LeT, the Haqqani network, and others"..[47] He is of the view that such targeted counterterrorism sanctions against specific Pakistani government officials would send a strong deterrent message to the Pakistani army and could be a warning shot before putting Pakistan on the terror patron state list.

The Mumbai terrorist attacks however have brought into sharp focus the vulnerability of India's coastline that extends to 7,500 kms and the imperative need to enhance maritime and coastal security. As a result, India took a number of measures to enhance security and check terrorism in the country including creating a Coastal Command for overall supervision and coordination of maritime and coastal security, intelligence gathering, raising reserve battalions, setting up counter-insurgency and anti-terrorism schools in different parts of India.[48] The 26/11 Mumbai terror attack has even made the U.S. to take serious notice of its coastal security,Dy SP HN VenkateshPrasanna said who along with six other Indians participated in a five-day training programme on Seaport Security Anti-Terrorism Training Programme (SSATP) which was carried out at Federal Law Enforcement Training Centre (FLETC), Charleston, U.S. After observing the technology used in the U.S. to secure its ports, Prasanna pointed out that India has a long way to go to implement something similar. He explained that the U.S. security has sophisticated scanners to examine even large containers. He said, "In India, it is done manually. Out there, the scanners are so powerful that it can detect even a miniscule amount of narcotic substance in a container". Nevertheless, the U.S. acknowledges that it most likely would face attack from the sea as they have 30 million fishing boats and that a similar situation akin to Mumbai may occur there.[49] It is thus highly imperative that both India and the U.S. cooperate in strengthening their coastal security and the latter can share its advanced technology with India in building a robust coastal security system.

Cooperation between the defence forces of the two countries is also very significant in fighting against terrorism. The two sides have in fact developed robust defence cooperation over the last one decade. Particularly after the 26/11 attack, their defence forces have enhanced counterterrorism skills and capacity building through joint military exercise, military training and intelligence sharing. There is also great opportunity for Indian defence forces to learn from the U.S. Marines and the Special Forces who have acquired counterterrorism skills in their decade long deployments in Afghanistan and Iraq.[50]

In October 2009, Indian Prime Minister Manmohan Singh, addressing a joint meeting of U.S. Congress, said that India and the United States need to work together to confront the threats terrorism poses to democracies. Prime Minister Singh said, "The United States and India must work together in all possible forums to counter all forms of terrorism...We cannot be selective in this area. We must fight terrorism wherever it exists, because terrorism anywhere threatens democracy everywhere."[51] In fact, India's the then foreign secretary Shivshankar Menon believed that the 26/11 crisis presented India with an opportunity to build closer security cooperation with the United States. In a cable dated November 30, 2008 accessed by *The Hindu* through WikiLeaks, U.S. Ambassador David Mulford wrote that Mr. Menon saw this as the "only silver lining" of the gruesome attacks. Menon's remarks have to be seen in the context of opposition in powerful sections of the Indian security establishment to counterterrorism cooperation with the U.S., and their differences with India's Ministry of External Affairs (MEA) over this. The opposition stemmed from the Indian security agencies' distrust of the U.S. and the perception that its cooperation with India was bound to be half-hearted as long as it continued to depend on Pakistan for counter-terror cooperation in Afghanistan.[52]

Though Indian investigators subsequently shared

evidence from the 26/11 attacks with the FBI, the distrust did not disappear. Other cables published by *The Hindu* show that behind the scenes, India and the U.S. had a face-off over how much information from its own Mumbai investigation the FBI could share with Pakistan. India eventually relented to a conditional sharing of the U.S. demand for information-sharing with Pakistan. As the cables reveal, even the FBI did not get an easy pass to investigate the attack.[53] Nonetheless, since the 26/11 attack, India-U.S. counterterrorism cooperation has evolved considerably by way of information-sharing, cooperation between law enforcement agencies and efforts to tackle terrorist financing.

COOPERATION UNDER THE COUNTERTERRORISM COOPERATION INITIATIVE (CCI)

During Prime Minister Manmohan Singh's visit to the U.S. in November 2009, President Barack Obama and Prime Minister Singh had committed "to redouble their collective efforts to deal effectively with terrorism", and "committed themselves to strengthening global consensus and legal regimes against terrorism".[54] Following the two leaders commitment to further strengthen bilateral cooperation on counterterrorism, in July 2010, India and the U.S. signed the Counterterrorism Cooperation Initiative (CCI) Memorandum of Understanding (MoU) to forge close and effective cooperation in counterterrorism, information sharing and capacity-building. The Initiative "seeks to further enhance the cooperation between the two countries in Counter Terrorism as an important element of their bilateral strategic partnership".

In pursuit of this shared objective, the CCI establishes specific areas where the two countries will work together "to expand collaboration on counterterrorism, such as strengthening capabilities to effectively combat terrorism; promotion of exchanges regarding modernization of techniques; sharing of best practices on issues of mutual interest; development of investigative skills; promotion of cooperation between forensic science laboratories; establishment of procedures to provide mutual investigative assistance; enhancing capabilities to act against money laundering, counterfeit currency and financing of terrorism".[55]

The then U.S. Ambassador to India Timothy J. Roemer, who signed the MoU with India's Home Secretary G.K. Pillai described the MoU as symbolic of the "indispensable partnership" against terrorism. Ambassador Roemer pointed out that both India and the U.S. would work closely in such matters as intelligence-sharing and bomb blast investigations. Home Secretary Pillai also said, "The MoU provides the two countries with a legal authority and framework and an institutionalised mechanism for close cooperation in counter-terrorism and exchange of crucial information and databases".[56] Thus, the CCI is a major breakthrough achievement in strengthening India-U.S. counterterrorism cooperation.

COOPERATION UNDER THE HOMELAND SECURITY DIALOGUE (HSD)

During the U.S. Homeland Security Secretary Janet Napolitano visit to India in May 2011, Secretary Napolitano and Indian Home Minister P. Chidambaram launched the first-ever India-U.S. Homeland Security Dialogue to enhance cooperation in countering terrorist threats, combating illicit financing, enhancing cyber security, sharing information, protecting the global supply chain, protecting critical security infrastructure, developing effective IED detection systems, policing large cities, providing homeland security equipment to each other and capacity building.[57] A joint statement, issued after the first round of the dialogue, affirmed the deepening technological and economic partnership between the two countries. Secretary Napolitano and

Home Minister Chidambaram committed themselves to expanding cooperation to further strengthen the capacity to secure their countries and people.[58] Through this dialogue, the two sides have been exchanging information, training material, and methods related to interrupting terrorist financial networks. They have also taken institutional and law enforcement steps to strengthen homeland security, border management and surveillance techniques, aviation security, and disaster management in the event of a terrorist incident involving weapons of mass destruction (WMD).[59] The launch of the Homeland Security Dialogue thus laid a strong foundation for enhanced India-U.S. counterterrorism cooperation.

The Second India-U.S. Homeland Security Dialogue was held in Washington, DC on May 21, 2013. Secretary Napolitano and Indian Minister of Home Affairs SushilkumarShinde reaffirmed the two countries commitment to, and importance of, bilateral homeland security cooperation on common challenges faced such as terrorism and countering violent extremism. The two leaders agreed on development and application of innovative technology, combat the flow of illicit finances and currency counterfeiting, and to working closely in countering terrorism. They also agreed to enhance cooperation between the two countries officials in appropriate multilateral fora in these areas. Expressing satisfaction with progress made in counterterrorism cooperation, they endorsed areas of further engagement in each of the Homeland Security Dialogue Sub-Groups, namely: (a) Megacities Policing; (b) Combating Illicit Finance, Bulk Cash Smuggling, and Counterfeiting; (c) Cybersecurity and Critical Infrastructure Protection; (d) Port, Border, Maritime, Transportation and Supply Chain Security; (e) Science and Technology Cooperation; and (f) Capacity Building.[60] Building on these progresses in counterterrorism and homeland security issues, during the third India-U.S. strategic dialogue in June 2012, the two countries "committed to implementation of a detailed action plan intended to share best practices, facilitate the exchange of operational approaches, and promote the development of concrete capacity building programmes to secure" their people and countries.[61]

Meanwhile, the eighth meeting of the JWG on counterterrorism was held in New Delhi in March 2011 to exchange threat assessments and review ongoing cooperation in combating terrorism including intelligence-sharing and capacity-building.[62] During the third India-U.S. strategic dialogue in June 2012, U.S. Secretary Hillary Clinton and India's External Affairs Minister S.M. Krishna lauded the growing collaboration on counterterrorism under the JWG. They recognised the outcomes of the 2nd meeting of the Coordinating Committee of Global Forum for Counter Terrorism (GCTF) held in Istanbul on 6-7 June 2012. The two leaders "reiterated their commitment to further strengthening bilateral and multilateral counterterrorism cooperation, including through intelligence sharing, information exchange, operational cooperation, and access to advanced counterterrorism technology and equipment."[63]

Thus, apart from the Homeland Security Dialogue, Cyber Terrorism Forum (CSF), JWG on counterterrorism, DPG and the CCI mentioned above, issues relating to terrorism figured in almost all bilateral discussions, both at official and nonofficial levels. As a result, India-U.S. counterterrorism cooperation has significantly progressed at all these levels of bilateral engagements. Given the growing threat of terrorism to their economic and strategic interests in South Asia and beyond, India and the U.S. have clearly gained benefits by instituting and enhancing their counterterrorism cooperation through the HSD.

COOPERATION AFTER PRESIDENT OBAMA'S JANUARY 2015 VISIT TO INDIA

President Barack Obama's historic second visit to

India in January 2015 marked a significant development in the India-U.S. strategic relationship. The visit has also committed to making the relationship a defining counterterrorism partnership for the 21st century by deepening collaboration to combat the full spectrum of terrorist threats. In the January 25, 2015 joint statement, Prime Minister Modi and President Obama "called for eliminating terrorist safe havens and infrastructure, disrupting terrorist networks and their financing, and stopping cross-border movement of terrorists."[64] In this regard, they noted the growing cooperation between India and the U.S. on law enforcement agencies, particularly in the areas of extradition and mutual legal assistance.

Identifying terrorism as a major global challenge, the two leaders also stressed the need for joint and concerted efforts to disrupt terror entities such as Lashkar-e-Tayyiba, Jaish-e-Mohammad, D Company and the Haqqani Network. It war for the first time that these Pakistan-based terrorist entities were mentioned in their joint statement. In addition, the two leaders asked "Pakistan to bring the perpetrators of the November 2008 terrorist attack in Mumbai to justice."[65] The two sides also agreed to continue ongoing efforts through the Homeland Security Dialogue as well as the India-U.S. JWG on Counter Terrorism to develop actionable elements of bilateral engagement.

Moreover, Prime Minister Modi and President Obama agreed to continue to work toward an agreement to share information on known and suspected terrorists. They also agreed to enter discussions to deepen collaboration on UN terrorist designations. After his talks with President Obama, Prime Minister Modi in a joint press interaction said terrorism remains a principal global threat and emphasised for "a comprehensive global strategy and approach to combat with it." He said, "Every country must fulfil its commitments to eliminate terrorist safe havens and bring terrorists to justice."[66] In this regard, he stated, "Our two countries will deepen our bilateral security cooperation against terrorist groups, and we will further enhance our counterterrorism capabilities, including in the area of technology."[67] President Obama also thanked Modi for India's "strong counterterrorism cooperation".

During the visit, both India and the U.S. for the first time agreed in principle to pursue co-development and co-production of high end defence projects. They also renewed the 2005 new framework for defence cooperation for another ten years. President Obama welcoming renewal of the defence agreement said, it will guide India-U.S. defence cooperation for next ten years. He said, "We agreed to deepen our defence and security cooperation... And in a major step forward for our relationship, defence technology and trade initiative will allow us to jointly develop and produce defence technologies."[68] These initiatives will help strengthen their defence relationship and improve defence trade between the two countries. At the same time, India is also a large market for U.S. anti-terrorism equipment. Therefore, it can be said that though president Obama's second visit to India displayed powerful symbolism, the two sides made substantial progress on defence and security cooperation, including on counterterrorism. It is therefore expected that this fresh intent created by the two leaders and this renewed bilateral agreement will further enhance and deepen India-U.S. cooperation against terrorism.

CHALLENGES

India and the U.S. have been confronting the challenge of terrorism which pose serious threat to their economic development, terrorise citizens and their way of life. The two countries have shared views and interests to counter the terrorism. They have institutionalised their counterterrorism cooperation by establishing various bilateral mechanisms. And, yet they need to work more closely and develop a common strategy to counter the growing threat of terrorism to their shared interests. Despite the above mentioned counterterrorism measures, therefore, there are still key areas of divergence remain which create major stumbling blocks in enhancing their cooperation.

There are differences in defining the terrorist threat: Americans see it as a global challenge; Indians are more concerned about regional eruptions - in Kashmir, Nepal, Sri Lanka, and occasionally along the India-Myanmar and India-Bangladesh borders. There are divergent views on the roots of terrorism, with Indians seeing Pakistan as the root of the problem, not a solution, and the Americans viewing Pakistan as a key ally in their overall war against terror. And the Indians worry that the war on terror might destabilize the Persian Gulf and create wider disturbances in the region.[69] Currently the epicentre of global terrorism located in South Asia and West Asia which is geographically very close to India. Whereas the U.S. is geographically isolated from the epicentre of global terrorism and is fighting terrorism with its allies and partners and is equipped with much better counterterrorism capacity. Pakistan's support, at the government level at least, for the United States' war against terrorism has also been affecting the evolving India-U.S. relations time and again. The U.S. in its war against terrorism has thus not only accepting the support of a state, India has been asking to be declared a terrorist state, but the U.S. economic and military aid to the Pakistan is a major cause of concern for it.[70] A study shows that in total, the U.S. obligated nearly $67 billion (in constant 2011 dollars) to Pakistan between 1951 and 2011; and nearly $83.12 billion (in constant 2014 dollars) between 1948 and 2014.[71] Pakistan often uses these resources against India's interests. Afghanistan is also now protesting against American aid to Pakistan. It believes that the U.S. gives aid to Pakistan and Pakistan gives terrorism to the world.[72]

Moreover, post-26/11 Mumbai attacks, the U.S. handling of the David Coleman Headley case revived Indian mistrust of the U.S. and its handling of terrorism cases implicating Pakistan. Striking revelations about the LeT's international reach and its close connections to Pakistani intelligence emerged from the trials of both Headley and his accomplice, TahawwurRana. The two were arrested in the U.S. in October 2009 for involvement in the 26/11 attacks and a plot to bomb a Danish newspaper. It took almost nine months before Indian authorities were given direct access to Headley.[73] Lisa Curtis in her testimony before the United States House of Representatives, Committee on Foreign Affairs, has clearly pointed out that the U.S. failure to pursue arrest and prosecution of Pakistani intelligence officers named by Headley as being involved in the 26/11 attacks reinforced Indian beliefs that the U.S. will gloss over Pakistani involvement in attacks in India, so long as Pakistan continues to cooperate with the U.S. against groups that attack the American homeland.[74]

Curtis in her testimony also pointed out that the hesitant U.S. approach to sharing information on Pakistan-based terrorist groups with India does not serve U.S. interests and cripples the U.S. ability to fully get a handle on terrorist threats emanating from South Asia. She added, "By choosing to view the activities of al-Qaeda and other Pakistan-based terrorists groups, such as the LeT, through a separate lens, U.S. officials have failed to hold Pakistan accountable for dealing effectively with terrorists located on its territory."[75] Indeed, Pakistan's tolerance of the LeT and groups like it has facilitated al-Qaeda's ability to operate from Pakistan, and Osama bin Laden's ability to hide in the country as long as he did. Former Director of National Intelligence Admiral Dennis Blair told the U.S. Senate Intelligence Committee in February 2010 that "Pakistan's conviction that terrorist groups help blunt India's military and economic advantages over Pakistan limit its incentive to pursue a comprehensive approach to countering terrorism. Blair went on to note that Pakistan's segmented approach to terrorism helped al-Qaeda maintain a safe haven in the country since some of the groups that Pakistan supports also aid al-Qaeda."[76] Despite the wide-ranging India-U.S. counterterrorism cooperation, thus, a lingering trust deficit exists between India and the U.S. which often prevents developing deeper cooperation on specific regional threats. Therefore, there is need to deal with terrorism pro-actively. There is need to address the problem of all that which inspires, draws and indoctrinates countless young men to the path of violence. There is also need to develop a consensus on how to deal with sovereign states, whose policies, social ethos and institutions breed the mind-set that sustains international terrorism.[77]

Nevertheless, India and the U.S. have come a long way in expanding their cooperation and dialogue on terrorism. The goal of confronting terrorism has given a very strong rationale for the U.S. foreign policy not only to secure the support of the different countries but also to expand its involvement in different parts of the world. In its war on terrorism, the U.S. even found it possible to develop positive relationship with both India and Pakistan. Consequently, the most significant discontinuity in South Asia since the 9/11 has been the development of sound bilateral relations between the United States and both India and Pakistan. Both the Bush and Obama administration has established positive relations with New Delhi and Islamabad, engineered a productive triangular diplomatic process. However, an international coalition can work only on common interests. It cannot work on the basis of favours from one state to another. As the last few years have shown, there is a growing convergence of interests between India and the U.S. in the subcontinent. Both New Delhi and Washington are interested in preserving nuclear stability, promoting democracy and the rule of law, countering the forces of extremism and international terrorism, peaceful resolution of the outstanding Indo-Pakistan disputes, integrating the market in the subcontinent and establishing trans-regional energy cooperation.[78]

CONCLUSION

India-U.S. counterterrorism cooperation has substantially expanded since the 9/11 incident. Counterterrorism cooperation under the JWG, CSF, DPG, CCI and homeland security dialogue have proved to be a useful mechanism for exchange of information, intelligence sharing, anti-terrorism training programmes and for strengthening institutional links between crime prevention agencies in the two countries. While these efforts have been useful and important, this area further calls out for greatly expanded cooperation between the two countries at the expert level. However, the gains for New Delhi from the American war against terrorism post-9/11 stand out – the ouster of the Taliban which had become a thorn in the Indian flesh and the international pressure on Pakistan to change its national course and stop cross-border terrorism in Kashmir. Neither of these could have ever been accomplished by India alone. It was only possible because of the United States military and diplomatic power to nudge Pakistan into at least promising to embark on a different path. Despite urging New Delhi to engage Pakistan, the U.S. continues to put pressure on it to act against terrorism. As former U.S. Defence Secretary Leon Panetta, on a two-day visit to India in June 2012, stressed the necessity to overcome deep differences with Pakistan to make South Asia peaceful. Defence Secretary Panetta said, "Pakistan is a complicated relationship, complicated for both of our countries, but it is one we must continue to work to improve."[79] At the same time, the U.S. encourages India to play an active role in South Asia and beyond to maintain regional peace and stability which is critical to their foreign policy interests in Asia.

There were more important long-term benefits for India too. Its improving relations with the U.S. got a dramatic boost following India's support to the U.S. in its war against terrorism. Though India-U.S. relationship would have improved irrespective of 9/11; but the new convergence of interests in fighting terrorism has given them an enduring framework. Until the December 13 attack on Parliament House and 26/11 Mumbai attack, the U.S. was unwilling to publicly acknowledge that cross-border terrorism was the principal obstacle to the normalisation of Indo-Pakistan relations. But now the U.S. is supporting the Indian position on the framework for negotiations with Pakistan by insisting that talks will begin only when cross-border terrorism stops. Moreover, when Washington looked at the deeper sources of international terrorism in the volatile regions of Asia, India stood out as a beacon of stability built around the principles of individual freedom and political pluralism. In a region rocked by the forces of religious intolerance, authoritarianism, and medieval malevolence, India was seen as part of an arc of democratic stability in Asia. C. Raja Mohan, an eminent Indian security and strategic analyst, pointed out that if the new challenges to international security could only be rooted out by a concert of democracies worldwide; India is a natural and leading partner of this new global coalition against the terrorism.[80]

However, both India and the U.S. alike need to recognize the value of their shared experiences in fighting terrorism and should pursue their robust dialogue on counterterrorism strategies. They also need to further deepen their intelligence-sharing and other forms of cooperation such as technology transfer, investment in infrastructure development and capacity building, which will improve the security of both nations.[81] India and the U.S. have already committed to make their relationship "a defining counterterrorism partnership" for the 21st century, however, they need to achieve substantial progress in this by making counterterrorism a centre piece of their evolving strategic partnership. The unprecedented cooperation between law enforcement and intelligence officials following the 26/11 attacks broke down many bureaucratic barriers. But the two sides "need to cooperate at this level of urgency at all times to ensure that robust and streamlined cooperation becomes the norm, not the exception".[82]India also needs to improve its budget allocation to meet the challenge of financial and human resources deficit in strengthening counterterrorism measures.

REFERENCES

1 Raman, Bahukutumbi, "Indo-US Counterterrorism Cooperation: Past, Present, and Future," in SumitGanguly, Brian Shoup and Andrew Scobell, eds. U.S.-Indian Strategic Cooperation into the 21st Century: More than Words, New York: Routledge, 2006.

2 Starr, E. Joel, "Can the U.S. and India Be 'Steadfast Friends'?" Orbis, Vol. 45, No. 1, 2001, pp. 111-121.

3 "Diplomacy: Indo-US Ties", India Today, December 7, 1998, p. 57; and, "Attacks on U.S. Embassies in Kenya and Tanzania", Final Report of the 9-11 Commission, National Commission on Terrorist Attacks upon the United States July 22, 2004 at http://www.globalsecurity.org/security/ops/98emb.htm. Accessed March 15, 2015

4 *Patterns of Global Terrorism: 1999*, publication 10687, Washington, D.C.: U.S. Department of State, 1999.

5 Ayoob, Mohammed, "South Asia's Dangers and U.S. Foreign Policy," Orbis, Vol. 45, No. 1, 2001, pp. 123-134.

6 Prime Minister Atal Bihari Vajpayee's address to the joint session of the United States Congress, Washington, D.C., on September 14, 2000, Embassy of India, Government of India, at http://www.indianembassy.org/special/cabinet/Primeminister/pm_september_14_2000.hm.

7 India's Foreign Secretary Mr. KanwalSibal's address on "India-US Partnership: Meeting Emerging Security Challenges", at the Carnegie Endowment for International Peace, Washington, D.C., on February 4, 2003, at http://www.indianembassy.org/eam/fs/fs_carnegie_feb_04_03.htm.

8 Joint Statement signed between India's External Affairs Minister Jaswant Singh and U.S. Deputy Secretary of State Strobe Talbott Discussions, London, January 18-19, 2000, Washington File, at http://www.acronym.org.uk/spdiscus.htm 28. U.S. Department of State, "Joint U.S.-India Statement on Counterterrorism Working Group", February 8, 2000, released by the U.S. Department of State, Washington, DC, at http://www.indianembassy.org/pic/PR_2000/feb_2000/pr_feb_08_00.htm.

9 "Joint U.S.- India Statement on Counter-terrorism Working Group", February 8, 2000, Released by the U.S. State Department, Washington, DC at https://www.indianembassy.org/archives_details.php?nid=363

10 Joint India-U.S. Statement on "India-U.S. Relations: A Vision for the 21st Century," Embassy of India, Washington DC, Government of India, at http://www.indianembassy.org/indusrel/clinton_india/joint_india_us_statement_mar_21_2000.htm.

11 Address by former Deputy Prime Minister of India L.K. Advani on "Democracies against terrorism: India-U.S. Cooperation" in the Chicago Council on Foreign Relations, on June 12, 2003 at http://www.indianembassy.org/indusrel/2003/dpm_ccfrjune_12_03.htm.

12 Ministry of External Affair (MEA), Government of India, "India – U.S. Relations", New Delhi, December 2014 at http://www.mea.gov.in/Portal/ForeignRelation/India-U.S._Relations.pdf

13 See Mohan, C. Raja, "India Must Raise Its Asian Game", Global Brief, June 17, 2013 at http://globalbrief.ca/blog/2013/06/17/india-must-raise-its-asian-game/; Rajan, D. S., "India Should Carefully Weigh China's Strategic Intentions", South Asia Analysis Group, Paper No. 5754, July 28, 2014 at http://www.southasiaanalysis.org/node/1578. Accessed on February 24, 2015

14 See Zakaria, Fareed, The Post-American World, New York: W. W. Norton & Company, 2009.

15 See Remarks by President Obama and Prime Minister Singh in Joint Press Conference in Hyderabad House, New Delhi, India, The White House, Office of the Press Secretary, Washington DC, November 8, 2010 at https://www.whitehouse.gov/the-press-office/2010/11/08/remarks-president-obama-and-prime-minister-singh-joint-press-conference-. Accessed January 29, 2015

16 "India has Proposed To U.S. for Holding Meet On Counter-Terrorism", Press Trust of India, New Delhi. March 18, 2015 at http://www.business-standard.com/article/pti-stories/india-has-proposed-to-us-for-holding-meet-on-counter-terrorism-115031800646_1.html.Accessed on April 5, 2015.

17 Mishra, Bhabani, "India-US Relations: A Paradigm Shift", Strategic Analysis, Vol. 29, No. 1, 2005, p. 89.

18 "Joint Statement of the India-US Defence Policy Group, Embassy of India, Washington, D.C., December 4, 2001, New Delhi, at http://www.indianembassy.org/indusrel/2001/jdwg_dec_04_01.htm; And, Noorani, A.G., "Travails of an MEA watcher", Frontline, Vol. 20, No. 12, 2003, at http://www.flonnet.com/fl2012/stories/20030620000407600.htm.

19 Powell, L. Colin, "Campaign against Terrorism", Secretary Colin L. Powell, House International Relations Committee, Washington, DC, October 24, 2001, at http://www.state.gov/secretary/former/powell/remarks/2001/5637.htm.

20 Coll, Steve, "The Stand-off", The New Yorker, February 13, 2006 Issue at http://www.newyorker.com/magazine/2006/02/13/the-stand-off; and, "Parliament Attack Victims Remembered", The Hindu, December 13, 2011.

21 "We shall Triumph over Terrorism", Prime Minister Vajpayee's address to the nation on the eve of New Year, December 31, 2001, New Delhi, Embassy of India, Washington D.C., Government of India, at http://www.indianembassy.org/special/cabinet/Primeminister/pm_december_31_2001.htm.

22 *People, Progress and Partnership: The Transformation of US-India Relations,* New Delhi: Embassy of the United States of America, 2004.

23 *Report of the U.S. National Security Strategy 2002,* Washington D.C.: The White House, 2002Washington, D.C.

24 *Patterns of Global Terrorism 2004,* released by U.S.

Department of State on August 29, 2004, Washington D.C.: U.S. Department of State, 2004.

25 Ollapally, Deepa, "U.S.-India Relations: Ties That Bind?, The SigurCenter Asia Papers, The George Washington University, The Elliott School of International Affairs, 2005.

26 *Report of the U.S. National Security Strategy 2006*, Washington, D.C.: The White House, 2006.

27 Mcardle, Jennifer and Cheetham, Michael, "Indo-U.S. cyber security cooperation", Seminar, Issue 665, March 2014; and, "Cyber Security In India's Counter Terrorism Strategy", at http://ids.nic.in/art_by_offids/Cyber%20security%20in%20india% 20by%20Col%20SS%20Raghav.pdf

28 "United States and India Launch New Phase of Cyber Security Cooperation", U.S. Department of State, Office of the Spokesman, Washington DC, November 10, 2004 at http://www.state.gov/r/pa/prs/ps/2004/38080.htm.

29 "Joint Statement of the India-U.S. Defence Policy Group, Embassy of India, Washington, D.C., December 4, 2001, New Delhi, Embassy of India, Washington, D.C., Government of India, at http://www.indianembassy.org/indusrel/2001/jdwg_dec_04_01.htm.

30 "Joint Statement between U.S. and India", The White House Press Release, Office of the Press Secretary, Washington, D.C., November 9, 2001, at http://www.whitehouse.gov/news/releases/2001/11/20011109-10.html.

31 Ibid.

32 "U.S. Pledges to Fight Terrorism against India", The Times of India, November 21, 2001, at http://timesofindia.indiatimes.com/articleshow/2115867311.cms.

33 U.S. Department of Defence, "Joint Statement on U.S.-India Defence Policy Group Meeting", United States Department of Defence, No. 267-02, May 23, 2002 at http://www.defenselink.mil/releases/release.aspx?releaseid=3355.

34 "U.S.-India Counterterrorism Joint Working Group", the text of a Joint Statement issued following the fifth U.S.-India Joint Working Group on Counterterrorism, Press Statement, Richard Boucher, Spokesman, Washington, DC, July 18, 2002, at http://www.state.gov/r/pa/prs/ps/2002/11922.htm.

35 The White House, "Joint Statement Between President George W. Bush and Prime Minister Manmohan Singh", the White

House Press Release, on July 18, 2005, at http://www.whitehouse.gov/news/releases/2005/07/20050718-6.html.

36 The Joint Statement on the New Framework for the U.S.-India Defence Rclationship signed between Defence Minister Pranab Mukherjee and U.S. Secretary of Defence, Donald Rumsfeld, Embassy of India, Washington, DC, on June 28, 2005 at http://www.indianembassy.org/press_release/2005/June/31.htm.

37 U.S.-India Joint Statements signed between President Bush and Prime Minister of India Manmohan Singh, in New Delhi on March 2, 2006, Ministry of External Affairs, New Delhi at http://meaindia.nic.in/speech/2006/03/02js01.htm.

38 Joint United States-India Statement on the India-US Joint Working Group on Counterterrorism, U.S. Department of State, Washington, D.C., April 22, 2006, at http://www.state.gov/r/pa/prs/ps/2006/64967.htm.

39 Kux, Dennis, "India's Fine Balance, Foreign Affairs, Vol. 81, No. 3, 2002, pp. 93-106.

40 "HM Announces Measures To Enhance Security", Press Information Bureau, Ministry of Home Affairs, Government of India, New Delhi, December 11, 2008 at http://pib.nic.in/newsite/erelease.aspx?relid=45446; and, also see "Terror Attacks Ravage Mumbai", The Loss Angeles Times, November 27, 2008 at http://articles.latimes.com/print/2008/nov/27/world/fg-mumbai27

41 Testimony by Lisa Curtis on "U.S.–India Counterterrorism Cooperation: Deepening the Partnership" before the United States House of Representatives, Committee on Foreign Affairs, Subcommittee on Terrorism, Nonproliferation, and Trade, September 14, 2011 available at http://www.heritage.org/research/testimony/2011/09/us-india-counterterrorism-cooperation-deepening-the-partnership

42 Tanzeem, Ayesha, "U.S. Denounces Release of Alleged Mumbai Attack Mastermind", Voice of America (VOA), April 10, 2015 at http://www.voanews.com/content/pakistan-frees-suspected-mumbai-attack-mastermind/2713866.html

43 State Department Daily Press Briefing, Briefer: Jeff Rathke, Acting Deputy Spokesperson, U.S. Department of State, Office of the Spokesperson, Washington, D.C., April 10, 2015 at http://translations.state.gov/st/english/texttrans/2015/

04/20150410314627.html#axzz3a19DgEUP

44 "26/11 Mastermind Lakhvi's Release From Jail Was Mistake by Pakistan: U.S.", The Times of India, May 9, 2015.

45 "India Welcomes UN Security Council Stand on Lakhvi", The Times of India, May 4, 2015.

46 "UN Assures India of Taking Up Issue of 26/11 Mastermind Zaki-Ur RehmanLakhvi's Release", Press Trust of India (PTI), May 3, 2015 at http://www.ndtv.com/world-news/un-assures-india-of-taking-up-zaki-ur-rehman-lakhvis-release-issue-760115

47 Riedel, Bruce, "India-U.S. Counterterrorism Cooperation", in The Modi-Obama Summit: A Leadership Moment for India and the U.S., Washington DC: Brookings Institution, September 2014, p. 25.

48 For details see "HM Announces Measures To Enhance Security", Press Information Bureau, Ministry of Home Affairs, Government of India, New Delhi, 11December 2008 at http://pib.nic.in/newsite/erelease.aspx?relid=45446.

49 Pinto, Stanley, "US Strengthening Its Sea Port Security After Studying 26/11", The Times of India, 17 April 2015.

50 Dutta, Arvind, "Mumbai Attacks and the Need for Enhanced India-US Defence Cooperation", 11 December 2008 at http://www.idsa.in/idsastrategiccomments/MumbaiAttacksand the NeedforEnhancedIndiaUSDefenceCooperation_ADutta_111208.html

51 "Indian PM Singh Urges Cooperation in Terrorism Fight", Voice of America (VOA), October 29, 2009.

52 Subramanian, Nirupama, "Foreign Secretary Saw Closer Cooperation on Counter-Terror with U.S. as 'Silver Lining' of 26/11", The Hindu, March 31, 2011.

53 Ibid.

54 The White House, Fact Sheets: U.S.-Indian Cooperation, Office of the Press Secretary, Press Release November 24, 2009 at https://www.whitehouse.gov/the-press-office/fact-sheets-us-indian-cooperation

55 India-U.S. Sign Counter Terrorism Cooperation Initiative, New Delhi, Press Information Bureau, at https://www.indianembassy.org/archives_details.php?nid=1292

56 "India, U.S. Sign Counter-Terrorism Initiative", The Hindu, New Delhi, July 24, 2010.

57 "India-U.S. Homeland Security Dialogue Begins", The Hindu, New Delhi, 27 May 2011.

58 "Terrorism is a Common Threat: Janet Napolitano", The Hindu, New Delhi, 27 May 2011.

59 See Testimony of Lisa Curtis, 2011, op. cit.

60 U.S. Department of Homeland Security, "Readout of U.S.-India Homeland Security Dialogue", DHS Press Release, 21 May 2013 at http://www.dhs.gov/news/2013/05/21/readout-us-india-homeland-security-dialogue; and, "Second US-India Homeland Security Dialogue held in Washington", Force, June 2013 Issue at http://www.forceindia.net/ServicenewsJune20132.aspx.

61 Joint Statement on the Third U.S.-India Strategic Dialogue, U.S. Department of State, Office of the Spokesperson Washington, DC, June 13, 2012 at http://www.state.gov/r/pa/prs/ps/2012/06/192267.htm.Accessed 18 June 2013.

62 Briefing by MEA Official Spokesperson on visit of Secretary Hillary Clinton, New Delhi, July 15, 2011 at http://www.mea.gov.in/bilateral-documents.htm?dtl/74/Briefing+by+ Official+Spokesperson+on+visit+of+Secretary+Hillary+Clinton

63 "Joint Statement on the Third U.S.-India Strategic Dialogue", Media Note, Office of the Spokesperson, Washington, DC, June 13, 2012 at http://www.state.gov/r/pa/prs/ps/2012/06/192267.htm

64 Joint Statement during the visit of President of USA to India "साझा प्रयास – सबका विकास" – Shared Effort; Progress for All", Ministry of External Affairs, Government of India, New Delhi, January 25, 2015 at http://mea.gov.in/bilateral-documents.htm?dtl/24726/Joint_Statement_during_the_visit_of_President_of_ USA_to_India_Shared_Effort_Progress_for_All. Accessed on January 26, 2015

65 Ibid.

66 Text of Prime Minister's media statement during Joint press interaction with President of United States of America, at Hyderabad House, New Delhi, India on January 25, 2015 available at http://pmindia.gov.in/en/news_updates/prime-ministers-media-statement-during-joint-press-interaction-with-president-of-united-states-of-america/. Accessed on January 26, 2015

67 Ibid.

68 Statements by President Obama and Prime Minister Modi of the Republic of India, at Hyderabad House, New Delhi, India on January 25, 2015, The White House, Washington DC at https://www.whitehouse.gov/the-press-office/2015/01/25/statements-president-obvama-and-prime-minister-modi-republic-india; and, "India, U.S. Renew Defence Framework Pact For Next 10 Years", Press Trust of India (PTI), New Delhi, January 26, 2015.

69 Adhikari, Gautam, "India and America: Estranged No More", Current History, April 2004, pp. 158-164.

70 Rajghatta, Chidanand, "U.S. Approves Arms Worth $1bn for Pakistan", The Times of India, April 8, 2015.

71 See "Aid to Pakistan by the Numbers", Centre for Global Development (CGD), at http://www.cgdev.org/page/aid-pakistan-numbers; and, "Direct Overt U.S. Aid Appropriations for and Military Reimbursements to Pakistan, FY2002-FY2016", Federation Of American Scientists (FAS) at http://www.fas.org/sgp/crs/row/pakaid.pdf

72 Nevins, Sean, "America Gives Aid To Pakistan, Pakistan Gives Terrorism To The World", December 16, 2014 at http://www.mintpressnews.com/america-gives-aid-pakistan-pakistan-gives-terrorism-world/199921/

73 See Testimony of Lisa Curtis on "U.S.–India Counterterrorism Cooperation: Deepening the Partnership", op. cit.

74 Ibid.

75 Ibid.

76 Ibid.

77 Adhikari, "India and America: Estranged No More", op. cit.

78 Mohan, C. Raja, "Vajpayee-Clinton Dialogue", The Hindu, September 14, 2000.

79 Pasricha, Anjana, "Panetta Calls for Closer India-U.S. Security Partnership", Voice of America (VOA), June 6, 2012 at http://www.voanews.com/content/panetta-calls-closer-india-us-security-partnership/1178940.html

80 Mohan, C. Raja "India and the American War", The Hindu, New Delhi, March 14, 2002.

81 See Testimony of Lisa Curtis on "U.S.–India Counterterrorism Cooperation: Deepening the Partnership", op. cit.

82 Ibid.

14

Combating Terrorism in South Asia : Role of US And India

Sudhansubala Das
Narottam Gaan

INTRODUCTION

Terrorism and political violence are not new challenges in South Asia. They have long been used by groups espousing a wide variety of causes, including national self-determination or separatism, both right- and left-wing politics, and militant religious extremism. In many instances, the fragility of relatively young political systems and nascent democracies has also generated a permissive environment for the use of political violence. In addition, militant religious groups are exploiting local grievances and drawing on international events to promote radical and extremist causes, though the underlying objectives of many of these groups remain the capture of state power and the transformation of systems of government. (United Nations "Global Counter-Terrorism Strategy" (September 8, 2006),.

It is, however, the increasingly transnational nature of terrorism that is playing a significant role in transforming the rhetoric and the challenge in South Asia.

The ferocity and organization of the recent attacks in Mumbai testify to the potential of terrorism to not only challenge national security but threaten regional and international peace.

Terrorist groups can exploit cross-border ethnic ties, globalized financial and commercial networks, widely accessible communications technologies, the twenty-four-hour media cycle, and transnational organized-crime syndicates to project their influence beyond the local to the national, regional, and even international levels. Furthermore, the use of sophisticated technology and weapons has exponentially increased the potential scale of damage. Events such as the attack on Benazir Bhutto in December 2007 and the bombing of the Marriott Hotel in Islamabad in September 2008, or the May 2008 blasts in Jaipur, use the high profiles and dramatic qualities of their targets to capture media attention and project fear disproportionate to the size of the attacking group. The convergence of limited response capacities of governments and law-enforcement agencies with grievances about widespread corruption, underdevelopment, socio-economic marginalization, and the sometimes problematic role of the state, make South Asia an attractive operating base for a wide array of violent groups whose rhetoric and actions can have an impact on ethnic and ideological kin across political borders. (CRS Report "Audrey kurth Cronin")

Furthermore, political relationships among states characterized by suspicion, mistrust, and, often, outright hostility, have prevented the development of strong and effective regional cooperative mechanisms in South Asia. Although the South Asian Association for Regional Cooperation (SAARC) has made several attempts to forge regional responses to common challenges, including drugs, small arms, and counterterrorism, its efficacy is often held hostage to the relationship between India and Pakistan. In recognition of the difficulties of political engagement, SAARC has consequently focused primarily on regional economic development rather than on political questions. A wariness of international intervention and encroachments on territorial and political sovereignty, engendered by the history of colonialism in the region, adds an additional obstacle to regionalization and the development of any supranational regional organization.

The linkages between terrorism, political violence, development, governance, and, in many instances, ongoing processes of nation- and state building, reflect the complexity of the challenge of countering terrorism in South Asia. Nonetheless, they also indicate a number of intervention points through which national initiatives, international actors, and multilateral organizations might make an effective contribution to confronting terrorism. These are acknowledged by the United Nations' Global Counter-Terrorism Strategy (UN Strategy or the Strategy), adopted by consensus by UN member states in 2006. Its broad-based framework includes measures (1) to address conditions conducive to the spread of terrorism; (2) to prevent and combat terrorism; (3) to build states' counterterrorism capacities; and (4) to ensure respect for human rights and the rule of law in the fight against terrorism. In this way, the UN Strategy offers states in South Asia, and the region as a whole, a framework endorsed by the international community, including all the states of the region, to develop a response that can effectively address the complex threat over the long term. (CRS Report K. Alan Kronstadt)

AL QAEDA, THE TALIBAN, AND PAKISTANI EXTREMISM

The Al Qaeda-Taliban Nexus

Among the central goals of Operation Enduring Freedom were the destruction of terrorist training camps and infrastructure within Afghanistan, the capture of Al Qaeda and Taliban leaders, and the cessation of terrorist activities in Afghanistan. Most, but not all, of these goals have been achieved. However, since the Taliban's ouster from power in Kabul and subsequent retreat to the rugged mountain region near the Afghanistan-Pakistan border, what the U.S. military calls its "remnant forces" have been able to regroup and to conduct "hit-and-run" attacks against U.S. - led coalition units, often in tandem with suspected Al Qaeda fugitives. These forces are then able to find haven on the Pakistani side of the border. Al Qaeda founder Osama bin Laden, his associate, Egyptian Islamic radical leader Ayman al-Zawahiri, and Taliban chief Mohammed Omar may themselves be in a remote area of Pakistan near Afghanistan. The frequency of attacks on coalition forces in southern and eastern Afghanistan increased throughout 2003 and, in October, U.S. Special Envoy and current Ambassador to Afghanistan Zalmay Khalilzad warned that resurgent Taliban and Al Qaeda forces present a serious threat to Afghan reconstruction efforts. A major spike in Afghan opium production in 2003 spurred acute concern that Afghanistan may soon become a "narco-state," and that terrorist groups and their supporters in both Afghanistan and Pakistan may reap huge profits from the processing and trafficking of heroin.

The United States is concerned by indications of links between Al Qaeda and Pakistani intelligence agents, weapons experts, and militant leaders. During the time that Islamabad was actively supporting the Afghan Taliban regime it had helped to create; Pakistan's powerful Inter-Services Intelligence (ISI) agency is believed to have had direct contacts with Al Qaeda figures. Sympathetic ISI officials may even have provided shelter to Al Qaeda members in both Pakistan and Kashmir. Two senior Pakistani nuclear scientists reportedly met with Osama bin Laden in 2001 to conduct "long discussions about nuclear, chemical and biological weapons." Moreover, known Islamic extremists with ties to Al Qaeda appear to remain active on Pakistani territory. For example, longtime Pakistani terrorist chief Fazlur Rehman Khalil, who co-signed Osama bin Laden's 1998 edict that declared it a Muslim's duty to kill Americans and Jews, lives openly in Rawalpindi, not far from Pakistan's Army General Headquarters. Khalil is the leader of one of the many Pakistan-based terrorist groups opposed to both the continued rule of President Musharraf and to U.S. policy in the region. (Muni Ahmed "Pakistan claims 402 Al Queda Arrests").

INDIGENOUS PAKISTANI TERRORIST GROUPS

Pakistan is known to be a base for numerous indigenous terrorist organizations. In January 2002, Pakistan banned five extremist groups, including Lashkar-e-Taiba (LeT), Jaish-e-Mohammed (JeM), and Sipah-e-Sahaba Pakistan (SSP). The United States designates LeT and JeM as Foreign Terrorist Organizations (FTOs); SSP appears on the State Departments's list of "other terrorist groups." Following Al Qaeda's 2001-2002 expulsion from Afghanistan and ensuing relocation of some core elements to Pakistani cities such as Karachi and Peshawar, some Al Qaeda activists are known to have joined forces with indigenous Pakistani Sunni militant groups, including LeT, JeM, SSP, and Lashkar-i-Jhangvi (LJ), an FTO-designated offshoot of the SSP that has close ties to Al Qaeda.(John Lancaster "Pakistan touts control of board sept.2.). The United Nations lists JeM and LJ as "entities belonging to or associated with the Al Qaeda organization." Al Qaeda reportedly was linked to anti-U.S. and anti-Western terrorist attacks in Pakistan during 2002, although the primary suspects in most attacks were members of indigenous Pakistani groups.15 During 2003, Pakistan's domestic terrorism mostly involved Sunni-Shia conflict, and a March 2004 machine gun and bomb attack on a Shia procession in Quetta killed at least 44 and injured more than 150 others. Some analysts believe that, by redirecting Pakistan's internal security resources, an increase in Pakistan's sectarian violence may ease pressure on Al Qaeda and so allow that group to operate more freely there. There have been past indications of collusion between some elements of Al Qaeda, Lashkar-e-Taiba, and influential Pakistanis. For example, of the three major Al Qaeda figures captured in Pakistan, one (Abu Zubaydah) was found at a Lashkar-e-Taiba safehouse in Faisalabad, suggesting that some LeT members have facilitated the movement of Al Qaeda members in Pakistan. Another (Khalid Sheikh Mohammed) was seized at the Rawalpindi home of a member of the Jamaat-i-Islami (JI), one of Pakistan's leading religious Islamist political parties. In fact, at least four top captured Al Qaeda suspects had ties to JI. (Khan Karmran "Washington post" Dec 12, 2001).

In a landmark January 2002 speech, President Musharraf vowed to end Pakistan's use as a base for terrorism, and he criticized religious extremism and intolerance in the country. In the wake of the speech, about 3,300 extremists were arrested and detained, though most of these have since been released (including one man who later tried to assassinate Musharraf). Among those released were the founders of both Lashkar-e-Taiba and Jaish-e-Muhammad. Though officially banned, these groups continued to operate under new names: LeT became Jamaat al-Dawat; JeM became Khudam-ul Islam. In November 2003, just two days after the U.S. Ambassador expressed particular concern over the continuing activities of banned organizations, Musharraf moved to arrest members of these groups and shutter their offices. Six groups were formally banned, including offshoots of both the JeM and SSP, and more than 100 offices were raided. Musharraf vowed to permanently prevent banned groups from resurfacing, and his government moved to seize their financial assets. Some analysts called the efforts cosmetic, ineffective, and the result of international pressure rather than a genuine recognition of the threat posed.

Musharraf's further efforts to crack down on outlawed groups along with his suggestions that Pakistan may soften its long-held Kashmir policies may have fuelled even greater outrage among radical Islamists already angered by Pakistan's September 2001 policy reversal, when Musharraf cut ties with the Afghan Taliban regime and began facilitating U.S.-led anti-terrorism operations in the region. A December 14, 2003 remote-controlled bombing attempt on Musharraf's motorcade and dual suicide car bomb attacks on his convoy 11 days later were blamed mainly on Jaish-e-Mohammed operatives. Numerous Pakistanis and foreign nationals including Afghans, Chechens, and Kashmiris were arrested in connection with the attacks, with officials suggesting a possible Al Qaeda link. The F.B.I. played a role in the investigations, and the United States has undertaken to provide improved training to Musharraf's bodyguards. Nonetheless, it is considered likely that future assassination attempts will occur. (Paul Waston "Los Angles Times" March 5, 2001)

PAKISTAN-U.S. COUNTERTERRORISM COOPERATION

According to the U.S. Departments of State and Defense, Pakistan has afforded the United States unprecedented levels of cooperation by allowing the U.S. military to use bases within the country, helping to identify and detain extremists, and deploying tens of thousands of its own security forces to secure the Pakistan- Afghanistan border. Top U.S. officials regularly praise Pakistani anti-terrorism efforts. In the spring of 2002, U.S. military and law enforcement personnel reportedly began engaging in direct, low-profile efforts to assist Pakistani security forces in tracking and apprehending fugitive Al Qaeda and Taliban fighters on Pakistani territory. The State Department reports that Islamabad has captured 550 alleged terrorists and their supporters, and has transferred more than 400 of these to U.S. custody, including several top suspected Al Qaeda leaders. Pakistan also ranks fourth in the world in seizing terrorist assets.

MILITARY OPERATIONS

In an effort to block infiltration along the Pakistan-Afghanistan border, Islamabad had by the end of 2002 deployed some 70,000 troops to the region. In April 2003, the United States, Pakistan, and Afghanistan formed a Tripartite Commission to coordinate their efforts to stabilize the border areas. In June, in what may have been a response to increased U.S. pressure, Islamabad for the first time sent its armed forces into the traditionally autonomous western Federally Administered Tribal Areas (FATA) in search of Al Qaeda and Taliban fighters who have eluded the U.S.-led campaign in Afghanistan. By September, Islamabad had up to 25,000 troops in the tribal areas, and a major border operation reportedly took place in coordination with U.S.-led forces on the Afghan side of the border. A firefight in early October saw Pakistani security forces engage suspected Al Qaeda fugitives in the South Waziristan district; 8 were killed and another 18 captured. Pakistan has lost about 40 of its own security personnel in gun battles with Al Qaeda and Taliban fighters. The October operations encouraged U.S. officials, who saw in them a positive trend in Islamabad's commitment to tracking and capturing wanted extremists on Pakistani territory. Still, these officials admitted that the Pakistani government finds it more difficult politically to pursue Taliban members who enjoy ethnic and familial ties with Pakistani Pashtuns. ("India and Pakistan Set Talks Date," BBC News, January 27, 2004).

After the two December 2003 attempts on President Musharraf's life, the Pakistan military increased its efforts in the FATA. Many analysts speculated that the harrowing experiences brought a significant shift in Musharraf's attitude and caused him to recognize the dire threat posed by radical groups based in his country. By February 2004, Musharraf made his most explicit admission to date that Muslim militants were crossing from Pakistan into Afghanistan to battle coalition troops there. In the same month, the Vice Chairman of the U.S. Joint Chiefs of Staff testified before Congress that the Islamabad government had "taken some initiatives to increase their military presence on the border, such as manned outposts, regular patrols, and security barriers," and the Pakistani Army reportedly was preparing to launch major operations along the frontier, some in tandem with tribal militias. Islamabad's more energetic operations in the western tribal regions have brought vocal criticism from Musharraf's detractors among Islamist groups, many of whom accuse him of taking orders from the United States.

The Islamabad government also has made progress in persuading Pashtun tribal leaders to undertake their own efforts by organizing tribal "lashkars," or militias, for the express purpose of detaining or at least expelling wanted fugitives. After being presented with a list of several dozen such fugitives, tribal leaders in South Waziristan formed two lashkars and succeeded in capturing and handing over more than half by the end of January 2004. (Iqbal Khattak "Daily Times, Feb 2004). In February, dozens of suspected Al Qaeda sympathizers reportedly were handed over to authorities. Yet political administrators in the district, impatient with the slow pace of progress, have issued an "ultimatum" that included threats of steep monetary fines for the entire tribe, as well as for any individuals who provide shelter to "unwanted foreigners." Some observers worry that increased government pressure on tribal communities and military operations in the FATA may create a backlash, sparking unrest and strengthening pro-Al Qaeda sentiments there.

In December 2003, nearly one-fifth of the 11,000 American troops still in Afghanistan were involved in

Operation Avalanche, an effort to sweep Taliban forces from the country's south and east. In 2004, U.S. and Aghan forces appear to be preparing a major spring 2004 operation in eastern Afghanistan, employing new tactics and in coordination with Pakistani troops across the international border. A press report in January 2004 suggested that the U.S. military in Afghanistan had plans for an offensive that would "go into Pakistan with Musharraf's help" to neutralize Al Qaeda forces. President Musharraf's said, "This is not a possibility at all." Two days later, the Commander of U.S. Central Command Gen. Abizaid stated that he had no plans to put U.S. troops in Pakistan against Islamabad's wishes. A February report indicated that a coming offensive would involve coordination between U.S., Afghan, and Pakistani troops who could "cross into the other's side if necessary." U.S. military officials in Kabul say that Pakistan has agreed to allow "hot pursuit" up to ten kilometers into Pakistani territory, although this is denied by the Islamabad government.

The opening months of 2004 have seen increasing indications that both the United States and Pakistan intend to re-invigorate their efforts to find and capture those terrorists and their supporters remaining in Pashtun-majority areas of Afghanistan and Pakistan. Moreover, President Musharraf has taken steps to crack down on indigenous Pakistani extremist groups. Many of these groups have links not only to individuals and organizations actively fighting in Afghanistan and Pakistan, but also with groups that continue to pursue a violent separatist campaign in the disputed Kashmir region along Pakistan's northeast frontier. A November 2003 cease-fire agreement between Pakistan and India holds at the time of this writing, and appears to have contributed to what New Delhi officials acknowledge is a significant decrease in the number of "terrorist" infiltrations. However, separatist militants vowed in

January 2004 to continue their struggle regardless of the status of the nascent Pakistan-India dialogue.

YOUTH BULGE AND VIOLENT CONFLICT

Mobilization for political conflict draws heavily on youthful populations. A bulge in the population of youth does appear to increase the risk of conflict. About 80% of the world's civil conflicts since the 1970s have occurred in countries with young, rapidly growing populations. A large youth population does not automatically result in violence. When a large youth population is mixed with other social conditions, like "religious and ethnic friction, political rivalries, economic, disparities or food shortages", youth can be "the rekindling" for a spark that ignites simmering tensions, Writes Weiss (Weiss Kenneth R. July 22, 2012 Los Angeles Times, August 03, 2012). Afghanistan is a burning example to buttress this, where unemployed young men are often turning to the Taliban not out of extremist fervor, but out of a desperate need to support themselves and their families, It is too hard to employ this many youths by a week state and too easy to recruit them into violence. The nonprofit International Council on Security and Development interviewed more than 420 men in Helmand and neighboring Kandahar provinces in 2010 and they all answered unequivocally n one voice that " If all Afgans had good jobs, if we had peace and stability, we would not go for the fight." 57% of them cited jobs or money not religion as the leading reason for joining the Taliban (Los Angeles Times, July 22, 2012). The number of youths in Afghanistan and Pakistan is much higher than the other age group. With the governments failing to provide jobs and other economic avenues for their livelihood, their trust in the ability of the governments will be shifted towards the terrorists groups who promise to provide them economic sustenance. This perspective of many unemployed youths joining the terrorist organization has serious security implications for India given the internecine conflict between India and Pakistan.

TERRORISM IN KASHMIR AND INDIA

Kashmiri Separatism

Separatist violence in India's Jammu and Kashmir state has continued unabated since 1989. New Delhi has long blamed Pakistan-based militant groups for lethal attacks on Indian civilians, as well as on government security forces, in both Kashmir and in major Indian cities. India holds Pakistan responsible for providing material support and training facilities to Kashmiri militants. According to the U.S. government, several anti-India militant groups fighting in Kashmir are based in Pakistan and are closely linked to Islamist groups there. Many also are said to maintain ties with international jihadi organizations, including Al Qaeda:

> (John Lancaster, "India Shocked by Bombay Bombings, and Suspects," *Washington Post*, September 12, 2003).

- Harakat ul-Mujahideen (an FTO-designate), based in Muzaffarabad (Azad Kashmir) and Rawalpindi, is aligned with the Jamiat-i Ulemai Islam Fazlur Rehman party (JUI-F), itself a main constituent of the MMA Islamist coalition in Pakistan's National Assembly;
- Hizbul Mujahideen (on the State Department's list of "other terrorist groups"), believed to have bases in Pakistan, is the militant wing of Pakistan's largest Islamic political party and leading MMA member, the Jamaat-i-Islami;
- Jaish-e-Mohammed (an FTO-designate), based in both Peshawar and Muzaffarabad, also is aligned with JUI-F; and
- Lashkar-e-Taiba (an FTO-designate), based in Muzaffarabad and near Lahore, is the armed wing

of a Pakistan-based, anti-U.S. Sunni religious organization formed in 1989.

Pakistan's powerful and largely autonomous ISI is widely believed to have provided significant support for militant Kashmiri separatists over the past decade in what is perceived as a proxy war against India. In March 2003, the chief of India's Defense Intelligence Agency reported providing the United States with "solid documentary proof" that 70 Islamic militant camps are operating in Pakistani Kashmir. In May, the Indian Defense Minister claimed that about 3,000 "terrorists" were being trained in camps on the Pakistani side of the LOC. Some Indian officials have suggested that Al Qaeda may be active in Kashmir. Deputy Secretary of State Armitage reportedly received a June 2002 pledge from Pakistani President Musharraf that all "cross-border terrorism" would cease, followed by a May 2003 pledge that any terrorist training camps in Pakistani-controlled areas would be closed. Yet, in September 2003, Indian PM Vajpayee reportedly told President Bush that continued cross-border terrorism from Pakistan was making it difficult for India to maintain its peace initiative, and a series of bloody attacks seemed to indicate that infiltration rates were on the rise.

President Musharraf adamantly insists that his government is doing all it can to stem infiltration at the LOC and calls for a joint Pakistan-India monitoring effort there. Positive signs have come with a November 2003 cease-fire agreement between Pakistan and India along the entire LOC and their shared international border (holding at the time of this writing) and a January 2004 pledge by Musharraf reassuring the Indian Prime Minister that no territory under Pakistan's control could be used to support terrorism. Ensuing statements from Indian government officials confirmed that infiltration rates were down significantly.

The United States signaled increased pressure on Islamabad in October 2003 when the Treasury

Department designated the Pakistan-based Al Akhtar Trust as a terrorist support organization under Executive Order 13224. Al Akhtar is said to be carrying on support for Al Qaeda and Taliban terrorist activities funded by the previously-designated Al Rashid Trust. The United States also that month identified Indian crime figure Dawood Ibrahim as a "global terrorist" with links to both Al Qaeda and Lashkar-e-Taiba. Ibrahim wanted by the Indian government for 1993 Bombay bombings that killed and injured thousands, is believed to be in Pakistan. These moves by the U.S. government were welcomed in New Delhi, where officials continuously are urging greater U.S. attention to anti-India terrorism emanating from Pakistan. (Muni Ahmad "Pakistan Claims 402 Al Queda Arrests")

INDIA-U.S. COUNTERTERRORISM COOPERATION

One facet of the emerging "strategic partnership" between the United States and India is increased counterterrorism cooperation.

The U.S.-India Joint Working Group on Counterterrorism was established in January 2000 to intensify bilateral cooperation. In November 2001, President Bush and Indian Prime Minster Vajpayee agreed that "terrorism threatens not only the security of the United States and India, but also our efforts to build freedom, democracy and international security and stability around the world." In May 2002, India and the United States launched the Indo-US Cyber Security Forum to safeguard critical infrastructures from cyber attack. The State Department believes that continued engagement with New Delhi will lead to India's playing a constructive role in resolving terrorist insurgencies in Nepal and Sri Lanka. Calling New Delhi a "close ally of the United States in the global war on terrorism," the Bush Administration has undertaken to provide India with better border security systems and training, and better intelligence in an effort to prevent future terrorist attacks. Moreover, the two countries' militaries have continued to work together to enhance their capabilities to combat terrorism and increase interoperability.

OTHER SOUTH ASIAN COUNTRIES

Bangladesh

There is increasing concern among analysts that Bangladesh might serve as a base from which both South and Southeast Asian terrorists could regroup. There have been reports that up to 150 Taliban and Al Qaeda fighters fled to Bangladesh from Afghanistan in December 2001 aboard the *MV Mecca,* which reportedly sailed from Karachi to Chittagong. This was evidently not the beginning of Al Qaeda connections with Bangladesh. Al Qaeda had reportedly recruited Burmese Muslims, known as the Rohingya, from refugee camps in south-eastern Bangladesh to fight in Afghanistan, Kashmir and Chechnya. An Al Qaeda affiliate, Harkat-ul-Jihad-al-Islami (HuJI) was founded by Osama bin Laden associate Fazlul Rahman. HuJI is also on the State Department's list of other terrorist organizations. Rahman joined bin Laden's World Islamic Front for the Jihad Against the Jews and the Crusaders in 1998. It has the objective of establishing Islamic rule in Bangladesh. HuJI has recruited its members, thought to number from several thousand to15,000 from the tens of thousands of madrassas in Bangladesh, many of which are led by veterans of the "jihad" against the Soviets in Afghanistan. The organization is thought to have at least six camps in Bangladesh as well as ties to militants in Pakistan. The Bangladesh National Party coalition government includes the small Islamic Oikya Jote party which has connections to HuJI. It was reported that French intelligence led to the arrest of 16 Bangladeshis on December 4, 2003 in Bolivia for allegedly planning to hijack a plane to attack the United States. According to reports, they were later released for lack of evidence. 11 Bangladeshis were arrested in Saudi Arabia on August 14, 2003 on suspicion of planning a terrorist act.

The Rohingya Solidarity Organization (RSO) is the largest organization representing the over 120,000 Rohingyas in Bangladesh. The number of Rohingyas varies depending on the level of pressure they are under in their homelands in Burma. The Rohingya also speak the same language as Bangladeshis from the Chittagong area. These "destitute and stateless people" have proved to be a "fertile ground" for recruitment to various militant Islamist groups.The RSO has reportedly received support from the Jamaat-e-Islami in Bangladesh. Afghan instructors are reported to have been seen in RSO camps.

There are also reports, based on information derived from the interrogation of Jemaah Islamiya (JI) leader Hambali, who was arrested in Thailand in August 2003, that indicate that he had made a decision to shift JI elements to Bangladesh in response to recent counter-terrorist activity in Southeast Asia. It is also thought that key JI operative Zulkifi Marzuki may already be in Bangladesh. The decision to move operations west may also be evident in the arrest of 13 Malaysians and six Indonesians, including Hambali's brother Rusman Gunawan, in Pakistan in September 2003. Bangladeshis have been among those arrested in Pakistan on suspicion of being linked to terrorist organizations. Some have speculated that JI militants, thought to be from Malaysia and Singapore, would not have made it to southeastern Bangladesh without some degree of tacit agreement from the Directorate General of Forces Intelligence of Bangladesh which is thought, by some, to have close ties with ISI. It is also thought that Fazlul Rahman's Rohingya Solidarity Organization, which is based in southeast Bangladesh, has also established ties with JI. These reports are difficult to confirm.

Despite these apparent developments within Bangladesh, visiting Secretary of State Colin Powell told his Dhaka audience in June 2003 that "Bangladesh has been a strong supporter in the war against terrorism because their enlightened policy is that terrorism affects us all." The Government of Bangladesh has also denied that Bangladesh has become a haven for Islamic militants, such as the Taliban or Al Qaeda. The Bangladesh government has also denied allegations made by Indian Deputy Prime Minister Advani that Bangladesh had aided Pakistan's Inter-Services Intelligence and Al Qaeda elements. It has also been reported that the Bangladesh Rifles and police have captured weapons during anti-terrorist operations in the south-eastern border region with Burma in August and September 2003.

(CRS Report RL20489, *Bangladesh: Background and U.S. Relations,* by Bruce Vaughn.)

Nepal

The Communist Party of Nepal (Maoist)/ United Peoples Front has been identified as an Other Terrorist Group by the U.S. Department of State. On October 31st 2003, the United States Government went further and announced that for national security reasons it was freezing Maoist terrorist assets. The security situation in Nepal has deteriorated since the collapse of the cease fire between the Maoists and the government on August 27, 2003. By some estimates, the numbers of Nepalese killed since August has risen significantly. This brings the total number killed since 1996 as high as 9,100 by some accounts. It has also been reported that the Maoists' anti-United States rhetoric has grown and that there is a "potential threat to U.S. staff and facilities in Nepal, including aid programs." Currently, an estimated 32,000 Maoist fighters are opposed by 120,00 Nepalese soldiers and police. India has acknowledged a link between the Maoists and leftist extremists in India.

The Maoists' message frequently calls for the end of "American imperialism" and for the "dirty Yankee" to "go home." The Maoists' Chief Negotiator and Chairman of the "People's Government," Baburam Bhattarai, reportedly threatened the United States with "another Vietnam" if the United States expands its aid to Nepal. In September, Bhattarai sent a letter to the U.S. Ambassador in Kathmandu which called on the United States to stop "interfering" in the internal affairs of Nepal. Maoists claimed responsibility for killing two off-duty Nepalese security guards at the American Embassy in 2002,86 and the Maoists have made it known that American trekkers are not welcome in Maoist-controlled Nepal. Further, the Maoists stated on October 22nd that American-backed organizations would be targeted. Rebel leader Prachanda is reported to have stated that groups funded by "American imperialists" would not be allowed to operate in Nepal.

After the cease fire, the Maoists appeared to be shifting from large-scale attacks on police and army headquarters to adopting new tactics that focused on attacks by smaller cells conducting widespread assassinations of military, police and party officials. The unpopularity of this policy appears to have led the Maoists to shift policy again in October and declare that they would not carry out further political killings or further destroy government infrastructure. Despite this guarantee, attacks continue. Regional leader of the Maoists, Ram Prasad Lamichhane of the Gandak region, renounced the party for using terrorism in November 2003.90 The Maoists' guarantee against terrorist attacks did not extend to projects "run directly by the United States." The United States Agency for International Development and Save the Children both operate in Nepal. On October 27, Maoist leader Prachanda stated that "we will ensure that no American citizens' tourists or officials except those who come to the battlefield with the Nepal Army would be caused any harm by the Maoist militia." (See CRS Report RL31599, *Nepal: Background and U.S. Relations*, by Bruce Vaughn.)

Sri Lanka

The Liberation Tigers of Tamil Eelam (LTTE) of Sri Lanka have been identified as a Foreign Terrorist Organization by the United States Department of State. More than 64,000 people have died in Sri Lanka's unresolved civil war over the past 20 years. The LTTE is reportedly responsible for more suicide attacks than any other terrorist organization worldwide. Hopes for a peace agreement with the LTTE, that would grant the Tamils a degree of autonomy in the northeast, have been put into doubt by recent moves by President Kumaratunga. Kumaratunga, who was wounded in a LTTE attack, reportedly believes that her political rival, Prime Minister Wickremesinghe, has been too ready to make concessions in negotiations with the LTTE. Their differences highlight debate in Sri Lanka and elsewhere, on the best means for addressing terrorism and the best mix of a military and political solution. The LTTE has thus far stated that they remain committed to the peace process despite recent political turmoil and infighting inside the Sri Lankan government. LTTE "Supremo" Velupillai Prabakaran has sought guarantee that the government will honor the cease fire during the period of internal turmoil within the Sri Lankan government. The Norwegian government has played an active role in trying to broker a lasting peace between the LTTE and the Sri Lankan government. Hardliners, represented by the President, have accused the Norwegians of exceeding their authority in trying to broker a peace agreement. There is concern among some analysts that the rivalry between the president and the prime minister could lead the LTTE to relaunch a terrorist campaign to force the president back to the negotiating table. Others feel that the LTTE will be hesitant to do so because it would thereby loose the political legitimacy that they have been gaining.98 The United States has recognized that the LTTE is engaged in a peace process and holds the hope that the LTTE will renounce terrorism and cease terrorist acts. Until such time, the United States Government has stated that it will not remove the LTTE from the Foreign Terrorist Organization list. (see CRS Report RL31707, *Sri Lanka: Background and U.S. Relations*, by Bruce Vaughn.)

CONCLUSION

Regional counter-terrorism efforts will only be as good as the national capacities of individual states to tackle militant networks. The Pakistani and Indian government have both acknowledged the need for a strong law enforcement apparatus to counter the menace of terrorism, and both countries face threats from the same extremists groups, which are bent on spreading a rigid and violent ideology in the region, and intensifying the conflict between these nuclear-armed neighbours. If it is unrealistic to expect a solution to the Kashmir dispute in the short term, more interaction between civilian institutions and the moderate public on both sides can help create the environment for greater cross-border cooperation, including to marginalize religious hardliners and extremists.(Alex Perry,"*Time Asia*, Oct 21, 2003)

With every report of an international terror plot originating in Pakistan, the domestic and international response typically settles on the same solution: more military action in FATA. The dangers of this narrow approach are becoming increasingly clear, as sectarian groups based in the Pakistani heartland like the Lashkar-e-Jhangvi, Jaish-e-Mohammad and Laskhar-e-Tayyeba, become more emboldened, kill Shias and other minorities across the country, and plan attacks in India, Afghanistan and the West. While the elected government in Islamabad has pledged that it will prevent its territory from being used for attacks on foreign soil, its success in doing so will depend on two key things: a sustained democratic transition that enables the political leadership to wrest control over key domestic and foreign policy areas, including security and India policy; and a justice sector that has the capacity to dismantle extremist organisations and investigate and convict their members.

The international community at large should recognize that deviations fromthe rule of law will make sustainable counter-terrorism successes less likely. The underlying purpose of the Kerry-Lugar-Berman bill is to broaden engagement with Pakistan beyond a narrow relationship with the military. This principle should be reinforced in all assistance programs, including for flood relief, rehabilitation and reconstruction, which often circumvent elected national and provincial assemblies and rely too heavily on unaccountable bureaucracies and the military. New Delhi, too, should appreciate that a successful democratic transition across the border will expand its options in reducing the threat to its own citizens. The post-Mumbai climate could in fact yield a positive change of direction if both governments build on their recognition of the importance of a strong criminal justice to contain extremism in the region. Their cooperation in trials, under the terms of the SAARC Convention on Mutual Legal Assistance in Criminal Matters, supported by broader international efforts to enhance investigation and prosecution capacity in South Asia, is far more likely to achieve regional stability than an over-reliance on a military solution.

REFERENCES

Alex Perry, "Deadly Cargo, "*Time Asia*, October 21, 2003

CRS Report RL30588, *Afghanistan: Current Issues and U.S. Policy*, by Kenneth Katzman; and CRS Report RL31624, *Pakistan-U.S. Anti-Terrorism Cooperation*, by K. Alan Kronstadt.

CRS Reports RL32223, *Foreign Terrorist Organizations*, and

RL32120, *the 'FTO List' and Congress,* by Audrey Kurth Cronin "Pakistan: A new wave of Sunni-Shiite Violence," Stratfor.com, October 7, 2003

Carlotta Gall, "Taliban May Be Planning Larger Attacks, U.S. Envoy Says," *New York Times,* October 7, 2003.

Iqbal Khattak, "Military Operation in Waziristan May Backfire," *Friday Times* (Lahore), February 20, 2004;

John Lancaster, "India Shocked by Bombay Bombings, and Suspects," *Washington Post,* September 12, 2003).

John Lancaster, "Pakistan Touts Control of Border," *Washington Post,* September 2, 2003; "Pakistan Army Launches Border Operation," BBC News, September 4, 2003;

Kamran Khan and Molly Moore, "2 Nuclear Experts Briefed Bin Laden, Pakistanis Say," *Washington Post,* December 12, 2001.

Paul Watson and Mubashir Zaidi, "Militant Flourishes in Plain Sight," *Los Angeles Times,*January 25, 2004.

Munir Ahmad, "Pakistan Claims 402 Al Qaeda Arrests,"Associated Press Newswire, September 10, 2002;

Owais Tohid, "Pakistan Widens Terror Dragnet," *Christian Science Monitor,* September 26, 2003.

"Pakistan Asked to Explain Islamic Party Link to Al Qaeda Suspects," Agence France- Presse, March 3, 2003.

Paul Watson, "A Delicate Balance of Rule for Pakistan's Musharraf," *Los Angeles Times,* March 5, 2004.

"Pakistan's Army Kills 12 in Attacks Against Qaeda," *New York Times,* October 2, 2003.

Patterns of Global Terrorism 2002, United States Department of State, Office of the Coordinator of Counter-terrorism, April, 2003.

Scott Baldauf, "New Thrust in Hunt for bin Laden," *Christian Science Monitor,* March 4, 2004.

U.S. Department of State, *Patterns of Global Terrorism 2002,* April 30, 2003.

"U.S. Designates Al Akhtar," U.S. Treasury Department Press Release, October 14, 2003;

"U.S. Designates Dawood Ibrahim," U.S. Treasury Department Press Release, October 16, 2003.

Rohan Gunaratna, *Inside Al Qaeda* (New York: Berkeley Books, 2003), p.60.

(CRS Report RL20489, *Bangladesh: Background and U.S. Relations*, by Bruce Vaughn.)

(CRS Report RL31707, *Sri Lanka: Background and U.S. Relations*, by Bruce Vaughn.)

(CRS Report RL31599, *Nepal: Background and U.S. Relations*, by Bruce Vaughn.)

United Nations Global Counter-Terrorism Strategy is set out in UN General Assembly Resolution 60/288 (September 8, 2006).

Zachary Abuza, *Militant Islam in Southeast Asia*, (Boulder: Lynne Rienner Publishers, 2003), p. 174.